U0889645

国家出版基金项目
NATIONAL PUBLICATION FOUNDATION

“十二五”国家重点图书出版规划项目

兰州大学“985工程”敦煌学哲学社会科学创新基地资助

《敦煌讲座》书系编委会

荣新江　柴剑虹　郝春文　张涌泉　郑炳林

敦煌讲座书系

王晶波 著

敦煌占卜文献与社会生活

读者出版传媒股份有限公司
甘肃教育出版社

图书在版编目（C I P）数据

敦煌占卜文献与社会生活 / 王晶波著. -- 兰州 ：甘肃教育出版社，2011.1
(敦煌讲座书系)
ISBN 978-7-5423-2402-3

Ⅰ. ①敦… Ⅱ. ①王… Ⅲ. ①敦煌学－占卜－文献－研究 Ⅳ. ①K870.6

中国版本图书馆CIP数据核字(2010)第257458号

出 版 人：吉西平
策　　划：王光辉　薛英昭
项目负责：秦才郎加　王露莹
责任编辑：刘正东
封面设计：徐晋林
版式设计：赵　鹏

敦煌占卜文献与社会生活

王晶波　著

甘肃教育出版社出版发行

（730030　兰州市读者大道 568 号）

www.gseph.com　0931-8773255

兰州新华印刷厂印刷

开本 787 毫米×1092 毫米　1/16　印张 39.5　插页 4　字数 530 千

2013 年 12 月第 1 版　　2013 年 12 月第 1 次印刷

印数：1~2 000

ISBN 978-7-5423-2402-3　　定价：78.00 元

总 序

位于河西走廊西端的敦煌，曾经是游牧民族驰骋的舞台，也是中原王朝的边镇和经营西域的基地，更是东西文化交往的丝路重镇，蕴涵着多元文化。公元4世纪开始开凿的敦煌莫高窟，迄今仍保留着大量的洞窟、塑像、壁画，而在莫高窟第17窟藏经洞发现的大量写本和绘画等，数以万计，内容丰富多彩。

敦煌石窟的美术作品和藏经洞的各种语言文字的文献，构成了百年来敦煌学研究的基本资料，加上周边石窟、简牍、墓葬出土文物，敦煌学研究的内涵并非仅仅限于敦煌。敦煌学研究的范围，涉及宗教、思想、历史、考古、语言、文学、美术、科技等等许多学科，利用敦煌保存的材料，学者们对于这些学科的研究构成了现代学术的一个新兴的分支学科——"敦煌学"。

20世纪二三十年代，中国学界有的学者把敦煌学看作是一部伤心史，陈寅恪先生虽然不太赞同这种说法，但也指出当时中国研究敦煌学者不过三数人而已，且"罕具通识"。历史的车轮转到21世纪初，中国敦煌学已经有了长足的进步，成果涉及多个领域，可谓蔚为大观。

然而，敦煌学越是深入发展，也有着题目越来越小、视野越来越窄的倾向。敦煌学的成果越来越多，有自己的刊物和专题会议，与学界其他领域的沟通因此受到一定程度的影响，外界面对如此庞大的敦煌学研究成果，即使想略知一二，也不知从何下手。这样的倾向其实严重影响着敦煌学的发展和进步。

在21世纪，敦煌学的发展不仅仅要追求新材料，还要向其他学科学习，进一步更新方法，思考新问题。

我们发起编纂《敦煌讲座》书系，就是希望利用集体的力量，来撰写一套敦煌学各个分支领域的通论性著作，体现百年来国内外敦煌学各个学科的研究成果，代表中国敦煌学研究的整体水平。这套书的作者队伍以中青年敦煌学研究者为主，希望新人写新书，把相关领域的敦煌学研究水平系统地呈现出来。每本著作既是作者对某一领域研究的代表作，又是能够让敦煌学领域外的人阅读、参考的读物，可以引导读者进入敦煌学的相关领域。

日本学者在20世纪80年代曾出版过9本一套的《讲座敦煌》丛书，主要以不同类别的文献为基础，对敦煌学的材料做了通论性的阐述。现在30年过去了，各国收藏的敦煌文献资料基本上刊布于世，敦煌石窟的图像资料也比较容易见到了。因此，我们编纂的《敦煌讲座》书系，力图区别于传统的敦煌文献研究，希望以跨学科的研究方法，从文献到历史，从文献到艺术，从文献到各个领域，把敦煌文献与历史、艺术等学科中的某个专题结合，把敦煌学的基础知识用新的方法、新的脉络串联起来，用新的视角来阐述敦煌学的各个方面。

敦煌学博大精深，在某些方面我们做得还远远不够，《敦煌讲座》书系可以说是我们努力的一个阶段性成果，我们期待今后敦煌学的新人谱写更加美好的篇章。

《敦煌讲座》书系编委会

（荣新江执笔）

2013年9月30日

目录

前　言

占卜文献是近年来敦煌研究者关注较多的一个方面，海内外学者就此陆续发表了不少的成果，这些成果中，针对专门领域或某一特定类别的讨论多，而全面系统的讨论少。较为全面地讨论这一领域问题的学者，以菅原信海、黄正建、王爱和及马克为主。其中，菅原信海是较早对敦煌占卜文献进行概括性讨论的学者，其于 1992 年在池田温主编的《敦煌汉文文献》一书中撰写的《占筮书》一章，分类概述了近百个有代表性的写本；黄正建 2001 年出版的《敦煌占卜文书与唐五代占卜研究》，对敦煌占卜文献进行了迄今最为系统的分类与考察；王爱和在 2003 年对宅、葬、梦、相之外的大部分文献进行了分类释录与研究；同年，马克（Marc Kalinowski）发表的《中古中国的占卜与社会：英法藏敦煌写本研究》(*Divination et sociétédans la China Médiévale, Une etude des manuscripts de Dunhuang de la Bibliothèque nationale de France etde la British Library*, Paris:Bibliothéque nationale de France，2003），则是西方学者研究的总结。但自此之后，再未见有人展开更进一步的全面研究。究其原因，一方面与学界对这类文献价值认识不足，以及因简单的文化批判立场而导致的对这一文化现象的某种缺乏学理的轻视有关；另一方面也与这类文献数量众多、种类庞杂、内容繁难、抄写粗疏、释读困难有关。与之相较，有关的分类专题研究则较为常见。有不少学者从各自专长出发，对敦煌占卜文献中的梦书、相书、宅经、葬书、五兆、时日宜忌等类别进行研究，梳理源流，校正文字，考察影响，使有关认识从不同的方面得到重要的进展。同时，随着各国所藏敦煌文献高清彩色图片在近年的陆续公布，也使相关文献的认识条件较以前有了很大的改善。本书即是在这样的情况下，拟在前人研究的基础上，以全部敦煌占卜文献为对象，分两个方面，对有关问题进行进一步的论说。

首先，是在充分吸收前人研究成果的基础上，对敦煌占卜文献进行进一步的分类梳理与考订，包括定名、分类、考察内容性质、缀合断裂、判断时代，并联系一般传世文献进行比较讨论。这类工作迄今仍应看作敦煌文献研究最重要的基础，虽然此前已有黄正建、王爱和等人做过大量的工作，但随着认识的加深与新文献的公布，显然仍有不少新的工作要做。笔者试图通过这些梳理考察，能为更准确全面地认识唐五代时期敦煌占卜的内容与种类，完整呈现敦煌占卜文献的特点与面貌，以及联系唐五代宋初敦煌归义军时期历史、文化、信仰、民族交流等背景，讨论敦煌民间占卜的流传、影响及与社会生活的关系等问题，提供一个新的基点。针对研究对象的特点，这部分内容主要采用分类叙述的形式进行。

其次，是结合敦煌占卜文献与传世典籍的记载，考察占卜对民众社会生活的影响及其表现形态，讨论占卜所涉及的家庭婚姻、生育子孙、疾病医疗、出行、居住、丧葬等方面的问题。试图从一个特殊的角度，透视古代社会生活及民间信仰的丰富性、复杂性，讨论传统文化观念中的阴阳五行、干支八卦等观念如何被民众运用于指导日常生活的种种文化实践，以及从中所透射出来的复杂的社会心理和信仰追求等问题。由于篇幅、体例所限，这方面的内容，在实际撰述中所做的论说比原计划的要少许多，不少问题未及充分展开，仅能说是从某些特定的角度为进一步研究准备了一些思路。

敦煌占卜文献的研究，只有实际动手做过之后，才会真正体会到它的“难”。这个“难”，既体现在对它的话语体系、内在逻辑的把握与认知上，也体现在对它所体现的思想观念、价值体系的“了解之同情”上。而没有后者，就很难展开对前者的深入探索。在占卜这个同时汇集了古代先民粗朴智慧、普遍信仰和人生迷思的领域，每一类别的方法与内容，其实都蕴蓄着某种独特的理论和逻辑，同时也包含了许多不同的规程、术语，而不同类别之间的话语体系往往又相距甚远，各成一体。如何正确认识与理解这些内容，对于我们这些在“无神论”教育下成长起来的一代人来说，无论从观念上还是操作上，都不是一件容易的事。回想数年来的研究历程，当面对数百个残破难识的写本，一件件进行比对考察之时，笔者也常常会陷入一种极为矛盾、迷惘的境地，一方面为工作中取得的新进展和新发现而欣慰，另一方面又常在对意义的询问和解答之间迷惘无措、犹疑徘徊；为辨清一个模糊的字体、比较几个残片的异同而花费的大量时间，以及为了解某个术语而翻阅大量的资料，常常会使人废卷叹息！而即便是这样一步步艰难前行，到交稿时，还是有不少问题没有真正弄清。要真正完成通过占卜这类术数来认识古人的思想和生活，了解他们的思想与行为逻辑，其实还相当任重道远。目前所做的工作，现在看来，仍然还只是处在一个比较基础的阶段，至于更为深入的探讨，则限于时间、篇幅和认识水平，只能有待将来进一步的工作。但笔者自信这份工作的价值。有关中国历史文化的研究，其实不少都与占卜现象及其文献遗存有关，最为人所熟知的，当然是千百年来人们对《周易》一书的持续探索热情和近百年来人们对殷墟卜辞的研究，相较于前两者，人们对于敦煌占卜文献这一中古文化与社会生活宝贵资料的重视和认识，至今仍停留在较为粗疏的水平。而要改变这一状况，也亟须有更多的历史及文献研究者，对之改变态度而予以更多、更认真的关注。

需要说明的是，本书对敦煌占卜文献的分类、拟名等，参考了黄正建、郑炳林、王爱和、余欣、陈于柱、金身佳、王祥伟等学者的研究成果。同时，书稿的撰写从大纲拟定到修改完成，还得到过许多其他学者的热心指点和帮助，其中既有笔者素所敬仰的师长，也有许多时相过从的同事、朋友，他们或就纲目内容提出建议，或就资料信息提供线索，或就具体的图片缀合提供帮助，所有这一切，均对笔者工作的完成产生了重要的作用。在此一并致谢！

此外，在本书撰写过程中，我的博士研究生钱光胜就其中的式占、宅经、葬书、禄命诸章，从研究资料到内容考察等方面提供了重要的协助，在此向他表示感谢！

最后，要说的是，初稿完成后，还蒙荣新江教授细心审阅，并就结构框架与具体内容提出了宝贵意见，笔者已在书稿的相关部分采纳了这些意见，在此，也请允许我向他表达自己真诚的谢意，谢谢！

绪　论

敦煌占卜文献及其研究

作为一种古老的文化现象，占卜在人类生活史上曾经占有十分重要的地位。在科学的世界观产生之前，人们每当遇到一些重大的生活事件，面对着难测的前景和命运，总难免要进行一些尽可能具有前瞻性的推测、判断，其手法、依据，主要的便是种种形式的卜卦、占验。普泛地说，占卜现象可称为人类文化史上最早出现的人类试图把握自己命运的行为之一。占卜活动的内容和形式，深刻牵连着人类生活的物质的、文化的方方面面。《礼记·曲礼上》："卜筮者，先圣王之所以使民信时日，敬鬼神，畏法令也；所以使民决嫌疑，定犹与也。故曰：'疑而筮之，则弗非也；日而行事，则必践之。'"[①]可见，除了小民的信仰，统治者也有意识地利用这一点，以培植社会的某种共同信念。占卜活动不但深刻地透露出民众的信仰，而且全面地反映着民众生活的实际。而作为一类历史文献，伴随着占卜活动的进行所产生的占卜文书，对我们认识人类文化的某些阶段性特征，也具有十分重要的意义。

中国历史上最著名的占卜文书，首推殷墟卜辞和作为"十三经"之首的《周易》。关于它们重要的历史文化意义，人们已经有比较详尽的

① 《礼记·曲礼上》，见杨天宇《礼记译注》，上海：上海古籍出版社，1997 年，第 40 页。

了解，这里无须再说。要说的只是，在从殷周以后到如今的两千多年的历史中，占卜活动的重要性虽然有明显的降低，但始终没有完全退出社会生活的整体。相反，在历史进入现代之前，相当一段历史时期的民众生活与占卜文化的关系，甚至可称相当紧密。然而，相较殷墟卜辞和《周易》文化的研究，人们至今对中古时期占卜文化的研究，无论就重视程度看，还是就深入程度看，都显得相当不足。这一方面是由于对这种文化的某种程度的轻视，另一方面也是由于这一时期该类传世文献的匮乏本身所造成的。

保存于敦煌莫高窟的敦煌占卜文书，是现存敦煌文献中颇为特殊的一个类别。虽然从抄写、流传看，这些文献大都出现在唐、五代、宋初，但其反映的是整个中古时期占卜活动及其信仰的实际。它的发现，不但在很大程度上填补了中国占卜文化史的一个空缺，而且也为我们认识这一时期的社会生活，提供了一个独特的角度。研究这些文献，讨论它与中古社会生活的关系，一方面可以使我们更清楚地了解占卜文化在中国社会生活中的源流，看清它在这一时期所发挥的社会作用和存在的合理性；另一方面也可以使我们从一个特殊的角度了解中古社会生活实际，了解人们的生活、信仰及文化心理的历史复杂性。

就目前已经公布的敦煌文献而言，占卜文献在其中占有相当的比例，其数量超出了儒家经典。随着敦煌文献的陆续公布，以及对写卷内容的深入认识，有关占卜文献的统计数字也处在一个不断更新的过程中。2001 年黄正建对敦煌占卜文献进行了一次全面系统的考察研究，他当时统计的数字是 274 件，除去分类计算时重复的卷号，实际有 230 件左右[①]。数年后他将这一数字修订为 300 余件，除去重复，实际有 250件

① 黄正建《敦煌占卜文书与唐五代占卜研究》，北京：学苑出版社，2001 年，第 2—3 页。

左右[①]。而据笔者目前统计，已知占卜文献的卷号为366号。这里说的卷号，既包括各国图书馆、博物馆在入藏敦煌文献时所给予的著录号，如P.3794、S.620、Дx.08977等，也包含研究者在著录号基础上根据抄写内容种类所作的细分号，如S.5614A、S.5614B、P.3571VA与P.3571VB等，即抄写于同一写卷或写本中的数种不同类别的占卜文献，都分别计算，所以有许多写卷的卷号是被重复计算了的。这些卷号的占卜文献，经过拼接缀合与内容区分，可形成264件文书，即264种不同的占卜文献；如果不考虑所抄写的内容种类，而是依照物质载体的数量来计算，即不论一个写卷或写本（包括原来断裂为数件而后缀合为一件的写本，也包括正、反两面均抄有内容的写本）抄写几种不同的占卜文献都只算作一件，那么抄写有占卜文献的写卷或写本的数量是193件。通过这些数字，我们可以对敦煌占卜文献的情况有一个大概的认识。

从抄写及保存情况来看，敦煌占卜文献多数抄写粗疏，错讹众多。绝大多数写卷残损不全，有书题及抄写题记的写本不多。有些写本有朱笔校勘及勾改痕迹，还有些磨损严重，或有裱糊或重新装帧的情况，表明这些抄本曾在实际中长期使用；还有一些为当时官学或寺学中的学郎所抄写，内容重沓，显然是习字杂抄或练习所用；有些则本身内容已废弃，只是为利用纸张背面的空白来抄写其他内容而与另外杂写纸张粘贴于一起，从而保留下来。写本中俗讹字甚多，可以看出当时抄写与使用这些占卜文献的人，都是敦煌当地文化水平不高的普通僧俗民众。

对敦煌占卜文献进行分类，是了解并研究它的人首先要面对的问题，也是一个有相当难度的问题。一方面是因为占卜术本身在发展演变

① 黄正建《敦煌占卜文书研究的回顾与展望》，《敦煌吐鲁番研究》第7卷，北京：中华书局，2004年，第298—310页。黄正建《杂占章》，张弓主编《敦煌典籍与唐五代历史文化》，北京：中国社会科学出版社，2006年，第845—846页。

中有着兴衰分合的过程，古人对它的认识与划分也各有不同；另一方面也由于敦煌占卜文献绝大多数都残缺不全，辨识内容与确定所属书名均很困难，这些都直接影响着对它的认识与分类。2001年黄正建在《敦煌占卜文书与唐五代占卜研究》中首次依据敦煌占卜文献所反映的占卜术的实际情况，结合唐五代的分类与今人的普遍看法，对敦煌占卜文献进行了类别的划分。他划分的大类共有十二个，分别为卜法、式法、占候、相书、梦书、宅经、葬书、时日宜忌、禄命、事项占、杂占与其他。该类别划分反映了敦煌占卜文献的实际情况，为系统认识敦煌占卜文献和进一步的研究提供了非常重要的途径。本书对敦煌文献的分类正是建立在这样的基础上。参考黄正建的分类，本书主要分敦煌占卜文献为十个类别，分别为卜法、式法、占候、相书、梦书、宅经、葬书、时日宜忌、禄命、杂占。

敦煌占卜文献的研究，经历了一个多世纪的历程，可以说起步很早但整体发展较晚，与敦煌其他类别文献的研究并不同步。根据各个历史时期研究的不同特点，可以大致划分为四个阶段。

第一阶段为研究的起步阶段，亦可称为文献的发现与研究的滥觞期，主要包括1949年以前一些著名学者对这类文献的发现与初步研究。如罗振玉、王国维在敦煌文献甫一问世之时，便对其中的《阴阳书》、《灵棋经》等加以介绍、考订与刊布；以及稍后陈槃、王重民等学者通过题解、叙录等方式，对其中的易占、相书、星占书等进行的研究。这些研究涉及的占卜文献的种类并不是很多，但考订深入，认识准确，为后人的进一步研究提供了路径与范本。这些成果均收入王重民的《敦煌古籍叙录》。国外学者只有松本荣一对敦煌的相面与相痣图进行过一些简单介绍。

第二阶段，是整体研究的停滞与局部的掘进期。这一时期整个敦煌学的研究都进入一个比较沉寂的阶段，但也出现了少量的成果，包括20世纪50年代至70年代一些国内外学者为数不多的一些论文和专著，其主要特点，是出现了一些从文化、科技、历史等角度对这些文献内容的较为深入的考察、分析。如席宗泽、长部和雄等对星占星图的考察，陈槃等对云气占的研究。这些研究多从科技史、文化史的角度入手，开辟了占卜文献研究的新视野，拓展了这类文献研究的意义空间。

第三阶段，是研究的复兴与拓展期。主要指 20 世纪 80 年代至新世纪的一段时期。这是随着敦煌学研究的重新兴起，人们从思想、文化、民俗、社会与科技等不同角度对占卜文献的重新认识与考察。如何炳郁、何冠彪对云气占的研究，饶宗颐对星曜占的考察，高国藩从民俗角度对敦煌占卜的介绍与研究，刘文英、郑炳林对梦书的研究与整理，黄正建对唐代相面的研究，《敦煌学大辞典》中有关占卜辞条的介绍等。其中，国外学者的成果也占有较大的比重，并给中国学者以很大的启示，如法国学者马克对敦煌数占的研究，茅甘、戴仁、侯锦郎等对堪舆、乌鸣占、解梦书、相书的研究，以及日本菅原信海对有关敦煌占筮书的整体介绍等。这些成果，使得这一阶段敦煌占卜文献研究所涉及的领域和层面上都超出了以往，在意义认识上也摆脱了传统的束缚，形成了新的研究共识。

第四阶段，是研究的全面展开期，主要指 21 世纪以来至今。这一阶段时间虽然不长，但是成果丰富，主要以大陆学者为代表，对敦煌占卜文献进行了全面系统的研究，其主要特点在研究的深入化、专门化，成果众多，内容丰富，取得了许多值得赞赏的成就。全面的研究，如 2001 年黄正建出版的《敦煌占卜文书与唐五代占卜研究》一书，堪称是对这类文献研究的一次最为全面、系统的总结。其中对敦煌占卜文献十二个类别的划分，以及与唐五代社会历史文化结合考察的方法和视野，均对后来的研究产生了深刻的影响。相类的还有王爱和对除宅、葬、梦、相以外的敦煌占卜文献的释录与研究，为读者提供了基本的文献释文。分类的研究，如郑炳林、王晶波的相书研究，陈于柱的宅经、禄命书研究，金身佳、关长龙的堪舆文书研究，王祥伟的五兆卜法研究，以及其他一些学者从政治、历史、民俗、社会、文化等方面的考察，如余欣从社会民生宗教角度的研究等，都从不同的领域试图将有关研究与唐五代的社会历史文化有机地结合起来，研究的视角涉及了敦煌占卜文献的各种类别，并不断地推向深入。

纵观一个世纪以来的研究，可以看出，历经百年之后，敦煌占卜文献研究已经进入了一个全面展开的时期，既有全面概括性的成果，也有专门的研究探讨，而以专门的探讨为主。但由于敦煌占卜文献种类的繁多与内容的复杂，进行专门的分类的研究似乎较好把握，而做全面的概括性的讨论梳理则实为不易，故从黄正建、王爱和、马克以后就无人再做尝试。

另从已有成果在占卜文献及占卜类别方面的分布来看，不同的写卷与种类所得到的关注并不平衡，重要的写卷写本和大多数的占卜类别都已经得到专门的研究。有些类别的研究成果还比较集中，如梦书、宅经等，都有数本专著和众多的研究文章；有些则少有关注，除整体介绍敦煌占卜文献的著作中有概括性的论述外，没有专门的讨论，如式占等。而将敦煌占卜文献与唐五代社会历史文化联系起来的研究，也多以占卜类别为界而进行，受各自研究类别的局限，较少以整个敦煌占卜文献为基础的考察。随着敦煌研究的整体拓展与深入，将敦煌文献与相关社会历史文化联系起来进行全面研究，是一个值得深入的方向。

第一章

敦煌卜法类文献（上）

卜法是主要依据或模仿先秦《周易》的原理和方法，运用蓍草、棋子、算子、铜钱或者骰子等工具进行演算或投掷，将得出的数字按一定顺序排列，得出卦象，再依卦辞进行占卜的一类方法。法国马克统称之为“数占”[①]，黄正建称为“卜法”[②]，王爱和称为“蓍策”或“五行”[③]。敦煌占卜文献中涉及的这类卜法，大致有易占、五兆卜法、灵棋卜法、李老君周易十二钱卜（又称周公十二钱卜）、孔子马头卜法、周公卜法（又称管公明卜法）、周公孔子占法（又称十二时卜法）、九天玄女卜、摩醯首罗卜等9种。卜法是占卜的大宗，起源早，变化多，实际发展中逐步加进了各种不同原理来进行解说，但其主体仍是通过卦体进行演算，并依据这些演算得出的数字组成的卦象来确定吉凶，所以我们将敦煌的此类文献归在一个大类之中，依黄正建的命名，统称为卜法文献。根据所存内容的多寡，以及唐代人对此类占卜的认识，分为上下两个部分进行讨论。此章先论易占与五兆。

---

① [法] 马克《敦煌数占小考》，法国汉学丛书编辑委员会编《法国汉学》第5辑，北京：中华书局，2000年，第187—193页。凡本书未注明出处的引文皆出自此文献。

② 黄正建《敦煌占卜文书与唐五代占卜研究》，北京：学苑出版社，2001年。凡本书未注明出处的引文皆出自此文献。

③ 王爱和《敦煌占卜文书研究》，兰州大学博士论文，2003年。凡本书未注明出处的引文皆出自此文献。

第一节

易占类

一、《易三备》

该类文献共有4个卷号，缀合后有3件写本，即S.6349A+P.4924、S.6015、P.5031/11。

1. S.6349A+P.4924《易三备》(拟)

这是由英藏的S.6349A与法藏的P.4924缀合而成的一部文献。

(1) S.6349，图版参《英藏敦煌文献》第11册。据张志清、林世田对原卷的考察，[①]《英藏敦煌文献》图版漏拍了中备的需、比二卦，以及下备的渐、兑二卦的下半部。该写卷首残、中缺、尾全，旋风装，由7页组成，每页长度不等。书法笔迹、子目题写格式、纸张格式、抄写格式等内容均前后不同，应为两个不同的人所抄写，即前两页为一人所写，后5页为另一人书写，可能是由两件不同的写卷拼合装帧而成。[②]有使用磨损后修补的痕迹。共存文字214行。其内容包含两部不同的占

① 张志清、林世田《S.6349与P.4924易三备写卷缀合整理研究》，《文献》2006年第1期，第47—54页。

② 有关该写卷的装帧及抄写，张志清、林世田的文章中有详细考察说明，可参其文。见《S.6349与P.4924易三备写卷缀合整理研究》，《文献》2006年第1期，第47—54页。

图 1-1 S.6349A《易三备》（拟）

卜文献：前者为《易三备》，我们暂标为 A 号；后者为《占候验吉凶法》，暂标为 B 号。其中的《易三备》部分，存 201 行，首残尾全，起“□中者□□来□□三备者，经云：上备，天也”，讫“孔子云：葬之，鬼神咸欣。西有伏尸，勿动之，吉。下备一卷”。存二卷，子目各有首尾题，分别称《筮宅吉凶法》（尾题《易中备卷第二》）、《周易下备占葬日及地下事》（尾题《下备一卷》）。可知其书名当为《易三备》，所存为三备之中备与下备。所存内容，包括总序（残）、筮宅吉凶法（中备）、周易下备占葬日及地下事（下备）三部分。按照乾、坤、震、巽、坎、离、艮、兑八宫六十四卦的顺序，以世爻、应爻的定和动来占筮判断吉凶祸福。

（2）P.4924，图版参《法国国家图书馆藏敦煌西域文献》第 33 册。首尾俱残，存 28 行。起“纯艮，四月卦，世在上，应在三”，讫“□世爻动，其下一丈二尺得人骨□”。内容为艮卦之纯艮、贲、大畜、损、睽、履、中孚、渐八卦。从书写字体、内容格式来看，与 S.6349A 相同，可以判定是同一写卷上撕裂下来的部分，可接在 S.6349A 下备《周易下备占葬日及地下事》离宫之同人卦后、兑宫之纯兑卦前。

两个残卷缀合后，共存文字227行。

其书总序云：

> ▭中者▭
>
> ▭序还来□□□□□□□□□三备者，经云：上备者，天也；中备，筮人中宅合吉凶也；下备，筮下盘石涌泉深浅吉凶安葬地也。①

从此序可知，完整的《易三备》应包括三个部分，即上备、中备、下备，分别用来占筮有关天、人、地三才之事。该写卷在总序后直接抄写中备、下备内容，而略去上备不抄。至于为何不抄上备，张志清、林世田认为："从出土文献和《左传》、《国语》等古籍看，《周易》一开始就作为占筮之书被人们广泛运用。可能由于上备在百姓日常占卜中缺乏实用性，故略而不抄。"其看法是可信的。

除总序外，中备与下备的子目后，亦有小序，对占筮的理论依据与方法加以解释说明。如中备《筮宅吉凶法》小序云：

> 凡筮得王相有气之卦，一世二世，上下相生，富贵万盛；三世四世，次吉；五世，绝世无后，游魂出，客死。八纯归魄，其卦有吉有凶。各内卦为宅，外卦为人。□□□为地下，外卦为地上。和合相生为吉，相克为凶。又一法，初□□□，二为麒麟，三为章光，四为玉堂，□□大德，上为青龙。□□□发与世应并者吉。徵姓麒麟，与□并；宫姓角姓凤凰，与火并；商姓玉堂，与水并；羽姓章光，与金并。皆为吉宅。郭景纯《占宅地下盘石涌泉伏尸法》：

① 录文参张志清、林世田《S.6349与P.4924易三备写卷缀合整理研究》，詹福瑞主编《国家图书馆同人文选》第4辑，北京：国家图书馆出版社，2009年，第453—468页（笔者按：该作者发表在《文献》中的同题文章没有录文部分，故用此）。以下引文同。

世爻金在外卦中有火，动后有水漂宅。他放此。孔子《备经》云：高其屋，阕其家，窥其户，阕其无，人不觌，三岁凶，是高大也。丰卦，高屋隆隆，居中无人。

《周易下备占葬日及地下事》之小序：

内卦为亡孝，外卦为葬日。外卦阳，葬日吉；纯阳，大吉。世爻俱阳，大吉。凡外虽阴，而坤、兑、艮吉。若得巽，为风；坎，为雨。六十四卦立成法。

从子目后的小序来看，该筮法中融汇了五行、五姓、五音等内容，引用郭景纯《占宅地下盘石涌泉伏尸法》及孔子《备经》中的话。

《筮宅吉凶法》，包括：

乾宫之纯乾、遘、遁、否、观、剥、晋、大有 8 卦；

坤宫之纯坤、复、临、泰、大壮、夬、需、比 8 卦；

震宫之纯震、豫、解、恒、升、井、大过 7 卦；

兑宫之纯兑、困、萃、咸、蹇、谦、小过、归妹 8 卦。

共计保存 31 卦，缺 33 卦。

该卷每一卦前均画有卦象。其内容如：

观（卦符略），坤下巽上。乾家四世。观，八月卦。世在四，应在初。占世爻定，居得此宅，九神援护。十年当出贵子，大吉。孔子云：此宅出卿相、九州刺史，宜子孙，吉。

后有尾题称“易中备卷第二”。

《周易下备占葬日及地下事》，包括：

乾宫之纯乾、遘、遁、否、观、剥卦 6 卦；

巽宫之家人、益、无妄、噬嗑、颐、蛊卦 6 卦；

坎宫之纯坎、节、屯、既济、革、丰、明夷、师 8 卦；

离宫之纯坎、旅、鼎、未济、蒙、涣、讼、同人 8 卦；

兑宫之纯兑、困、萃、咸、蹇、谦、小过、归妹 8 卦。

共计 36 卦，缺 28 卦。

其内容如：

益，震下巽上。巽家三变。益，七月卦。世在三，应在上。占世爻定，其下四尺得孔穴，其下一尺得水龟。世爻动，其下八尺得骨。应爻定，其下八尺有黄墡。应爻动，其下七尺得死骨。葬得此地，凶。孔子云：北有伏尸。去卜处一百八十步近大蛇头，往掘即得之，令人贫穷。

该卷仅在每宫纯卦前画有卦象，变卦则无卦象。

该卷离宫之同人卦后、兑宫之纯兑卦前所缺之艮宫八卦的内容，恰好可由 P.4924 的内容补充，二者可以拼接。

最后有尾题称“下备一卷”。

以上二卷，合计存 67 卦。

关于该写卷情况，张志清、林世田在《S.6349 与 P.4924〈易三备〉写卷缀合整理研究》中认为《易中备》卷第二与《周易下备》是由两个不同的抄本拼合而成，并举出 7 条证据，包括字体、首题格式、尾题格式、卦象有无、纸张格式、避讳用字等方面的不同，及史志著录等。①笔者完全赞同这种判断，此处再补充两条例证。

其一，在说明每变卦的情况时，中备用“某家某世”，如“遘……

① 张志清、林世田《S.6349 与 P.4924〈易三备〉写卷缀合整理研究》，《文献》2006 年第 1 期，第 47—54 页。

乾家一世”，“遁……乾家二世”，而下备则用“某家某变”，如“否……乾家四变”，“益……巽家三变”，前后不同。

其二，抄写上，中备各卦内容简略而不完整，常跳过应爻之定、动所兆，往往只有“世爻定”所兆内容；而下备则依次记述世爻、应爻的定、动所主吉凶。据此可推断中备抄写粗劣，可能是有意略去或漏抄部分内容以敷衍了事。而下备虽然字体不如中备工整，但抄写遗漏很少。

关于《易三备》的成书，陈槃指出其书中有“言僧”、“言佛”处，认为其成书不能早于六朝。①至于其抄写时间，从卷末的《占候验吉凶法》后面的题记“于时岁次甲申六月丙辰十九日甲戌申时写讫”看，可以确定抄写时间为唐懿宗咸通五年（864）。不过，由于这件抄本是由两个部分拼粘而成，有题记的是后一部分，所以我们可以确定地说后一部分为唐咸通时所抄，但前一部分的抄写时间尚不能具体确定，考虑其文中不避“世”字，很可能是五代宋初归义军晚期抄写，也有可能是唐前抄写。

2. S.6015《易三备》（拟）

S.6015，图版参《英藏敦煌文献》第10册。卷子装，首尾俱残，上下亦有横向断裂，无书名、子目及作者等信息。据英国国家图书馆IDP网站（http://idp.bl.uk）公布的照片，该写卷由5个残片组成。有界栏，书法较工整，笔迹清晰，每卦均有卦象，每宫纯卦前又特别标出卦名。据张志清、林世田的考察，“卷中有涂改及校正符号，说明本件文献是经过校勘过的较为可信的抄本。全卷避‘世’字，用‘身’替代，故抄本肯定抄于唐代”。②

① 陈槃《敦煌唐咸通抄本〈三备〉残卷解题》，《历史语言研究所集刊》第10册，1942年—1943年，1984年再版，第381—401页。

② 张志清、林世田《S.6015〈易三备〉缀合与校录——敦煌本〈易三备〉研究之一》，《敦煌吐鲁番研究》第9卷，北京：中华书局，2006年，第389—401页。

《英藏敦煌文献》第 10 册图版、《敦煌宝藏》第 44 册及 IDP 网站所公布的照片，拼接排序均有误。正确的排序，按《英藏敦煌文献》图版照片的顺序，应是：S.6015/5、S.6015/1、S.6015/2、S.6015/3、S.6015/4、S.6015/6、S.6015/7。[①]其拼接排序位置，可以标示如下：

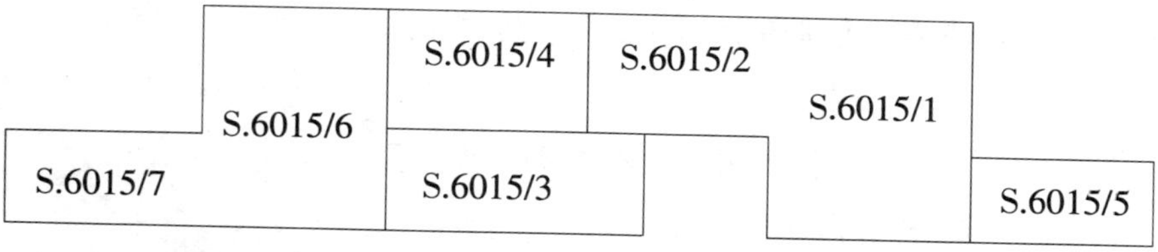

该卷所存，为《易三备》下备之 58 卦，是以八宫六十四卦的顺序，据世爻、应爻的定和动来占卜葬日及葬地的内容。所存 58 卦，依次为乾宫 7 卦、坤宫 8 卦、震宫 8 卦、巽宫 8 卦、坎宫 8 卦、离宫 8 卦、艮宫 8 卦、兑宫 3 卦。虽然其中一些卦辞残损不全，但较之 S.6349A+P.4924《周易下备占葬日及地下事》的内容，该卷保存的内容基本完整，所缺仅开头部分的小序和乾卦，以及结尾部分兑宫之咸、蹇、谦、小过、归妹等卦。

与 S.6349A+P.4924 相似，该卷文中亦多引“孔子”、“郭璞”、“子夏”之语。如：

> 比，七月卦。身三应上。身爻定，深七尺得骨。爻动，三尺得死木根。应爻定，深五尺得蜂。爻动，丈二得聚蚁。死得此地，凶。有穴。孔子云：三龙所游，亡人不安，凶。
>
> 纯艮：纯艮，四月卦，身上应三。身爻定，其下八尺得沙石。身爻动，四尺得坛土。应爻定，其下五尺得黑坛土。应爻动，一丈得白沙。此地大凶。孔子云：煞小口。西南卅步，有磨及马骨。

① 张志清、林世田在其文章中已经进行了重新缀合。见氏著《S.6015〈易三备〉缀合与校录——敦煌本〈易三备〉研究之一》，《敦煌吐鲁番研究》第 9 卷，第 389—401 页。

3. P.5031/11《易三备》（拟）

P.5031/11，图版参《法国国家图书馆藏敦煌西域文献》第34册。册中未定名。该件为P.5031所包含的46个残片中的第11片，故标示为P.5031/11。该写卷残甚，存残文2行半，无界栏，据抄写字数可以判定该残卷为卷子装。可辨识的仅有2行，其文云：

> ☐八月卦，世在四，应在初，颜☐
> ☐南有伏尸，大河在下。去卜处☐

经与S.6349A+P.4924相比较，发现此段残文属《易三备》之中备，为中备《筮宅吉凶法》之坤宫需卦的内容。

S.6349A+P.4924的相应部分为：

> 需：乾下坎上。坤家游魂。需，八月卦。世在四，应在初。颜渊曰：居得此宅，鬼神安利。孔子曰：虽吉，南有伏尸。大何在下，有玉石。去卜处三百步南厢下如西，玉在中不见。居得此宅，大吉。又云：九三爻发，三世卦。云：后一百八十年有许子贤来。

与之相较，我们可以发现，虽然文字内容并不全然相同，如S.6349A+P.4924“大何在下”与“去卜处”之间，还有“有玉石”三个字，而P.5031/11则没有这三字。但文中可以作为判断依据的术语和名词，如“八月卦”、“世在四应在初”，及“伏尸”、“大河”等，均明白无误，且就文字行数多寡看，明显少于下备坤宫需卦，据此可以判定，这段残文确实是中备《筮宅吉凶法》之坤宫需卦中的一段。

黄正建首次提到这件残卷，他在《敦煌占卜文书与唐五代占卜研究》中说：“P.5031极残。但标有‘□月卦’‘世在□应在□’，因此可能属于易三备。”

《易三备》的内容及相关问题

通过以上考察，可以对三件《易三备》抄本的情况进行一个大致的总结。

（1）三件抄本所保存的《易三备》内容，分别是：

S.6349A+P.4924：总序、中备《筮宅吉凶法》之4宫31卦、下备《占葬日及地下事》之5宫36卦。

S.6015：下备之8宫58卦。

P.5031/11：中备之1宫1卦。

将这三件抄本的内容加以拼合，我们可以得到较完整的《易三备》下备8宫64卦，但中备仍不完整，上备则阙如。

所存内容，中备占住宅吉凶。涉及的吉凶征兆，有建宅舍时掘地所得物、伏尸所在方位、是何姓鬼、宅舍吉凶宜居否、后世子孙之荣枯禄位，甚至还预测百十年后此宅为何人所居或破，以及适宜的行为等。

如S.6349A+P.4924中备坤宫复卦：

复，震下坤上。坤家一世。复，十一月卦。世在初，应在四。占世爻定，穿井三尺有锯齿铁。子夏云：居得此宅，贵人。当有伏尸在东北角。鬼姓陆，无坟。其下有金铁，在西北角。后一百年，有崔同破之。

下备占卜葬日及墓地，所预测的吉凶内容，包括穿圹掘地所得物品、地理条件、有无伏尸、墓地吉凶，子孙荣枯，以及应采取的适宜行为等。如S.6349A+P.4924下备：

归妹，兑下震上。兑家归魂。归妹，七月卦。世在三，应在上。占世爻定，其下四尺得砖石。世爻动，其下八尺得玉石。就应爻定，其下四尺得金钱，亦可是银。应爻动，其下六尺得玉。葬得此地，大吉。孔子云：葬之，鬼神咸欣。西有伏尸，勿动之。吉。

此外，虽然我们说敦煌《易三备》抄本是三件，但鉴于S.6349A+P.4924的中备和下备是由两个不同的抄本拼合而成，所以敦煌所存的《易三备》的写本系统实际上是四个，即S.6349A+P.4924中备、S.6349A+P.4924下备、S.6015、P.5031/11。

（2）作为《易三备》的不同抄本，S.6349A+P.4924、S.6015、P.5031/11号的卦序、卦辞等基本内容均相同，但由于传抄的不同，各本在叙述语言方面也存有一定的差异。

我们先看相同之处。

卦序相同。据S.6349A+P.4924、S.6015的内容，可以排出《易三备》的卦序：

宫次	纯卦	一世卦	二世卦	三世卦	四世卦	五世卦	游魂卦	归魂卦
乾宫	乾为天	遘 巽下 乾上	遁 艮下 乾上	否 坤下 乾上	观 坤下 巽上	剥 坤下 艮上	晋 坤下 离上	大有 乾下 离上
坤宫	坤为地	复 震下 坤上	临 兑下 坤上	泰正月 乾下 坤上	大壮二月 乾下 震上	夬三月 兑下 乾上	需八月 乾下 坎上	比七月 坤下 坎上
震宫	纯震十月为雷	豫十一月 坤下震上	解十二月 坎下震上	恒正月 巽下 震上	升八月 巽下 坤上	井三月 巽下 坎上	大过二月巽下 兑上	随七月 兑下 震上
巽宫	纯巽四月为风	小畜十一月 乾下 巽上	家人六月 离下 巽上	益七月 震下 巽上	无妄二月 震下 乾上	噬嗑九月 震下 离上	颐八月 震下 艮上	蛊正月 巽下 艮上
坎宫	纯坎为水	节 兑下 坎上	屯 震下 坎上	既济正 离下 坎上	革二月 离下 兑上	丰九月 离下 震上	明夷八 离下 坤上	师七月 坎下 坤上
离宫	纯离四月为风	旅五月 艮下 离上	鼎十二 巽下 离上	未济七 坎下 离上	蒙八月 坎下 巽上	涣三月 坎下 巽上	讼二月 坎下 乾上	同人正 离下 乾上

宫次	纯卦	一世卦	二世卦	三世卦	四世卦	五世卦	游魂卦	归魂卦
艮宫	纯艮四月为山	贲 离下 艮上	大畜十一月艮下乾上	损七月 兑下 艮上	睽 兑下 离上	履 兑下 乾上	中孚 兑下 巽上	渐 艮下 巽上
兑宫	纯兑为泽	困 坎下 兑上	萃 坤下 兑上	咸 艮下 兑上	蹇 艮下 坎上	谦 艮下 坤上	小过 艮下 震上	归妹 兑下 震上

卦辞及形式大致相同。

如下备离宫之纯离卦：

纯离：四月卦。世在上，应在三。占世爻定，其下四尺得灰炭。世爻动，其下八尺得几。应爻定，其下六尺得铁。应爻动，其下一丈得砖。凡葬得此地，吉。孔子云：其一年，爵禄自来。(S.6349A+P.4924)

纯离：四月卦。身上应三。身爻定，四尺得灰炭。身动，八尺得瓦。应定，六尺得钱。爻动，一丈得传（砖）瓦。此地吉。孔子云：葬之一年，爵禄自来。(S.6015)

从两件抄本的卦辞中有关世爻、应爻的定、动所主吉凶，以及所引孔子之语，都基本相同，可以看出这两件抄本同属一个系列，当承袭一个祖本而来。

但是二者在爻辞内容及形式方面也有不同。我们来看下备中的一个例子：

蒙，坎下巽上。离家四变。蒙，八月卦。世在四，应在初。占世爻定，其下四尺得石肫。世爻动，其下六尺得沙石。应爻定，其下四尺得死人。应爻动，其下八尺得虚土，似坑，有沙。葬得此地，大凶。孔子云：合有伏尸，合家丧亡，大凶。(S.6349A+P.4924)

蒙，八月卦。身四，应初。身定，四尺得石肫。身动，六尺得沙石。应定，四尺得死人骨。应动，八尺得虚土，似坑，有沙。葬得此地，大凶。孔子云：有伏尸，葬之，合家丧亡。（S.6015）

对比两个抄本中的下备离宫蒙卦，可以看出，S.6349A+P.4924首先包括卦名、上下卦，某宫几变（或几世），然后再说明卦名、所属何月，以及世、应的定、动所主吉凶，再引孔子云。而S.6015在叙述文字上较S.6349A+P.4924简略许多，不仅省去了上下卦、变卦情况的说明，还省略了文中的修饰性词语和一些动词，如“其下”、“占”等。

另外避讳用字也不同。S.6349A+P.4924中备不避“世”字，下备“世”、“身”混用；S.6015全篇避“世”字，全用“身”字代替。

二、易杂占类

计有9个卷号，即S.4863+S.4863V、北大D197、北大D197V、P.2482VD、P.2832、浙敦131、P.2873、S.6349B，可以拼合为7件写本。

1. S.4863+S.4863V《京房易占》（拟）

S.4863+S.4863V，图版参《英藏敦煌文献》第6册。册页装。图册中分为两件，S.4863定名为《阴阳书》，S.4863V定名为《易经八宫卦图及世卦起月例》。实为一页之正反两面，首尾俱残，无书名、作者等信息。正面的S.4863，存文字16行，起“乾，绝命。一世遘，外戒。四月”，讫“三世归魂归妹，七月”，按乾、坎、艮、震、巽、离、坤、兑的顺序抄写了八宫六十四卦的全部卦名。背面的S.4863V则绘有纯乾卦及乾宫一世遘卦的图示，标注出世应、纳甲、五行、六亲、六神、月卦等内容。

正面内容，如：

乾，绝命。一世遘，外戒。四月。二世遁，内戒，五月。三世否，骸骨，七月。四世观，棺椁，八月。五世剥，血脉，九月。四世游魂晋，肌肉，二月。三世归魂大有，冢墓，正月。

坎一世节，十月。二世屯，六月。三世既济，正月。四世革，二月。五世丰，九月。四世游魂明夷，八月。三世归魂师，七月。

按《唐六典》所载："凡八纯之卦十六变而复：初为一变，次曰二变，三曰三变，四曰四变，五曰五变，六为游魂，七为外戒，八为内戒，九为归魂，十为绝命，十一为血脉，十二为饥肉，十三为体骨，十四为棺椁，十五为塚墓。"[①]S.4863 中的"绝命"、"外戒"、"内戒"、"骸骨"、"棺椁"、"血脉"、"肌肉"、"冢墓"等，与"八纯卦十六变"的名称一致，虽然在排列顺序上有所不同，"肌肉""骸骨"的写法也与《唐六典》所载"饥肉""体骨"的写法稍异，但应当是这种占法的体现。

写本背面 S.4863V 所绘纯乾及乾宫一世遘卦图示中，标注出六亲、六神等，按马克在《敦煌数占小考》中的考察，认为"其卷背有中国占卜史上最早有关六亲六神说之资料"[②]。不过，根据吐鲁番洋海新出土高昌早期写本《易杂占》的内容来看，[③]敦煌这件文书中的六亲六神内容，就只能算是敦煌文献中最早的记载了，而非中国占卜史上的最早。吐鲁番洋海出土的高昌早期写本《易杂占》，据余欣、陈昊的考察，其抄写时间当在"永康十二年或此后"，永康为阚氏高昌王国所奉柔然受罗部真可汗的年号，通常认为永康元年为公元 466 年，故永康十二年为公元 477 年，所以其时间较敦煌所存要早许多。该文书末

① 李林甫等撰《唐六典》卷一四太常寺，北京：中华书局，1992 年，第 412—413 页。

② [法] 马克《敦煌数占小考》，第 193 页。

③ 可参余欣、陈昊《吐鲁番洋海高昌早期写本〈易杂占〉考释》一文，《敦煌吐鲁番研究》第 10 卷，北京：中华书局，2007 年，第 57—84 页。

段所抄，涉及六亲占的内容：

凡卦，诸父母持世，法不宜子孙，卦之父母爻，常尅其子孙，子孙有病，少不秋矣。所以然者，崇是太父母先人来尅贼子孙，亦言不祀祭。

诸兄弟持世，法不宜首妻，卦之兄弟爻，常尅其妻，妻有病，必难差，崇在家祠……

诸子持世，法不宜家长，皆应早孤，不见父母，当以晚奴为后……

诸财爻持世，法不宜父母，财爻尅父母，当常为人所讼言，亦为县官事难解，皆为禄秩微薄，财持世，秩百石故。

诸鬼爻持世，法不宜兄弟，鬼爻尅兄弟，故亦忧县官。王相，忧县官，然无罪；休废，忧疾病；囚死，忧死丧。[①]

这里的父母、兄弟、子［孙］、财、鬼等，正是六亲说的内容，在S.4863V中表述为父母、兄弟、官鬼、妻财、儿子。可见中国占卜史上最早提到的六亲的文献，应属吐鲁番洋海高昌早期写本《易杂占》。

对S.4863+S.4863V，黄正建、王爱和均有考察，判定为前后接抄的同一写卷。黄正建认为可能是唐人所编写，[②]王爱和也同意这种看法，并且认为其与《易三备》同属一个卦气系统，拟名为《京房易占》，[③]今从之。但文中不避“世”字，笔者认为抄于唐以后的可能较大。

---

① 释文参余欣、陈昊《吐鲁番洋海高昌早期写本〈易杂占〉考释》，《敦煌吐鲁番研究》第10卷，第69—70页。

② 黄正建《敦煌占卜文书与唐五代占卜研究》，第13页。

③ 王爱和《敦煌占卜文书研究》，第11—12页。

2. 北大 D197+北大 D197V《十二月消息卦》（拟）

北大 D197+北大 D197V，图版参《北京大学藏敦煌文献》第 2册，册中定名为《十二月消息卦》。卷子装，首尾全，前后接抄，存文字 8 行。起“阳月为大，阴月为小。阳日大，阴日小”，讫“游魂为肌肉四世，归魂为塚墓三世”。所抄内容大致可以分为两个部分，首先是十二月卦，将十二月按奇偶分为阳月、阴月，将六十四卦分别归入十二月中，然后抄写八纯卦十六变内容。其文如下：

> 阳月为大，阴月为小。阳日大，阴日小。正月、三、五、七、九、十一月名阳月，为大。阴月为小。二月、四月、六月、八月、十月、十二月名阴月，为小。诸卦得何月？蒙、遘、益、渐、泰是正月卦，震、需、随、晋、解、大壮是二月卦……
>
> 一世为外戒，二世为内戒，三世为骸骨，四世为棺椁，五世为血脉，八纯为绝命，游魂为肌肉四世，归魂为塚墓三世。

上引第二部分，即有关八纯十六变的内容，相较于 S.4863+S.4863V 中乾的记载：“乾，绝命。一世遘，外戒。四月。二世遁，内戒，五月。三世否，骸骨，七月。四世观，棺椁，八月。五世剥，血脉，九月。四世游魂晋，肌肉，二月。三世归魂大有，冢墓，正月”，二者在顺序、名称方面完全相同。可以看作是“八纯十六变”这种占法在敦煌地区应用的体现。

3. P.2482VD《八宫游归卦变图》（拟）

P.2482VD，图版参《法国国家图书馆藏敦煌西域文献》第 14册。册中定名为《京房八卦宫次》。卷子装。写卷正面抄写阴善雄、罗盈达等墓志铭、邈真赞 5 篇，有“于时大晋开运三年十二月丁巳朔三日己未题记”字样，背面依次为常乐副使田员宗启、杂写、大晋天福八年九月十五日题记、八宫游归卦变图（拟）、推男生宫法，中有倒写文字及空白等。该件文献为 P.2482 背面所存 5 种文献的第四种，故标为 P.2482VD。首尾全，存文字 22 行，起“乾：一世天风遘，二世天山遯”，讫“四世游魂雷山小过，三世归魂雷泽归妹”。无题名，抄八宫及各世卦之名。从内容及形态看，背面的内容应该是为利用空白纸张而黏合在一起的，所以内容杂乱，笔迹不一，其抄写时间当在大晋开运三年（946）之前（据正面所题），唐末昭宗天祐元年（904）之后（据背面推男生宫法），大约在天福八年（943）。该件文献，王爱和拟名为《八宫游归卦变图》。

卷中内容，依乾、坎、艮、震、巽、离、坤、兑的顺序，抄写其变卦，如：

巽：一世天风小畜，二世风火家人，三世风雷益，四世天雷无妄，五世火雷噬嗑，四世游魂山雷颐，三世归魂山风蛊。

离：一世火山旅，二世火风鼎，三世火水未济，四世山水蒙，五世风水涣，四世游魂天水讼，三世归魂天火同人。

黄正建认为该卷属京房八宫卦次，王爱和认为其八宫卦次与京房不同，京房八宫卦次为乾、震、坎、艮、坤、巽、离、兑，故定名为《八宫游归卦变图》，今从之。

4. P.2832《易占》（拟）

P.2832，图版参《法国国家图书馆藏敦煌西域文献》第 19 册。册中定名为《残占筮书》。卷子装，首尾俱残，后部断裂整齐，无书名、作者等信息，存文字 45 行，起“纯兑。易曰：兑，亨，利贞。彖曰：兑，悦也”，讫“居官吉，出征无战，攻城不得，官事不□”。所抄为兑宫的纯兑、兑一世困、兑二世萃、兑三世咸卦的内容。写卷背面杂抄木材账目。该件易占文献形式内容是，每卦先为卦象、宫、世、卦名，次引《易》及彖、象之文，再次，引“林曰”、“杂占曰”之文，依十二月、五行、干支、世应、卦气等解卦，并预测具体事项之吉凶。如：

兑二世，萃。易曰：萃，亨。王假有庙，假至有，利见大人，亨，利贞。用大牲吉，利有攸往。《象》曰：萃，聚也。顺以悦，罡中而应，故聚也。王假有庙，致孝亨也。利见大人亨，聚以正也。利用大牲吉，利有攸往，顺天命也。观其所聚，而天下物之情□□□。方以类聚，物以群分，情同而后乃聚，气合而后乃群。《象》曰：泽上于地，萃。君子以除戎器，戒不虞。聚而无防，则众生心。《林》曰：萃，六月卦，是连阴之卦。七月合，八月王。一云五月合，四月背，十二月破。一云五月破，正月二月空亡。聚，萃者也，多是男女聚会，亦是□众喜悦之事，或忧口舌之事，事在众人为之。六畜病畜，求婚者合也。《杂占》曰：兑，萃。占人相有爵，不宜兄弟，少子息，寿命不长。占身吉，占求官久得，占见大人吉，占婚悦可不成，占年平，宜谷粟，田作薄收，占雨有雨气，占晴多阴翳，占生子女，占居宅吉，占葬大吉，占出征吉，占攻城不得，占出行吉，占来人未来，占出财吉，内财凶，占□吉，占官事不成，占系无罪，占病不死，占六畜病不死，见怪无凶。之坤、屯、比、同人、豫、蛊、噬嗑、无妄、大畜、坎、离、恒、晋、解、益、夬、姤、升、井、震、艮、归妹、丰、涣、中孚、既济、未济吉。[1]

占辞中引用《周易》经文，同时亦引用了三国魏王弼的有关注文。后面所引“林曰”、“杂占曰”的文字，显然出自当时流行的易占文书，黄正建推测是《易林》、《周易杂占》二书，很有道理。从所引文字来看，《林》注重以空破刑冲解卦，《杂占》则如其名，对生活中的具体事项分别给出预测，所涉内容极广，有爵禄、家人宜妨、自身平安、寿

① 王爱和释文在《敦煌占卜文书研究》的第17—18页。中有少量讹误及脱漏。

命、求官、见大人、婚姻、生育、居宅、出行、经商所宜、出财、纳财、田作、雨晴、出兵、攻城、疾病、六畜、官事、系狱及葬事等等，几乎包含了传统时代个人、家庭生产生活的各个方面。

对于这部残占书，马克、黄正建、王爱和等人都有研究。对其中所引“林曰”的文字，法国的马克在《敦煌数占小考》认为“类似流行于宋代伪称出自京房的《火珠林》占法”[①]，黄正建对此表示异议，他以兑三世“咸”卦所引“林曰”为例，认为“此卷与《火珠林》占法基本无涉”，“怀疑‘林’是《易林》，‘杂占’是《周易杂占》，总之是‘易占’类书的内容”，并推断P.2832的性质“与《周易》不同，属于占卜典籍”。[②]王爱和认为“该卷以八纯卦及其推变统六十四卦，因此是属于京房易占系统的作品；其解卜以易为主，结合世应、卦气、月令等，因而有‘纳甲’的成分；不过，在该卷中，对空破刑冲等多有体现，这一点，似乎又与京房易有所不同”。她拟名为《易占》。[③]今从之。

5. 浙敦131《京房易占》（拟）

浙敦131，图版参《浙藏敦煌文献》，册中定名为《卜筮书》。册页装。首尾俱残，存文字12行。起“□绝命，十月卦，世在上六，癸酉金为飞”，讫“庚子水为飞，乙未土为伏，坤兄弟去，庚子水□”，存某宫十月卦结尾至纯坤卦前半部分内容，有卦象，占辞中涉及世应、纳甲、飞伏、六亲等，并引有郭景纯之语。黄正建、王爱和等认为属京房易占系统。如：

> 筮得纯坤卦者，大吉之卦。坤者顺也，为地载，百事平安，所作皆顺。地性柔顺，生养万物，丰多番息之事……郭景纯曰：占人相，有禄富贵。□病，患腹，祟在土公。占囚系，无罪。占遗失，

① ［法］马克《敦煌数占小考》，第193页。
② 黄正建《敦煌占卜文书与唐五代占卜研究》，第14—15页。
③ 王爱和《敦煌占卜文书研究》，第16页。

不衰耗。占葬凶，煞家长。占失物东南出，西北去，□无咎。占逃亡西南得。寄客吉。忌中男病。……

王爱和有录文，黄征、张崇依有校释。①

6. P.2873《安彦存易占》（拟）

P.2873，图版参《法国国家图书馆藏敦煌西域文献》第19册，册中定名为《安彦存等呈归妹坎卦卜辞》。册页装，该写本主要内容为礼忏文，其中的《安彦存等呈归妹坎卦卜辞》抄于该册封底的内面，首残尾全，上下亦经过裁剪，存文字7行。内容是时任参谋的安彦存用易占方法为别人卜卦后所呈上的状。内容涉及归妹、纯坎两卦的占辞，其中提到纯坎、十月卦等，黄正建认为是采用了京房易占的方法。文中还提到“□蛇”，应当是螣蛇，说明也涉及六神的内容。其文如下：

____□卦，君子归妹，婚礼聚会；庶人归妹，嫁娶之义。内妇平安，所为皆吉宜□蛇二爻发动，主有口舌及灶君为害。

夫人卜得纯坎十月卦，君子得坎，□□相染。坎是坑，坎之名运，为求财□烦闷之事。此卦先忧后吉。

□月日参谋安彦存等呈上

从内容及形式来看，这件文书只是涉及易占的部分内容，是安彦存等人为他人所请就某些事项进行占卜后所呈上的状，是京房易占方法在敦煌民间应用的实例，正如黄正建所云：“该卷的重要处在于使我们了解了当时使用易占的一些实况。”但严格来说，它本身还不能算是完整抄写、供人寻检翻阅的易占文献。

① 黄征、张崇依《浙敦131（浙博106）〈卜筮书〉校释》，《浙藏敦煌文献校录整理》下，上海：上海古籍出版社，2012年，第517—518页。

7. S.6349B《占候验吉凶法》

S.6349B，图版参《英藏敦煌文献》第11册。S.6349是一件旋风装的长卷，共7页，其主体内容为《易三备》，笔者标为S.6349A；该件内容不属于前者，有篇题称“占候验吉凶法”，故标为S.6349B。抄于写卷第7页的背面，书法笔迹与S.6349A的后4页相同，当为同一人所写。[①]首尾似全，存文字13行。前起篇题，尾讫“必见黄牛马，黑衣服人，黑鸟兽，黑云来者，大吉”。后有抄写者题记“于时岁次甲申六月丙辰十九日甲戌申时写讫”。

所抄内容，为记录据易卦占卜丧葬时所见之吉兆，如：

> 内卦得乾下，占地时，上丧引车时，必见黑牛，父马，黑色，黑衣，黑字，大吉。内卦得坎下，占地时，上丧引车时，必见逢白马，白衣服人，白鸟来，见之大吉。内卦得艮下，占地时，上丧引车时，必逢见黄牛马，黑衣服人来者，大吉。内卦得巽下，占地时，上丧引车时，必逢见赤牛马，黑牛马，黑衣人及妇人来者，大吉。内卦得离下，占地时，破地时，上丧引车时，必见青色牛马驴，白衣人，白鸟，白云来见，大吉。

关于该件，陈槃在《敦煌唐咸通钞本〈三备〉残卷解题》中认为与《易三备》中下备的内容相应，应该是“下备篇目之一”。[②]张志清、林世田不同意陈氏看法，而认为其“确为别出一书，然内容与《易三备》相似，占卜者经常使用，故录之在后，以备检索”。[③]笔者认同张志清、

① 有关该写卷的装帧及抄写，张志清、林世田的文章中有详细考察说明，可参其文《S.6349与P.4924易三备写卷缀合整理研究》，《文献》2006年第1期，第47—54页。

② 陈槃《敦煌唐咸通抄本〈三备〉残卷解题》，《历史语言研究所集刊》第10册，第381—401页。

③ 张志清、林世田《S.6349与P.4924〈易三备〉写卷缀合整理研究》，《文献》2006年第1期，第47—54页。

林世田的看法，认为该件所抄，无论从体例、行文及所占内容看，均与《易三备》不同，是利用易占方法，将丧葬时所见之各种吉兆汇集在一起，起名为《占候验吉凶法》，因其使用与《易三备》中的下备有相同之处，便附抄于其后。二者并非同属一书。

第二节
五兆卜法类

敦煌保存的五兆卜法文献，共有 30 个卷号，经缀合整理，可厘定为 13 件写本，即 P.2905B、P.2859B、S.11362B→Дx.11859+Дx.11799R+Дx.11925R+Дx.11762+Дx.11961R、Дx.11961V+Дx.11762V+Дx.11925V+Дx.11799V+Дx.11859V+S.11362A、P.2614+北大 D241+散 0667+Дx.10720、P.3646、P.3896、P.3452+S.857、Дx.02375+P.3992V、P.3992、S.6054+P.6167/1+P.6167/2、S.8516DV、Дx.05181。

一、写本概述

1. P.2905B《五兆经法要诀》（拟）

P.2905，图版参《法国国家图书馆藏敦煌西域文献》第 19 册。册页装。该写本共抄写两种文献，前抄《吕才推嫁娶法》（拟），标为P.2905A；后抄《五兆经法要诀》第卌三，标为 P.2905B。该件首全尾残，有篇题称《五兆经法要诀》第卌三。从“第卌三”的序号看，可知该写本是抄写者按其所需杂抄汇合不同占卜书中的篇章而成，连同原有篇题序号一并照录。存文字 168 行，首起：“凡人因来卜，事不著，神灵不降”，讫“甲乙木乡，金之妻财；壬癸水，金之子”，后有兆符一个。其内容包括占卜仪式、学兆之法与五兆占卜方法（有木、火、土三兆及金兆的一部分），并有兆符四个。与P.2859B相比，篇幅约占P.2859B的五分之一，内容与P.2859B“五兆决法”以前的部分基本相同。综合两件卜书考察，可知“五兆经法要诀第卅三”非全书之名，而与P.2859B中的“五兆决法”一样为书中子目篇名。

此件文献所载占卜仪式为其他残卷所无：

> 凡人因来卜，事不著，神灵不降；凡人出门问师，必不得空手。古语云：诳师欺父，何得美哉？凡欲卜卦，先须焚香，至心启请，咒云：“谨请四孟四仲、四季诸神，上启日月五星、廿八宿、六甲阴阳、太上元主、四时五行，沉滞豫请为决之。”又咒曰：“蓍筮得圆如神，卦得之所妨，神已知来，智已知往，吉凶言之，变通万象，吉凶俱告，勿逐人情。吉则卦兆相生，凶则空亡剥落。”

所记载的卜卦方法，也较P.2859B完整：

> 凡学兆之法，用算子卅六，先以两手停擘，然后五五除之，各觅本位五行金木水火土为定：初下东方甲乙木，次下南方丙木火，次下中央戊己土，次下西文庚辛金，次下北方壬癸水。五兆卜数，一曰水，二曰火，三曰木，四曰金，五曰土也。

马克、黄正建均提到此件，黄正建认为属杂抄性质。王爱和认为此件与P.2859B虽属同一渊源，但所据母本不同，她释录了全文。王祥伟亦有专门讨论，对其中所载演卦方法进行了详细考察，录文校释也更详细。

2. P.2859B《五兆要诀略一卷》

P.2859，图版见《法国国家图书馆藏敦煌西域文献》第19册，由卷子装改成的粘页装，两面抄写。此写本极长，共包含三部分内容，依次为《四分戒本疏十三僧残法》（拟）、《五兆要诀略一卷》（原题）、《逆刺占一卷》（原题），故分别标示为 P.2859A、P.2859B 和 P.2859C。该部分居写本中前部，首残尾全，存 775 行。首起“若见水，财来入本宫，得财之象”，讫尾题“五兆要诀略一卷”。后又有朱笔题写“已前了亦是弁均写”八字。《逆刺占》后亦有题记：“州学阴阳子弟吕弁均本，是一一细寻勘了也（朱笔）。天复肆载岁在甲子浃钟闰三月十二日吕弁均书写（墨笔）”。从书法笔迹看，《五兆要诀略》、《逆刺占》的抄写书法相同，当是一人所抄，抄者是“州学阴阳子弟”吕弁均，抄写时间为唐昭宗天复四年时间，即公元 904 年。而写本前部《四分戒本疏十三僧残法》的笔迹则不同于二者，当是另一人所抄。文中附有兆符两个，部分文字以小字双行形式抄写。

《五兆要诀略》一卷处于该写本的中部，粘贴于《四分戒本疏十三僧残法》的后面，与《四分戒本疏十三僧残法》的方向恰好相反。王祥伟认为该卷后来经过某位僧人的修补粘贴，修补文字与正文笔迹不同。[①]对照国际敦煌网站（IDP）公布的彩色照片，可以看出这是由原来的卷轴装改成的粘页装，全部为 14 页，两面抄写，封面、封底和佛经内容占去 6 面，占卜内容占了 22 面。

据王重民《伯希和劫经录》，P.2859 为“篮书一册：共十叶，两面书。存者为：1.五兆要诀略一卷，2.逆刺占一卷”，并录题记。[②]他未著录卷前部的《四分戒本疏十三僧残法》。施萍婷、邰惠莉《敦煌遗书总目索引新编》著录为四个部分，除上述三部分外，还有《占十二时来法》。[③]细查其内容，《占十二时来法》是与其他部分不同的一种卜法，

① 王祥伟《敦煌五兆卜法文献校录研究》，兰州大学博士论文，2009 年，第 107 页。凡本书未注明出处的引文皆出自此文献。

② 商务印书馆编《敦煌遗书总目索引》，北京：中华书局，1983 年，第 274 页。

③ 施萍婷，邰惠莉《敦煌遗书总目索引新编》，北京：中华书局，2000 年，第 257 页。

未有题名，似是穿插抄入《逆刺占》中的。

对《五兆要诀略》的研究，以法国学者马克为最早，他在《敦煌数占小考》中，对包括 P.2859 在内的 13 件五兆卜法文献进行了研究，他将五兆文书分为两大部分，“首部占全书四分之一，中有开白、仪法、启请文、演卦法及五兆局之解析；第二部为《五兆决法》（题目仅见于伯 2859B），中有解卦及吉凶卦验等文”。并依据文献所载对五兆卜法的演卦法、卦体及卦意分别进行了推算分析，讨论了五兆卜法与龟卜、筮占的关系[①]。2001 年，黄正建《敦煌占卜文书与唐五代占卜研究》中以“五兆卜法”为类，简要讨论了此件卜法文书。[②]2003 年，王爱和在马克与黄正建的基础上，将此卷文献归入“五行类”中加以讨论，推算分析了演卦法，并首次释录全文。[③]其后，张富春在《中国古代祈财信仰研究》中亦有论说。最全面的研究，则属 2009 年王祥伟的博士论文《敦煌五兆卜法文献校录研究》，对该类文献及相关卜法、应用、占卜事项等进行了系统考察，录文更加准确、全面。

P.2859B《五兆要诀略》一卷，是敦煌卜法文献中保存内容最多的一件，计有 775 行文字，其内容大体由五兆经法（失却子目，由 P.2905B 推知）、五兆决法、杂占三部分组成。五兆经法部分主要为占卜方法与五兆理论；五兆决法部分主要为依五兆、六神等占吉凶内容；杂占内容繁杂且有重复，大体包含占病法、占官禄位贵贱天命法、卜生男女法、卜求妇得否、卜行人、卜田宅、卜失财物、占盗贼、占怪法、占求官法、射覆藏物法等等，以占病、占盗贼、占求官、占行人四项为主。

3. S.11362B+Дx.11859+Дx.11799R+Дx.11925R+Дx.11762+Дx.11961R

① ［法］马克《敦煌数占小考》，《法国汉学》第 5 辑，第 187—214 页。

② 黄正建《敦煌占卜文书与唐五代占卜研究》，第 16—17 页。

③ 王爱和《敦煌占卜文书研究》，第 478–480 页。

《五兆要诀略》残卷（拟）

这是分别由分藏于英、俄两国的6个残片缀合起来的五兆卜法文献，拼接后的文字有84行。

（1）S.11362B，图版参《英藏敦煌文献》第13册，册中定名为《失名五兆卜法》。卷子装，残甚，有乌丝栏，书法清晰整齐，似为硬笔书写。背面存文字2行，定名为《占日记》。该件残存形状与S.11362A相同，存文字33断行，起“财吉非□凶祸害”，讫“迟抑退▭ ▭□丧”，内容涉及五兆卜法中开头部分的金兆、水兆两残局。与其他卜法文献相比，其卷解说简略，但述六亲五行更详，且顺序不同于其他五兆文献。王爱和认为该卷“直承的是P.2859《五兆要诀略一卷》据以产生的源文件，即《五兆要诀》之类”，她定名为《五兆要诀》。[①]王祥伟认为该卷与P.2859B、P.2905B并非抄自同一底本，定名为《五兆卜法残卷》。他们均释录了原文，但没有注意到这个残卷与后面俄藏文献的关系。

（2）Дx.11859，图版参《俄藏敦煌文献》第15册，册中未定名。卷子装，首尾俱残，下部亦残，存文字13断行，其中有少量小字双行抄写。起“占六神色（前三字双行抄写）朱雀□勾陈”，讫“与螣蛇并▭ ▭之类”，涉及五兆六神占吉凶内容。写卷背面亦抄五兆卜法内容，有“推游神法”等。

（3）Дx.11799R，图版参《俄藏敦煌文献》第15册，为一小残片，前后及下部均残，存文字6断行，起“▭是灰土▭”，讫“▭釜中有水与青龙▭”，涉及五兆六神占之内容。

（4）Дx.11925R，图版参《俄藏敦煌文献》第16册，为一小残片，存文字10断行，起“人阿尼休废是豚鼠”，讫“其家重叠门户”。涉及六神行法。

① 王爱和《敦煌占卜文书研究》，第173—174页。

（5）Дх.11762，图版参《俄藏敦煌文献》第15册，残甚，余文字10断行，起“方面，白虎所□是▭”，讫“六神死亡处，青龙死在▭”。内容涉及六神。间有小字双行抄写。

（6）Дх.11961R，图版参《俄藏敦煌文献》第16册，册中定名为《星命占书》。此件较前几个残片稍大，存文字20断行，起“忧子远行，婚财事”，讫“刑寅故曰刑又▭”，内容涉及六神占行人、占怪、占盗及相冲、六合等。

这6件残卷都残破严重，不仅首尾残，上下也断损严重，最大的S.11362B也没有保存下完整的一行，但都写于乌丝栏内，书法清晰，间有小字双行抄写，从书法、纸张格式看，应属同一书无疑。其拼接关系，S.11362B在前，不能与俄藏的5件残片直接拼接，其所处位置，约居于整件五兆卜法文书中的五兆经法位置，中间隔相当部分，至五兆决法中“占六神色”部分，依次接Дх.11859、Дх.11799R、Дх.11925R、Дх.11762、Дх.11961R。内容与P.2859B的相应部分一致。

对由S.11362B、Дх.11859、Дх.11799R、Дх.11925R、Дх.11762、Дх.11961R所缀合起来的这件《五兆要诀略》残卷，黄正建曾提到其中的5件残卷，并认为俄藏的4件可以按Дх.11859、Дх.11925、Дх.11762、Дх.11961的顺序加以拼接，并认为是《五兆要诀略》的另一写本。不过，他认为这几件文献的正面与背面所抄为同一卜书的看法是不准确的。[①]王爱和提到其中的Дх.11859、Дх.11799RV、Дх.11762，认为它们属同件文书中的不同部分，她也认为Дх.11859、Дх.11799RV的正背两面所抄为同一书。[②]王祥伟经仔细比对，拼接缀合了俄藏的5件残卷，并分别释录了原文。

---

① 黄正建《关于〈俄藏敦煌文献〉第11至第17册中占卜文书的缀合与定名等问题》，《敦煌研究》2002年2期，第47—50页。

② 王爱和《敦煌占卜文书研究》，第177—79页。

4. Дx.11961V+Дx.11762V+Дx.11925V+Дx.11799V+Дx.11859V+S.11362A《五兆要诀略》残卷（拟）

这是由俄、英两国的6个残片缀合起来的文件，拼合后的残卷存文字65行。

（1）Дx.11961V，图版参《俄藏敦煌文献》第16册，册中定名为《星命占书》。首尾及下部俱残，存文字15断行，起"主飞▭ ▭鼠攘"，讫"□□□色紫壬色赤▭"，内容涉及占病、天医、占怪、推五行色法等。

（2）Дx.11762V，图版参《俄藏敦煌文献》第15册，残甚，仅存文字8断行，起"▭癸色绀。推□色法▭"，讫"天医在壬"，涉及推五行色法等内容。

（3）Дx.11925V，图版参《俄藏敦煌文献》第16册，残甚，仅存文字9断行，起"▭宫精▭ ▭宫为上云"，讫"若日辰克兆▭"。涉及推五行色法、天煞、地煞等内容。

（4）Дx.11799V，图版参《俄藏敦煌文献》第15册，存文字5断行，涉及五兆的支兆生克等内容。

（5）Дx.11859V，图版参《俄藏敦煌文献》第15册，首尾俱残，存文字10行，起"相兆为已财，胎兆▭"，讫"▭伏匿隐藏□□中▭"，涉及推游神法及六神所主等内容。

（6）S.11362A，图版参《英藏敦煌文献》第13册，册中定名为《失名五兆卜法》。卷子装，残损严重，前后上下均有残断，存文字27断行。起"未戊巳▭ ▭行王相"，讫"天煞在卯"，内容涉及六神行法、占求官法及推天煞、地煞、天医等法。与P.2859B、P.3646等相关内容基本一致，但在形式上有一定差异，如用黑色短横杠作为分段标志，在表示六神所在月的地支旁注明"正、二、三"等月份序数，表明该卷文献曾在实际中被使用很久。荣新江《英国图书馆藏敦煌汉文非佛教文献残卷目录（S.6981–13624）》著录为S.11362C，并拟名为

《占卜书》。[①]王爱和认为该卷“呈现出内容上进一步增补、综合的趋势”，[②]王祥伟则详细对比了它与P.2859B、P.3646与P.2614的异同。[③]二人均有录文，并定名为《五兆要诀略》残卷。

这6件残卷，分别抄写在Дx.11859+Дx.11799R+Дx.11925R+Дx.11762+Дx.11961R→S.11362B《五兆要诀略》残卷的背面。无界栏，抄写笔迹与正面不同，文中用短粗横杠作为分段标志，未见写卷正面文献中间偶有的小字双行抄写形式，应是另外一人所抄。其拼接关系，俄藏5件文献可以直接缀合，位置在前，约居于整件卜法文书的五兆决法及杂占部分，S.11362A居后，不能与Дx.11925R等前5件直接缀合。

从内容上看，拼接的残卷部分约处于整件卜法文书的中前部，与P.2859B的相应部分几乎一致。

5. P.2614+北大D241+散0677+Дx.10720《五兆要诀略》残卷（拟）

这是由分别收藏于法、中、俄的4件残片缀合起来的文献，缀合后的残卷文字有250行。

（1）P.2614，图版参《法国国家图书馆藏敦煌西域文献》第16册，册中定名《占筮书》。卷子装，首尾俱残，上下亦有部分残损，存248行，无书名、篇目、作者等信息。首起“□土，鬼化成财，不求自来”，讫“五，已亥为四□□倍加”。其内容包括五兆决法及杂占等，即依五兆、六神占卜吉凶的方法，以及占行人、占怪法、占病法、推大小煞法、占驿马法、卜求妻财、占妇人怀妊男女法、占官得不、占田宅丘墓等。写卷背面抄写祭文16篇。

（2）北大D241，图版参《北京大学藏敦煌文献》第2册，册中定名为《卜卦书》。该件系由原卷上部横向撕下的一个残片，仅

① 荣新江《英国图书馆藏敦煌汉文非佛教文献残卷目录（S.6981–13624）》，台北：新文丰出版公司，1994年，第199—200页。

② 王爱和《敦煌占卜文书研究》，第172页。

③ 王祥伟《敦煌五兆卜法文献校录研究》，第175页。

存11断行文字，其内容涉及杂占部分的五兆五支卜、占求妇得不（原子目）、占男子有妇未（原子目）、占行人还不（原子目）等。这些内容可与 P.2614 的第 212—222 行缀合。写卷背面抄写祭文，有“岁次丁未”句。

（3）散 0667，图版参《敦煌丛刊初编》第 7 册①。原为罗振玉所藏，收于《贞松堂藏西陲秘籍丛残》，拟名《占书残页》。黄永武《敦煌遗书最新目录》编为散 0667，拟名《残占书》②。此件亦为 P.2614 上断裂下来的一个残片，仅存 5 断行文字，内容涉及占行人还不、占行人在远吉凶生死（原子目）、占田宅吉凶（原子目）等，可与 P.2614 的第 223—227 行缀合，亦可与北大D241 相接。

（4）Дx.10720，图版参《俄藏敦煌文献》第 15 册，册中未定名。首尾及上下俱残，存文字 15 断行。起“耶曲黑色之物，卜得土兆，应可”，讫“七言得之金，九言得□”，内容涉及射覆藏物法、占买卖生口法、占求财法、占五行颜色法、占五行色变法等，与 P.2859B 基本一致，语言表述则较之简略。黄正建和王祥伟均定名为《五兆要诀略》，但未发现该写卷与前三件文献的关系。③这 15 行文字可与 P.2614 的第 236 行以后的部分相拼接，最后部分超出 P.2614 两行。写卷背面抄残祭文，有“维岁次戊申四”等句，与 P.2614 背面所抄亦可相接。

马克在《敦煌数占小考》中提到 P.2614，黄正建提到 P.2614、北大 D241 和 Дx.10720，归入五兆卜法类，未及散 0677；王爱和缀合了 P.2614 与北大 D241，讨论了这两个残卷与 P.2859B 的关系，认为其“文辞古雅、列次合理、没有重复与脱漏”，推测其母本渊源于龟卜或《龟卜五兆动摇决》，“应是《五兆要诀略一卷》所产生的基础”，该卷

---

① 黄永武《敦煌丛刊初编》第 7 册，台北：新文丰出版公司，1985 年，第 375 页。

② 黄永武《敦煌遗书最新目录》第 7 册，台北：新文丰出版公司，1986 年，第 375 页。

③ 黄正建《关于〈俄藏敦煌文献〉第 11 至第 17 册中占卜文书的缀合与定名等问题》，《敦煌研究》2002 年第 2 期，第 49 页。王祥伟《敦煌五兆卜法文献校录研究》，第 182 页。

的抄写似在唐太宗以前。她拟题为《五兆决法》，并释录了原文，她亦未及散 0677 和 Дx.10720。[①]王祥伟缀合了 P.2614、北大 D241 和散 0677 三个写卷，释录了全部文字。他不太同意王爱和该卷卜法文献抄于唐太宗前的说法。他比较了该卷与 P.2859B 的异同，认为二者内容相同，顺序不同，说明所依据的底本不同，故拟题为《五兆要诀略残卷》。

6. P.3646《五兆要诀略一卷》

P.3646，图版参《法国国家图书馆藏敦煌西域文献》第 26 册，卷子装，有乌丝栏，上下边缘所留天头地脚极窄，抄写清晰。首残尾全，存 212 行，有尾题作“五兆要诀略一卷”。所保存内容约占 P.2859B 内容的五分之一，为五兆卜法中杂占部分的后半段，内容有占求官法、推大小煞法、卜居宅法、卜人有子否、卜行人、卜盗贼捕亡法、占失财物色法、占渔猎、占忧官法、田主法、射覆藏法、卜墓田法等。所存内容、顺序与 P.2859B 几乎一致，甚至一些衍讹文字亦相同，可知二者出自同一底本。

法国学者马克在《敦煌数占小考》中提到这件文献，黄正建也提及此卷，未专门讨论。王爱和《敦煌占卜文书研究》中归入五行类加以讨论，与 P.2859B 进行对比，认为二者出于同一母本，首次给出了录文。[②]其后，王祥伟在《敦煌五兆卜法文献校录研究》中亦做考察，并有校释，纠正了王爱和录文中的一些讹误。[③]

7. P.3896《五兆要诀略》残卷（拟）

P.3896，图版参《法国国家图书馆藏敦煌西域文献》第 29 册，册中定名为《卜筮书》。卷子装，有乌丝栏，文中用小圆圈作为分段标

---

① 王爱和《敦煌占卜文书研究》，第 156—164 页。

② 王爱和《敦煌占卜文书研究》，第 149—155 页。

③ 王祥伟《敦煌五兆卜法文献校录研究》，第 152—159。

志。首尾俱残，存文字38行，起“□忧重无气□”，讫“身生克财必□”，内容涉及五兆卜法中的木、火两兆，所存占卜内容、方法与P.2859、P.2905B等基本相同。写卷背面抄释奠文与藏文鸟鸣占卜书。

黄正建认为此件文献“似乎不是系统地讲五兆卜法原理，而只是讲五兆的实际使用”[①]。王爱和推测它是“继S.11362B后又一衍生本，其撰写应在S.11362B之后”，拟名为《五兆要决》。王祥伟根据这件残卷中火兆局下各乡顺序未按五行相生顺序而是火—木—土—金—水排列，这与P.2859B、P.2905B相同（其他兆局下各乡排列顺序则按五行相生，仅火兆局下各乡顺序特殊）的特点，认为此件文献可能与P.2859B、P.2905B出自同一祖本，而后在传抄过程中发生变化，故认为这三件应是同类文书，拟名为《五兆要决略》残卷。

8. P.3452+S.8574《五兆卜法》残卷(拟)

这是由分藏于法、英两国的两件残卷缀合起来的一件五兆卜法文献，存文字104行。

（1）P.3452，图版参《法国国家图书馆藏敦煌西域文献》第24册，册中定名为《卜筮书》。卷子装，有乌丝栏，首尾俱残，下部亦有残断，存文字78行，起“□在卜病犯土，解之宜，吉”，讫“□腹鬼腰所在□”，涉及五兆卜法中木兆与火兆局内容。

（2）S.8574，图版参《英藏敦煌文献》第12册，册中定名为《失名五兆卜法》，首尾俱残，存残文26行，起“其木叶青，求官得职”，讫“□六畜与他□”，涉及土兆局内容。

P.3452与S.8574两个残卷恰好前后相接，由它们缀合而成的文献，所涉内容为五兆中木、火、土三兆的吉凶卜法。以P.2859B和P.2905B的内容为依据来判断，P.3452+S.8574所存内容处在五兆卜法文书的前段，内容与前者相应部分基本一致，但表述语句与形式则不相

① 黄正建《敦煌占卜文书与唐五代占卜研究》，第17页。

同。据王祥伟考察，这些不同表现在：首先是抄写形式不同。从彩色照片看，P.3452+S.8574每条事项单另起行，按内容逐条书写，并在句首画一红色圆点以为标志。其次是某些表述语句和称呼术语不同。将P.2859B、P.2905B等文献所普遍运用的“先看某某乡中见何支来应”的表述，代替以兄、父、官、妻、子的称呼，并用红笔书写，以示醒目，并将每乡下每支的表述由普遍的“若见某某”简化为“兄弟某、父某、官某、子某、财某”。最后是内容顺序不同。通常的排列内容是每兆局最前为该兆吉凶情况及每兆五支所主的韵文概括，然后为每兆下五乡的内容，P.3452+S.8574的排列则相反。[①]总体来看，P.3452+S.8574的表述与形式不仅使得文献阅读起来简单明了，更主要的是它使得原本按五兆为纲、六亲分在五兆的形式，转而变为以六亲为纲、五兆为目的形式，突出了占卜的实用性。

对该件文献的研究，马克提到了这两个卷号，并未专门讨论，也未提到二者的关系。黄正建讨论了S.8574，他很敏锐地指出了该卷“不是以五兆为纲，将六亲分在各兆去讲，而是以六亲为纲，以五兆为目”的特点，认为可能与五兆卜法有关，但与其他类别不同。[②]王爱和论及S.8574并录文，她基于S.8574写卷的表现形式上的“简化趋势”，推测其撰写应在P.2905B之后，P.2905B应是它的“源文书”。[③]王祥伟缀合了两个卷号，讨论了它们的特点内容，并推测：“P.3452+S.8574要么是根据这些相关文献改编的，要么是依据其他不同的底本抄写的，而这些底本不知其名，故这里将其拟名为《五兆卜法残卷》。”[④]

9. Дx.02375→P.3992V《五兆要诀略》残卷(拟)

这是由俄、法两国的两件残片卷缀合起来的文献。

① 王祥伟《敦煌五兆卜法文献校录研究》，第149—151页。
② 黄正建《敦煌占卜文书与唐五代占卜研究》，第17—18页。
③ 王爱和《敦煌占卜文书研究》，第181页。
④ 王祥伟《敦煌五兆卜法文献校录研究》，第150页。

（1）Дx.02375，图版参《俄藏敦煌文献》第9册，册中定名为《五行王相休囚死》。原卷甚残破，中间亦有断裂，中有短粗横杠和三角形符号为分段标志。存文字9行，起"位，辰戌丑□□之位，土"，讫"甲子辰□□□□酉"。据王爱和、王祥伟考察，《俄藏敦煌文献》的图版在拼合时有误，调整后当起于"在丑□□□夏关"，讫"休色黑，水王黑"。内容涉及关籥所在、五行颜色法等。与五兆卜法有关，但与P.2859B不是同一底本。王爱和拟名为《五兆要诀略》，[①]王祥伟拟名为《五兆卜法残卷》。[②]写卷背面抄写《管公明卜法》4行，并有一符。

（2）P.3992V，图版参《法国国家图书馆藏敦煌西域文献》第30册，册中定名为《星占书》。卷子装，首尾俱残，有少量短粗横杠和三角形符号为分段标志。存41行，首起"财来入已，即名财▭"，讫"□此，□□为法□，正月建▭"。内容涉及占卜方法、占五兆入何方、占杂怪法等。与P.2859B相关内容一致，但次序不同。黄正建认为与正面所抄为同一件文献，王祥伟经过比较认为正面与背面所抄为不同的五兆卜法文献，单独录出，并拟名为《五兆要诀略》残卷。

以上两个残卷，书写笔迹、书写格式及分段符号等方面相同，虽然正面所抄内容不相吻合（P.3992为五兆卜法，Дx.02375抄《管公明卜法》），但就背面内容而言，可以认为是同一写卷的不同断裂部分。但由于断裂部分不能直接拼合，参照P.2859B的内容顺序，P.3992V与Дx.02375的内容顺序并不能与之相吻合。依照残卷内容推断，Дx.02375应当居于P.3992V之前。缀合后存文字50行。

另外，王爱和、王祥伟对Дx.02375的释录在断句方面存在少许讹误。因其文字不多，重新释录于此：

---

① 王爱和《敦煌占卜文书研究》，第182页。

② 王祥伟《敦煌五兆卜法文献校录研究》，第179页。

□□在丑□□□夏关▭

冬关在戌，籥在寅。寅午戌，火▭

甲子辰□□□□酉□□□位；辰戌丑□□之位。土

无正刑，以火为名，浮游四季，寄在丙丁。此王相囚死休

□颜色法：木王色青，相色黑，囚色黄，死色白，

休色赤。火王赤，相色青，囚色□，死色黑，休色黄。

金王色白，相色黄，囚色青，□□□休色黑。水王黑

10. P.3992《五兆卜法》残卷(拟)

P.3992，图版参《法国国家图书馆藏敦煌西域文献》第30册，册中定名为《星占书》。卷子装，首尾俱残，下部亦有残损，字迹漫漶不清，有少量短粗横杠作为分段标志。存文字24行，未完，其后抄写藏文13行。写卷背面抄另一五兆卜法文献。所存文字，首起“□马常从正月，从此逆行，□□□□□求官得”，讫“金属亥，戌是□□□□亥为耳▭”。内容涉及五兆卜法中的占求官法、占行人、占病法等杂占类，未找到与其他五兆卜法文献相同的语句。黄正建将此件文献与背面所抄看作同一件，认为是《五兆要诀略》。王爱和没有提及。王祥伟拟名为《五兆卜法残卷》，对原文进行了释录。

11. S.6054+S.6167/1→S.6167/2《五兆要诀略》残卷

这是由三个残片缀合起来的一件文书。

（1）S.6054，图版参《英藏敦煌文献》第10册。册中定名为《失名五兆卜法》。卷子装，有界栏，首尾俱残，上部亦残去，存文字15断行，前面4行抄“人神在日”内容，后面11行为五兆卜法内容，起“令五月甲子旬壬癸日有妇人来卜”，讫“▭用两心而”。此残片可与S.6067/1前端下部相拼合。

（2）S.6167/1、S.6167/2，图版参《英藏敦煌文献》第10册，册中定名为《失名五兆卜法》，卷子装，有界栏，首尾俱残。该残卷包

含两个不相连接的断片，今依王祥伟的意见，标为S.6167/1和S.6167/2。其中，S.6167/1，首端下部亦残。前抄“人神在日”内容，后面为五兆卜法。存91行，起“夫死后，应生遗腹子代父位”，讫“依五方黑白言之，万木”，内容为五兆卜法中的杂占部分，中有子目《五兆第四 杂占下第二》，可推测子目标题前所抄内容当属“五兆第三 杂占上第一”。以《五兆第四 杂占下第二》为界，前面抄卜人有子否、卜怪、卜行人、卜盗贼捕亡法、卜盗人形状颜色法、占失财物色法等，后面抄卜渔猎法、卜忧官法、卜病法、卜田主法、卜射覆藏法等。可知五兆卜法中杂占部分的分篇及内容。该残卷首端下部可与S.6054缀合。背面抄写八卦王相胎没囚休废法、敦煌廿咏、九九乘法歌诀等。

S.6167/2残甚，仅存上部文字11断行，起“门当户纵无，五服内必有凶事”，讫“以知之？金为釜魂□□墓□”，涉及五兆、六神占家宅吉凶等内容。S.6167/2与S.6167/1虽然同为一写卷上断裂下来的残卷，但二者内容不相连续。

缀合后的写卷共存文字102行。

12. S.8516DV《五兆要诀略》残卷(拟)

S.8516DV，图版参《英藏敦煌文献》第12册，册中定名为《占书》。该卷甚残，前后上下均有残断。写卷正面抄“丁丑年九月日百姓马善住牒附判”，背面倒抄五兆卜法内容。存8行，起“大煞法正月戌二月巳”，讫“三月丑，四月辰□□病人皆与丧□”，字迹甚淡，难以辨识。内容涉及推大小煞法、推劫煞法、月煞法等，与P.2859B相应部分同。马克未提及此卷。黄正建归在“其他”类中，认为其中使用了“三合法”，推测它可能与S.1084V的“推三合法”有些关系。[①]王爱和认为该卷或抄自P.2859，或与P.2859母本相同。[②]王祥伟

① 黄正建《敦煌占卜文书与唐五代占卜研究》，第173页。

② 王爱和《敦煌占卜文书研究》，第183页。

推测“该件文书所存内容本为某五兆卜法文献的一部分”[①]。二人均定名为《五兆要诀略》，并释录了原文。

13. Дx.05181《五兆要诀略》残卷（拟）

Дx.05181，图版参《俄藏敦煌文献》第12册。为一小残片，存文字3行，其文曰：

> 卜得水兆，先看壬癸水乡中见何支来应□
> 身鬼，若王相，忧官，休废，忧疾病，囚□
> 身不能为害而返自伤，若身王鬼□

背面抄祭文2行。

王爱和、王祥伟拟名为《五兆要诀略》残卷。[②]

二、敦煌五兆卜法文献的形式、系统与占卜内容

敦煌五兆卜法文献的抄写，运用分段符号较多，用横折、横杠或者圆圈、三角符号表示，大字单行，有少量注解说明用小字双行抄写。

语言形式上，以简要的散文说明为主，间有四言韵文。一般来说，散文多用来解释五兆占卜的方法、仪式、原理，说明占卜内容事项及结果的吉凶祸福，而韵文多用在五兆原理总结或者吉凶结果的归纳概括方面。

文字以外，敦煌五兆卜法文献中还有一些独特的符号，即用五行的生数一、二、三、四、五这5个数字组合而成的兆符。这些兆符往往出现在每一兆局的开头处，五支内容解说之前。有三个卷号的写本中共保存了木、火、土、金四个兆局的兆符。其中，P.2905B保存最多，木

① 王祥伟《敦煌五兆卜法文献校录研究》，第174页。

② 王爱和《敦煌占卜文书研究》，第180页。王祥伟《敦煌五兆卜法文献校录研究》，第181页。

火、土、金皆有，缺水兆符；P.2859B 保存了火、土两个兆符，而遗漏了木、金、水；P.3896 仅存火兆符，其余不存。

这些由五行生数的数字组成的符号，一般分左右两列排列，左列三个，右列两个。由于五行生数的数字是用一到五个短横线或者竖线来表示，所以这些兆符的排列也是横竖线条相间错用，以免重合，但左三右二的总体排列不变。不过，从目前所见的这三个卷号所载来看，不同卷号所存的符号并不相同，三个卷号的火兆局下的符号就不相同，P.2905B 与 P.2859B 的土兆局符号亦不相同。

对于这些符号，马克认为是卦图，而且是抄写者从每一兆局下所有五支图中随意取出的一个，他说："至于虽属同一局，而五支图异，则说明各卷子抄写人只随便取其中之一来作代表而已，甚至省略，有如伯 2859B 卷。"不过，王祥伟不太同意这个看法，他认为这些符号不是具体的卦符，而是指兆局图。①

敦煌的五兆卜法文献，就内容而言，都与 P.2859B 为代表的《五兆要诀略》系统有着密切的关系。由于 P.2859B 保存内容最多最完整，我们就以 P.2859B 为标准，依照与 P.2859B 内容、顺序、表述上相同、相近或相异的亲疏关系，将这些文献划分为三个系统。

其中，与 P.2859B 一致或相同的，有 P.2905B，S.11362B+Дx.11859+Дx.11799R +Дx.11925R +Дx.11762 +Дx.11961R，P.2614 + 北大 D241 + 散 0667+Дx.10720，P.3646。

与 P.2859B 内容顺序基本相同，表述相近的，有 Дx.11961V+Дx.11762V +Дx.11925V +Дx.11799V +Дx.11859V +S.11362A，P.3896，Дx.02375 +P.3992V，S.6054 +P.6167/1 +P.6167/2，S.8516DV 与 Дx.05181。

与 P.2859B 内容基本相同，但表述形式与术语有差异的，有 P.3452+

① 王祥伟《敦煌五兆卜法文献校录研究》，第 40—41 页。

S.8574 与 P.3992。

结合五兆文献的内容、形态及数量等方面的信息，通过考察，我们可以看出，敦煌五兆卜法文献在结构体例、内容形式等方面的一些特点。

内容大体包括五兆经法、五兆决法及杂占三大部分，其体例结构亦按内容分为四大部分，第一为五兆经法，第二为五兆决法，第三为五兆杂占上，第四为五兆杂占下。

敦煌五兆卜法文献所占卜的内容，涉及民众生产生活的多个方面，从种田渔猎到出门远行，从婚姻家庭到身体疾病，从官职禄位到钱财得失，以及生时的家宅和死后的丘墓，几乎无所不包。

有关生产的占卜，主要涉及种田、渔猎、养蚕等内容。有种田法、占卜渔猎法、卜蚕法等名目，如 P.2859B："凡占渔猎，壬癸日欲得三水、三煞、三火。卜得水兆水支，日辰为三水。二月甲申旬卜得木兆，乙木属未，名为三煞。"

有关婚姻家庭内容的，包括卜求妇得否，占男子有妇未，卜人有子否，妇共居当有子若不，卜妇人怀妊欲知男女法，卜宅内一年平安法等等。

如"卜求妇得否：若日辰克兆，为得；扶兆，亦得；兆克日辰，不可得。兆王相，大宜妇；若休废，妇贪夫。凡卜妇法，以日辰为夫，兆身为妇，时辰为媒人……"，所占结果，不仅有"得"、"不可得"，也有未来夫妇是否相宜等事项。

P.2859B 中的"卜宅内一年平安法"，则根据占卜时间、所得兆支综合判断，占卜家中一年内的人口平安、夫妻关系、财产得失及婆媳关系等方面。

这类内容中，为人们所忧惧的凶兆，体现在"诤讼无息，家有损伤。夫妻离散，骨肉分张。钱财去主，数见血光。六畜不息，奴婢逃亡"，以及"阴阳阻隔，男女私婚，财物散失，口舌纷云"等现象上。

所希望的吉兆，则表现为“父贵子豪”、“父子成名”、“婚姻和合，所求称意”等。

有关身体疾病、生死的占卜，也是古代占卜中非常重要的内容。在古人看来，疾病生死等问题都是鬼怪所引起，因而，用占卜的方法知道疾病是何种鬼神作祟所引起，从而通过祭祀祈祷等方法进行解厌求谢，即可使病痛消除或减轻。从有关占卜的子目标题即可看出，像“卜病在何处”，“卜病何鬼神所作”，“卜鬼祟法”，“卜病差困日”，“卜病痛处”，“卜病状法”等。

这些内容大致可以分为三类，一是卜何人得病及病症如何，二是占病因，三是占病能否痊愈及祛病之法。有关记载可与敦煌占病书的内容互为补充。

家庭平安之外，有关财产钱物的问题也是人们所关心的，敦煌五兆卜法文献中的此类内容，包含两个方面：一方面是求财，即从钱财增加的角度看，有卜求财、卜市易、卜求妻财、买卖生口法、求财法等；另一方面是不失财，保证原有的财产不减少，主要是占盗类的内容，有卜失奴婢牛马，卜欲知偷主形状长短颜色法，占奴婢六畜逃亡失走得否，卜失物牛马奴婢为人所偷、偷出何方、为男为女老少，卜失物、占贼老小男女形状及往来何方，卜盗贼捕亡法，卜盗人形状颜色法，占失财物色法等。

如P.2859B中有关奴婢买卖的记载：

> 卖买生口法：若得王者，成；相者，吉；囚者，凶；入死者，妨主也。

奴婢买卖是经济方面的大事，为了预知交易买卖是否顺利、交易带来的后果如何，人们往往会事先占卜。如果占卜结果为吉的话，当然交易会正常进行；如果占卜结果是凶，或者“妨主”之类，一般情况下人们就会重新考虑这桩买卖是否进行。从这些内容，结合敦煌所存契约及话本小说《庐山远公话》中的记载，可以看出唐五代奴婢买卖的情形。

占盗的内容，有对偷盗者的占卜，包括性别、年龄、形象、颜色、出身、性格、所在的占卜；有对被盗财物的占卜，包括财物的颜色、性质；有对结果的占卜，涉及能否找回，时间、地点如何，等等。这也是传统占卜中常见的内容，时日宜忌类中还有专门的占失物类文献，可参看。

占出行。出行在古代是一件非常重要的事，由于路途险阻，信息难通，不可预见的危险时刻存在，人们往往将出行视为畏途，“忧远行”是占卜文献中常见的对不好占卜结果的一种表述，相反，“行人至”则是吉兆。出行的目的，既有官方主导的征战、戍守、上任、出使、流放、贸易，亦有出自个人目的的商贸、旅游、探亲、游学、求职等，从规模看，官方组织的出行规模往往比较大，私行者则人数不等，但不论规模大小，危险都相应存在。因此在占卜方术中，占出行都是非常重要的一种内容。在五兆卜法中，有关出行的内容占了相当的分量，所占事项也很具体全面，不仅包含行人身在何方、是生是死、能否回来、何时回来，还有在行前卜问能否成行、出行后在远方身得何病死或不死，及以何种方式回来。例如 P.2859B：

> 占着行人来，知前道好恶形状：支与青龙并，有吉，将妇人来归。支与朱雀并，大道乘马来，离为道路。支与腾蛇并，有惊恐事。支与勾陈并，群众车牛来。支与白虎并，病患乘驴来。支与玄武并，水路来，亦可走来。

这是对行人归来时情状与形式的预测，主要依据五兆下所应之支与六神的关系来加以占卜，占卜的结果亦相应地分为 6 种，解说非常具体。

对已经出门在外行人情况的推测，也是占出行的一项内容，行人所在方向与行动，在道情形，来与不来等均可占卜。如 P.6167/1 之“卜望行人在东西法”，依五兆与方位卜行人在道情形：

> 卜望行人在东西法：卜东行人，若金兆，来；火兆，已上道；水兆，半道；木兆，未发；土兆，未来。卜南行人，水兆，来半道；木兆，半道；火兆，未发；金兆，即来。卜西行人，火兆：上道；土兆，半道；木兆，即来；金兆，未发。卜北行人，金兆，即来；火兆，来；水兆，未发；土兆，上道；木兆，已发。

敦煌五兆卜中占出行还有一点值得注意，就是将出行划分为官行与私行两类，二者在相同条件下所占得的具体情况有所不同。

占官法。五兆卜法文献中的占官法，也包含两个方面的内容，即求官与忧官。求官是希求官职禄位与权势，忧官则是对失去官职的忧惧及对来自官府的危险的忧惧。从中亦可看出中国古代民众对权力的态度。

有关求官的占卜内容，既占能得何官、食禄多少，也占何时得官、为官在任多长时间，其子目有推官禄位贵贱天命法、占求官法等。可看出社会对官禄的热衷与追求。如 P.2859B：

> 金兆为刺史，二千石。土兆为长使官，火兆州官，水兆府官，亦盐位。木兆刺史，杂职随气消息。占求官法：假令七月甲申旬中卜得金兆，庚辛金属寅，身怪驿马，亡官失职。为与空亡并，故知不得。他皆放此。占官，先欲马。与驿马并，日辰克兆，必得。若

官鬼、王、相，无空亡，是真官，消息论竟之事。

所谓“忧官”，与其说是对失去官职的忧虑，还不如说是对与官相连的危险的忧惧。有占求官不得、失官职的内容，更多的则是对是否遭“官事”的占卜，如是否得罪、为何级官府拘录、审理后结果如何、遭逢官事何时得出等等，表明民众对官府与权力的深深忧惧。如 P.2859B“占忧官法”：

卜官，若兆王相无气，其罪不成；被扶，即日了；被抑，罪成；相克，亦成。三月甲申卜得木兆土支，行神勾陈，主留连未了；行神白虎入木乡，是水子，难解。假令正月甲午旬壬寅日卜得水兆木支，青龙与支并，来扶兆，吉。壬癸属寅，八月建为府君，故知诉讼得理也。凡兆与大煞并，为大贼，为州、刺史所录。卜得木兆必得罪。二月甲寅旬得火兆，为大煞，为刺史所录。三月甲戌旬戊己日卜得土兆木支，大刑、驿在寅，尚书录。

以上主要以五行生克与六神、神煞等相配来进行占测，往往是相生者为吉、相克者凶。

占怪。占怪是古代占卜术中常见的内容。怪的出现，往往与危险、家宅不安、疾病、口舌、噩梦等相伴。敦煌占卜文献中提到怪、精怪的次数相当多，占病书、五兆卜法文献、解梦书、百怪图等书中尤其多。五兆卜法文献的占怪内容，包括占螣蛇为怪、复占何人见怪、卜何作怪、占看鬼及行神复与谁所合为怪、占杂怪法等，涉及对怪异现象的记述、原因的解说、所引起后果的预测、厌禳的方法等几个方面。如 P.2859B：

占怪：腾蛇为怪。腾蛇入火乡，见光明、孔物怪。入木乡，木石声，柜鸣、解入吒音声。入土乡，狗、鼠、坟虫、龙、飘风为怪。主水乡，虫、鼠、龙精、蛇、井溢、血光为怪。入金，釜鸣、飞鸟尚堂、刑象金铁为怪。

专门讲解螣蛇入五乡所兆示的种种怪异现象与原因。又如：

占看鬼及行神复与谁所合为怪：与青龙合，财，有酒食庆乐事。与朱雀合，则有口舌、斗争事。与腾蛇合，惊恐、怪梦，凶。勾陈合，则有婚亲诤财物事。与白虎合，则有病患死亡事。玄武合，有盗窃事。（P.2859B）

这是对鬼神作怪会导致哪些不好的事情的预测。从以上记述看，怪的出现，与六神，尤其是螣蛇有密切关系。另外杂占类亦有占怪的内容，注重解释怪异的原因及厌禳的方法，可与此互参。

三、五兆卜法与唐五代宋初社会

五兆，亦简称为兆，是唐代曾经流行的一种重要的占卜形式，与龟卜、易占和式占并为国家占卜机构所执掌的四种卜筮正术，设有专门的卜筮之官。《旧唐书·职官志》："太卜令掌卜筮之法，丞为之贰。其法有四：一曰龟，二曰五兆，三曰易，四曰式。"①

五兆卜的运用方法，《唐六典·太常寺太卜署》中有所记载：

凡五兆之策三十有六。用三十六筭，六变而成卦：一变为兆，再变成卦，二为甲乙，三为丙丁，四为戊巳，五为庚辛，六为壬癸。其用五行相生、相克、相扶、相抑，大抵与易同占。②

①《旧唐书》卷四四《职官三》，北京：中华书局，1961 年，第 1876—1877 页。
②《唐六典》卷一四，第 412 页。

敦煌五兆卜法文献中也有关于占卜方法的记载，P.2905B《五兆经法要诀》云：

> 凡学兆之法，用算子卅六，先以两手停擘，然后五五除之，各觅本位五行金木水火土为定：初下东方甲乙木，次下南方丙丁火，次下中央戊己土，次下西方庚辛金，次下北方壬癸水。五兆卜数，一曰水，二曰火，三曰木，四曰金，五曰土也。

两种记载相参照，可以了解五兆卜法的运用。

从史志目录的著录来看，唐宋时期与五兆有关的图书大致有如下数种：《隋书·经籍志》子部五行类的《龟卜五兆动摇决》一卷和《五兆算经》一卷；其后，《新唐书·艺文志》子部五行类亦著录有孙思邈《五兆算经》一卷、《龟上五兆动摇决》一卷。《宋史·艺文志》子部五行类著录史苏《五兆龟经》一卷、《五兆金车口诀》一卷、《五兆秘诀》三卷、《五行日见五兆法》三卷、《五兆穴门术》三卷、《玄女五兆筮经》五卷，以及子部蓍龟类的黄法《五兆晓明龟经》一卷。《通志·艺文略》五行类龟卜之属著录有《龟卜五兆动摇决》一卷、《五兆算经》一卷、《五兆连珠》一卷。

在以上这些有“五兆”字眼的书籍中，有许多是关于龟卜五兆的，与我们现在所说的五兆卜并不相同，应该注意加以分别。

作为官府认可的一种卜筮正术，五兆卜法在宫廷和民间都应该有着广泛的应用，但反映在古书记载中的并不多。从这些记载中，我们可看到五兆卜法在唐宋时代的应用还是较为广泛的。用五兆预测个人政治吉凶的，如唐人《国史纂异》所载的韩凝礼为李隆基占卜一事：“玄宗为潞州别驾，将入朝，有军州韩凝礼，自谓知五兆，因以食箸试之。既而布卦，一箸无故自起，凡三偃三起，观者以为大吉。既而诛韦氏，定天位，因此行也。凝礼起官至五品。”[①]刘《隋唐嘉话》、钱易《南部新书》亦载此事，刘 书中将“五兆”简称作“兆”。[②]

用五兆占测出行者状况的，如北宋梅尧臣的《江南杂感》一诗：“树头巧妇栖，树下秋虫织。坏衣游子心，千里尝相忆。荡子脚出门，便作浮萍根。忧来凭五兆，拜树赛黄豚。”[③]“忧来凭五兆”，是说“荡子”出门至秋仍不归，巧妇忧思不已，便用五兆卜法来占测荡子在外的情况。这与我们在敦煌五兆文献中所看到占行人的情况相合。

也有用五兆来卜宅的，相传为宋代的《宅经》一书，其卷上在列举古代宅经时，提到一部《五兆宅经》，[④]与《八卦宅经》、《六十四卦宅经》、《五姓宅经》等并列，可见当时用五兆卜宅吉凶的做法亦很普遍。更能说明这一情况的是敦煌文献的记载。S.2717V《愿文》中的第三篇《贺新宅》抄有这样的内容：“是以契阴阳而会合，克八卦以相扶，龟易占而吉祥，五兆卜而应瑞。其宅乃四方平正，八表堪居。离坎分南北之堂，震兑列东西之位。左青右白，能引乾坤之规；前朱后玄，雅合阴阳之气。”这是一篇在新宅落成后举行的庆贺仪式上宣读的文字，它所描述的新宅，方位、朝向以及修建，均契合阴阳、八卦、五兆之法的要求，正说明五兆在占宅中的应用。有时，敦煌愿文中也用“五行”来代指“五兆”，正如王祥伟所指出的：“由于五兆卜法完全建立在五行理论之上，故在唐宋时期的敦煌其他庆宅愿文中以‘五行’来指代五兆卜法。”[⑤]P.2838《入宅文》、S.5637《诸杂篇第六·入宅》等均是如此：

---

① 《太平广记》卷一三五引《国史纂异》，北京：中华书局，1961年，第971—972页。

② （唐）刘𫗧《隋唐嘉话》卷下，北京：中华书局，1979年，第46—47页。钱易《南部新书》卷五，北京：中华书局，2002年，第69页。

③ （宋）梅尧臣《宛陵先生集》卷三七，明正统四年（1439年）宣城太守袁旭刻本，第794页。

④ 据四库馆臣考察，疑此《宅经》为《宋史·艺文志》所载之《相宅经》。见《宅经提要》，《四库全书》文渊阁本。

⑤ 王祥伟《敦煌五兆卜法文献校录研究》，第20页。

“其宅乃阴阳会合，龟兆相扶，八卦吉祥，五行通利，四文平正，八表堪居，离坎分南北之堂，震兑分置东西之室。左青右白，妙惬乾坤；前朱后玄，雅合阴阳之道。”除此之外，“五兆”在敦煌文献中还可写作“五筮”，如台湾130号《入新宅》：“其家宅乃阴阳会合，龟兆相扶，八卦吉祥，五筮通利，四方平正，八表堪居。离坎分南北之堂，震兑置东西之室。左青龙，右白虎，妙恢乾坤；前朱雀，后玄务，雅合阴阳之道。”①

除此之外，还有用五兆来解经的。如宋吕祖谦《左氏传续说》卷一二在解说哀公九年的“遇水适火”时，说“此是卜家所谓五兆。五兆，所谓金木水火土是也”。②五兆卜法并非产生于春秋时期，但吕祖谦用“五兆”解说《左传》之文，说明五兆卜法在当时的流行。

也因为它的流行，故唐代孙思邈在《备急千金要方》中谈到成为“大医”的必要条件时，除了要求熟知前代医药典籍外，还特地指出要知晓阴阳占卜之术，其中就包括“五兆”。他说：“凡欲为大医……又须妙解阴阳、禄命、诸家相法，及灼龟、五兆、周易、六壬，并须精熟。如此乃得为大医。”③可见在当时民间，五兆卜法的地位并不比阴阳、禄命、相法、灼龟、周易、六壬等方术低，其流行程度亦应大致相当。

不过，比起易占、梦占、相术、星占、风水及禄命等占卜术在民间应用的大量记载，以及相关卜书的广泛流行，古书中有关五兆卜的记载确实不多。这可能与它的占卜方法与内容比较复杂，不如其他占卜简便易行有关。敦煌发现的30个卷号的五兆卜法文献，清晰地反映出五兆

---

① 录文参黄征、吴伟《敦煌愿文集》，长沙：岳麓书社，1995年，第648页。

② （宋）吕祖谦《左氏传续说》卷十二，《四库全书》文渊阁本。

③ （唐）孙思邈撰，魏启亮、郭瑞华点校，《备急千金要方》卷一《序例》，北京：中医古籍出版社，1999年，第1页。

卜法的内容、体例、方法及其应用，这些文献的存在，恰好可以弥补史书记载的缺憾，为我们提供了五兆卜法在唐五代宋初民间流行与应用的原始材料。

第二章

敦煌卜法类文献（下）

该部分所论，为敦煌卜法文献中除易、五兆之外的一些杂卜法，包括灵棋卜法、李老君周易十二钱卜（又称周公十二钱卜）、管公明卜法（又称周公卜法）、孔子马头卜法、周公孔子占法（又称十二时卜法）、九天玄女卜、摩醯首罗卜七类。

第一节

灵棋卜法类

“灵棋卜法”，是一种以棋子为工具，通过抛掷得出卦象，从而占卜吉凶的方法。其具体方法是，将十二枚棋子的正面分别写“上”、“中”、“下”字，每字各写四枚，抛掷后按所得“上”、“中”、“下”字的多寡，分三个层次排列，“上”字排最上层，“中”字排在中间层，“下”字排在最下层，形成卦象，再根据卦象翻检占书占辞，以预测吉凶。共有 124 卦。如果加上全为背面无字之卦，实际应有 125 卦。

灵棋卜法类文献有 6 个卷号，缀合后有 4 件写本，即 P.3782+S.557，P.4048，P.4984V，S.9766+S.9766V。

一、写本概述

1. P.3782+S.557《灵棋卜法一卷》

（1）P.3782，图版参《法国国家图书馆藏敦煌西域文献》第 28 册，册中定名为《灵棋卜法一卷》，旋风装，有乌丝栏，首残尾全，中间亦有多段缺损。字体较端正，抄写认真。尾有题记云：“灵棋卜法一卷，殿下锡本。以前都计百廿四卦。壬申年写了，范梧记。”可知原书名《灵棋卜法》，全书总计应有 124 卦。今存文字 276 行，起“未殃，注曰：所求宜以□”，讫“上中下总覆，或有立者亦唯前，或心有异端

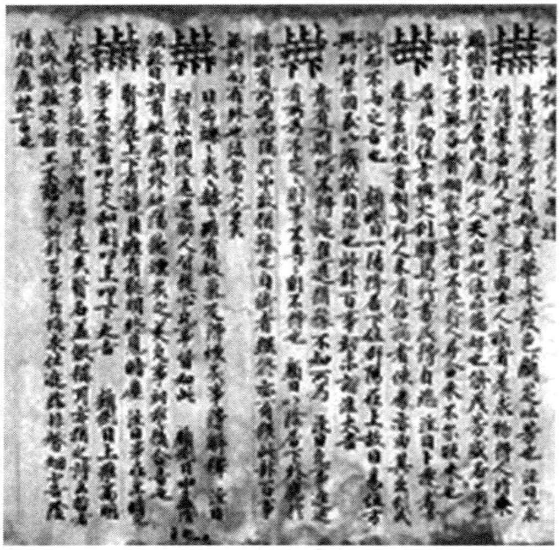
图 2–1 P.3782《灵棋卜法一卷》

事”。文中以一至四个“上”、“中”、“下”分一、二、三层的排列组合来表示卦象，未标出卦名、卦序等。共存卦象 67 个，实涉 71 卦的内容。占辞以四言韵文为主，多引无名氏“注曰”及“颜渊曰”加以解说，间引《易》、《诗》、《论语》、《离骚》之文。并引“又一本云”以存他说。

其内容如下（笔者按：卦象为三上四中四下，用“三四四”表示。参见图 2–1）

> 三四四　贤君在上，下有谗臣，虽见聪明，终见暗尘。注曰：事在主暗。凡事不果，当扣下人，和则扣上，扣下史吉。颜渊曰：上虽高明，下蔽者多，徒抱其智，殆于危矣。贤名盖假称耳，亦犹之《诗》云“哲者成城”、《离骚》云“哲王不寤”矣。此卦百事有悔，求仕进弥非，婚姻小吉，阴阳颇应，故言也。

文中的“颜渊曰”显然系伪托，其实是晋颜幼明之注文，被后世讹为颜渊。无名氏之注，不知何人，引用时排在“颜渊曰”之前，其时代也应早于颜幼明。

此外，在卷末题记之后，尚有两行文字：

> 上中下总覆，卜人吉，忧生产之事，或改造田宅吉。
> 上中下总覆，或有立者亦唯前，或心有异端事。

这两行文字所载，即相当于传世《灵棋经》最后的“纯阴镘卦”，不计算在124卦之数内。是指十二枚棋子全部文字向下，都显示没有文字的一面，故言“上中下总覆”。

(2) S.557《灵棋经》

S.557，图版参《英藏敦煌文献》第2册。册中定名为《灵棋经》。旋风装之一页。首尾俱残，上下亦有缺损，存文字31行。起“谐□□若历天□□位，内外相应”，讫“事皆有名而无实，闻□”。存卦象6个，所涉9卦。从文字笔迹和内容看，与P.3782相同，为P.3782中的一页，经黄正建、王爱和考察，[1]其位置正处于P.3782图版的第11页之后、第12页之前，其卦辞处于“四中四下”之后、“三上二下”之前。

将P.3782与S.557拼合后的写卷，共存文字307行，卦象73个，实际涉及78卦的内容。按照文末题记“百廿四卦”的说法，该卷所存内容在全部的一半以上，接近三分之二。与传世的《灵棋经》相对照，[2]所存78卦，分别为7—16、24—32、39—48、52—64、75—80、90—96、98—112、118—124。[3]所缺者47卦。这些缺损的内容，有些是由于水渍污渍无法看清，有些则是断裂残损。从图版照片所显示的残卷形态来看，该写卷似经过长时间的使用，上下端磨损，有大片水浸痕迹（或污迹），致使许多地方漫漶不清。可能在入藏时即已出现断裂，或者在藏经洞开启后的翻阅过程中断裂，所以才会为伯希和、斯坦因分别携至不同国家。

传世文献中有《灵棋经》二卷，存124卦及纯阴镘卦，内容形式与

① 黄正建《敦煌占卜文书与唐五代占卜研究》，第19页。王爱和《敦煌占卜文书研究》，第21页，第28—29页。

② 传世的《灵棋经》计有2卷，由唐李远序，元明人注解，占辞内容较此稍繁。见《四库全书》文渊阁本。

③ 此处的计算与王爱和相同。黄正建亦有对照，他以存有卦象的卦为准进行计算，所以得出的数字与此稍异。

敦煌所存基本一致。但传世本《灵棋经》有卦名，敦煌本无卦名。王国维、黄正建、王爱和等均以此为据，比较过敦煌本和传世本的异同。

文后题记，当是抄写者所题，抄写者名范梧，事迹无考，时间为壬申年。黄正建认为，“壬申年应是唐德宗贞元八年（792），因此这卷写本是唐中期的写本”。[①]王卡也说：“从题记称殿下并用干支纪年看，疑系吐蕃占据期间抄写”。[②]荣新江将此写卷归在912年。[③]王爱和则认为此“壬申”应当更早，“应该在隋代以前，是西魏废帝大统元年（552），或者更早的北魏孝文帝太和十六年（492）”。马克在其《敦煌数占小考》中也说，“由今日尚存之古本《灵棋经》，可知此卜法早已使用于六朝”。考虑到吐蕃占领期间所抄文书有不避唐讳的情况，唐亡之后的归义军时期也不再避唐讳，所以此“壬申年”具体所指究竟是公元792年还是公元912年还是无法确定。笔者倾向于五代时期，即公元912年。

2. P.4048《灵棋经》（拟）

P.4048，图版参《法国国家图书馆藏敦煌西域文献》第31册。册中定名为《灵棋本章正经》。册页装，存两页四面。从内容顺序看，图册中的页面排列有误，将最末一面排在了第一面之前。[④]有界栏，首尾俱残，无书名、作者等信息，存文字37行，书法拙劣。首起“公又用此法，客于淮南”，讫“阴未既正道斯得以言人”。内容为序言的后半、占仪及前两个卦。有卦象、卦名、占辞。卦象的表示与P.3782+

① 黄正建《敦煌占卜文书与唐五代占卜研究》，第19页。

② 王卡《敦煌道教文献研究》，中国社会科学出版社，2004年，第149页。

③ 荣新江《归义军史研究——唐宋时代敦煌历史考索》，上海：上海古籍出版社，1996年，第274页。

④《敦煌宝藏》第132册中P.4048图的排列顺序亦不准确，误将第一面置于最后，王爱和已指出其错误（《敦煌占卜文书研究》第32页）。《法国国家图书馆藏敦煌西域文献》已有所调整，但顺序仍然有误。

S.557不同，分别用—、丨、—、代替上、中、下，前两个卦的卦名分别为升腾、渐泰。占辞为四言韵文，引“颜曰”、“何曰”来加以解说。

本残卷最重要的部分，是保存了原卷中的序言及占仪等内容。如：

> (前残) 公又用此法，客于淮南，自示秘密（法），莫有传者。晋太康中，襄城道人法味，有老翁着皮衣，以竹筒盛此书，以受(授) 法味，遂传于世。
>
> 其卜法：用棋子十二枚，各方一寸，书“上”、“中”、“下”字各四枚，每卜占之时，皆须清静烧香，安坐少时，然后执棋而咒之曰：“卜兆臣某乙，谨因四孟诸神、四仲诸神、四季诸神、十二辰官，上启天地父母、太上元老、日月五星、北斗七星、四时五行、六甲阴阳、廿八宿、岁得（德）明堂：某乙心有所疑，请为决之。吉当言吉，凶即言凶，得失是非，请形于兆，心中所疑，但但(且) 言之。

所存文字虽然不多，但保留的残序言与占仪咒文，对我们了解这种占法的传承及发展有很大作用。前一段残文是有关《灵棋经》传承的记载，根据它的说法，唐时所传的《灵棋经》，其产生在晋以前，由某公携至淮南，秘不示人，至晋太康（280—289）由皮衣老翁传给襄城道人法味，而由法味传于世间。借此内容，结合传世文献的有关记载，可以大体勾勒出灵棋卜法的传播途径。

后一段是有关卜法及咒文的记载。占卜所请神祇，包含天地岁时、日月星辰、五行阴阳等诸神，这个神谱，与敦煌五兆卜法文献中所列神祇接近而数量稍多，与传世《灵棋经》中的“占仪”部分相比，少了

“岁月日时值日功曹”诸神，语句也相对朴实。①

其后还有关于掷棋布卦方法及占卦所应注意事项的解说：

> 掷棋，看、上、中下，布卦定，吉凶已定，不要再占，再即吉凶不定，即吉凶不定。凡卜，须至心净念，或宿启，或缘事，切急但（担）心，亦不假宿启。上、中、下，三才之义也，展转都有一百廿四卦。
>
> 凡卦，皆以奇偶为吉凶，奇为阳，偶为阴，以此相推，吉凶可知。或有词理不相会者，宜详其趣焉。假如“巍巍吓吓，不求自获，当其所须，皆疑捕讨”，求财得类即吉，施于病疾即凶。又如“岁富月昌，安如太山”，当其忧色、求财、住宅即吉，施于掾游他乡望速归者即未至。又如“君臣处位，方兴大利”，君子遇之即吉，小人遇之即凶。以类推之，求其卦象。夫君子者，小人者，论其德行，不以宦爵。奉道者君子，背道者小人，重仁义轻贿利者君子，寡信义重爵禄者小人。

有关掷棋布卦方法的说明，与后世所传大体相同，但其中对术语及卦辞应用的举例说明，则为后世所无，对于占卜方法的运用、卦意的理解有很大的作用，可以说是实际占卜经验的记载。

传世的《灵棋经》还有“默念‘唵、吽、嚤、呢、哒、哩、咤、敕’三遍，即以十二棋子，一时掷之。依所得上、中、下成卦，不可再，再则无验矣。占讫，送神词曰……”等语，可见在后来的发展中已经渗入了佛教因素。

保存下来的正文内容不多，仅两个卦，前一卦称“升腾”（四库本《灵棋经》中，卦名为大通，升腾为象解），内容完整；后一卦称“渐

---

①《灵棋经》，《术数全书》上，郑州：中州古籍出版社，1994年，第545—546页。

泰”，所存不到一半内容。其内容包含卦名、卦象、占辞，以及“颜曰”、“何曰”的注解。与P.3782+S.557相比，其不同处：一是多出了卦名；二是卦象的表示方式不同，即不用上中下的排列来表示，而是用“一、丨、一”来表示，也没有“一上一中一下”等的说明；三是多出了一人的注解，即在原有的“颜曰”之外，又有了“何曰”（即何承天）的注解内容。如：

升腾丅丄　从小至大，无有颠沛。自下升高，致富豪。宜出游行，不可伏逃。颜曰：以小慕人，不可致富贵，若高者慕下，则有忧色。又曰：天地定位，圣人参从，经纶草昧，开元吉始，故曰自下升高。功创制，无往不善。不可阴谋密计。占婚姻难合，纯阳攸也。行人未至，系者得出，市买有利。何曰：仕官高迁，病者不宜住暗处，宜出避之吉。口舌无苦。居家大富。行师吉。斗诤胜。田蚕与猎并大获。

由这些内容可以看出，此件《灵棋经》的产生时代，较P.3782+S.557仅有颜注的本子，要晚一些。抄写时间，从文中避讳看，避“旦”不避“纯”（“但但（且）言之”之“但”字写法，“日”下多一横；“切急但心”之“但”字，“日”字缺笔作“口”，这两种写法，显系讳“旦”字），这种情况有两种可能，一是其抄写时间可能在唐睿宗李旦（710—712）之后、宪宗李纯（806年即位）之前；另一可能是唐亡之后的五代、宋初，可以不避李唐之讳，[①]但沿袭了原来底本上的写法。

3. P.4984V《灵棋经》（拟）

P.4984V，图版参《法国国家图书馆藏敦煌西域文献》第33册，册中定名为《灵棋本章正经》。该残卷为卷子装，首尾俱残。正面抄写

① 王爱和从不避“纯”字推测，可能是唐以后的作品。《敦煌占卜文书研究》，第32页。

《燕歌行》、《书仪》，灵棋卜法文献抄写于背面，字迹极不清晰，存文字35行，首起“得志☰　显得得志，与时相值”，讫“病者服药无益，官事不吉”。内容为灵棋卜法，用“一、丨、—”来表示卦象，存卦名5个，涉及6卦的内容，分别为得志、[事遂]（据四库本补）、才达、恣游、忧患、慎德。其形式与P.4048相同，有卦名、卦象、占辞，引“颜曰”、“何曰”为注。黄正建、王爱和将该部分内容与四库本《灵棋经》比较，发现其属第9到14卦的内容。册中定名为《灵棋本章正经》不确，宜拟为《灵棋经》。文中不避“显”、“纯”、“治”的等唐讳，黄正建、王爱和认为是唐以后的写本。①

4. S.9766+S.9766V《灵棋经》（拟）

S.9766+S.9766V，图版参《英藏敦煌文献》第12册，册中定名为《卜法》，为一残片的正背两面。S.9766存文字10断行，起“宜征伐追捕逃亡□”，讫“□遭洪□固周”，中有卦象一个，用“一、丨、—”来表示，涉及两个卦的内容。S.9766V亦存10断行，起“□长当□行人亦”，讫“二阴虚耗之卦疾□”，存一个卦名“淫蛊”及其卦象，涉及两个卦的内容。与四库本《灵棋经》对照，S.9766存第15、16卦的部分内容，四库本《灵棋经》中的卦名为行令卦、将损卦，敦煌本残文中仅标出将损卦的卦象，而未标卦名。S.9766V存第17、18卦的部分内容，四库本《灵棋经》中卦名为神护卦、将败卦，敦煌本残文中仅标出第18卦的卦名，作“淫蛊”，与四库本不同。四库本第18卦名“将败”，“淫蛊”为其象解。

从内容形式看，该残卷包含卦名、卦象、占辞，占辞后引颜曰、何曰为注，与P.4048、P.4984V相同，可判定三者属同一系统。拟名为《灵棋经》。

① 黄正建《敦煌占卜文书与唐五代占卜研究》，第23页。王爱和《敦煌占卜文书研究》，第35页。

二、敦煌《灵棋经》的系统

敦煌保存的《灵棋经》6个卷号4件写本，可分为两个系统。一是P.3782+S.557，尾题“灵棋卜法一卷”，其特点无卦名，有卦象，以上中下的排列来表示卦象，繇辞为四言韵文，多为四句，间有五六以至八句者。首引无名氏之“注曰”以释吉凶，复引“颜曰”（或作“颜渊曰”）加以解说。未标出卦名，亦未引“何曰”。如P.3782：

> 三四　追逃捕亡，乃至乐浪，收我宝玉，牵我牛羊。注曰：必取人物，以致不利，速解射之吉。或取家中物，是不应取而取之，为恨耳，不吉。颜渊曰：天地相应，阴阳有位，故以远超海表，明阳九代。但中才无主，乱也。《易》畏收宝玉，牵牛羊也，未免于贼。此卦小吉，征伐无克胜也。

一般来说，无名氏之注多以吉凶为释，解释该卦所兆吉凶，有时还说明具体所指；而“颜曰”则多围绕卦象，从易理、阴阳位置出发进行解说，喜欢引用经典中的事例与文字。

另一系统是P.4048、P.4984V、S.9766+9766V，计4个卷号3件写本，它们的特点是有卦名、卦象，繇辞为四到六句的四言韵文，后引“颜曰”、“何曰”为注。与前一系统相比，这3个写本的灵棋卜法文献没有题名，据其内容特点，可拟名为《灵棋经》。有卦名（前一系统无），卦象用“—｜—”的组合来表示（前一系统用“上中下”表示），注文中少了无名氏之“注曰”，多了“何曰”。例如：

> 慎德 $\overline{\underline{\underline{||||}}}$　天地宽舒，小人自如，禁令之不行。颜曰：盗贼入庐，当失财物，家内长病，至秋病差。此卦特主执政，不宜求事。何曰：行人来归，逃亡不获，病者服药无益，官事不吉。

注中多出的“何曰”以吉凶解说为主，其文相对颜注要简洁一些。

仔细比较这两个系统的灵棋卜法文献的注文，笔者发现，P.4048、P.4984V、S.9766+9766V的注文虽然只有“颜曰”、“何曰”，没有了前一系统的无名氏“注曰”，但并不意味着无名氏“注曰”的内容被丢弃不用，而是被统一归入了“颜曰”之中。例如：

> 一三三　济济多畜，德有光辉，相见欢喜，长乐无央。注曰：出身当遇贵人，人亦有贵而相益，岁终得力，病者差，行人未来，凡事成，吉。颜渊曰：夫以阳爻为贤，故曰多士。万物相见，向明之卦，百事大吉，可及名誉。《诗》云“济济多士，文以宁人”。(P.3782)
>
> “才达　济济多事，令得孔光，相见欢喜，长乐无央。颜曰：出行得才，多当贵人相助，岁暮当得其力，非止一者。病者差，行人归，百事吉。欲见王侯及招名利，善。何曰：求禄得遂，市买利，婚姻和合，官事解散。(P.4984V)

P.4984V的“颜曰”实际与P.3782的“注曰”内容相近，可以说是P.3782“注曰”的翻版；而P.3782中“颜渊曰”的易理分析则不见于P.4984V。

从这些内容及其变化可以看出，第一个系统的文献，即P.3782+S.557的产生比第二个系统的文献产生要早一些，这个系统的文献所收注文截止到“颜曰”，而其中的无名氏“注曰”的出现可能比“颜曰”还要早一些。这个系统的写本所依据的应该是晋颜幼明的注本。①

第二个系统的文献，即P.4048、P.4984V、S.9766+9766V，在前

① 王爱和也推测这个系统的写本所据的“殿下锡本”，可能是晋颜幼明的注本。《敦煌占卜文书研究》，第23页。

一系统文献的基础上，将无名氏“注曰”的内容与“颜曰”或“颜渊曰”的内容进行了整合，既突出了其中吉凶解说的部分，也保留了其中运用阴阳易理分析卦象的部分，统一用“颜曰”表示，其中紧接在“颜曰”之后释吉凶的文字往往与 P.3782+S.557 中的“注曰”有关，其后“又曰”所引的文字，往往与 P.3782+S.557 中的“颜曰”或“颜渊曰”的文字接近，注重卦象解说。在这之后，才是“何曰”的注解。因此可以说，第二个系统的文献比第一个要产生得晚，它们之间的内容有承继关系，而这一工作，很可能就是由“何曰”的作者完成的，即南朝宋何承天在作注的时候，将前代已有注解进行了归并，再用“何曰”加上了自己的解说。

与四库本《灵棋经》比较，第二个系统文献的形式与内容，更接近传世本《灵棋经》。

三、《灵棋经》的作者及源流

敦煌所存《灵棋经》由于残缺，未见有关《灵棋经》作者、起源的明确信息。仅 P.4048 有“公又用此法，客于淮南，自示秘法，莫有传者。晋太康中，襄城道人法味，有老翁着皮衣，以竹筒盛此书，以受（授）法味，遂传于世”的记载。不过，参照传世文献，我们可以补齐有关信息。

南朝刘敬叔《异苑》载：

> 十二棋卜出自张文成，受法于黄石公，行师用兵，万不失一。逮至东方朔，密以占众事。自此以后，秘而不传。晋宁康初，襄城寺法味道人忽遇一老公，着黄皮衣，竹筒盛此书，以授法味。无何，失所在。遂复传流于世云。[①]

① （南朝宋）刘敬叔撰，范宁点校，《异苑》卷五，北京：中华书局，1996 年，第 46 页。

据此记载，《灵棋卜法》出自张良，是他自黄石公处学来，早期只用于行师用兵，到西汉东方朔始用来占卜众事，然后直至晋宁康年间（373—375）才又由一位着黄皮衣老翁传给襄城寺道人法味，由此传播开来。

检索其他文献，我们发现，关于灵棋卜法的起源，敦煌本与传世本的说法相同，即战国末叶黄石公传张良，由张良传下来，经东方朔、淮南八公（或作淮南王），到晋世法味传于世人，所以史志目录所载，或题张良，或题黄石公，偶有题东方朔或李进的，但主流的说法仍是前者。这种说法显系伪托，唐代李远在其叙中已有怀疑，他在《灵棋经叙》中说："灵棋经者，不知起所起。或云汉留侯张良受之于黄石公，能知未然事，以占时用兵出行，万不失一。至汉武帝时东方朔以覆射万事，亦皆奇中，用此书也。若好事者倚声价，重其术，岂尽数公之为乎？"[①]宋晁公武亦疑之。元代吴师道明确指出是后人的依托附会，他说"王伯厚《纪闻》引《异苑》，谓出张文成，受法于黄石公，行师用兵，万不失一，东方朔密以占众事。愚谓此亦后人依托附会。今其书有'商山四皓，养行道之'，言文成、四皓并时，安得有此？知不然也"。[②]明代刘基亦认为不合史实。[③]后来的研究者也都对黄石公、张良或者东方朔为作者的说法普遍持否定态度。

那么《灵棋经》的真正作者是谁呢？我们由作注者来看，晋代有颜幼明注，南朝宋有何承天注，可以确实《灵棋经》的产生不应该晚于晋。到南朝齐时，这部书已经广泛得到应用，如《南齐书》、《南史》记载江谧用灵棋卜法进行占卜，其繇辞与今本相同。从有关的记载和著录来看，南朝刘敬叔《异苑》最早记载该卜法，刘敬叔为晋宋之间人，

① （唐）李远叙《灵棋经》，文渊阁《四库全书》本。
② （元）吴师道《灵棋经后题》，《礼部集》卷一八，文渊阁《四库全书》本。
③ （明）刘基《灵棋经解序》，《灵棋经》，文渊阁《四库全书》本。

所记《灵棋经》流传于世亦在晋时，去其时未远，其说当有所本。最早著录该书的是《隋书·经籍志》，作《十二灵棋卜经》，其后宋代书目亦有著录。从这些记载和著录看，成书的时间当距晋不远，或就在晋。

明代有人从繇辞分析，认为是汉魏时期五行家所作，如明代唐顺之《稗编》说："今观其繇皆鄙俚，类非晋宋以前有道者文字，其必汉魏之季五行家所作而依托东方氏以为重欤？"[①]不过这也只是推测之语。

结合传承来看，该书成于法味的可能最大。文廷式、余嘉锡均持此说。

文廷式《补晋书·艺文志》据《异苑》所记，推测"此书盖法味依托也"。[②]

余嘉锡《四库提要辨正》说"余初读《异苑》至此，颇疑《灵棋经》即法味所伪托"，又进一步据杨守敬所见日本古抄本分析道："又取杨守敬《日本访书志》读之，则其所得古钞本《灵棋经》明题为晋襄城道人法味传，而日本森立之亦尝疑此书即法味所托，与文氏之说，不谋而合。"[③]

结合敦煌所存残卷中的记载，可以认为《灵棋经》的作者就是晋的襄城道人法味。法味编写了《灵棋经》，为增加其书的神圣权威性，依托了黄石公、张良、东方朔等人，以广流传。

《灵棋经》的书名与卷数。据史志目录的记载，灵棋卜类文献自《隋书·经籍志》始有著录，《隋书·经籍志》子部五行类著录有《十二灵棋卜经》一卷；《崇文总目》卜筮类有《灵棋经》一卷，《通志·艺文略》著录了3种——龟卜类有《十二灵棋卜经》一卷，杂占类有张亘（良）撰《灵棋经》一卷、李暹撰《灵棋经》一卷；《遂初堂书目》数

---

① （明）唐顺之《稗编》卷六四，文渊阁《四库全书》本。

② 文廷式《补晋书艺文志》卷四，《二十五史补编》第3册，北京：中华书局，1956年，第3758—3759页。

③ 余嘉锡《四库提要辨正》卷一三，北京：中华书局，2008年，第738—741页。

术家类有《黄石公灵棋经》（未标卷数）；《郡斋读书志》五行类有《灵棋经》二卷，《宋史·艺文志》子部五行类有《灵棋经》一卷、李进注《灵棋经》一卷。传世本有文渊阁《四库全书》收明天一阁藏本《灵棋经》二卷，《正统道藏》太玄部收有明代刻本《灵棋本章正经》二卷。

新旧《唐志》中没有著录。从著录情况看，唐代初年的灵棋卜法文献称《十二灵棋卜经》，一卷。到宋代，书名简化，径称《灵棋经》，北宋时流传的仍是一卷本；到南宋，一卷本已有不同的注本系统，同时还出现了二卷本，晁公武见到的已经是二卷本了。元明之后，一卷本消失，二卷本广泛流传。明代编《正统道藏》时，将书名改题为《灵棋本章正经》，收入太玄部，仍是二卷。世俗流传的本子仍称《灵棋经》，二卷。

敦煌保存的灵棋卜法文献，有确切题名的只有 P.3782+S.557 尾题的《灵棋卜法》一卷，与史志目录的记载并不完全相同，比较接近《隋书·经籍志》中的《十二灵棋卜经》。就敦煌文献的尾题往往比正式书题简略的现象而言，这部残存文献的全名可能就是《隋书·经籍志》所著录的《十二灵棋卜经》，其卷数为一卷。而另一个系统的 P.4048、P.4984V、S.9766+9766V 等 4 个卷号的写本，虽然都残缺不全，没有书名、卷数等信息，但根据我们以上对《灵棋经》书名与卷数的分析，可以确定它们的书名应该就是《灵棋经》，卷数为一卷。

第二节

李老君周易十二钱卜法

本类卜法文献共有 8 个卷号，S.3724V、S.3724+S.11415、S.813B、S.5686、S.1468B、Дx.9941、Дx.9981,可以拼接缀合为 6 件写本。

王爱和还提到了 S.11415V。但 S.11415V 只是 S.3724V 上撕裂下来的一个残片，可以缀合在 S.3724V 的右下角，其所抄内容没有涉及本卜法，所以本文未计算在内。

一、写本概述

1. S.3724V《李老君周易十二钱卜法一本》

S.3724V，图版参《英藏敦煌文献》第 5 册，册中定名《李老君周易十二钱卜法一本》。该件写本为卷子装，首全尾残，抄于 S.3742 的背面，有题名称《李老君周易十二钱卜法一本》，应该是其卜法的正式名称。该写卷所抄内容前后错杂重沓，前面抄有“六十甲子纳音”，中间夹抄学郎杂诗“郎君须立身”，后面接抄“推九天行年灾厄法”，属于本文献的部分内容亦多重复抄写，并与其他内容相穿插。文字共保存 48 行。有序言，无卦名、卦象。除去重复，存四卦的卜辞，分别为一文十一缦、二文十缦、三文九缦、四文八缦的全部，及“十文三缦”（有错讹）的开头。写卷另一面，抄写《佛说无量寿宗要经》及《李老君周易十二钱卜法》的开头部分。

接抄在题名后的一段文字，可能是序言：

> 缦为阴，文为阳，阴仰阳覆。老子卜易之法，用钱十二文掷着盘中，看文缦即知土（吉）凶，万不失一。来卜者人足（捉）钱，如咒之曰：某年某月某日某厶所卜某事，吉时作吉，作相生之卦；凶时言凶，即道凶相克之卦。神钱合利，所乞之（知）之，卜者情高，任作卦兆。

所谓缦文、阴阳，是指铜钱的两面，有文字的一面为阳，称文；无文字的一面为阴，称缦。这段话概述了占卜的方法和占仪、咒语，虽然文字不多，但对了解该卜法有很大作用。

序言后为卜辞。每卦前均以“易曰”开头，按抛掷所得“文”、“缦”的多少，套用易卦卦象，分述该卦所兆吉凶。如首段云：

> 易曰：一文十一缦，坎上离下，水火相克之卦。行人稽留，病者困，祟在北君、灶神，囚系有罪，亡失者远，有人见，先有犬鼠为怪，辞讼未了，田蚕不称，月忌八月、十一月，日忌子、午，妊身生女，宅舍不安，盗犯土公，急解之大吉。有犬缩鼻返耳，急宜解之，无凶，大吉。

按照十二枚钱抛掷后生成的“文”、“缦”多少的情况看，这种卜法应共计有十三卦。此件文书中，只抄录了其中的四个卦，分别是一文十一缦、二文十缦、三文九缦、四文八缦。

所占内容，涉及行人、病困、囚系、亡失、怪异、辞讼、田蚕、婚育子女、宅舍，以及月忌、日忌等内容。

综合写卷正背面抄写内容及情形，可以看出全卷共有三种不同书写笔迹，说明经三人手抄而成：正面《佛说无量寿宗要经》为一人所抄，画有界栏，笔迹工整清晰，有尾题，后面留有四五行的空余处；写卷背面的《六十甲子纳音》为另一人笔迹，书法一般，字迹清晰，上下未留空处，直抵纸边，无界栏；《李老君周易十二钱卜法一本》及后面接抄的学郎杂诗“郎君须立身”及“推九天行年灾厄法”为第三人笔迹，书法稚拙，字稍大，抄写重复，并穿插于写卷的正背两面的空余处。据此推测，笔者认为可能正面的《佛说无量寿宗要经》抄写最早，后来有人利用佛经背面纸张抄写《六十甲子纳音》，再后来又有人利用这件写卷正背两面的空余处又抄写了《李老君周易十二钱卜法一本》及学郎杂诗“郎君须立身”、“推九天行年灾厄法”等。

从《李老君周易十二钱卜法一本》开头部分内容的反复抄写、字体的拙稚，以及其中夹杂的“郎君须立身，莫共酒家亲，君不见生生鸟，为酒送其身”等诗句来看，这件残卷，可能是敦煌当地学郎为练习写字而利用旧纸空处写上的，并非专门为占卜参考而抄。

2. S.3724+S.11415《李老君周易十二钱卜法》

这是由英藏的两个残片缀合起来的写本，抄写在前述 S.3724V 的另一面。

S.3724，图版参《英藏敦煌文献》第 5 册，册中定名《李老君周易十二钱卜法抄》。卷子装，首全尾残。写卷前部抄写佛经，尾题“佛说无量寿宗要经”，后部接抄《李老君周易十二钱卜法》，存首部文字 6 行，仅保留有题名的一半以及序言的大部分内容。

S.11415，[①]图版参《英藏敦煌文献》第 13 册。册中定名《李老君周易十（二）钱卜法抄》。该残片为写卷左下角撕裂的部分，存文字 7

① S.11415 的背面，抄写《六十甲子纳音》，它可以与 S.3742V 的右下角相缀合。由于所抄内容未涉及《李老君周易十二钱卜法》，故未在介绍 S.3742V 时列出卷号。

行，与《李老君周易十（二）钱卜法抄》有关的内容仅5行，残存该卜法题名的一半及序言的少部分。题名中“十二钱”三字中脱漏了“二”字。

拼合后的残卷，保存了完整的序言。可以校正写卷另一面的相关内容。如“即知吉凶”之“吉”，S.3724V讹作“土”；“捉钱”之“捉”，S.3724V讹作“足”等等。

从图版照片可以清楚地看出，此件《李老君周易十二钱卜法》是利用了《佛说无量寿宗要经》后面的空余之处而写，书法笔迹与卷背的《李老君周易十二钱卜法》一致，可以判定为一人手笔。因此也可以判定，它与背面的性质一样，也是敦煌学郎练习书法的作业。

3. S.813B《周易十二钱卜法》（拟）

S.813，图版参《英藏敦煌文献》第2册，册中定名《立成孔子马坐卜占法》。该件写本卷子装，所抄占卜书实含四部分内容，分别为S.813A《推养犬法》（拟）、S.813B《周易十二钱卜法》（拟）、S.813C《立成孔子马坐卜占法》和S.813D《月占法》（拟）。

S.813B所抄《周易十二钱卜法》（拟），首残尾全，首端上部亦有大片横向残去，无题名，存文字33行，抄写工整，笔迹清晰，与前面的《推养犬法》（拟）和后面的《立成孔子马坐卜占法》显为同一人抄写。存序言及十二卦的大部分内容，其中较完整的有7卦。这件写本与S.3724V+S.11415在形式上有所不同，即有卦名、卦象。可以辨认的卦名有随、家人、噬嗑、晋、不济、否，卦象共存7个，除以上有卦名的六卦外，还有六文六缦的卦象，其卦名，我们参照卦象和其他写卷，可以推出为“遁”卦。这些卦名、卦象，都套用《周易》的卦名、卦象。如第九卦：

噬嗑（卦象离上震下）易曰：九文三缦，震火木之卦，宜和相生，身吉，忧患差，所求如意，诉讼得理，占病不死，祟犯灶君、丈人，求之得差，系者得出，行人来至，宅舍可居，宜子孙，田蚕大得，月忌六月、八月，大吉利。

从本写卷将不同占卜文书连抄在一起，且笔迹清晰来看，应该是为查阅使用而专门抄写的。王爱和推测“抄写者可能是学子之流”的看法恐不能成立。该件写本的语言与其他卷号相比，稍显文雅齐整，四六字句较多。抄写中错讹较多，如“晋卦”中有关文、缦的数量抄错，而且全卦内容与“不济卦”相同；文中的“祟”字，也多讹作“出示”，可见抄写者的文化水平并不高。

王爱和将该写卷的前两部分合在一起标为S.0813A，并将此部分拟名为《周公十二钱卜法》。笔者认为，从内容上看，该件写本与S.3724V的关系较其他卷号更为接近，应参照S.3724V的题名，拟为《周易十二钱卜法》较好。

4. S.1468B《周公十二钱卜法》（拟）

S.1468B，图版参《英藏敦煌文献》第3册，册中定名《阴阳书》。

该写本卷子装，抄写两部分内容，前抄《推得病日鬼法及厌法》（拟），定为S.1468A；后抄《周公十二钱卜法》（拟），定为S.1468B。该件《周公十二钱卜法》，首全尾残，存文字22行，抄写较为清晰，有少量内容经水浸后字迹不清。内容包括序言和前三个卦，无题名，无卦名、卦象。序言首句前端数字经水浸水后漫漶不清，其文为：

昔周公辅成王，管蔡臣言，欲隐身□避，用钱十二文决吉凶，定狐疑。后学禺（愚）不敢遂落，取姑终姤，易解唯求，在意凶心掷钱，随其文缦多少占卦。满三掷，所求下言，或无分时，随问者远其钱，口属之心，□□□言求□□钱，随其缦多少占知。满三掷，所求意终不达，以□□须更掷，□卦无□进，出入、占病、鬼崇、辞讼、系狱、嫁娶、逃亡、□□为事，一与□□□言易文。

这段序言，较S.3724V《李老君周易十二钱卜法一本》所载之序的内容有所不同，除占卜方法外，它还记述了十二钱卜法的起源。由于漫漶缺损及文字本身的不通顺，有些内容难以明确，但大意还是可以理解。按它的记载，十二钱卜的创始者为周公，后学者承之，最终形成了这种占卜吉凶的方法。这比S.3724V所载序言中称“老子易卜之法”的起源要早了许多，虽然无论老子还是周公，都不可能是这种卜法的实际创制者，只是依托而已，但依托不同的对象表明它们的传承源流不一，这是我们所应当注意的一点。此外，这个序言所记载的占卜方法与S.3724V的侧重点亦有一些不同，如特别强调“满三掷”，虽然“以□□须更掷”句中有两字残损，但笔者推测“须”前所缺一字，可能是“无”字。因为占卜术的基础都建立在吉凶前定与占卜灵验之上，所以都强调对占卜结果的信任，不提倡反复多次的占卜，认为这样会干扰占卜的灵验与吉凶结果，如P.4048《灵棋经》的序言即云：“掷棋，看上中下，布卦定，吉凶已定，不要再占，再即吉凶不定。”所以应是满三掷后，虽然所卜结果不合求卜者的心意，但也“无须更掷”。另外，序言中还提到此种卜法所适用的占卜内容，包括出入、占病、鬼崇、辞讼、系狱、嫁娶、逃亡等，并提到《易》。所以，对这部失名“十二钱卜法”书的拟名，我们既可以参考S.3724V《李老君周易十二钱卜法》的题名，同时还要考虑到序中所说起源传承的情况，因而笔者同意王爱和的拟名，应以《周公十二钱卜法》为宜。

文中所存三卦，包括“一文仰十一文缦坎离下之卦”，“五文仰七文缦震兑之卦”和“六仰六缦乾艮之卦”。第一卦与第二卦的内容并不相接，按其正常顺序，中间缺少了“二文十缦”、“三文九缦”、“四文八缦”三卦，所载内容较其他卷号更为详尽，解说细致。所占事项，包含学业、求官、出入、疾病、鬼崇、辞讼、系狱、嫁娶、逃亡、葬埋等，与序中所说一致。如“五文仰七文缦”卦：

> 易曰：五文仰七文缦，震兑之卦，克□。学道不成，辞讼不通，所求难得，若欲求官，反自来殃。嫁娶三年，夫妻必亡。有忧怪。占病死，祟□□□□□□□□子，不葬之鬼。系者罪重，逃亡即被捉得，失物□□□色婢良。移徙、葬埋相害。远行人不利，恐有疾病。月忌二月、八月，忌日子丑午卯酉日，慎之。

黄正建指出该卷中第一卦的占辞不同于S.3724V，第三卦即六文六缦的占辞与S.813B不同。王爱和也指出该卷序言所载卜法与S.3724V有所不同。从所残三卦的内容看，占卜事项中未涉及“田蚕”、“宅舍”、“子孙”之事，与S.813B、S.3724V也稍有不同，这一点值得注意。王爱和释录了原文。

此外，该卷第一卦本身也还有一些问题：

> 易曰：一文仰十一文缦，坎离下之卦。水火相灭，百事□□□□不成，辞讼不通，所求难得，若求□□□□其法见怪，即患□□□□□。嫁娶二年失妻儿，占病恐死，祟在□□□作，赤黑色鬼头上□□□□□□神、灶君，咒诅、计忌难，系者重罪，逃亡即得，为人所捉，失物得，□□□人，患病者□留，移徙、入家舍稠凶，葬埋不吉，欲不使连留，婚娶□□事妻相□，占病不死，渐得小差，祟在□□□□□□□葬埋怪三日之鱼，系者罪重，逃亡为人所告，失物在远，难得，移入舍大吉，远行人在道，有可，月忌三月、九月，日忌戌亥丑未日。

仔细观察，这一卦的内容与其他两卦相比明显要多一些，重复和矛盾的地方也不少，嫁娶（后作婚娶）、占病、祟、葬埋、系者、逃亡、失物、移徙等事项均有重复，解说亦相矛盾，笔者推测可能是抄写时与其他卦的内容相混所致。混接处，应当就是从第二个“婚娶”始，即此前应为“一文仰十一文缦”的内容，后面则为另一卦的内容。那么，混入第一卦的这部分内容，应该属于哪一卦呢？按照一般情况，抄写者跳行连写，最有可能的应当是第二卦。按照这个思路，笔者比较了保存有第二卦的 S.3724V、S.813B，但其内容都与 S.1468B 第一卦多出的部分不一致。最后，在 S.5686 的“四文八缦”卦中发现了比较接近的内容：

> 易曰：四文八缦……卜嫁娶自如，夫妻相生。卜病者不相宜，祟在家灶君神，口许不赛。卜葬埋，不得哭声出。卜禁者罪重。卜逃亡者，被人索物者道难得。卜移徙、入舍吉。卜行人在路未。忌三月九月，丑未之日，不宜远行、及死、问病，慎之大吉。(S.5686)
>
> 易曰……婚娶□□事妻相□，占病不死，渐得小差，祟在□□□□□□葬埋怪三日之鱼，系者罪重，逃亡为人所告，失物在远，难得，移入舍大吉，远行人在道，有可，月忌三月、九月，日忌戌亥丑未日。(S.1468B)

从占卜的事项内容到吉凶解说，均比较接近，可以认为，S.1468B 第一卦后连抄混入的部分，实际是第四卦，即“四文八缦”的后半。因而，S.1468B 最终保存的内容，并不是只有三卦，而是比三卦多出了半卦（当然，第一卦的内容也变得不完整了），包括“一文仰十一文缦坎离之卦”（大部），“四文八缦巽艮之卦”（后半），“五文仰七文缦震兑之卦”和“六仰六缦乾艮之卦”。

5. S.5686《周公十二钱卜法》（拟）

S.5686，图版参《英藏敦煌文献》第 9 册，册中定名《占卜书》。

该件写本册页装，书法不佳。存4个页面，24行文字。墨笔抄写，每卦前用朱笔标出隔断，有部分句读。所存内容涉及三文九缦、四文八缦、五文七缦3个卦，其中“四文八缦巽艮之卦”保存完整，其余两卦皆不全。与同类文献相较，该文献叙述语言稍有不同，内容也存在一些差异。黄正建所指出的“占辞以‘卜某某’开头，其四文八缦与S.3724的四文八缦、五文七缦与S.1468B的五文七缦均不同”。如：

易曰：四文八缦，巽艮之卦，土木之神，合相生，忧自除，学道成论，辞讼通达，所求如意。卜官事自散，有人相为（?）。卜嫁娶自如，夫妻相生。卜病者不相宜，祟在家灶君神，口许不赛。卜葬埋，不得哭声出。卜禁者罪重。卜逃亡者，被人索物者道难得。卜移徙、入舍吉。卜行人在路未。忌三月、九月，丑、未之日，不宜远行、及死、问病，慎之大吉。

与其他卷号相比，所占事项内容一致，事项前多用“卜”字开头，如“卜嫁娶”、“卜病”、“卜移徙”、“卜失物”等。王爱和认为该写本与S.1468B比较接近，拟名为《周公十二钱卜法》。今从之。

6. Дx.9941+Дx.9981《周公十二钱卜法》（拟）

Дx.9941+Дx.9981，图版参《俄藏敦煌文献》第14册，图册中已经将两个残片缀合，没有定名。该文书残甚，看不出装帧形式，有界栏，仅存文字7断行，存卦象一个、卦名一个、内容涉及两卦。黄正建拟名为《李老君周易十二钱卜法》，[①]王爱和拟名为《周公十二钱卜法》。今从王爱和。

残存卦象不甚清晰，但与其他残卷不同的是在卦象周围写有干支，可辨别的只有左边的“辛卯”，右边的“己丑”（很不清晰），上下所注

① 黄正建《关于〈俄藏敦煌文献〉第11至17册中占卜文书的缀合与定名等问题》，《敦煌研究》2002年第2期，第47—50页。

皆不可辨识。结合其他文书中提到月忌、日忌的内容，王爱和推测这些标注“可能是该卦的值日”，有一定道理。内容所涉及的两个卦，后者名“大过”，[①]六文六缦，基本内容与其他写卷大致相同，但说明更详细更具体，如“黄色女妇共白色丈夫”句，未见于其他卷号。前者虽然失去卦名、卦象，但可推出为“五文七缦”。总体而言，该残卷的内容与S.1468B较为接近，但在语言上又与S.5686相近，即每个事项前多用“卜”字开头，如“卜失财”、“卜葬埋”、“卜行人”等。

二、《周易十二钱卜法》写本的系统

敦煌所存《周易十二钱卜法》写本计有8个卷号，缀合后有6件写本，可以划分为不同的版本系统。黄正建在《敦煌占卜文书与唐五代占卜研究》中提到其中除Дx.9941、Дx.9981以外的6个卷号，他将之分为四种类型，即：S.813；S.3724V、S.3724+S.11415；S.1468B；S.5686。[②]他后来又在一篇文章中讨论了Дx.9941+Дx.9981，认为与S.1468B性质相同。[③]王爱和则根据这些写本的形制、内容，分为三个类型：S.3724V+S.11415V、S.3724+S.11415；S.5686、S.1468B；Дx.9941+Дx.9981、S.813。

一般来说，这8个卷号的十二钱卜法文书，形式内容总体都比较接近，大体都是正文每卦首称“易曰”，然后说明每卦文缦（即阳阴）的多少（一文十一缦、二文十缦或者三文九缦），解释卦象，如“坎上离下，水火相克之卦”，或“震兑之卦，土木之神”等，然后再依次解说

① 黄正建认为该卦卦象不清，“不似大过”。参《关于〈俄藏敦煌文献〉第11至第17册中占卜文书的缀合与定名等问题》，《敦煌研究》2002年第2期，第47—50页。

② 黄正建《敦煌占卜文书与唐五代占卜研究》，第23—25页。

③ 黄正建《关于〈俄藏敦煌文献〉第11册至第17册中占卜文书的缀合与定名等问题》，《敦煌研究》2002年第2期，第49页。

其卦所兆示日常生活中的吉凶，所占内容，往往与学业、求官、辞讼、疾病、嫁娶、囚系、逃亡、失物、葬埋、行人等有关。最后还有月忌、日忌方面的内容。解说较为简单。但经过仔细考察比较，还是可以看出它们之间的细微差异。

笔者根据对这些写本所抄内容及其形制的详细考察和比较，在黄正建与王爱和分类的基础上，重新进行了类别的划分，共分为三类，分别是：S.3724V，S.3724+S.11415；S.813B；S.1468B，S.5686，Дx.9941+Дx.9981。下面分别说明各类的特点及相互之间的差异。

1. S.3724V、S.3724+S.11415

这3个卷号的写本，实际上是同一人在同一写卷的正反两面抄写的，也是唯一保存了完整题名的写本。其名为《李老君周易十二钱卜法一本》。序中说明其为“老子易卜之法”，对占卜方法及占仪均有记载。其特点是，无卦象、卦名，正文每卦首称“易曰”，然后说明每卦文缦（即阳阴）多少（一文十一缦、二文十缦或者三文九缦），解释卦象，如“坎上离下，水火相克之卦”，然后是吉凶解说。所占内容，涉及身、行人、疾病、囚系、亡失、祟、辞讼、田蚕、妊娠、宅舍，以及月忌、日忌等。

与其他卷号相比，该类用“坎上离下，水火相克之卦”或者“坤上离下，火土之卦”这样的易占用语来解释卦象时，专门说明上、下卦。所占内容中值得注意的是没有提“婚嫁”及夫妻关系的内容，但有“妊娠”生子或是生女的预测，这是敦煌《周易十二钱卜法》文献中唯一提到这类内容的文书。此外，从占卜内容中还可看出，该类文书比较关注“宅舍”与“田蚕”，也提到一些禁忌，如“犯青龙、土公”等。

抄写的时间。王爱和根据S.3724V前面所抄《六十甲子纳音》与P.3175完全相同的情况，参照P.3175题记“天福十四年戊申岁十月十六日报恩寺僧□德写讫耳”所反映的时代，将S.3724V所抄《六十甲子纳音》的时代定为五代。[①]那么其后所抄的《李老君周易十二钱卜法一本》的时代也当与此不远。

2. S.813B

这件文书，从形式到占卜内容都明显与其他类型不同。

首先，它标出了卦名、卦象，卦名在前、卦象在后，这种形式与Дx.9941+Дx.9981 的标注形式也不相同。Дx.9941+Дx.9981 是卦象在前、卦名在后，卦象两旁还注有干支。

其次，它的语言比较简单概括，占辞较其他文书稍显文雅，基本以四六字句为主，如"相克伤身，祸害交至，所求不得，病者算尽，祟在井灶，急求得差，系者难了，逃亡不得，出者凶，来人在道，宅舍不可久居（不济卦）。"

最后，占卜事项内容也与其他类型不同。各卦所占事项并不全同，排列顺序也并不很严格，比较注重"宅舍子孙"，也注重占者自身的吉凶，多有"身吉"、"身大吉利"之语，也有其他文书未见的"兴生有利"、"病者算尽"、"忌子午人"等语。如黄正建、王爱和指出的，它的占辞很少有与其他类型文书相同的。

从占卜事项看，这件文书中与 S.3724V、S.3724+S.11415 系列的关系较另一类要稍稍接近一些，比如都提到田蚕及"身"的占卜内容，提到"犯土公"等，但在形式上明显不同。可见，这是《周易十二钱卜法》文献中独自发展流传的一个系统。

该件文书抄写时代不明。

3. S.1468B、S.5686、Дx.9941+Дx.9981

此类文书包含了 4 个卷号，3 件写本。总体而言，这 3 件写本的共同之处颇多，主要体现在占卜内容基本相同，事项排列及吉凶判定一致，可以认定是从一个祖本发展而来，属于同一个大的系统。如果细分

① 王爱和《敦煌占卜文书研究》，第 41—42 页。

的话，又可以分为 S.1468B 和 S.5686、Дx.9941+Дx.9981 两个小类。

（1）S.1468B 保留了前序，但未留下题名。序文记叙了该卜法的起源，强调是周公发明了此类卜法，这比 S.3724V 所称的“老子易卜之法”提早了数百年。虽然也记载了占卦方法，但没有 S.3724V 那么具体明确，注重对“掷钱”及其遍数的强调。另外，还概括该卜法适用的占卜事项。从序文来看，S.1468B 与 S.3724V 的差异是明显的，显然属于该卜法的不同系统。

不同之处还体现在正文中。

首先，卦名、卦象的表示不同。S.1468B 没有标出卦名、卦象，与 S.813B 明显不同；用“仰缦”来说明所掷铜钱的正反面情况，如“一文仰十一文缦”或“六仰六缦”，而其他卷号皆用“文缦”来表示；解释卦象时用“震兑之卦，克□”、“乾艮之卦，金水神”，没有用“上”“下”等字，与 S.3724V 不同。

其次，占卜事项与内容多有差异。S.1468B 占卜内容包含学道、辞讼、所求、嫁娶、疾病、鬼祟、系狱、逃亡、葬埋等项，但未提到 S.3724V、S.813B 中经常出现的“宅舍”与“田蚕”、“妊身（娠）”、“青龙”“土公”，也未提到“子孙”、“兴生”、“口舌”等项。

最后，吉凶解说也有不同之处。S.1468B 的“五文仰七文缦”卦云“占病死”，“逃亡即被捉得”，而 S.813B 的该卦则说“占病者不死”，“奴婢逃亡为人誸诱，远去不可▭”；月忌日忌也不同，S.1468B 该卦“月忌二月八月，忌日子丑午卯酉日”，S.813B“月忌三月九月，辰戌去生死”。

（2）S.5686、Дx.9941+Дx.9981

这两件《周公十二钱卜法》文书在形式上的共同特点是，占卜事项皆以“卜某某”开头，所卜事项顺序一致。

S.5686 所占事项亦皆以“卜某某”开头，如“三文九缦”：“卜禁者无罪，卜逃亡难得，卜失物，家奴婢黑人取之，卜入舍不吉，卜葬埋大吉”。Дх.9941+Дх.9981 所存虽然不多，但也可看出这种特点，如“五文七缦”后部：“卜失财家有□凶，卜葬埋相害，卜行人不利□。”

两件文书所载占卜事项及吉凶解说亦相同，如 S.5686 的事项顺序是学道、辞讼、所求、官事、嫁娶、卜病、祟、禁者、逃亡、失财物、葬埋、入舍移徙、行人。综合 Дх.9941+Дх.9981 所存两个残卦的内容，其占卜事项的大致顺序是学道、辞讼……病、祟……逃亡、失财、葬埋、行人。两相比较，可以看出其顺序是一致的。

除以上相同处以外，这两个卷号的文书在形式上存在一个不同，那就是 Дх.9941+Дх.9981 有卦象、卦名，而 S.5686 没有。从卦象、卦名这一点来说，敦煌 8 个卷号的“十二钱卜法”文书中，仅 S.813B 与 Дх.9941+Дх.9981 有，但它们二者在其他方面的差异比起拥有卦象、卦名这一共同点要大得多，不能因为皆有卦象、卦名就将它们列为同一类，而 S.5686 与 Дх.9941+Дх.9981 虽然有这样的不同，但由于它们在语言形式及占卜事项方面的共同点，我们还是应当列其为一类。

黄正建、王爱和也分别注意到了 S.5686、Дх.9941+Дх.9981 与 S.1468B 的关系，黄正建认为 Дх.9941+Дх.9981 与 S.1468B 性质相同，但他却认为 S.5686 的“五文七缦”与 S.1468B 的不同；王爱和认为 S.5686 和 S.1468B 同属一类，“可能来自同一版本”，但将 Дх.9941+Дх.9981 与 S.813B 划为一类。S.5686、Дх.9941+Дх.9981 与 S.1468B 之间关系密切，它们在占卜内容方面有不少共同之处，表现在占卜事项的相同和占卜顺序的一致上，比如都没有“宅舍”“田蚕”类事项，占卜顺序也都从“学道”、“辞讼”开始，终于“移徙”、“葬埋”、“行人”，连所用词语也较相近，说明这两类卜法文书间存在着一定的渊源关系，可能源自相同的祖本，但在后来的流传过程中各自发展，出现了差异。其中一个最大的不同就是 S.5686、Дх.9941+Дх.9981

在每个事项前都冠以“卜”的字样，而 S.1468B 则没有这样的字样；另外，S.1468B 的序中提到占卜事项“系狱”，正文称“系者”，而 S.5686 称“禁者”，虽然同义，但改动的痕迹明显可见。由此可知，S.1468B 保留的应该是这类文书的较早形态，而 S.5686、Дx.9941+Дx.9981 则在后来的流传中经过改编整理，其占卜事项一律被冠以“卜”字，有些还借鉴吸收了其他类型卜书的形式，加上了卦象卦名，在敦煌地区流行传抄。

作为同一系统的卜法文书，S.1468B、S.5686、Дx.9941+Дx.9981 的名称应当是相同的。根据 S.1468B 序言的记载，王爱和为其拟名《周公十二钱卜法》，这一名称也应当适用于 S.5686 和 Дx.9941+Дx.9981。

由于残损严重，缺乏相关材料记载，这一系统三件文书的抄写时间难以确定。从 S.5686 册页装的形式看，其抄写不会早于晚唐，大致可以判断是晚唐五代时期。

从以上分类来看，敦煌保留的《周易十二钱卜法》文献至少有三个不同的写本系统，其中以 S.1468B、S.5686、Дx.9941+Дx.9981《周公十二钱卜法》写本最多，说明其在敦煌地区流传广泛，受到民众的欢迎。

对于十二钱卜法的产生和性质，王爱和说：“根据其在敦煌文书中的反映以及与之杂抄的其他文书的情况推测，它的产生可能不会早于隋；其产生，可能是受到了《灵棋经》的启发，其中也运用了易的卦象与词汇，但其义理基本与易无涉，甚至抛弃了易理。从其卜法看，它十分简单固定，缺乏义理支持，所以其占辞的随意性也就很大，因而在流传中出现了多种版本。这是一种十分俚俗的卜法。”[①]她的判断不无道理。

① 王爱和《敦煌占卜文书研究》，第 474 页。

第三节

管公明卜法

敦煌保存的《管公明卜要诀》文献共有5个卷号，可以拼合成4件写本，即散0678、P.3398A、P.4778+P.3868、Дx.2375V。此类卜法文献有两个名称，一称“管公明卜要诀”，一称“周公卜法”。

一、写本概述

1. 散678《周公卜法一卷》

散678，图版参《敦煌丛刊初编·敦煌石室遗书百廿种》第7册《贞松堂藏西陲秘籍丛残》。[1]卷子装，除序言与卷末咒语之外，正文分上下两栏抄写，首尾全，中间稍有残缺，首题作《□□卜法一卷》，存序言、正文16卦，以及最后的咒语。有卦名、卦象，但其中一卦卦名、卦象残去。尾题《周公卜法一卷》，可知其书全名。罗振玉有校录。

其书序言云：

凡卜，经求买卖、婚姻、嫁娶、远行，看人田蚕、疾病□□□

---

①《中国历史博物馆藏法书大观》第12卷亦收，编为历博写本50号，上海：上海教育出版社，2001年，第203页。

□争讼吉凶，但请志（至）心启祝，卜之万不失一。其卜法，用算子卅四茎，□□□□上斜，中竖，下斜，后乃四四除之，余者成卦，审看下卦歌颂，次定吉凶。

序言概述了占卜适用的事项内容，以及占卜方法。

所存占辞，有卦名、卦象者15，分别为周公卦、孔子卦、屈原卦、桀纣卦、越王卦、子推卦、太公卦、兑卦、坤卦、离卦、乾卦、巽卦、坎卦、震卦、艮卦。所缺者据P.3398A可以判定为“赤松卦”，位置在屈原卦之后、桀纣卦之前。可以看出，前8卦以历史人物或传说人物命名，多为单人一卦，只有桀、纣二人合而命名，其时代均在战国以前，屈原最晚。后8卦以《周易》八卦命名，顺序不一。

卦象用短杠（—｜—）分上中下三层排列的方式表示，上层横排、中层竖排、下层横排，每一层数目不超过四。按照马克的推算，34枚卦分三份除以四，最后三层的余数合计非6即10，余数为6时有10种不同组合，为10时有6种不同组合。全部合计，只能有16卦。[①]

占辞均为整齐的四言韵语，每卦八句，以凤鸟、神龙、日月等起兴，概述占卜事项及相关内容，语意概括，最后是简单的吉凶判断，以大吉或大凶为主。如：

桀纣卦：井中取鸟，树上取鱼，求事不得，徒失功夫。官事失理，得病难除，卜得此卦，家宅贫虚。此卦大凶。

占辞之后，是一段咒语和一个神符：

咒曰：六甲六乙，魔注速出。六癸六丁，知如姓名。破射注

① ［法］马克《敦煌数占小考》，第195—196页。

气，魍魎夭灵。速收汝精，急□□刑。如若不去，吾将神力，字名六丁，身长万丈，双目日晶（精），手持铁索，补（捕）捉夭精。□钳拔舌，噉食汝刑。速出速出，不得停流（留）！急急如律令！(神符略)

这段咒语和神符，仅见于此件抄本，P.3398A 及其他同类文献皆无。从此咒文看，这应该是受道教符咒影响的产物，佛教影响并不大。

罗振玉最早校录过该卜法文献，收在《敦煌石室碎金》中，影响很大。不过，他的校录还是存在一些讹误，如正文中将第一卦周公卦和第二卦孔子卦的顺序颠倒了，卷尾的咒语部分被误当作两栏抄写而录为两段，以致语句不通，意义难明。①

2. P.3398A《周公卜法》(拟)

P.3398，图版参《法国国家图书馆藏敦煌西域文献》第 24 册。册页装，抄三部分内容，一为《周公卜法》(拟)，二为《推十二时人命相属法第卅五》，三为《推人十二时耳鸣热足痒手掌痒等法》，分别标示为P.3398A、P.3398B、P.3398C。末有题记云“辛戌年四月廿壹日三界寺法律”。字迹清晰，抄写笔迹相同，应为一人所写。但干支纪年中并无“辛戌”，故此文献抄写的具体年代不明。抄写者身份为三界寺僧人，其大致时间应在晚唐五代宋初。

《周公卜法》(拟) 部分，首残尾全，有界栏，存 9 个页面，文字79行，无作者、书名等内容，存前序的后半部分和全部 16 卦的卦象、卦名和占辞，起“____咒卜之，万不失一”，讫“所求称意百事胜常，此卦大吉”。后面接抄《推十二时人命相属法第卅五》。王爱和有释录。②

序言的残存部分记载了该卜法的演卦方法：

① 黄永武《敦煌丛刊初编》第 7 册，台北：新文丰出版公司，1985 年，第 123—128 页。
② 王爱和《敦煌占卜文书研究》，第 63—64 页。

> □咒卜之万不失一。其卜法，用算子卅四茎，分作三分，上斜、中竖、下斜，后乃四四除之，余者成卦，审看下卦歌颂，次定吉凶。

正文部分共有16卦，前8卦为周公卦、孔子卦、屈原卦、赤松卦、桀纣卦、越王卦、子推卦、太公卦；后8卦以周易八卦命名，包括兑卦、坤卦、离卦、乾卦、巽卦、坎卦、震卦、艮卦。占辞均为四言韵语，每卦八句，以凤鸟、神龙、日月等起兴，概述占卜内容，并判断卦之吉凶。如：

> 周公卦　凤飞高台，奋翼徘徊，病者自差，祸去福来。所求皆得，横入钱财。行人即至，宅舍无灾。此卦大吉。

16卦中，吉卦有11卦，占总数的三分之二强；凶卦有5卦，占三分之一弱。

所占内容，包括官事、疾病、嫁娶、经求、钱财、宅舍、行人、口舌等。

卦名、卦象及占辞均与散678相同，不同的是没有散678最后的“咒曰”一段。

3. P.4778+P.3868《管公明卜法》（拟）

这是由法藏的两个残件拼合而成的写本。

（1）P.4778，图版参《法国国家图书馆藏敦煌西域文献》第33册。册中定名“管公明卜法”。册页装。首全尾残，存8个页面，文字35行(其中封面内页文字4行，题写七佛名称，非本卜法内容)，有书题，封面题“管公明卜法”，序言前则题“管公明卜要决经一卷”。存序言和前四卦的内容，有卦象，无卦名。首起题名，讫“有鸟冲天，幽幽冥冥□”。

所存的4个卦，有卦象，无卦名。占辞为整齐的四言韵语，每卦八到十句不等，最后是简单的吉凶判定。如第一卦：

 凤凰于飞，奋迅羽翼，拂除凶咎，主人福德，良时吉日，安乐无极，病者自差，远行定来，求官得官，求财得财。大吉。

（2）P.3868，图版参《法国国家图书馆藏敦煌西域文献》第29册，册中定名《管公明卜要决一卷》。卷子装，首残尾全，存11个页面，文字52行，12个卦象，涉及13卦的内容。起“行逢天神，中道而惊”，讫“道无关梁，所求皆得随，吉 。一十六卦”。后题“翟员外寻过”5字。其后还有3个空余页面，另一种笔迹，杂写“日月光明”、“诸念佛”、“管公明卜要决一卷”等书中字句，显系学郎信笔涂写。

所存内容的前端恰可与P.4778最后的“有鸟冲天，幽幽冥冥”相接。

马克、黄正建、王爱和已将以上两个卷号拼合。王爱和有校录。

拼合后的P.4778+P.3868《管公明卜法》，首尾全，有序言和全部的十六卦。有卦象，无卦名。其序言曰：

算出天门，易出九宫，乘驾六龙，占相决疑。有事自卜，用算子卅四枚，从上四四除之，尽即成卜。凡为卜者，清净礼拜管公明，专心念卜，又称七佛名字。若卜得一吉，更卜后卦恶，可使。若卜三卦，两卦好，一卦恶，用。如两卦恶，一卦好，不可用。凡卜，唯须念七佛名字。管公明为后贤吴仲占吉凶，观万事，凡算子卅四枚，咒曰：灵算审，定乾坤，乘驾天龙，同游八门，以占吉凶。某厶决疑，除尽则卜。事依卦，万无一失。有事自卜，不劳问师。

序言简单记述了该卜法的起源与占法、占仪。据其所载，管公明在为吴仲占卜吉凶时，首创了这种卜法，即用34枚算子，分层来算，从上层开始，分别用4来相除，得出余数即可成卦。占卜时应该礼拜管公明，称颂七佛名字，念诵咒语，并涉及如何依据占卜结果判定是否可行。从中可以看出，这种卜法允许占卜两到三次，按所得吉凶次数的多少，决定取舍。这与其他同类文献只限占卜一次的说法很不相同。

占辞为四言韵语，每卦6到10句不等，以8句为多。占辞往往以凤凰、天马、云雨、龙、鱼等起兴，语句概括笼统，所占内容亦不外福禄、钱财、疾病、远行、妊娠、口舌、牢狱、家室等。占卜结果只有吉凶两类，用“吉、吉利、凶、大凶”等词表示。

根据卜法推算，该写本中有两个卦象抄写有误，一是排在第11的“三横三竖三横”，一是排在第13的“二横四竖一横”，其卦象显示结果不合于卜法数理。马克与王爱和都认为应该是“四横三竖三横”和“一横四竖一横”之误。[①]笔者同意此说。

4. Дx.2375V《管公明卜法》（拟）

Дx.2375V，图版参《俄藏敦煌文献》第9册，册中定名《占卜文》。卷子装，残甚，存卦象一个（四横四竖二横），文字两行，两旁均有空白未写之处。残片正面抄写《五兆卜法》残卷。

其文如下：

（卦象略）鸢飞翔起，集住木枝，不饮不食，□□尾垂，往起高岭，乃得资粮，前虽有坎，后见明□▭

该段文字的形式内容与P.3868最后一卦基本相同：

---

① [法] 马克《敦煌数占小考》第48注，第209页。其中的四横三竖三横卦在《周公卜法》中称作“离卦”，马克误说成“赤松子卦”，不确。王爱和《敦煌占卜研究》第7、8注，第58—59页。

(卦象略) 鹅飞翔起，集住木枝，不饮不食，头拉尾垂，往于高岭，乃得资粮，前须有坎，后见明机，道无关梁，所求得随。吉。

黄正建认为“本文书也属管公明卜法。《俄藏敦煌文献》定其名为《占卜文》不确”。王爱和据此拟名为《管公明卜要诀》，并“推测其母本与 P.3868 大致相同”。

另据笔者考察，该残片正面所抄《五兆卜法》残卷与 P.3992V 原为同一写卷的不同断裂部分，背面的《管公明卜法》的书法笔迹与 P.3992 正面所抄《五兆卜法》残卷的笔迹亦相同，应为一人所抄。二者中间还有一段空缺，不能直接拼合，从图版所示及写卷所处位置看，首先可以确定 Дx.2375V《管公明卜法》残卷的两旁都有一定的空白处没有抄写文字，可见该卦不是与同书的其他占辞一同抄写的；其次，Дx.2375V《管公明卜法》残卷的位置应在《五兆卜法》之后。笔者推测该《管公明卜法》最后一卦只是抄写者在《五兆卜法》写完后的空白处随手抄写，所写亦仅一卦，并未按顺序完整地抄写整个卜法。其抄写时间，与《五兆卜法》的时间相同，大约在吐蕃时期至晚唐五代。

二、写本系统

敦煌的《管公明卜法》文献可分为两个系统：一是《管公明卜法》，包括 P.4778+P.3868、Дx.2375V；另一系统称《周公卜法》一卷，包括散 0678、P.3398A。

这两个系统的文献，题名不同，序言亦有差别，但卜法与占辞形式、内容等方面基本一致，可以确定是同一卜法的两个不同版本。

《周公卜法》系统，包括散 0678、P.3398A 两个卷号，题《周公卜法》一卷，序言概述该卜法的占卜事项与内容，说明卜法的占卜方法与应用，并称占辞为“歌颂”。未及卜法起源、作者等内容。该卜法的命名来自第一卦的卦名“周公卦”。另外，散0678的卷末咒语和神符体现出明显的道教影响。

正文每卦有卦名、卦象、占辞与吉凶判断。前8卦以历史传说人物命名，后8卦以周易八卦命名。占辞整齐，每卦8句，后有吉凶判断。16卦中11卦吉，5卦凶。其中的凶卦为屈原卦、桀纣卦、子推卦、离卦、震卦。

《管公明卜法》系统的两件写本，全称《管公明卜要决经一卷》，序言明确提到该卜法起源于管公明，并对占卜方法与占仪进行了比较详细的说明，占卜时除礼拜管公明之外，还要称念七佛名字，并强调该卜法用于“有事自卜”，这与《周公卜法》系统只记述内容与应用方法明显不同。佛教影响除在序言中有所表现外，在抄本中亦可见到，如P.4778+P.3868封面内页抄写了七佛名字，写本后面的余页杂写也有“念佛”等字样。

从正文内容看,《管公明卜法》与另一系统的不同，还体现在16卦只标出了卦象，而没有卦名。

此外，16卦的排列顺序也与另一系统不同。

许多卦的起兴取象与《周公卜法》相近，占辞的语言与内容也相近，但没有完全相同的。每卦占辞的数量不似《周公卜法》那样是整齐的8句，而是从6句到10句不等，以8句为多。

《管公明卜法》系统的16卦中，11卦吉、5卦凶，吉凶卦的数量与《周公卜法》系统一样，但5个凶卦中相同的只有3卦，不同的两个凶卦是三横三竖四横（《周公卜法》的越王卦）、二横四竖四横（《周公卜法》的巽卦),《周公卜法》中的桀纣卦（一横一竖四横）和震卦（四横二竖四横）在此系统中皆是吉卦。

另一处不同是该系统文献的占辞后没有咒语。

P.4778+P.3868篇末题写有“翟员外寻过”5字。日本的藤枝晃和法国的马克均认为此“翟员外”是公元9世纪末期出生的翟奉达。不过，从翟奉达作为当地历学名家并精通术数的生平来看，P.4778+P.3868中的两个明显的卦象错误似乎不应该出现。笔者因此怀疑“翟员外”也可能并不是翟奉达。因无其他佐证，姑且存疑。

从以上对两个系统文献的分析比较可以看出，《周公卜法》一卷与《管公明卜法》一卷虽然同属一个卜法系统，但二者的差异还是比较明显的。《周公卜法》有一定的道教色彩，除了卷末的咒语和神符，占辞中也有“皇帝入山，路逢神仙”等语；而《管公明卜法》序言中对诵念七佛的强调，则显示出佛教的影响。这一点已经为许多学者所指出。不过也还有一些值得注意的现象，如对管公明的推崇。书名作“管公明卜法”，序言中除强调念佛之外，也还要求“清净礼拜管公明”，而管公明乃三国时的著名术士管辂，他并非佛教信徒；占辞中也有许多“仙人”、“神人”及“答赛”、“福禳”之类的用语，明显是传统方术的一套，可见佛教影响是后来加入的。笔者推测，该卜法从起源上说，应该是中国传统占卜方术的东西，并没有佛教的内容，后来在传播过程中逐渐分化，其中一个系统经过了佛教信徒的改编，在序言中加入了诵念七佛的内容，但未对占辞进行大的改动，此即《管公明卜法》系统；①另一系统在流传中形式上逐渐变得更加齐整，但其原有的本土道教影响则保留下来甚至得到了加强。

《隋书·经籍志》子部五行类著录了梁有隋亡的“管公明算占书”一卷，列于易占类的《十二灵棋卜》之下，可见该书也属于易占一类。马克据此推断说：“故知管辂早已与数占术有所牵连。然而，如说此卜法为其所作，则极为不可能。”②他的判断有道理。管辂在魏晋之后名气

① 王爱和认为这一系统“是该卜法的早期版本注入释门与佛教文化直接接触，释门尊之为‘经’，除作了‘序’外，基本上保持了原貌”。这种看法不无道理。《敦煌占卜文书研究》，第57页。

② ［法］马克《敦煌数占小考》，法国汉学丛书编辑委员会编《法国汉学》第5辑，第196页。

极大，后世术士编写的许多占卜书往往托名管辂，敦煌保存的《管公明卜法》只是其中一种。

该卜法的卜卦方法、卦象形式、占辞语言等均与《灵棋经》有一定的相似性，二者之间应该有一定的影响启示的关系。王爱和认为管公明卜法可能受到了《灵棋经》的启发。

第四节

孔子马头卜法

孔子马头卜法类文献，共保存了 7 个卷号，即 S.2578、S.9501V+S.9502+S.11419+S.13002V、S.1339、S.813C，可拼接成 4 件写本。

一、写本概述

1. S.813C《立成孔子马坐卜占法》

S.813C，图版参《英藏敦煌文献》第 2 册，册中定名《立成孔子马坐卜占法》。卷子装。所抄实际包含四种不同内容的占卜书，《立成孔子马坐卜占法》抄在第三部分，之前还有《推养犬法》(拟)、《周易十二钱卜法》(拟)，之后还有《月占法》(拟)。故标此件为 S.813C。王爱和标此卷为 S.813B。

《立成孔子马坐卜占法》首全尾残，仅保留了题名和序文，存文字 6 行，抄写清晰。起“立成孔子马坐卜占法：凡此上经”，讫“依经判之，立即可验”。书法笔迹与本卷其他部分相同，应是一人所写。其内容如下：

立成孔子马坐卜占法：凡此上经，差得吉者，不从重问，重问不验。大急事，只问一卦即止。昔孔子马头上坐，咒曰：神卜零零，知死知生，知败知成，知吉知凶，知行知住。某厶某事，吉之与凶，唯卦是从。卜者须清吉(洁)，端心定意，事无无中。所用算子，唯有九枚，枚别有刻数。咒讫，总把之，令人课抽一算，若得二刻、得三刻及九刻，来随算，依经判之，立即可验。

2. S.9501V+S.9502+S.11419+S.13002V《孔子马头卜法》

这是由英藏的四个残片缀合起来的文书。

S.9501V+S.9502 与 S.13002V，图版参《英藏敦煌文献》第 12册，图册中已经拼合，定名为《孔子马头卜法》。

S.9501V+S.9502，卷子装，残甚，首全尾残，后端上部横向残裂，前端留大段空白，文字主要抄写在 S.9502 上，S.13002V 为仅存下部 3 断行的小残片。二者拼合后存文字 24 行，有题名、序言，起“孔子马头卜法：凡阴阳卜筮”，讫“四移吉，五大好”。序言前有朱笔书写的“△”符号。写卷背面抄《下女夫词》。①

S.11419，图版参《英藏敦煌文献》第 13 册，册中未定名。存卷中上部 6 断行文字，起“六合雨不雨”，讫“卜讨叛、失麦捉得否：一即得”，可与 S.9502 上部“卜乞雨得否”、“卜求神得福”“卜觅人求事得否”等事项所缺部分缀合。荣新江《英国图书馆藏敦煌汉文非佛教残卷目录(S.6981—13624)》拟名为《孔子马头卜法》，并提及与 S.9501V+S.9502 的关系。②

S.9501+S.9502+S.11419+S.13002V 缀合后的文字行数不变，仍为24行，但部分内容较前完整。存序言和 9 条占辞，约占全部内容的三分之一强。该残卷文字抄写认真，题名、序言等大字单行抄写，正文中所卜各事项下依一至九算的顺序列出吉凶，每算下吉凶占辞双行小字抄

① 残卷情况，可参荣新江《英国图书馆藏敦煌汉文非佛教残卷目录（S.6981-13624)》，台北：新文丰出版公司，1994 年，第 134 页。

② 荣新江《英国图书馆藏敦煌汉文非佛教残卷目录（S.6981-13624)》，第 203 页。

写，全文皆省去“算”字。与S.2578每事项前用“占”字不同的是，该写本每条事项前均用“卜”字，如：“卜捉贼得否及伤人否：一身吉，贼不得。二准上。三有忧，贼不得。四准上。五大吉。六准上。七准上。八身遭凶祸。九不得贼。”王爱和有录文。

其序云：

> 孔子马头卜法。凡阴阳卜筮，易道为宗，文义甚多，犹如江海，非圣不裁，岂凡能决。所以孔子造此卜法既成，用算子九枚，枚别有卦，长三寸，竹橦（筒）盛之，密盖两头，一头开一小孔，容一算子出入。缘身时行所有疑，逐意决之，事无不中。不许再看。孔子因行，马上坐，定心启愿，如卜，不得乱，心有疑事者，立马便上，故曰孔子马头卜，偏于后世。凡卜之时，定心启愿，必获有验。

从序言看，与S.2578的基本内容相近，但文字详略不同，该序叙孔子马头卜法起源更为详细一些。

3. S.1339《孔子马头卜法》(拟)

S.1339，图版参《英藏敦煌文献》第2册，册中定名《孔子马头卜法》。卷子装，书法不精。首残尾全，无题名、序言等，存文字43行，起“得否：一雨少风多”，讫“八准上。九有道理，论得”。抄写格式与S.9502+S.11419+S.13003V相同，即正文中所卜各事项下依一至九算的顺序列出吉凶，每算下吉凶占辞双行小字抄写，全文皆省去“算”字，每条事项前均用“卜”字。写卷背面抄老少问答诗8行。

所存占卜事项计25条，占全部内容的绝大部分。与S.9502+S.11419+S.13003V相比，共有的数条事项从语言到吉凶占断皆同，可以判定二者属同一写本系统。与S.9502+S.11419+S.13003V所存内容进行拼接合并，可以得出全部内容。

从所列占卜内容事项看，绝大多数占卜事项及其排列顺序都与S.2578相同，只不过是称呼用词稍稍有所变化，如S.2578第13项“占借假得不”，S.1339称“卜征索债负得否”；S.2578第9项为“占宅吉凶”，S.1339称“卜见住宅可居住否”。

4. S.2578《孔子马头卜法》

S.2578，图版参《英藏敦煌文献》第6册。卷子装，抄写两部分内容，前为某年“十一月押衙薛九安谢张索二都头状”，笔迹不同于后；后抄《孔子马头卜法》，笔迹不同于前，字小，抄写紧密，应为另一人所抄。《孔子马头卜法》存文字31行，有题名、序文，以及全部占辞27条，首尾俱全。首起“孔子马头卜法。廿七条。昔者孔子因行逐急”，讫“七来，八未来，九来”。最后画有截止符。

前题及序云：

> 孔子马头卜法。廿七条。昔者孔子因行逐急，看疑决事，坐马。马上坐临，马头上卜事，故曰马头卜。用算子九枚，从一克至九克。九算用一竹同（筒）管盛之，两头留节，开一小孔。临卜时，定心祝愿，合吉□一出者，看克，依文书决之，万不失一。

正文依照占卜事项分类排列，共27项，涉及生活的27个方面，每一占卜事项都用“占”字开头，如“占己身及家口平不”，“占失物及六畜奴婢等得不”，“占兴生有不”等。家庭生活方面，如占宅吉凶、占病人差不、占求妇得不、占婚后夫妻吉不等；生产方面，如兴生有不、占雨有无、占鱼猎吉不、占买卖吉凶、占收田否等；社会生活方面，如官事口舌成不、占讨叛得不、占言讼、占唤客来不，占假借得不，占求神吉不；等等。

每一占卜事项之内则依照一算到九算的顺序分列吉凶结果，如：“占雨有无：一算多风少雨。二算不出三日有雨。三算明后有雨。四算有雨。五算虽雨，少。六算多不雨。七算多风不雨。八算多阴不雨。九算不得。”

从第 14 条以后的各事项在罗列一算至九算的吉凶结果时，省略了“算”字，直接用一至九的数字代表每算，如：“占行人何日来：一二曰来。二曰在道。三曰有消息，三日至。四即至。五在道。六未到。七有书，未到。八在道。九发来正。”

二、《孔子马头卜法》文献的系统

敦煌《孔子马头卜法》文献的 4 件写本，可以分为三个系统，即 S.813C 为一个系统，S.9501V+S.9502+S.11419+S.13002V、S.1339 为另一系统，S.2578 号为第三个系统。[①]从题名看，第一系统即 S.813C 称“立成孔子马坐卜占法”，后两个系统的题名一致，均称“孔子马头卜法”。三个系统的序言有关该卜法起源的记载相同，皆托名于孔子，但有关具体占仪、咒语的说法则有一些差异。S.813C 仅保留了序言，但与后两个系统有较大差别，注重卜法的具体应用，强调“不从重问，重问不验”，所载咒语也是其他两个系统没有的。它所记载的抽取算子的方法是，“总把之，令人课抽一算”，与前两个系统所说的用留有一个小孔的竹筒盛算子，晃动竹筒，抽出一根算子的方法有异。从本质上看两种方法并无不同，都是抽出一个算子，但占卜过程使用器具的不同，可能标志着占卜的不同系统或不同阶段。固定化占具的运用，往往代表着一整套的占卜仪式与占卜内容的完成与定型。第二个系统特别提到“凡阴阳卜筮，易道为宗，文义甚多，犹如江海，非圣不裁，岂凡能决”，从卜筮的原理、神圣性讲起，到该卜法的起源、影响、占卜方法、占仪等，记载全面；S.2578 述起源及卜法最为简洁。从以上三个系统的序言，我们或许可以推测，第一系统的《立成孔子马坐卜占法》

① 黄正建、王爱和也大体分为三个类别。

可能代表着这一卜法的较早形态，题名不够简洁，注重具体占卜过程与方法，念诵咒语，没有运用一定的器具来盛放算子；相比之下，第二和第三系统的题名一致，所述方法虽详略不一，但使用占具和方法都基本相同，可能是这种卜法发展到一定阶段的产物，其时间可能在第一系统之后。

三个系统的文献中，第二和第三系统都保留了完整的占辞。从正文占辞的内容形式看，第二系统两件写本拼合后的占卜事项合计 28 条，比第三系统 S.2578 的 27 条多出 1 条。每事项用“卜某某”开头。所多出的一条排在最后：

> 卜论利奴婢得否：一论得；二准上。三立得。四准上。五准上。六道理不吉，不得。七虽有道理，更有人论。八准上。九有道理，论得。

第三系统正文的占卜事项有 27 条，每事项用“占某某”开头。

除去最后多出的 1 条占辞以及第 27 条占辞内容不同（S.1339 的第 27 条为“卜远人好否在死”，S.2578 的第 27 条为“占贼来不”）以外，两个系统文献的前 26 条占辞在内容事项及吉凶判断方面基本相同，只不过表述词语及个别吉凶判断稍有差异。相较而言，第二系统的表述要丰富具体得多，第三系统的占辞语言较第二系统更加概括简练，也显笼统。例如第二系统 S.1339：

> 卜葬处后宜子孙富贵否：一好葬，多宜子孙。二好葬，大吉。三葬安稳，子孙宜。四多口舌。五二日养利。六准上。七得葬处。八好处所。九准上。

第三系统 S.2578：

占葬后吉凶：一大吉。二吉。三吉。四吉。五吉。六吉。七吉。八吉。九吉。

从占辞事项排列顺序看，两个系统也基本相同，第 1 条皆起于“己身及家口平安”，前 26 条中除第 10 到 16 条顺序相错一位外，其余顺序皆同。

根据以上内容异同的分析，可以推测，第三系统的文献可能是在第二系统的基础上进行了修订概括，所以事项名称及语言表述都显得更加简练概括，事项吉凶判断方面没有多大变化，但简练本身则意味着表述概括笼统，为占卜者的解释叙说留下了更大的空间，不似第二系统那么具体，回旋余地不大。所以，这三个系统的《孔子马头卜法》文献的出现时间，大约是第一系统最早，第二系统次之，第三系统最后。

敦煌保留的《孔子马头卜法》文献皆未题写作者。最早提到该文献作者的是法国学者马克，他认为隋朝的临孝恭是本卜法文献的作者。①黄正建、王爱和亦同意此说。按《隋书·艺术传》的记载，临孝恭著有多种占卜书，《欹器图》三卷、《地动铜仪经》一卷、《九宫五墓》一卷、《遁甲月令》十卷、《元辰经》十卷、《元辰厄》一百九卷、《百怪书》十八卷、《禄命书》二十卷、《九宫龟经》一百一十卷、《太一式经》三十卷，其中就有《孔子马头易卜书》一卷。从题目看，《孔子马头易卜书》一卷应当就是敦煌所存的《孔子马头卜法》一书。马克说：“如果此博学之士果真是如此简易卜法之作者，那么我们可体会到隋时宫中

① [法] 马克《敦煌数占小考》，法国汉学丛书编辑委员会编《法国汉学》第 5 辑，第 197 页。

使用的深奥占术与民间流行的简单卜法之间的界线不一定很明显。”①

《孔子马头卜法》在史志目录中未见著录。仅《隋书·临孝恭传》及《北史》记载有《孔子马头易卜书》一卷。后世官私目录中也未见。虽然史志目录中没有著录，但敦煌保存的4件三个系统的写本残卷，说明这部简易通俗的占卜书在民间流传相当广泛，并且随着传播使用，不断有卜师术士对之进行修订补正，占卜事项内容与表述语言从具体实在变得概括笼统，逐渐形成了不同的版本系统。唐五代宋初，这种卜法在敦煌民间仍相当流行。

马克在讨论这种卜法时，认为它“有如今日仍流行于东亚寺庙中的灵签占法”，有一定道理。二者之间的关系，也是一个值得进一步探讨的问题。

---

① ［法］马克《敦煌数占小考》，法国汉学丛书编辑委员会编《法国汉学》第5辑，第197—198页。

第五节

《周公孔子占法》（占十二时法）

该卜法共有 4 个卷号，即 P.2574、P.2859C/P、BD14636（北新 0836）和 S.5614C。4 件写本可分为两个系统，前 3 件写本属同一系统，称《周公孔子占法》；S.5614C 为另一系统，称《占十二时卜法》。

1. P.2574《周公孔子占法》

P.2574，图版参《法国国家图书馆藏敦煌西域文献》第 4 册，册中定名《周公孔子卜法》。册页装，首全，尾未抄完。有界栏，书法不佳，字迹清晰，存文字 30 行。写本前有题名，称《周公孔子占法》，前半部分为表格形式，以十二月为纵轴（以正月起首）、十二时为横轴(以寅时起首）组成一个表格，表内分别标注一、二、三；后半部分是对占卜表内容的具体解说，分“凡时下得一”、“凡时下得二”、“凡时下得三”三个部分，对根据某月某时所占事项吉凶进行解说，涉及内容包括官事、家口、远行、口舌、奸恶、盗贼、失物、战斗、造作、市易、养蚕、病、居宅、雨等。如：

凡时下得二：注官事，和了不成。占家，忧小口，凶。占盗贼，不来。占闻口舌，有。占远行人，在道未至。占求妻财，损财得。占奸恶，有。占战斗，不如也。占失财，得半。占养蚕，得平。占所居宅，多有梦。占造作，不如意。占欲市易，利以。占闻忧，有，不吉。占主人有酒，不与。占杖，竖，其杖小取。

写本背面抄写“四天王发愿了头真言”20行。

2. P.2859C/P《周公孔子占法》(拟)

P.2859，图版参《法国国家图书馆藏敦煌西域文献》第19册，为卷子装改成的粘页装。共包含三部分内容，依次为P.2859A《四分戒本疏十三僧残法》(拟)、P.2859B《五兆要诀略一卷》、P.2859C《逆剌占一卷》。该部分内容是插在《逆剌占》中间抄写的，笔迹与《五兆要诀略》和《逆剌占》相同，可能原属《逆剌占》的一部分，故标示为P.2859C/P。该部分内容没有题名，存文字27行，前面13行为表格形式，以十二月为纵轴、十二时为横轴组成的一个表格，表内分别标注一、二、三。后面是对表格内一、二、三所代表内容的解说，与P.2574相同，但保存全面，补足了前一卷号中“凡时下得三”所缺内容，即：“时下得三，注作官事得，甚好。占家中，平安。占家中病者，初忧重，至理，不死。占养蚕，大得。占求妻财，吉。占远行人，在道，来欲至。占奸恶，必有恶。占盗贼有无，其贼声。占欲事官，不吉。占失财得不，远得，不赐。占天雨，有雨，不足。占妻有子无子，不甚善。占欲远行者，不进，甚大吉。占闻忧有忧无，初时小恶，恐于必有，吉好，不须忧。占主人家中有酒，无酒。占技卧竖，其物卧。”

最后是一句总结说明：“右件并傍通占之，即知万事善恶。”

据P.2574题名拟为《周公孔子占法》。

3. BD14636（北新0836)《周公孔子占法》

BD14636（北新0836)，图版参《国家图书馆藏敦煌遗书》第131册，卷子装。整个写卷题为《逆剌占一卷》，该占法为其中一个部分，抄写于整个写卷的中后部，其名称，在写卷前面的所列目录中称为《占周公孔子旁通法》，正文前称《周公孔子占法》，存文字27行。其中前

13行为十二月（纵）与十二时（横）组成的表格，表中对应不同的月、时，分别标注一、二、三；后面14行为对表格内容的解说，与P.2574、P.2859C/P相同。

以上3件写本，黄正建认为“占家中病者，初忧生，至理不死”，其中的“理”字，是避“治”字之讳，并据此判定为唐代抄本。

4. S.5614C《占十二时卜法》

S.5614，图版参《英藏敦煌文献》第8册，册中定名《占十二时卜法》，蝴蝶装。该卷前抄《玄象西秦五州占》、《摩醯首罗卜》，后抄《占周公八天出行择日吉凶法》，该件有题名称《占十二时卜法》，首尾全，存28行，下端有少量残去。前面13行为十二月（纵）与十二时（横）组成的表格，表内标一、二、三代表不同月份与时辰的吉凶，后面部分是对一、二、三所代表吉凶的解说。占卜形式、内容与前3个卷号基本相同，但也有着明显差异，如表格之形式，其他3件写本表格的十二时辰，都是以寅时开头，而此件写本则以子时开头。后面的解说部分也有不同，前3件写本均以“时下得一”、“时下得二”或“时下得三”为纲，分别解说这些数字所代表的吉凶善恶；而此件写本则以事为纲，按所占内容分为十余个事项，集中解说不同数字所代表的吉凶，如“卜人传语恶事：一小吉，二大吉，三恶。占贼有无：一无贼，二贼不在，三贼见在。占惊恐事：一大吉，二小吉，三故事”。其中有些事项如“卜人传语恶事、占惊恐事、占囚得出不出、占人手中藏物何在、占欲求他人物得不”等，未见于其他写本。

由以上差异，可以大体判定该件写本与另3件写本同属一种卜法，但不属同一版本系统，P.2574、P.2859C/P、北新0836为一个版本系统，S.5614为另一系统，其产生大约略晚于其他卷号，是在原有基础上经过调整修订而成的一个新的系统。马克、黄正建、王爱和、余欣等人均有讨论。

以上4个卷号所代表的占法，介于卜法与时日选择之间。马克在

《敦煌数占小考》中认为该法“卜数不用演算而依历书推定。占师以十二月与十二时组成之立成表来选择一至三之数字。得数法据历书法则，而非偶然抽算。……择定数字后，占师只需看所问之条，如出行、疾病、讼事、平安、失物、天时等。……此法介于数占法和择日法之间，其以数字判吉凶跟与用文字的建除、丛辰等通常择日法有所不同。从某一角度来看，由《周易》发展出的直日、六日七分等历算方法也是从数占往历算演变的一种”。[①]黄正建归入卜法类，王爱和归入时日类，并认为所卜之“时”，“根据月下系日的习惯，推测它应该是指称日，即所谓寅时实际是指寅日”。[②]笔者认为从其占卜的实质来看，虽然其形式是依据月、时之配合来选择一定时间内行事的吉凶，但其关键的决定吉凶的得数，即一、二、三的数字的分配，可能只是一种随机的人为设定，[③]与前述“孔子马头卜法”中用九个数字的原理相近，所以还应归在卜法类。它所应用的范围，也基本不出日常生活所涉，多是有关疾病健康、生产贸易、家庭居住、出行安全、盗窃恐惧、官事纷争及博戏猜物的内容，可见是一些日常应用的“小术”，所以在传世文献中找不到名目完全相同的占法。

① ［法］马克《敦煌数占小考》，法国汉学丛书编辑委员会编《法国汉学》第5辑，第199页。

② 王爱和《敦煌占卜文书研究》，第483页。

③ 马克认为“得数法据历书法则”，余欣则认为是人为设计的规律，背后不一定有什么深奥的法则。

第六节

《九天玄女诀》、《摩醯首罗卜》等

此类文献存 4 个卷号，其中《九天玄女诀》有两个，即 P.3803A 与 Дx.946；《摩醯首罗卜》有一个卷号 S.5614B；《圣绳子卜》有一个卷号 S.12194。

一、《九天玄女诀》

1. P.3803A《九天玄女诀》(拟)

P.3803，图版参《法国国家图书馆藏敦煌西域文献》第 28 册。卷子装。该写卷共抄写三部分内容，即《九天玄女诀》(拟)、推黑、黄道诀、龙母诀，故分别标注为 P.3803A、P.3803B 与 P.3803C。该部分位于写卷最前，首残尾全，无作者、书名等内容，有卦象、卦名，存文字28 行，完整卦 5 个，涉及 7 卦内容。起“□理大吉□”，讫“卜得此卦，大吉大昌”。后面接抄“咏黄道决”、“咏黄道决歌”、“推六合法”与“龙母诀”。

该卜书在形式上与《周公卜法》有一定的相似性。有卦象，卦名，然后是吉凶判断与占辞，占辞为整齐的四言韵语等。不同之处在于它的卦象虽也用 1 到 3 个竖、横短杠“｜”、“—”表示，但没有像《周公卜法》等那样分作三层排列，而是只分上下两层排列，上层为竖，下层为横，这样排列下来，全部卦最多有 9 个，因而是一种较《周公卜法》更为简单的占卜方法。

保存的卦名，有“口舌之卦”、“祥云之卦”、“鹏之卦”、“老君之卦”、“飞鸿之卦”。7 卦中，有吉卦 5 个、不吉卦 2 个。从卦象排列来看，似乎并未严格依据从 1 至 3 竖的顺序，排在前的是 1 竖和 3 竖的 6 卦，最后的是 2 竖的 3 卦。其文如下（笔者按：卦象用文字说明。以下同）：

> 三竖三横：此是祥云之卦也，吉兆。紫云聚焦，来慕其身，初须忧惧，后必福臻。所求如意，所愿日新。君子得福，小人获珍，诤讼得理，婚娶成亲，病者必差，行者欢忻，家内吉庆，歌咏勤勤。福王身健，万事胜人。

严敦杰在《敦煌学大辞典》中，将此卷拟名为《杂卦书》。[①]黄正建、王爱和据传世文献所载，分别拟名为《九天玄女卜法》、《九天玄女诀》。今从王爱和。

2. Дx.946《九天玄女诀》(拟)

Дx.946，图版参《俄藏敦煌文献》第 7 册，册中定名《吉凶签》。所存极残，为两面抄写的一个竖长条形残片，存文字 3 行，两面内容前后接续，书写顺序与其他写卷不同，系由左写起，一行满后向右再写。起“丄大象之兆，吉也”，讫“Ш̳，烦云之兆，吉也”。内容涉及该卜法的 12 个卦象、卦名与吉凶判断。其文如下（卦象用文字说明）：

> 一竖一横，大象之兆，吉也。一竖二横，阴（?）神之兆，凶也。一竖三横，悬崖之兆，凶也。二竖一横，鹏鸟之兆，吉也。二竖二横，老君之兆，吉也。二竖三横，飞鸿之兆，吉也。三竖一横，

① 《敦煌学大辞典》，上海：上海古籍出版社，1998 年，第 624 页。

太皓之兆，吉也。三竖二横，天后之兆，凶也。三竖三横，烦云之兆，吉也。

黄正建、王爱和均认为该件与P.3803同属九天玄女卜法性质。王爱和录文由右向左释录，与原文顺序不合。按其内容，9卦中凶卦占三分之一；按卦象，1竖卦中有两个凶卦，3竖卦中3个凶卦，而2竖卦皆吉。

马克用“缺名卜法”来指称该类文献所载，并指出P.3803号“2/2卦称老君之卦，具有道教色彩”。①黄正建根据传世文献记载，认为该卜法与元人陶宗仪《南村辍耕录》所载《九天玄女课》相同，称之为《九天玄女卜法》。王爱和同意此说，拟名为《九天玄女诀》。按元陶宗仪《南村辍耕录》卷二〇载：

吴楚之地，村巫野叟及妇人女子辈，多能卜“九姑课”。其法：折草九茎，屈之为十八，握作一束，祝而呵之，两两相结，止留两端。已而抖开，以占休咎。若续成一条者，名曰黄龙傥仙。又穿一圈者，名曰仙人上马圈。不穿者，名曰蟢窠落地。皆吉兆也。或纷错无绪，不可分理，则凶矣。又一法曰“九天玄女课”。其法：折草一把，不计茎数多寡，苟用算筹亦可，两手随意分之，左手在上，竖放；右手在下，横放，以三除之，不及者为卦。一竖一横曰太阳，二竖一横曰灵通，二竖二横曰老君，二竖三横曰太吴，三竖一横曰洪石，三竖三横祥云，皆吉兆也。一竖二横曰太阴，一竖三横曰悬崖，三竖二横阴中，皆凶兆也。愚意俗谓九姑，岂即九天玄女与？《离骚经》曰：索藑茅以筳篿兮，命灵氛为余卜。注曰：藑茅，灵草也。筳，小破竹也。楚人名结草折竹以卜曰篿。据此，则

① ［法］马克《敦煌数占小考》，法国汉学丛书编辑委员会编《法国汉学》第5辑，第198—199页。

亦有所本也。[1]

陶宗仪的这段文字清晰记载了元初吴楚一带流行的《九姑课》与《九天玄女课》的占卜方法。其中所载9卦的卜算方法，与P.3803、Дx.946相同；所载卦名、卦象中，二竖二横的“老君”、三竖三横的“祥云”从卦名、卦象到吉凶判断皆同。可以认为二者是同一卜法。

“玄女”并非历史实有，而是神话传说人物，起源甚早，魏晋时被道教纳入女仙系统加以祭拜，唐宋时期影响极大。[2]以“玄女”命名的占卜书籍出现于唐代，《旧唐书·经籍志》有《黄帝问玄女法》三卷、《玄女弹五音法相冢经》一卷，数量尚不多，到宋代则大量涌现。据史志目录所载，称“玄女”或“九天玄女”的占卜书籍不下20种，遁甲、六壬、龟占、星占等类皆有，如《九天玄女堕金法》一卷、《九天玄女诀》一卷、《玄女简要清华经》三卷、《玄女墓龙冢山年月》一卷、《玄女断卦诀》一卷、《玄女遁甲经》三卷等，多用于兵占、相冢墓、杂占等。其中，《宋史·艺文志》五行类所著录的《九天玄女诀》与陶宗仪所记之《九天玄女课》可能是同一种书。另按P.3803所抄其他内容亦均名“诀”或“歌”，王爱和拟名为《九天玄女诀》应该是正确的。

从该卜法“九天玄女”的命名，卦名中的“老君”，占辞中的“蓬莱”、“乘龙驾鹤”、“阴阳交泰”等语来看，其道教色彩是比较明显的。从占卜方法及占辞来看，其卜法可能受到了《周公卜法》的影响，其产生年代可能在唐宋之际。

---

① （元）陶宗仪《南村辍耕录》卷二〇，北京：中华书局，1959年，第248页。又，（清）俞樾《九九消夏录》卷一四（中华书局，1995年，第154页）引陶宗仪“九天玄女课”之记载，云“此课今无占者，世有《九天玄女课》一书，与此迥异。按：此法竖一者多凶少吉，竖三者多吉少凶，竖二者则皆吉。未知何意”。

② （唐）杜光庭《墉城集仙录》中为“九天玄女”单独立传，位次在西王母之后，梁母、鲍姑之前。见（宋）张君房《云笈七签》卷一一四，北京：华夏出版社，1996年，第721—722页。

二、《摩醯首罗卜》

此类文献只有一个卷号，即 S.5614B。

S.5614B，图版参《英藏敦煌文献》第 8 册。册页装，较敦煌常见的册页装要大，每页 13 行，每行 25—32 字不等。该写本前抄《玄象西秦五州占》（未完），其后抄《占十二时卜法》、《占周公八天出行择日吉凶法》及医书等。该件文献首尾俱全，有界栏，抄写紧密，一栏内往往抄写两行，或有中间插入半行的情况。书法不佳。首题“此名《摩醯首罗卜》”，有序言，存文字 105 行，起“此名《摩醯首罗卜》，梵释四天王诸神共集”，讫“汝身无人欺凌，大吉”。文中每卦称“局”（偶有用卦者，有两例，卦、局意义相同），共有 65 个卦局，每局包括卦象、卦名和占辞三部分：卦象用汉文数字一、二、三、四分上中下三层的排列组合来表示，每层最大数字不超过四；卦名多用印度佛教神灵之名表示，亦偶有中国民间神灵的名字，用“此名……局”的形式，如“此名九子母局”、“此名阿修罗王局”、“此名西王母局”（还有宅神、龟神、雷公等）；占辞每局 4 到 8 句，通俗简短，内容涉及生活的物质与精神等多方面，叙说较笼统，预测吉凶的同时，兼释原因，融入佛教善恶报应内容，宣扬教义，“从词汇到文辞风格，都显示出浓郁的释门气息”。①

卜法所称的“摩醯首罗”，为佛教的“大自在天”，即“湿婆”，佛教诸天神之一。本婆罗门教、印度教中的毁灭和再生之神，佛教吸收后改造为护法神。②

该卜法从名称到内容、方法等均显示出明显的佛教色彩，严敦杰认

---

① 王爱和《敦煌占卜文书研究》，第 346 页。

② 余欣认为“摩醯首罗”是祆神。《神道人心——唐宋之际敦煌民生宗教社会史研究》，北京：中华书局，2006 年，第 275 页。

为系由印度传入，[①]王爱和则认为是在中国本土产生，“应在灵棋卜法盛行，佛教、婆罗门教、印度教相互吸摄，中国初传不久的南北朝时期”。总体来看，该卜法是在中外文化交流过程中以佛教为主并融会了中国文化因素而产生的一种占卜方法。其卜法如序言所云：

> 梵释四天王诸神共集，政看之时，面西坐，称名□子某甲，志心发愿，具说上事由了，可掷头投子三遍，然后补局。若得好，一卦便休；卜得凶局，许看三局。信者看之，不信者必不须看。如人审□，万不失一。此是随求，千金莫传。

可见是用一种投掷类的卜具，共投三次，形成卦象，再根据卦象检看卦辞，便知吉凶。如果投掷三次得出的卦是吉卦，这样只需占一卦便可；如果是凶卦，则可以再卜一卦，最多允许卜三卦。所用占卜工具，根据卜卦之方法与序言中“可掷头投子三遍”，可以推测为骰子或者棋子。按骰，古代也读tóu，是一种广泛使用于博戏赌注与占卜的器具，用骨、角或木制成，多呈正方形，各面刻或写有数字或文字。此卜法所用，应该是四面刻写了一至四的数字的一种。按马克的说法，“值得一提的是，一般公认传自印度赌注用的骰子竟只使用于掺上佛教色彩的卜法中”。马克推测，这种卜法还有用棋子的可能，用四枚棋子，设棋子的一面为一，另一面为零，投掷三遍，也可得出同样的卦局。对于序言中“可掷头投子三遍，然后补局”中的“补局”，笔者认为可能是投掷三遍之后，由于骰子只是四面有数字，投掷中会有无字一面出现的情况，无法形成所需卦象，所以需要补局。另外，四枚棋子在投掷中也会出现四个“零”的情况，也需补局。

---

① 《敦煌学大辞典》，第624页。

卦局如：

一一一：此是梵王局。汝所有求事，但知存心，无不称意，财宝自来，家宅大小并得安乐，远行通达。大吉。

三三一：此名行路夫人局。汝所谋事，造次不遂，志心烧香念佛，恳苦发愿，恶事自消，所愿从心，不须忧虑，先忧后吉。

三一二：此名摩醯首罗局。思求定卦，大利大吉，见阿修罗局，其天拥护，汝之所损即得，一切衣食起于天地，汝身无人欺凌，大吉。

卦局的排列中，前4卦按上下三层从一到四数字全同的顺序，即一一一、二二二、三三三、四四四的顺序排列，后面的排列则没有规律，65个卦局中，“一三一”与“一四三”皆重出，缺少“一三二”，但卦名与占辞并不相同。黄正建怀疑其中一个“一四三”可能是“一三二”。按照实有64卦，吉凶判断大致有三类，即吉、平、凶，分别用大吉、吉、平、凶、大凶、恶等语表示。其中，吉卦数量最多，占到总数的四分之三以上；称“平”的近10卦，真正的凶卦或恶卦仅5卦左右。

马克、黄正建、王爱和均有论说。王还释录了全文。余欣在论及出行信仰时也论及该卜法。

三、《圣绳子卜》

该类文献亦仅一个卷号，即S.12194。

S.12194，图版参《英藏敦煌文献》第14册，册中定名《圣绳子卜》。只存一小残片，看不出装帧，从前后文字内容及距离看，似为册页装。存文字6残行，前有题目，称作“圣绳子卜”，应是卜法名称。

其后残存的内容，应是序言的一部分，叙述该卜法的来历及其运用方法。其余内容均残。黄正建推测“是带有佛教色彩的卜法”，有一定道理。释录其文如下：

> 圣绳子卜
> 此卜是唐三藏贞观□
> 敕西国取经，于千□
> 得，将来以示万姓。卜□
> 年月日为某事求□
> 吉，勿逐□

从残文可知该卜法是唐三藏取经时于贞观年间从域外带回，其卜法所依据的有时日因素，其余则阙如。

由于没有正文保存下来，因此无法知道该卜法的具体内容。因其名中有卜法之称，故附于此类。

第三章

敦煌式占文献

敦煌占卜文献中没有明确标有“式法”的写本。黄正建最早整理出可能与“式法”相关的文书10件，并大致分为六壬类和遁甲类。①结合敦煌占卜文献的内容，并参考黄正建、王爱和等人的研究，现将有关敦煌式占类文献分类叙述如下。

① 黄正建《敦煌占卜文书与唐五代占卜研究》，北京：学苑出版社，2001年，第33页。

第一节

六壬式

敦煌保存的六壬式法类文献有 13 个卷号，即 P.3322、P.3322V、P.3794、BD14636（北新 0836）、P.2859C、BD14672（北新 0872）、BD14675（北新 0875）、P.2610B、Дx.02637、P.2856、P.3402V、P.4732V、P.3803C，可以拼合为 10 件写本。

1. P.3322V→P.3322《推占书》（拟）

这是由 P.3322 文书的背面与正面缀合成的一件文献。图版参《法国国家图书馆藏敦煌西域文献》第 23 册，册中定名为《推占书》。

P.3322V，抄写于文书背面，前抄《释门文范》，后抄该件文献，其中《推占书》首似全，尾残，书法不佳，字迹潦草。存文字 30 行，起“推病生死法：常已徵明加月建”，讫“□医以功曹加太□ □年立”，中有子目 4 个，分别为“推病生死法”、“占妇人产男女”、“占求官得不”、“推男女行年年立法”，并引《元辰经》之文。

P.3322，首残尾全，文书右端撕裂残缺，有界栏，宽窄不一，书法不佳，字体大小不一。文后有题记，作“庚辰年正月十七日学生张大庆书记之也”。存文字 57 行，首起“巳亥□ □胜先下为白奸”，讫题记。中有子目 12 个，如“占贼来否”、“行人知死生”、“占遗物知可得否”、“占见鸟明（鸣）”、“推厄年”、“占鬼祟”、“占病轻重”、“推男女一年中有何厄”等。后面接抄五言诗“书后有浅（残）纸”、“明招（朝）游上远（苑）”两首。

从内容及书法笔迹看，该件写卷所抄为同一文书，P.3322V 在前，P.3322 在后，但两者内容之间不能直接缀合。拼合后共有文字 87 行，存子目 16 个，其内容涉及占病、占妇人生产、占求官、占行人、占遗物、市买、鸟鸣、推年厄等，与普通民众的日常生活密切相关，均以式法进行占卜。如：

> 推病生死法：常以徵明加月建，看病人行年上见何神。见魁罡，三日不差，卧不起。大吉。五日不差，□行引曰，死。功曹及传送，□吉。从魁及太冲，犯移徙、安门户、宅神、灶君、难差。(P.3322V)

> [占]行人知生死：正时天罡加阳孟无病，阴孟病。加阳仲虽病即差，加阴仲重病困矣。若加阳季病重方向差，加阴季以死得信。(P.3322)

该残卷，《巴黎图书馆敦煌写本书目》、《敦煌遗书总目索引》、《敦煌遗书总目索引新编》定名为《残卜筮书》，《敦煌宝藏》与《法国国家图书馆藏敦煌西域文献》定名为《推占书》，今从后者拟名。

黄正建《敦煌占卜文书与唐五代占卜研究》一书将其归入“式法”中的“六壬式法类”，王爱和《敦煌占卜文书研究》也将其归入“式法类”，但分属于遁甲式。黄正建认为该文书“似始抄于背面，结束于正面”，并认为其内容与传世本《黄帝龙首经》及《黄帝授三子玄女经》有相似之处，“当也主要属于六壬式法，可能是《黄帝龙首经》类著作的民间版本，所以比较简单，也比较容易使用”，也可能是这类著作的早期版本。[1]王爱和释录了全文。[2]

池田温《中国古代写本识语集录》，根据题记中的“庚辰年”，推断该文书抄写于公元860年。[3]张秀清《吐蕃地支纪年与敦煌四部书的断代》一文根据文书后“书后有浅（残）纸”一诗在P.2947、P.3192中亦有出现，推断它们的抄写时间相近，均为归义军时期。[4]

2. P.3794《灵台秘苑》（拟）

P.3794，图版参《法国国家图书馆藏敦煌西域文献》第28册，册中定名《占卜书》。卷子装，首尾皆残，墨迹浓淡不均，有朱笔断句。存文字90行。背面为杂写，漫漶难辨。无书名、作者等信息，存子目3个，即“推六煞所宜法”、“风云气候第四”、“灾祸变异第五”，涉及四部分内容，与式法有关的是第一、二部分，存24行，起“从西南巳，岁在☐”，讫“传送下立得至道也”。其余部分属占候类。

其内容的第一部分，原子目残去，内容为推岁刑德攻战所宜法，据岁月日时德刑杀之所在，推所应采取的攻战行为，如“岁在戌，形在未，德在卯，战从卯击未……凡斗战，避三形则大胜”，内容与《乙巳占》卷十《推岁月日时干德刑杀法第七十七》和《开元占经》卷十一、《太白阴经》卷八相似。

第二部分，原有子目称“推六煞所宜法”，如“天罡为时煞☐太冲为恶煞，凡此六煞，兵家所慎。若与时煞合，则用时煞；若与日煞合，则用日煞；若与月合，则用月煞。岁煞者，军居基上，恒客于敌”。

---

① 黄正建《敦煌占卜文书与唐五代占卜研究》，第34页。

② 王爱和《敦煌占卜文书研究》，第357页。

③ [日] 池田温《中国古代写本识语集录》，东京大学东洋文化研究所，1990年，第423页。

④ 张秀清《吐蕃地支纪年与敦煌四部书的断代》，《中华文化论坛》2008年第3期，第12—15页。

黄正建认为上述第二部分文字“可能属于六壬式法，《太白阴经》卷十《杂式》有‘推贼虚实法’，如‘常以月将加闻贼时。天罡加四孟，言虚；加四仲，来在道；天罡加四季，即至’。又有‘推迷惑法’，如‘忽迷四方，以式投地。出传送下，自然开悟；出天罡下，百步得道，若三百步得及路；出小吉下，八十步得道’。二者相比，内容大致相同，可以肯定属同一性质。又，《太白阴经》中的文字常有脱文，无以为校。敦煌卷子的发现，可以对此进行一些校补”。[①]拟题为《兵书杂占》。王爱和则认为似“太乙式法”，但未说明理由，她拟题为《灵台秘苑》。今从其拟名。

3. BD14636（北新0836）《逆刺占一卷》

BD14636，原编号为北新0836，图版参《国家图书馆藏敦煌遗书》第131册，首尾俱全，卷前端上部有20行左右的方形缺损。存文字289行。首题作《逆刺占一卷》，下有朱笔勘记“逆刺占，十张纸”6字。尾题同首题。后有题记称“于时天复贰载岁在壬戌四月丁丑朔七日河西敦煌郡州学上足子弟翟再温记”，并注明“再温字奉达也”。题记后复写有七言诗两首、五言诗一首，旁有墨色稍淡之字两行“幼年作之，多不当路，今笑之”；“年廿作。今年迈，见此诗，羞煞人”。由以上题记，知文献抄写于唐昭宗天复二年，即公元902年，抄写者为翟再温，即归义军时期著名的历学家翟奉达，抄写该卷时他20岁。墨色较深的题记为当时所写，旁注墨色较浅的题记是他晚年重读该卷时加注上去的。抄写清晰，文中有朱笔段落标记与勾注。该卷内容，包括前面所列目录及正文。目录列出子目15个，实际所抄内容则更多，大致有20余项，包括“序言”（拟）、占问出法、占问来法（拟）、占风雨法、占人卜呼声法、占日时法、从十二辰将上来占法、占十二辰来法、十二日占盗法、占八卦来人法、占左右手足举法、周公孔子占法、推十二月将所在逆占来意

① 黄正建《敦煌占卜文书与唐五代占卜研究》，第34—35页。

法、占日卜法、占坐卜向法、占时来卜及人家有酒法、十干之中时逢事意准则等。

该书综合运用了多种卜法，从占卜者的角度，依据前来问卜者的方位、时间、行为等因素，对来卜者所要占卜的事项及其吉凶进行预测，所占内容涉及家宅居住、出行、疾病、盗贼失物、妇女、口舌、婚嫁、财产、官事等生活的多方面。其中的“从十二辰将上来占法”、“占十二辰将坐法”、“占日卜法”、“占坐卜向法”、“推十二月将所在逆占来意法”等项，从占法看，多与式占中的六壬有关，故归入此类之中。其内容如：

> 右从十二辰将上来占法：子日，为太阴，人来居太阴上坐者，为隐慝闻事；居太阴向勾陈上坐者，为妇女留连言语斗诤事。丑日，丑为玄武，人居玄武上坐者，为贼盗、亡遗、失物事；若玄武向六合上坐，为妇女阴私事，必得合事。寅日，寅为太常，人在太常上坐，为衣裳、求官事；居太常朱雀上坐，为口舌、诽谤、言语事。卯日，卯为白虎，有人在白虎上坐，为斗诤事；居白虎上向腾蛇上坐者，为县官、口舌、失火事。辰日，辰为天空，有人在天空上坐，为欺诈不实事；居天空向。巳日，巳为青龙，有人在青龙上坐，为妇女求物事。午日，为勾陈，有人在勾陈上坐者，为妇女斗诤；居勾陈向太阴上坐者，为伏慝隐事。未日，未为六合，有人在六合上坐，为婚、酒食事；居六合向玄武上坐者，为阴私、盗贼、失物事。申日，申为朱雀，有人在朱雀上坐者，为口舌、诽谤；居朱雀向太常上坐，为衣裳、财物、吉庆之事。酉日，酉为腾蛇，有人居腾蛇上坐，为有惊恐失火急事；居腾蛇向白虎上坐，为死丧疾病事。戌日，戌为天乙，有人在天乙上坐者，为求位事；居天乙向天空上坐，为贵民求百事皆得。亥日，亥为天后，有人在天后上坐，为妇女闭塞阴私事；居天后向青龙上坐，吉庆求官事。

假令常以月将加时，若神后加日辰，必有奸意，勿往。假令甲寅日天乙大吉下有人来坐天空，为欺诈不实之事。

黄正建说："综观全卷，虽纸张、字迹俱佳，且抄写认真，但内容混乱、前后重复，错漏颇多。大致是把有关'逆刺占'的内容都杂抄在一起而凑成的一卷。"[①]他在后来的研究中，又对文中所涉及的时代、地域内容进行了探讨，并以向达摹本为参校本，释录了全文。[②]

该写卷与P.2859C中"逆刺占"内容几乎完全相同，连错字漏字都相同，且抄写时间仅相隔两年，故黄正建推断其抄自同一底本。[③]

4. P.2859C《逆刺占一卷》

P.2859C，图版见《法国国家图书馆藏敦煌西域文献》第19册，卷子装。此写卷极长，共包含三部分内容，依次为《四分戒本疏十三僧残法》(P.2859A)、《五兆要诀略一卷》(P.2859B)、《逆刺占一卷》(P.2859C)。该件文献首尾俱全，存文字246行，前面首题称作《逆刺占一卷》，末有题记曰："州学阴阳子弟吕弁均本，是一一细寻勘了也。(朱笔) 天复肆载岁在甲子浃钟闰三月十二日吕弁均书写（墨笔)。"抄写文字紧密，书法不佳，有少量朱笔勾画。从书法笔迹看，与前面的《五兆要诀略》抄写书法相同，当是一人所抄，抄者是"州学阴阳子弟"吕弁均，抄写时间为唐昭宗天复四年时间，即公元904年，比BD14636（北新0836)《逆刺占一卷》的抄写晚了两年。

内容及顺序与BD14636（北新0836)《逆刺占一卷》相同，但亦有少量差异，如正文前面没有列出目录、正文开头的语序不一致，并少了

① 黄正建《敦煌占卜文书与唐五代占卜研究》，第155、158页。

② 黄正建《国家图书馆藏敦煌写本〈逆刺占〉札记》，樊锦诗、荣新江、林世田编《敦煌文献·考古·艺术综合研究——纪念向达先生诞辰110周年国际学术研讨会论文集》，北京：中华书局，2011年，第514—534页。

③ 黄正建《敦煌占卜文书与唐五代占卜研究》，第158页。

数句总结占法原则的话等。另外，BD14636（北新 0836）前部有部分内容被遮损，无法阅读，在此卷中保存完好，可以补正 BD14636（北新 0836）所缺。笔者同意黄正建认为该文书与 BD14636（北新 0836）《逆刺占一卷》用的是同一个底本的看法。[1]

5. BD14672（北新 0872）+BD14675（北新 0875）《逆刺占一卷》（拟）

这是由中国国家图书馆收藏的两个残卷缀合起来的文献。

BD14672，原编号为北新 0872，图版参《国家图书馆藏敦煌遗书》第 131 册，卷子装，首尾俱残。无书名、子目，有朱笔标志勾注，存文字 36 行，首起“人投託欲吉庆之事□□者有口舌”，讫“酉为腾蛇上坐者，为有惊恐失火急速之事”，涉及从十二辰将上来占法（拟）、推十二月将所在逆占来意法（拟）、占日卜法（拟）等三方面内容。

BD14675，原编号为北新 0875，图版参《国家图书馆藏敦煌遗书》第 131 册，卷子装，首尾俱残。无子目，有朱笔标志勾注，存文字 78 行，首起“戌日为天一。有在天一上者”，讫“忌三月九月口舌□□病若归”。涉及占日卜法（拟）、占坐卜向法（拟）、占左右手足举法（拟）和占八卦来人卜法（拟）等内容。

两个残卷从笔迹、内容看，可以确定为同一写卷的不同断裂部分。BD14672（北新 0872）居前，BD14675（北新 0875）在后，二者可以直接缀合。黄正建已经将其缀合。

缀合后的文献，共存文字 114 行，涉及十二辰将上来占法（拟）、推十二月将所在逆占来意法（拟）、占日卜法（拟）、占坐卜向法（拟）、占左右手足举法（拟）和占八卦来人卜法（拟）等 6 项内容。与 BD14636（北新 0836）、P.2859C 的同类内容相比，基本相同，但形式与语句有差异，解说更为详细，有一些内容为 BD14636（北新 0836）所

① 黄正建《敦煌占卜文书与唐五代占卜研究》，第 158 页。

无。如：

BD14672（北新 0872）+BD14675（北新 0875）“占八卦来人卜法”（拟）：

离上来卜者，家忧远行离别之事，行行不还，不得消息，口舌欲起，故来卜之耳。向□西家傍有狗，急煞之此狗。人舍飞鸟近人舍，犯出林社稷，若向灶咒咀，有长子病。家长忌四月、十月，忌巳辛日。

BD14636（北新 0836）“占八卦来人卜”（拟）：

申时（离卦符略）离上来卜者，忧亡失，若六畜、官事至辞讼，占无酒，有酒，满器。

P.2859C“占八卦来人卜”（拟）：

申时（离卦符略）离上来卜者，忧亡失，若六畜、官事至辞讼，占有酒无，有酒，满器。

相比之下，可以看出 BD14672（北新 0872）+BD14675（北新 0875）的语言接近口语，内容也详细繁复，可能出自比 BD14636（北新 0836）更早的底本。而 BD14636（北新 0836）是经过一定删节整理的底本，语言简洁，形式较为齐整。

《国家图书馆藏敦煌遗书》该文献的条记目录定其时代为 9—10 世纪，是归义军时期的写本。

6. P.2610B《逆刺占》（拟）

P.2610，图版参《法国国家图书馆藏敦煌西域文献》第 16 册，册中定名《太史杂占历一卷》。卷子装，卷中所抄内容多样，纸张黏结亦有颠倒。笔者据其卷所抄内容性质及前后关系，重新划分其内容为6项，即P.2610A《太史杂占历一卷》、P.2610B《逆刺占》(拟)、2610VA《推孤虚法 推亭亭白奸法》、2610Vb《候风法》、2610VC《攘女子妇人述秘法》、2610VD《地镜中》。该部分内容原本位于写卷背面第一部分，调整后应为正面的第二部分，前接《太史杂占历》，背面为《推孤虚法 推亭亭白奸法》。存文字64行，起“推十二月将所在逆占来意法”，讫“不须求，自向所求见来”，有子目5个，分别为“推十二月将所在逆占来意法”、“占日卜法”、“占坐卜向法”、“左右手举法”、“占时来卜”，其内容与BD14636（北新0836）、P.2859C号《逆刺占一卷》中的同类内容相同，只是抄写时有省略或脱漏，如将“左右手足举法”抄成了“左右手举法”、“占时来卜及人家有酒法”省成了“占时来卜”，但基本内容一致。如：

占时来卜：凡寅时艮来卜者，忧女子金铜之物，欲为所求好女勾连；占人意性，多虚少实；占人家有酒。卯时震来卜者，忧争田宅有非欲作舍，男子病；占人意性，为人善，少语；占人家有酒食，方求□。辰时巽来卜者，忧女子病有非占欲远行求财物；占人意性，论意嗔；占人家有食，往求之必少。午时离来卜者，忧亡失财物，六畜爵位；占人意行，中和长善中实；占人家有酒食，令出少许事。……

王爱和据P.2610整个写卷内容中有“地镜”部分，故推测这部分可能属“人镜”。[①]

① 王爱和《敦煌占卜文书研究》，第418页。

7. Дx.02637《十二逆刺预占来人吉凶法》(拟)

Дx.02637，图版参《俄藏敦煌文献》第 9 册，为一残片，首尾俱残，存文字 13 残行，首起“凡用十二逆刺预占来人吉凶之意”，讫“▭治太冲，六▭”，无书名、子目等。其中有些解释性的内容用小字双行书写。

前有一段概述式占用途、逆刺灵验的话，可能是序言：

> 凡用十二逆刺预占来人吉凶之意，太一式▭
>
> 雷公式，行兵之事。六壬式，世间兴功之事。逆刺者，京房之所作▭
>
> 一则殊于卜易，二乃异于龟书，察人来情，考▭
>
> □□看诸卜问，如视掌中；卜彼吉凶，若霜▭
>
> □□□云，兴龙发雨，喟动风生，善恶随▭
>
> 耳，影响相应，博物君子，庶无几焉。同敏斯文，流▭
>
> □不朽云尔。

这段序文不见于其他敦煌文献，对于我们认识当时式占在民间的应用有积极意义。后一段述十干日与十二月将相配所兆吉凶，从“庚日”起，如“庚日，旦治大吉，暮治小吉。一螣蛇惊恐，二朱雀口舌▭▭□日，四勾陈斗讼，五青龙有▭”。黄正建认为北新 0836 (BD14636)《逆刺占》中的“推十二月将所在逆占来意法”内容有些与此相类，认为“本件文书是《逆刺占》中某一项占法的省略形式”。他的说法有道理。不过，从本件文书前有序言，后述十二月将的形式来看，该件的内容较北新 0836 (BD14636)、P.2859C《逆刺占》中的内容更加多，说明唐五代宋初敦煌流行的《逆刺占》应该不止一个版本系统，其编排顺序、内容详略各不相同。

黄正建认为是六壬占，拟题作《十二逆刺预占来人吉凶法》。王爱和有录文，拟题作《逆刺占》。

“逆刺”是一种预测来卜者来意，并判断吉凶的占卜方法，大体兴起于南北朝以后，而后人托名于西汉京房，故文书中有“京房逆刺”字样。黄正建分析了正史书目中著录《逆刺占》的情况，对其由隋唐到宋渐呈减少的趋势，指出可能是因为其占语过于简单直白，所指太明确，不易取信于人，因此逐渐被淘汰。刘永明《敦煌占卜与道教初探——以P.2859〈五兆要诀略〉、〈逆刺占〉为核心》一文中认为敦煌本《逆刺占》“出自归义军时期文化水平不高的敦煌文士或者是阴阳师之手，系辑录拼凑相关内容并加入敦煌民俗内容而形成的地方性占卜书，并以此用于敦煌州学的生徒教育”，并分析了其建立在鬼神崇拜基础上的浓厚宗教特征，特别是与敦煌民间道教的密切关系。[①]

8. P.2856《发病书》（拟）

P.2856，图版参《法国国家图书馆藏敦煌西域文献》第19册，册中定名《发病书》，卷子装。首残尾似未抄完，首端下部亦有残损，有界栏，无首题，存文字328行，首起“□算尽□ □巳，算有二，忌门”，讫尾题“咸通三年壬午岁五月写发病书记”。有子目8个，涉及内容有10个部分，其中与式占相关的部分主要是推得病日法、推得病时法等。其余属时日选择类。

推得病日法，依十二日顺序，述子日至亥日得病的生死轻重及原因，症状，致病之鬼名、所在，厌禳之法，瘥日及忌日等。均以十二地支配十二神，根据十二神的身份执掌来推断病情。如：

> 寅日病者不死。寅者功曹，天上主当土万物，故知不死。女轻男重，青色人痛胸胁，痛激急，咽喉不利，来去有时。祟在山林、

① 刘永明《敦煌占卜与道教初探——以P.2859〈五兆要诀略〉、〈逆刺占〉为核心》，《敦煌学辑刊》2004年第2期，收入郑炳林主编《敦煌归义军史专题研究四编》，西安：三秦出版社，2009年，第590页。

树神，久许不赛，丈人被罚，遣断后鬼、客死鬼为祟。鬼字仲后，后无伯，在舍南卌步与沟，代人香火送，午日小差，申日大差，死生忌戌亥。

其余如：

子日病者，不死，子者神后，南斗之子，男轻女重，主生人命，故知不死。……

丑日病者，小困。丑者大吉，天上长史，主当文案，故知病者男重女轻，虽困不死。……

卯日病者，不死。卯者太冲，天使者，主生人命，男轻女重，故知不死。……

辰日病者，困。辰者天罡之游激，主住收人命，故知之，困，十死一生。……

巳日病者，不死。巳者太一，天上南斗长女，主生人命，故知不死。……

午日病者，小困。午者胜光，天上都尉，言教清严。……

未日病者，小厄。未者小吉，天上南女，主将人，故知病者困厄不死。……

申日病者，不死。申者传送，天上主簿，生人命，故知不死。……

酉日病者，困。酉者从天魁，天帝使者，主人命，故知困厄。……

戌日病者，大重。戌者天魁。天上北斗长史，主收人命，故知病大。……

亥日病者，不死。亥者微明，南斗之神，主知生死。……

推得病时法，依十二时之序，述子时到亥时男女得病之轻重生死、致病之鬼神、厌解之法、痊愈之日等。如：

夜半时病者，男重女轻，大吉病之，恐厄。何以言之？大吉之史收人魂魄送付天曹……

丑时病者，神后病之，不死，男轻女重，神后，南斗之子。……

寅时病者，男重女轻，微明病之，不死，何以言之？微明，亥上神。……

日出卯时病者，男轻女重，天魁，病者不死。何以言之？天魁者，王之使。……

食时辰病者，从鬼（魁）病。何以言之？从魁住人收。……

巳时病者，男重女轻，小吉病之。……

午时病者，男重女轻，北君不赛。……

未时病者，男轻女重，胜先。何以言之，胜先，北斗之子。……

申时病，高贵大神，许而不赛。……

酉时病者，男轻女重，天罡病之，恐困。何以言之？天罡者，天之狱吏。……

戌时病者，男重女轻，太冲病，天使者。……

亥时病者，男轻女重，功曹病。功曹者，天之五官，主生命，不死。……

前者采用了传统六壬式法中常见的十二神与十二支配合方式，如子为神后、丑为大吉等；后者则采用了地支六合方法，如“夜半时病者，男重女轻，大吉病之，恐厄”，夜半为子时，子与丑相合，丑对应的神为大吉，故子时生病与大吉有关。

王爱和认为“推得病日法”部分与俄藏Дx.00506V+Дx.05924十分相似，可能抄自同一母本，认为“该部分内容，在《搜神记》已有滥觞，而至该卷已很成体系，说明它的产生与完成应在隋唐之间”。[①]而“推得病时法”部分与S.6346、P.3402V两卷内容相似，或为同类文书的不同流传版本。

9. P.3402V+P.4732V《发病书》（拟）

这是由法藏的两个残片缀起来的一件文书。

P.3402V，图版参《法国国家图书馆藏敦煌西域文献》第24册，册中定名为《推十二时病者法》。卷子装，首残，尾未抄完，以硬笔抄写，末有藏文题识1行。无书题、子目等，存文字100行。[②]正面抄写《论语集解（先进、颜渊）》，并有题记称“二月十三日教书郎云麾将军金紫光禄大夫殿中监张嘉望题”。

P.4732V，图版参《法国国家图书馆藏敦煌西域文献》第33册，册中定名为《占卜书》。抄写于P.4732写卷的背面，卷子装，为首尾俱残的一个残片，存文字7断行，可以拼合在P.3402V开头下端所缺的位置，拼合后的文字仍为100行。

其中“推得病时法”（拟）采用了六壬占法，与P.2856中的相应段落内容相近，而稍有差异。如：

> 寅时病者，男重女轻，青土色吉，徵明病者……
> 卯时病者，男差女剧，天罡病之，赤色者凶……
> 辰时病者，青色者凶，男重女轻，从魁厌之……
> 巳时病者，青色凶，男重女轻，传送病之……
> 午时病者，青色凶，男重女轻，小吉病之……
> 未时病者，青色凶，男吉女凶，胜先病之，困厄，黄色凶……

① 王爱和《敦煌占卜文书研究》，第192—195页。

② 黄正建认为存101行。《敦煌占卜文书与唐五代占卜研究》，第139页。

申时病者，男重女轻，太一病之，恐困……

酉时病者，男差女剧，天罡病之，恐困……

戌时病者，男重女轻，[太]冲病之，不死……

亥时病者，男差女剧，功曹病之，不死……

子时病者，男重女轻，大吉病之。大吉者，天上吏者……

该件写本内容与P.2856相互补充，但未标出子目。

关于写本时代，池田温《中国古代写本识语集录》认为正面书写于9世纪后期；[①]李正宇《敦煌古代硬笔书法》认为正面为盛唐写本，背面则写于吐蕃统治时期；[②]潘重规《简谈几个敦煌写本儒家经典》根据行间夹有藏文，推断该卷为吐蕃人的读本；[③]许建平《敦煌经籍叙录》赞同潘、李两位的观点；[④]刘永明《敦煌道教的世俗化之路——敦煌〈发病书〉研究》根据P.3402p1、P.3402p2中“伏缘天使”“奉使甘州”字样，认为“正面写卷的时间在归义军时期，并知背面《发病书》内容也写于同一时期”。[⑤]

综上所述，由行间及背面的藏文可知文书正面应抄写于吐蕃统治时期之前，而背面可能书于吐蕃时期或归义军时期。

10. P.3803C《龙母决》

P.3803，图版参《法国国家图书馆藏敦煌西域文献》第28册，卷子装。该写卷共抄写三部分内容，即《九天玄女诀》(拟)、推黑黄道诀、龙母决，故分别标注为P.3803A、P.3803B与P.3803C。该部分位于写卷最后，首尾全，有首题称《龙母决》，形式为图示，内容为十二月配龙

---

① [日] 池田温《中国古代写本识语集录》，东京大学东洋文化研究所，1990年，第446页。

② 李正宇《敦煌古代硬笔书法》，《中国文化大学中文学报》第1期，第7—8页。

③ 潘重规《简谈几个敦煌写本儒家经典》，《孔孟学刊》卷二五第12期，第2页。

④ 许建平《敦煌经籍叙录》，北京：中华书局，2006年，第356—358页。

⑤ 刘永明《敦煌道教的世俗化之路——敦煌〈发病书〉研究》，《敦煌学辑刊》2006年第1期，第504页。

母等六神煞以占时日。按：此处的“决”是“诀”字的同音假借。为尊重原卷，未予校改。

转录其文如下：

龙母决：

时逆，日顺。时从丑起逆。

十一、五月，龙德；十、四月，空亡；
十二、六月，口煞；九、三月，龙安；
七、正月，龙母；八、二月，速。

日顺

黄正建指出，龙母决后所画一表，“表中的‘龙德’‘龙安’‘龙母’等不见其他记载，但从月份、神煞的安排顺序看，似与后世的‘六壬课时’‘六韬时’或‘六曙’等相似。《事林广记》卷九‘时占门’有‘六壬课时’……由于‘龙母决’与‘六壬课时’的推占有明显的相似处，因此二者当属一类。而且，我们还能通过‘龙母决’与‘六壬课法’的异同来探讨这种推占法的演变”。[1]

王爱和认为龙母诀内容是将十二个月分配“龙母”等六神煞，并说明了推转方法，此内容在敦煌文书中仅此一见，并指出该卜法主要是以时占事，它推占的基础也是旋转式盘，应属于式占。[2]

① 黄正建《敦煌占卜文书与唐五代占卜研究》，第102—103页。
② 王爱和《敦煌占卜文书研究》，第70页。

第二节

遁甲式

遁甲式法类（其中有的含有六壬式法），有5个卷号，即P.2610VA、P.2610A、P.3803B、Дx.02827、 P.3064V。

1. P.2610VA《推孤虚法　推亭亭白奸法》（拟）

P.2610，图版参《法国国家图书馆藏敦煌西域文献》第16册，册中定名《太史杂占历一卷》。卷子装。双面抄写的长卷，首尾俱残，卷中抄写内容多样，纸张黏结亦有颠倒。笔者据其卷所抄内容性质及前后关系，重新划分其内容为6项，即P.2610A《太史杂占历一卷》、P.2610B《逆刺占》（拟）、P.2610VA《推孤虚法　推亭亭白奸法》、P.2610VB《候风法》、2610VC《禳女子妇人述秘法》、P.2610VD《地镜中》。该部分内容原本位于写卷正面第二部分，调整后为背面的第一部分，其正面为《逆刺占》（拟）。该部分存文字24行，起“推孤虚法：以徵明临太岁”，讫“但坚守，勿初挑战，勿”。文字抄写紧密，并有一行沿纸张下边界横向抄写。中有子目5个，分别为“推孤虚法”、“推旬孤虚法”、“推日孤虚法”、“推时孤虚法”、“推亭亭白奸法”。其内容如：

推孤虚法。以徵明临太岁、天魁为孤，太冲、天罡为虚也。摇光。正月建，从子丑击午未，二月从丑寅击申未，三月从寅卯击申酉，四月从卯辰击酉戌，五月从辰巳击戌亥，六月从巳午击亥子，七月从午未击子丑，八月从未申击丑寅，九月从申酉击寅卯，十月从酉戌击卯辰，十一月从戌亥击辰巳，十二月从亥子击巳卯。右十二月孤虚，千人已上用之。……

推亭亭白奸法。亭亭者，天之兵也。白奸者，贼之气。故背亭亭以伏白奸。是故得天之破之能者也。审能知之，与神并矣。欲推之法，此二神起于夜半，亭亭夜半在子，此以左行，白奸夜半在寅，旬于四孟至仲之辰；计中白奸在巳，宜从亥击巳；脯白奸在寅，宜从申击寅；人定白奸在亥，宜从巳击亥。当审计今敌人所在、应敌之地，便急击之，无不敌。凶神未到破人所之在地，但坚守，勿初挑战，勿□

黄正建认为“推孤虚法和推亭亭白奸法所用于军事，属遁甲式。《太白阴经》分别在卷九《遁甲》和卷十《杂式》中提到。宋《景祐遁甲符应经》也有，说‘亭亭者，天之贵神，背而击其冲，为胜’，‘背孤击虚，一女可敌十夫。古法十人用时孤，百人用日孤，千人用月孤，万人用年孤’，可见此二法确应属遁甲式”。[①]今从其说。

2. P.2610A《太史杂占历·安营式法》（拟）

P.2610A《太史杂占历》中有一段是“安营式法”（拟），存文字18行，起“六甲为青龙，六乙为逢星”，讫“安营阵门一依上说大吉”，无子目。其内容主要讲述安营的位置、朝向等，并有三幅图示。黄正建分其内容为两项：一为“结营法”（拟），属遁甲式；一为“安营法(拟)”，推测可能运用了六壬式。他引用《景祐遁甲符应经》中的话“大将居青龙甲，旗鼓居蓬心乙……囚系粮储居天牢壬，府藏居天藏癸”与本件文

① 黄正建《敦煌占卜文书与唐五代占卜研究》，第36页。

书进行比照，加以论说，结论可靠。[①]不过，在介绍第一项内容时，他误将文中的三幅图示说成两图，特此更正。

从该件文献在《太史杂占历》中的位置来看，它不是专门的式占文献，而是作为与军事有关的内容的一部分被摘抄汇入其中的，并以《太史杂占历》为名在敦煌地区流传。同属占候类的 P.3288 中亦抄有相同内容，此处不再专门列出。

3. P.3803B《咏黑道黄道诀等》(拟)

P.3803，图版参《法国国家图书馆藏敦煌西域文献》第 28 册。卷子装，共抄写三部分内容，即《九天玄女诀》(拟)、咏黑道黄道诀、龙母诀，故分别标注为 P.3803A、P.3803B 与 P.3803C。该部分位于写卷中部，首尾全，有标题 3 个，存文字 14 行，起“咏黄（黑）道决：合神用加月建时”，讫“午与未合，卯与戌合”。以七言歌诀的形式，将十二月建与黑道黄道神煞配合，以确定神煞所在，来选择日之吉凶。所存内容如下：

> 咏黄（黑）道决
>
> 合神用加月建时，酉下青龙卯下离。神后所言朱雀位，胜先玄武得无疑。徵明本自天形黑，传送勾陈恨勿期。此个六神为黑道，犯之殃祸不轻微。
>
> 咏黄道决歌
>
> 魁下明堂对玉堂，小吉金柜对金囊。功曹本言为大德，太一天牢是吉昌。此之相配为黄道，万般凶祸不为殃。凡欲出军并嫁娶，或为修造或迁移。但承黄道皆福利，不避将军及岁支。
>
> 推六合法：
>
> 子与丑合，寅与亥合，辰与酉合，巳与申合，午与未合，卯与

① 黄正建《敦煌占卜文书与唐五代占卜研究》，第 37 页。

戌合。

文中的第一个子目“咏黄道决”，根据内容来看，应是黑道。该内容在推算时应结合式盘的运用，黄正建认为似属“遁甲”，并以《太白阴经》中的“推恩建黄道法”为例加以论证。王爱和则仔细讨论了该法的运用，认为“该卜法似乎主要用于择日”，补正了黄说。①

本写卷《敦煌遗书最新目录》、《敦煌遗书总目索引新编》均定名为《占卜书残卷》，未对其中内容加以区分。

4. Дx.02827《遁甲式法》（拟）

Дx.02827，图版参《俄藏敦煌文献》第10册，册中定名为《星命占术》。卷子装，首尾俱残，抄写工整，存文字23残行，起“▭神尚▭▭在□时下□吏卒在门”，讫“时下得甲子，数得▭”，有子目3个，称“□时□在直要述”，“求天一所在宫要术”，“□时下得九天三奇六仪求吉凶术”。涉及的内容亦主要为以下三部分：

（1）“□时□在直要述”，述“六甲法”及时下得某之所兆。如“甲乙之日夜半甲子，乙庚之日夜半丙子，丙辛之日夜半戊子，丁壬之日夜半庚子，戊癸之日夜半壬子，皆以次行，如读六甲法。竟六甲▭▭时下得甲为客始，时下得乙为客病，时下得丙为客盛生，时下得丁为客衰生，时下得戊为客尽生，时下得己为主人始生，时下得庚为主人病生，时下得辛为主人盛生，时下得壬为主人衰生，时下得癸为主人尽生”。文中“乙”字皆写作“一”。

（2）“求天一所在宫要术”，述天一在九宫的不同时间、位次及各自的名称。如“天一在▭▭二宫为天芮星，在三宫为天冲星，在▭▭五宫为天禽星，在六宫为天心星”等。

（3）“□时下得九天三奇六仪求吉凶术”，其文曰：“诸天一所在宫为

① 王爱和《敦煌占卜文书研究》，第68—71页。

休门，前一宫为生门，后一宫为开门，常出此三门，所在之方皆大吉，得所欲”。

黄正建认为：“从这些内容看，像‘九天’‘三奇’‘六仪’等，都是遁甲的概念。因此，此文书所述应该属‘遁甲’式法性质。《俄藏敦煌文献》定其名为‘星命占术’是不确的”。[①]今从其说。

5. P.3064V《遁甲式残图》(拟)

P.3064，图版参《法国国家图书馆藏敦煌西域文献》第21册，册中正面定名为“星占书”，背面为“1.杂写 2.星占书”。仅存一残片。正面为朱笔所画的“北斗七星”图、“文昌星”图和“四辅星”图，及墨书“翁来北，黄衣男子看病者凶”字样，拟名为《星占残卷》。该卷抄写于背面，为墨笔所画一方形图，四周标注出十二地支等，右下角标注“地”字，上方写“伤门杀胎妇，退田蚕”，下方写有“伤门杀胎妇，火血”，左写“忧火劫，失财”，右写“火失，杀小口”，另外四周还分别写有“利道吉”，“利道大吉”等，同时用朱笔于图中写有“□岁”字样，四周写十干名，但由于朱笔颜色很淡，看不清晰。从笔迹看，该卷正背面似为同一人所写。

黄正建怀疑图右下角的“地”字是“地户”的简写。又说：“由于‘伤门’是遁甲式法中的‘八门’之一，‘利道’又见于《皇帝龙首经》，故此图可能与式法特别是遁甲式法相关”。[②]

由于所存内容甚少，对其性质、作用难

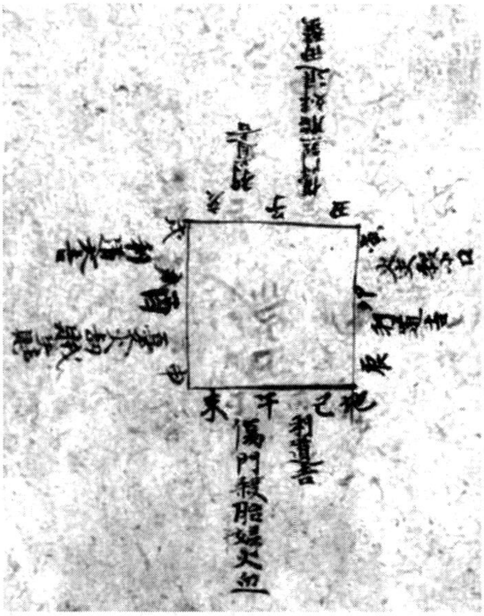

图3-1　P.3064V《遁甲式残图》(拟)

① 黄正建《敦煌占卜文书与唐五代占卜研究》，第38页。

② 黄正建《敦煌占卜文书与唐五代占卜研究》，第38—39页。

以有全面清晰的认识。今从黄正建的考察，归在式占的遁甲类中，拟名为《遁甲式残图》。

在中国古代的占卜体系中，式占是以选择时日为主的一种占卜，以式盘为工具，将时间与空间结合起来进行占卜。从“象”、“数”的角度讲，它是偏重于“数”，包含了对历日的神秘推算，在技术上是属于比较复杂的一类。根据文献的记载与出土的实物，我们可以知道从战国秦汉以来，式占已经流行于社会，被广泛应用于各种吉凶占卜之中，经过魏晋南北朝的长期发展，内容方法也更加丰富复杂，逐渐形成了太一、遁甲、六壬等不同的类型以及各自的应用范围。

到唐代，式占仍是官方认可、运用普遍的一种占卜方式。《旧唐书·职官志》载：“太卜令掌卜筮之法，丞为之贰（其法有四：一龟，二五兆，三易，四式），皆辨其象数，通其消息，所以定吉凶焉”。[①]式占为其所掌卜筮中的一种。《唐六典》中进一步解释了太卜令所掌的具体内容，云：“凡式占辨三式之同异。一曰雷公式；二曰太一式，并禁私家畜；三曰六壬式，士庶通用之。”详细解释了式占的用法，并明确提到式占的应用内容，“凡阴阳杂占，吉凶悔吝，其类有九，决万民之犹豫：一曰嫁娶，二曰生产，三曰历注，四曰屋宅，五曰禄命，六曰拜官，七曰祠祭，八曰发病，九曰殡葬”。[②]这些内容，几乎涵盖了民众生活的全部，可见其应用之广泛。

以涉及的文献数量而言，式占在敦煌文献中的数量是比较少的，全部写本的数量不到20件。除了这些可以明确归入式占的写卷以外，敦煌其他类别的占卜书，如《宅经》、《葬书》中提到了十二月将等，可以看出也有运用式法进行占卜的内容。但由于这些文献都可以自成一类，并且是多种卜法综合运用，所以不能算作是专门的式占文献。敦煌所存

---

① （后晋）刘昫等著《旧唐书》，北京：中华书局，1975年，第1877页。

② （唐）李林甫等著，陈仲夫点校《唐六典》，北京：中华书局，1992年，第413页。

的式占文献虽然数量不多，但它展示了唐五代宋初敦煌地区式占的实际运用状况，对我们认识此种卜法在这一地区的具体运用及其地位提供了具体而微的例证，也对我们考证式法文献的源流提供了宝贵的资料。

在抄写形式上，敦煌式占文献很少有单独成篇的，也没有明确的以“式”命名的书题，其内容大都与其他文献杂抄一卷，具有杂抄和选编的特点。以 P.2856《发病书》中的式占部分为例，可以发现其编排缺乏系统性，在内容上也有相互矛盾之处，因此可以推知敦煌民间流传的式法可能是多个系统并存，敦煌当地的术士在按照占卜内容进行抄录和选编的过程中，汇集了不同系统的式占文献，而未对其进行整理归纳。

从式占文献在史志书目中的著录看，敦煌式占文书不见于史志著录。据黄正建、李零等人对史志所著录式占文献的考察，从《隋志》、《旧唐志》、《新唐志》到《宋志》，历代著录的式占类典籍数量并不在少数，多在数十种，而《宋志》则达到百余种，但能与敦煌式占文献相对应的几乎没有，仅《隋志》有《遁甲九宫亭亭白奸书一卷》与P.2610VA《推孤虚法　推亭亭白奸法》（拟）有一些相近，但显然并非同书，只是有相近内容而已。[①]

有关唐代式法究竟分为几类的问题，学界目前还未形成统一认识。严敦杰认为唐代三式为雷公式、太乙式和六壬式，此外还有遁甲式。[②]李零的看法与之相近，他认为唐代三式有雷公式而无遁甲式，宋代三式则有遁甲式而无雷公式。[③]黄正建从敦煌式占文献出发，认为当时流行的式法似以“六壬”和“遁甲”为主，遁甲主要用于军事上，太一则未见，并推测“雷公”可能就是“遁甲”。[④]

---

① 黄正建《敦煌占卜文书与唐五代占卜研究》，第 39—40 页。李零《中国方术考》修订本，北京：东方出版社，2001 年，第 112—116 页。

② 严敦杰《式盘综述》，《考古学报》1985 年第 4 期，第 446 页。

③ 李零《中国方术正考》修订本，第 118—119 页。

④ 黄正建《敦煌占卜文书与唐五代占卜研究》，第 39 页。

式法文献在敦煌占卜书中所占比例不大，影响亦微，这恐怕与式占技术复杂、门派众多有关，再加上古代式法与天文占算、军事等关系密切，历来都是官方严格控制的对象，除了六壬之外，民间是禁止传习的，所以式占在民间的流行还是比较有限。敦煌保存的式占文献，以“六壬”类居多，也说明了这一点。

第四章

敦煌占候类文献

占候是占卜术中非常古老的一类，所涉范围亦较广泛。从广义上说，占候可包举所有的占卜望气之术，举凡天地日月、风雨雷电、云气虹霓、四时气候等天文气象，以及相地相宅、占梦相人、动植观测、怪物精异等皆属其范围；就狭义而言，则指占岁、望气与风角等，也就是今天人们所说的天文气象占。这是随着观测的细致深入与经验的积累，占卜门类划分更加细致，许多原属占候的内容各自独立出来，自成体系，如相宅相地、相人与占梦等，所以占候的内容就越来越少了。但不论如何发展，天文气象都一直是占候的核心，并一直与政治、军事有着密不可分的联系。

《汉书·艺文志》数术略天文类小序云："天文者，序二十八宿，步五星日月，经纪吉凶之象，圣王所以参政也。""天文"的本意是"天象"，在深信天有意志的古人看来，所谓天象，是上天意志的表达，所以"天文"的含意实际也就是通过观测天文气象来找出它所兆示的吉凶征应，探寻人事的得失，以供圣王行政施治之用，简言之就是星占祈禳。论其实质，与杂占类的"纪百事之象，候善恶之征"是一样的。不过，从应用来说，天文占候主要是为统治阶级提供服务，始终与政治、军事关系密切，而杂占则应用范围更广一些，与百姓日常生活的关系相对密切，在后来的发展分化上也更加明显。

作为一种与政治关系密切的占术，占候在古代一直受到统治者的重视，从殷商时代起就设立有专门的机构与人员，观测天象物候、编制历法、占卜预测等，并历代沿袭。唐代时，天文观测与占候的机构称为"太史局"，其长官称"太史令"："掌观察天文，稽定历数。凡日月星辰之变，风云气色之异，率其属而占候焉。"①

---

①（唐）李林甫等著，陈仲夫点校《唐六典》卷一〇《秘书省》，北京：中华书局，1992年，第302—303页。

由于历史的原因，绝大多数唐宋以前的占候典籍均未保存至今，今人能够看到的，除正史中的《天文志》、《律历志》、《五行志》外，保存完全的，只有《乙巳占》和《开元占经》，以及北周庾季才原撰、宋王安礼等重修的《灵台秘苑》，其余如《天文要录》、《天地祥瑞志》等皆是残本，另有一些兵书、子书中也保存有占候内容，如《淮南子》、《武经总要》等，但总量不大，不足以反映占候在唐宋时期的原始原貌。因此，敦煌保存的数十个卷号的占候类文献，就成为我们认识唐宋时期天文占候的民间发展及传播状况的不可多得的材料。

由于敦煌所存占卜文献内容庞杂，学者对敦煌占候类文献的分类与认定也存在不同的看法。黄正建在《敦煌占卜文书与唐五代占卜研究》中所划分的占候类文献，主要是天文气象占类，包含日月星辰及占风、占云气等。王爱和《敦煌占卜研究》则认为占候“包含以候验为基础的各种卜术”，她划入占候类的有传统星占、外来星占、占云气、候人体、鸟占、占怪及厌禳。相较而言，黄正建的划分标准稍严，而王爱和的标准却又稍宽，将候人体与占怪厌禳也归入该类。参考黄正建、王爱和以及邓文宽诸先生对敦煌占候及天文气象占文献类别的划分，并依据传统史志目录的记载及敦煌占卜文献的内容、形式，笔者所划分的敦煌占候类文献，包含天文气象占、玄象西秦五州占、杂占候与外来天文占4类。

第一节

敦煌天文气象占

该类文献存 10 个卷号，可以缀合成 9 个写本。即 P.2512、P.3589、S.3326、P.2811→2811V、P.3794、敦博 076V、P.2536V、S.2669V、P.3064。

1. P.2512《天文云气占》(拟)

P.2512，图版参《法国国家图书馆藏敦煌西域文献》第 15 册，册中定名《二十八宿次位经和三家星经》。卷子装，首尾残，抄写认真。无书名、作者等信息，有子目多个、气晕图 11 幅等，存文字 301 行，起“□栗一名去。三星鼎足在北斗内，当□”，讫“星坐（座）之数具如前注”。其内容包含了星占、二十八宿次位经、石氏甘氏巫咸氏三家星经、玄象诗、五行与二十八舍、日月旁气占等部分。其中与占卜关系密切的内容，以星占、五行与二十八舍、日月旁气占三个部分为主。黄正建、王爱和均未列入天文星占类。

作为敦煌保存下来的一部重要的古代天文文献，本写卷已有多位学者进行过考察。尤其是“二十八宿次位经”、“三家星经”、“玄象诗”部分，邓文宽已有详细辑校，[①]可供参考，此处从略，仅述与占候关系密切的 3个部分。

① 邓文宽《敦煌天文历法文献辑校》，南京：江苏古籍出版社，1996 年，第 3—46 页。

(1) 星占（拟），存中官占（拟）、"外官占"、"占五星色变动"、"占列宿变、五星顺逆犯者、守国分野"等内容，据星宿运行的所在位置、变动、颜色等占测社会人事的吉凶未来。如：

> 占五星色变动：岁星色黄润，吉。岁在东方宿色青，南方色赤，在西方色白，在北方色黑。岁主夆吴，有变动及与他星相者夆，吴地有殃。岁星与荧或合方者，居臣有忧，明春害农，不出三年有大兵起。……辰星色黑，交四仲，和阴阳，主燕赵所在之国，主有水灾。忽黄色，天下大旱；色赤，赤地千里；黑白，燕赵有兵；青色，有疾病。

据潘鼐、邓文宽等人考察，写卷中记载了与二十八宿相配的地域名称79个，全为汉代郡名和侯国名，所述古今分野之变也止于汉武帝时代，所以认为这可能是吴末晋初太史令陈卓所定。①

(2) 五行与廿八舍。包含"四时更王所主分"和"五行守廿八舍以其色定福败"两部分。写卷上端有少许残损。末有总结说明云：

> 右五行所亲犯，留廿日已上，相去七寸，光芒角相接成钩已者，必有祸。金火尤甚。廿八舍大小、明晦、疎数、动静，四时不定，必参合于五行。五行逆顺、喜怒，皆各各以□□□类相感动，不如此者，不足为大祸。廿八舍各有国土分野，水旱之火（灾？）□□□□其分水分应。

① 潘鼐《敦煌卷中的天文材料》，《中国古代天文文物论集》，北京：文物出版社，1989年，第223—242页。邓文宽、刘乐贤《敦煌天文气象占写本概述》，《敦煌吐鲁番研究》第9卷，北京：中华书局，2006年，第409—424页。

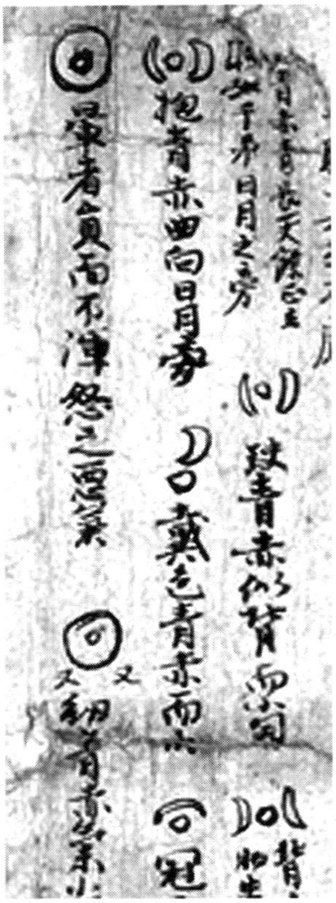
图 4-1 P.2512《天文云气占》（拟）

邓文宽推测此部分似未抄完。笔者从以上文字的总结性质看，推测该部分可能已经抄写完。

（3）日月旁气占（拟）。保存有占日月旁气、晕等文13条，皆配有图形，其中两图残去，存11图。如第7条占文："（图像为一大圆圈内画一小圆圈，两圆相套如璧形）晕者员而不浑，怒之恶气。"

卷尾有归纳云："以前从摄提尽尺阴有二百五十六坐，一千八百六十二星坐，星坐之数，具如前注。"

此外，在写卷中部，《二十八宿次位经》之后、石氏中星之前的第163行，抄有"自天星以来至武德四年，二百七十六万一千一百八岁"之语，据此可知其成书年代应在唐武德四年（621）之后。

邓文宽、刘乐贤《敦煌天文气象占写本概述》中有简单介绍。[①]

2. P.2811→2811V《星占书》（拟）

P.2811+2811V，图版参《法国国家图书馆藏敦煌西域文献》第18册。册中分为两件文书，P.2811定名为《星占书》，P.2811V定名为《占书》。册页装，有界栏，首残尾全，无题名、作者，有子目称"流星占"，又有"僚监曰"字样。正背两面文字书法笔迹相同，所抄为同一占书，但文字内容不相衔接。P.2811V后为另一人笔迹接抄《金紫光禄大夫守刑部尚书兼御史中丞侯昌业直谏表》。该写本正面存文字41行，尾部有数行污损残破严重，无法辨识；背面存22行，合计63行。首起"镇星所处，君圣臣忠"，讫"天下有此事，审察之必然"。所存内容涉及五星占、流星占及九风占等。黄正建考察其内容后认为"似是杂抄各类星占的著作，

① 邓文宽、刘乐贤《敦煌天文气象占写本概述》，《敦煌吐鲁番研究》第9卷，北京：中华书局，2006年，第413页。

比较简明”。[①]王爱和推测“该卷的内容可能是某司天监因流星天象，就星占上给皇帝的呈文”，她拟名为《星占书》，并有释录。[②]内容有：

五星占（拟）：存五星占的后部，包括镇星占的一部分及太白、辰星占的全部。如“太白星者，一名长庚，一名启明，西方金之精，白虎之德……辰星与太白并出，相望可有三尺，必战，两军相斗”。

流星占：集中记述流星犯北斗及流星气色所兆之吉凶。如“流星互北斗，天子发兵。流星出北斗魁中，不出一年兵起”，“赤气入斗，兵起”。

残卷最末一段为以“僚监曰”开头的有关“九风”及其所兆的文字。残损甚多，据前后文，可考出“九风”为：一治风，二衰风，三弱风，四乖风，五乱风，六荒风，七叛风，八危风，九亡风。如“君臣争明，朝廷争功，丈夫争名，庶人争利，是乖国之风。上多欲，下多端，法不定，政多门，人民巧辞礼多端，此乱国之风”。

其抄写时代，据 P.2811V 后抄有《金紫光禄大夫守刑部尚书兼御史中丞侯昌业直谏表》来看，侯昌业《直谏表》作于唐末僖宗时的广明元年（880），他也因此被杀，其《直谏书》流传于敦煌的时间，应在唐末僖宗之后的五代，所以这件《占星书》的抄写亦可认为是在五代。

关于此件占星书的性质，王爱和说：“可以看出该卷所反映的内容，既不是一本系统的星占书，也不是对星占书的辑录或杂抄。从其内容大从五曜入题，细说流星休咎，最后归结到辨九风察盛衰，再结合卷中‘九风占’、前‘监曰’，推测该卷的内容可能是司天监因流星天象，就星占上给皇帝的呈文，因此其行文简略中有繁复，不类于其他卜书。”[③]她的推测有一定道理。结合卷后所接抄的侯昌业《直谏表》的内容，我们或许可以推测这部特殊的《星占书》是侯昌业苦心攒录，

---

① 黄正建《敦煌占卜文书与唐五代占卜研究》，第 52 页。

② 王爱和《敦煌占卜文书研究》，第 364—366 页。

③ 王爱和《敦煌占卜文书研究》，第 364—365 页。

以备劝说僖宗注重上天警告而抄集的。由此我们也可以看出星占术与政治关系的密切。

3. S.2669V《灵台秘苑》(拟)

S.2669V，图版参《英藏敦煌文献》第 4 册，册中定名《失名占书》。卷子装，抄于 S.2669 背面。正面抄《沙州大乘圣光等寺尼籍》，该卷首尾俱残，存文字 17 行，失书名、作者，有子目，称“□象占第二”、“军胜气象占第三”，起“□发者皆天子之气，皆多上达于天”，讫“旌旗无风而扬，挥挥指敌”，内容涉及天子气象占、猛将气象占、军胜气象占等三部分。第三部分未抄完，后为另一人笔迹抄《四弘愿誓》。根据内容，对照传世同类文献，可知第一部分子目当为“帝王气象占第一”，内容仅存末尾 1 行；第二部分子目当为“猛将气象占第二”，内容全存，如：

> 猛将之气如龙，两军相当，若气发其上，则其□猛锐气如序(虎)在杀气中。猛将欲行动，先发此气；若无行动，亦有暴兵起。吉凶以日辰决之，谓以成四占课。猛将之气如火烟之状。猛将之气如粉沸。猛将之气火光之状，夜照人……

第三部分为“军胜气象占第三”，如“凡气上与天连，此军士众强盛，不可击；若在吾军，可战，必胜。军上气如火光，将军勇，士卒猛，好散，不可击；在吾军，速战大胜”等。

黄正建《敦煌占卜文书与唐五代占卜研究》认为这些“气象占的篇名、字句与传世本《乙巳占》中的有关篇目全同，但序数不一样”，他将此件残气象占书归入《乙巳占》类。[①]王爱和认为此写本与《灵台秘苑》卷四之“帝王气”、“猛将气”、“军胜气”段落排列顺序完全相同，

① 黄正建《敦煌占卜文书与唐五代占卜研究》，第 50 页。

文字内容基本一致，推测该卷“可能为北周庾季才原撰内容，所以此处为其拟名《灵台秘苑》。唐代之《乙巳占》、《太白阴经》、《太乙金镜式经》等，都有《灵台秘苑》的影子”。[①]笔者同意王爱和的拟名。

4. P.3794《灵台秘苑》（拟）

P.3794，图版参《法国国家图书馆藏敦煌西域文献》第28册，册中定名为《占卜书》。卷子装，首尾皆残，墨迹浓淡不均，存文字90行，每行字数不等。背面为杂写，漫漶难辨。起“从未击巳，岁在□”，讫“若军中树叶一日尽死，犹中霜之状，必□”。无书名、作者等信息，有子目3个。内容包括4个部分：推岁刑德攻战所宜法（拟），推六煞所宜法，风云气候第四，灾祥变异第五。邓文宽、刘乐贤概括为3个部分：刑德、式占等占文，风云气候占，灾祥变异占。将“六煞”有关的内容归入“式占”类，并与“刑德”内容放在一起。[②]

第一、二部分，与式法有关，详见式法类。

第三部分，原有子目称“风云气候第四”，占风部分，述八风，结合八卦、五音、五行等内容占测敌我形势与战争胜负，如：“占风：西北方折风，乾；北方大罡风，坎；东北方凶风，艮；东方炎风，震；东南方小弱风，巽；南方大弱风，离；西南方谋风，坤；西方东方冲，兑。”占云气部分，据云气的位置、颜色、形状等预测胜负及行军所宜，如：“两军相当，前有黑气中赤气，必有伏兵，不可击。凡气乍明乍灭，皆诈谋事，明审察之。”占风部分与《乙巳占》卷十和《开元占经》卷九十一《风占》内容有相似之处，占气内容与《乙巳占》卷九和《开元占经》卷九十四、《太白阴经》卷八有相似之处。

---

① 王爱和《敦煌占卜文书研究》，第436—437页。

② 邓文宽、刘乐贤《敦煌天文气象占写本概述》，《敦煌吐鲁番研究》第9卷，第411—415页。

第四部分，原有子目称“灾祥变异第五”，据天气景物预测军中动向，指导行动所宜，如：“夫军行斗战，必有怪祥以表胜败，将宜明占吉凶，以知臧否之应。夫兴军对敌，天雨黑昏暗，忠臣怨恨，将军且施恩布德于下。天大雾，臣下欲塞将军之令，将军效恩无所，宜易将帅分士众，屯军以应天气之变。”

黄正建认为，其内容“在《乙巳占》、《太白阴经》等书相关部分中都有类似表述，但又都不相同，疑是某兵书中‘杂占’的一部分”，将其归入“云气杂占类”，认为“原定名为‘望军气书’，似不确，因为其中除‘气’外，还有占‘风云’、‘灾祥’、‘六煞’等内容”。[①]王爱和亦认为该卷性质应属于兵家类，并“怀疑它与S.2669V一样，属于《灵台秘苑》原撰的内容”，拟名为《灵台秘苑》。[②]今从其拟名。

5. P.2536V《乙巳占》(拟)

P.2536V，图版参《法国国家图书馆藏敦煌西域文献》第15册，册中定名《星占书》。卷子装，抄于P.2536写卷背面，正面抄《春秋谷梁经传》。该文献首残尾全，有界栏，无书名、作者信息，有子目称“月食在中外宫占第十八”，存文字29行，起“食□□□□□月在箕干食其国叛兵乱”，讫“月行触，诸侯黜，户臣有事”，内容涉及第十七、十八两篇，第十七篇子目残去，内容为占月食二十八宿吉凶。后有题记“同光二年甲申岁”，可知抄写于公元924年。

其内容如下：

月食二十八宿占第十七（拟）：占测月食于二十八宿所兆示之吉凶。如：“月在牵牛食，牛疫，贵人多死亡，忧忧麦不收。月在女而食，女主有忧也。月在虚而食，朔有崩丧，天下改服。”

《月食在中外宫占第十八》，占测月食中外宫诸星所兆示之吉凶，

---

① 黄正建《敦煌占卜文书与唐五代占卜研究》，第51页。

② 王爱和《敦煌占卜文献研究》，第438页。

如："月在建星食者，后妃姪妇有当黜者。月入太微中，若流纵横经行太微中者，主弱臣强，诸侯四夷兵不利，行不端，心不正，有耶欲不受命，有奸人在主廷，四夷难信。月数入太微，有丧。"又引《宋志》、檀道鸾《续晋阳秋》等书中所载事例。其中引檀道鸾《续晋阳秋》的内容，"孝武兴宁元年正月丁未，月掩昴，七月己亥，大司马桓温薨"，为传世本《乙巳占》所无。

以上两篇内容，在传世本《乙巳占》中，合在一篇中，题《月蚀五星及列宿中外官占第十四》，占辞及吉凶判断基本相同，但语句更加简略。①黄正建比较本残卷与传世《乙巳占》内容，认为"本卷或即《乙巳占》中的一部分。但篇目不同"，他认为传世的《乙巳占》可能经过了后人的合并。他为该卷拟名《乙巳占》。王爱和从之，并有录文。

6. S.3326《气象占全天星图》(拟)

S.3326，图版参《英藏敦煌文献》第5册，册中定名《云气杂占》；《敦煌宝藏》第27册定名为《云气、星象、电经一卷》。卷子装，首残尾全，无书名、作者等信息，图文结合，所存内容包括"气象占"(拟)、"全天星图"(拟)、"电神"图像及"其解梦及电经一卷"的题记三个部分。书法笔迹相同，可看出系同一人所抄写。

(1)"气象占"(拟)。分上下两栏书写，上栏用墨线勾勒出各种云气图像，下栏抄写对应的占辞。共存气象图25幅，每幅图下所对应的占辞有三到四行，占辞多有残破撕裂者，图文完整的有17条。最后有题记云：

> 右已上合气象有卌八条，臣曾考有验，故录之也；未曾占考，不敢辄备入此卷。臣不揆庸置，见敢绢愚情，缀而录之，具如前

① (唐)李淳风《乙巳占》卷二，《丛书集成珍库·术数全书》，郑州：中州古籍出版社，1994年。

件，滥陈阶庭，弥加战越，死罪死罪。谨言。

这段题记对我们认识这部残占书的内容性质有重要意义。第一，关于作者。从题记的内容及语气看，似是某位臣下向皇帝进献此卷的进表。虽然文中未署名，但联系第15图下的占辞："吕不违云：凡近原阜有气如万丈竿冲天直坠，黄者，天子之气也；青赤白黑者，皆主有灾丧。臣淳风言：凡此郡邑出公侯；色青者疫病；白者有兵起；黑者邑有盗贼兴也。"结合题记所言考察，可以推测这位"臣下"应该是李淳风。第二，该卷内容是有关"气象"占候的，所以其拟名不当为"云气占"。第三，该卷全部内容应该有48条，现在所存的"气象图"有25幅，占辞17条，为原有内容的三分之一强。第四，该卷是选择"曾考有验"的记载缀录而成，所以也反映了之前的占气象内容。何丙郁、何冠彪《敦煌残卷占云气书研究》对此有详细、深入研究。①

（2）"全天星图"（拟）。该部分内容也是图文结合，星图为彩色。未分栏，有13幅星图和相应的文字说明。按邓文宽、刘乐贤的说明：

第1—12图为按十二次划分的横图，次序为子、亥、戌、酉、申、午、巳、辰、卯、寅、丑；第13图为北极和紫微垣图。每幅图下皆注稳中有降月日会星宿及昏旦中星，所用乃郑玄注《礼记月令》中的文字。全图用彩色绘成，用黑色代表甘德星，用橙黄色、圆圈、外圆圈内橙黄占代表石申和巫咸星，石巫二家星区分不甚严格。紫微官图的方位是左东右西上北下南，与仰视星空一致。图上的星数，虽各家计算略有出入，但都在陈卓"定纪"的1464星范围之内。②

① 何丙郁、何冠彪《敦煌残卷占云气书研究》，台北：艺文印书馆，1985年。

② 邓文宽、刘乐贤《敦煌天文气象占写本概述》，《敦煌吐鲁番研究》第9卷，第411—415页。

(3)“电神”图像及“其解梦及电经一卷”的题记，绘有一张弓射箭人物，旁注“电神”二字；后有一行“其解梦及电经一卷”的题记，文字与前两部分亦不相同。这些内容与前两部分似乎没有什么关系。马世长认为：“综观全卷内容，与尾题殊为不类，故怀疑此卷尾题以后的内容可能并未抄写。”[①]他的说法有道理。

向达《伦敦所藏敦煌卷子经验目录》定名为“兵法云气占”；[②]素痴拟题为“望气占书一卷”；[③]罗福颐拟题为“李淳风云气占残卷”；[④]黄正建认为“原定名为‘云气杂占’，似不确，应定名为‘占气书’或‘气象杂占’”；[⑤]王爱和拟名为《云气杂占　全天星图》。今据其主要内容，拟名为《气象占　全天星图》。

7. 敦博076V《占云气书》(拟)

敦博076V，图版参《甘肃藏敦煌文献》第6卷。现藏敦煌市博物馆，原藏号为“写经类第58号”，所以有学者称其卷号为“敦58V”。残卷由经过染黄的7张麻纸粘连而成。正面抄《地志》残卷，背面抄两部分内容，前为“紫微宫星图”，后为“占云气书”，前后字体相同，应为一人所写，书法不工，多脱漏、讹误。该件文献首全尾残，首题“占云气书一卷”，内有子目两个，称“观云章第壹”、“占气章”。分别用彩色绘出云气图形，图下为占辞，分上下两栏排列，存云气图75幅，卷末27幅图无占辞。

---

① 马世长《敦煌星图的年代》，中国社会科学院考古研究所编《中国古代天文文物论集》，北京：文物出版社，1989年，第195—198页。

② 向达《伦敦所藏敦煌卷子经验目录》，《唐代长安与西域文明》，石家庄：河北教育出版社，2001年，第218页。

③ 素痴《不列颠博物院所藏中国写本瞥记》，《国闻周刊》1934年第11卷第21期，第1—5页。

④ 罗福颐《敦煌石室文书对于学术上的贡献》，《历史教学》1951年第2卷第5期，第18—21页。

⑤ 黄正建《敦煌占卜文书与唐五代占卜研究》，第51页。

“观云章第壹”有云图26幅，占辞29条，载十干日及不同形状、颜色之云所兆示的含义及军队进退之宜。如：

(图略) 庚辛日赤云不可攻；

(图略) 有云如列阵，天下兵起；

(图略) 四方清净，独有云起者，所见之地，有大兵去。

“占气章”有图22幅，占辞24条，其后另有27幅占气图，未抄写占辞，可能是抄写者因某种原因未能抄完。前面内容为占气方法的总结，后面分别记载不同形状、颜色之气所兆示的吉凶胜负及进退之宜。如：

凡占军起与敌相对，将觉访军中善相气者厚宠之，当令清旦若日中时察彼军及自军上气，皆至笔录，已上将军，将军察之。若我军上气不善，警备，但镇守，勿妄战。敌在东，日出时后之；在西头，日入候之；在北头，半夜候之；在南头，日午候之。

(图略) 凡阵相当，有白气出似如旗幡在军上，其军胜。赤则凶也。

(图略) 其气如牛诸者，瓦解之气，军必大败。

抄写及成书年代。夏鼐认为“抄写时代当比正面还要晚，字体近于五代时（10世纪）写本”。[①]

马世长推测“星图的抄写大约在唐末至五代初”；[②]黄正建、王爱和

---

① 夏鼐《另一件敦煌星图写本——〈敦煌星图乙本〉》，载《中国古代天文文物论集》，北京：文物出版社，1989年，第121页。

② 马世长《敦煌写本紫微垣星图》，载《中国古代天文文物论集》，北京：文物出版社，1989年，第199—210页。

皆从其说；何冠彪、何丙郁认为“抄写年代可能为10世纪初叶”的晚唐、五代，但不同意其辑录成书于晚唐的意见，认为成书在六朝之后，又早于《天文乙巳占》、《开元占经》等，“显然是特意为军队使用的秘密的占星术手册”。[①]黄正建则“估计本卷是根据几种占书内容辑录而成”。[②]

8. P.3589《玄象诗　七曜利害吉凶征应瞻　日月五星经纬出入瞻吉凶要决》(拟)

P.3589，图版参《法国国家图书馆藏敦煌西域文献》第26册，册中定名《七曜利害吉凶征星占》。卷子装，有界栏，抄写书法不佳。该写卷首尾皆残，有子目两个，称“七曜利害吉凶征应瞻”、“日月五星经纬出入瞻吉凶要决”，存文字88行，起“父，津北有扶筐，策在王良侧”，讫“河图占：日月薄也。凡游气□”。内容涉及玄象诗、“七曜利害吉凶征应瞻”、“日月五星经纬出入瞻吉凶要决”三部分，其中第二部分子目下有“大书者本经，小书者征应”字样，说明征引史书文字为大字单行抄写，所举征应事例为小字双行抄写。写卷背面抄许负《相书》一卷。

《玄象诗》(拟)：部分前残，存161句。邓文宽有详细考察，他总结道：“其编排方法与P.2512不同。P.2512依三家排列，即先从角宿起叙石氏，再从角宿起叙甘氏，得从角宿起叙巫咸，最后总叙紫微垣。要记住全天星名须在天区转三匝，颇不方便。本卷《玄象诗》试图克服这一困难，实现在天区转一匝即可识星的目的。但仍未脱三家窠臼，故在摘引的各段诗句上标明赤黑黄紫以示区别。这说明，本卷《玄象诗》比P.2512《玄象诗》产生要晚。”[③]

七曜利害吉凶征应瞻：为原有子目，下注明“大书者本经，小书者

---

① 何丙郁著，台建群译《一份遗失的占星术著作——敦煌残卷占云气书》，《敦煌研究》1992年第2期，第85页。

② 黄正建《敦煌占卜文书与唐五代占卜研究》，第51页。

③ 邓文宽、刘乐贤《天文气象占写本概述》，《敦煌吐鲁番学研究》第9卷，第411—415页。

征应”，内容仅有5行文字，“本经”抄写了《后汉书·李郃传》及《五行传》的一段记载，“征应”引用了《天文志》的文字，似是随意摘抄的文字。

“日月五星经纬出入瞻吉凶要决”，注明“太史令陈卓撰”。所存内容为日占部分，月占及五星占残去不存。其抄写从内容上看有一定问题，即将正文与注文及征应混抄在一起，前后顺序亦有错乱之处，读来不太通畅。正文的前半段与《晋书·天文志》相同，而征应部分则不见于《晋书·天文志》。可能确实来自吴太史令陈卓之书。

试看以下比较：

P.3589《日月五星经纬出入瞻吉凶要决》

（笔者按：仿宋体为正文，楷体字为注文与征应）

日者为太阳之精，主生养恩德，人君之象也。人君有瑕，必露其虐（原文小字双行：日蚀明阳为阴所临，□卦□离明者，象明灭卦，上六不明，晦初登于天，后入于地。明灭者，明伤初。太青玄象中外宫及此十六咏）。太史令陈卓撰。以告示焉。故日月行有道之国则光明，人君吉昌，百姓安宁，人君乘一，前登于天者，初为天子，言以善闻于天也；后入于地者，伤贤害人，佞恶在朝，必以恶终，入于地也。士而政太平，则日五色无主。日变色，有军军破，无军丧疾（侯）王。其君无德，其臣乱国，春者众阳之长，晖光所烛，万思同晷，人君之表也。传曰：男教不修，阳事不得，则为无德。日赤无光，日失色者，所临之国不昌，日昼昏，行人无影，到暮不止者，上刑者急，下不聊生，不出一年有大水。昼昏，雁鸟群鸣，国失政。冬至，南极晷长。南不极，则佞为害。日中乌见，主不明。日蚀以其舍直及日所躔加日时因右其国主不明，为政乱，国有白衣会，将军出，旌旗举。汉惠帝……七月太后崩于未央宫。日中有黑子、黑气、黑云，乍三乍五，臣废其主。日蚀者，阴侵阳，臣掩君之象，有亡国。

《晋书·天文志·七曜》：

日为太阳之精，主生养恩德，人君之象也。人君有瑕，必露其慝以告示焉。故日月行有道之国则光明，人君吉昌，百姓安宁，人君乘土而王，其政太平，则日五色无主。日变色，有军军破，无军丧侯王。其君无德，其臣乱国，则日赤无光，日失色，所临之国不昌，日昼昏，行人无影，到暮不止者，上刑急，下不聊生，不出一年有大水。日昼昏，乌鸟群鸣，国失政。日中乌见，主不明，为政乱，国有白衣会，将军出，旌旗举。日中有黑子、黑气、黑云，乍三乍五，臣废其主。日蚀，阴侵阳，臣掩君之象，有亡国。①

P.3589 的三部分内容不相统属，各有名称，应该是杂抄星占类文书而成。黄正建推测“本卷或许是陈卓诸种著作中的一种，或者是杂抄陈卓古书而成的著作”，②王爱和亦同意。笔者认为第三部分为陈卓所撰是没有问题的，但第一和第二部分内容恐非陈卓所撰，而是杂抄汇集他书而成。

王爱和据《后汉书·李郃传》的内容，认为该卷的撰写“应在南朝宋后”。

9. P.3064《星占书》（拟）

P.3064，《法国国家图书馆藏敦煌西域文献》第 21 册，册中定名《星占书》。

该件为一残片，用朱、墨两种颜色的笔写、画而成。残纸右侧为朱笔所画的一幅“北斗七星”图，旁边分别用朱笔标注有十二支名与星

---

① （唐）房玄龄等撰《晋书》卷一二《天文志中》，北京：中华书局，1974 年，第 317 页。
② 黄正建《敦煌占卜文书与唐五代占卜研究》，第 53 页。

名，右下有朱笔“文昌星”图和“四辅星”图。左侧墨书“翁来北，黄衣男子看病者凶”11字。该卷背面亦画一图，标干支与吉凶占辞，可能是遁甲式占残文。正面的书法笔迹与形式与背面一致，可以判定为同一人所写。从残存内容为星图及吉凶占辞看，应是星占书。拟名为《星占书》。

第二节

《玄象西秦五州占》、《太史杂占历》

该类文献存 8 个卷号，可以拼合成 6 件写本，即 P.3288、Дx.1366V+S.2729V、P.2632、P.2941、P.2610+2610V、S.5614A。①

一、写本概述

1. P.3288《玄象西秦五州占》、《太史杂占历》（拟）

P.3288，图版参《法国国家图书馆藏敦煌西域文献》23 册，册中定名《立像西秦五州占第廿二》。卷子装，首全尾残，有界栏，抄写认真，存文字 418 行，起“玄象西秦五州占第廿二　天镜”，讫“大宜田作，更贾道富，女□”。内有卦符 8 个，占图 4 幅，首题《玄像西秦五州占第廿二　天镜》，子目多个（无序号），如“正月占城气法”、“日暝西秦”、“占日斗法”、“占日食法”、“占日耳法”、“西秦占日晕法”、“占色气法”、“占月光不明法”、“太史杂占动静善恶决”、“占地动法”、“太史

---

① 另有研究者将 P.3555 列入其中（赵贞《敦煌遗书中的唐代星占著作〈西秦五州占〉》，《文献》2001 年 1 期，第 55—67 页）。按：P.3555 有 A 号与 B 号之分，A 号为《玄象西秦五州占》的一部分，工作人员在整理中已经将其与 P.3288 缀合，故图册照片中注明的编号是“P.3288、3555A”，但人们已经习惯于用 P.3288 来指代“P.3288、3555A”，故依照习惯，只称 P.3288。P.3555B 残片众多，内容与《玄象西秦五州占》无关。

所占十二时善恶吉凶法”、“太公占候雨法”、“十二月生气法”、“出军大忌日法”、“十二时相形相合法”等。所涉及内容广泛复杂，所用方法除占候外，亦有式占。写卷背面所写内容杂乱，文字不一，大量藏文文献以外，有佛典、佛曲（乐住山、五台山赞等）摘抄，有名衔杂写，如“乾宁三年丙辰岁正月日归义军节度押衙兼□”，“步军都知兵马使张贤庆”，以及“归义军节度马步都虞候银青光禄大夫检校太子宾客监察御史上柱国张怀政邈真赞并序　节度判官掌书记兼御史中丞柱国清河张球撰”的开头题写。有可能是抄写者将这些杂写粘连起来，利用纸张另一面的空白抄写《玄像西秦五州占第廿二　天镜》的，所以P.3288正面占书的抄写应当晚于背面内容的抄写，即在乾宁三年(896) 及张球撰写《张怀政邈真赞》之后。

下面将本卷内容分为两个部分进行介绍。

(1)《玄像西秦五州占第廿二　天镜》

内容包括：五星占（拟），“正月占城气法”、“占日斗法”、“日暝西秦”、“占日食法”、“占日耳法”、“占日晕法”、“占色气法”、“占月光不明法”、“太史动静善恶决”、“占地动法”、五星符（拟）等。

文中所云“西秦五州”，指武威、张掖、酒泉、晋昌、敦煌。该部分内容所记十项占候，也都是专门针对武威、张掖、酒泉、晋昌、敦煌五州（五郡）而言。

所占候预测的内容，有关兵革战争、五谷丰歉、百姓顺逆、城邑安危以及大将行动之所宜等。

如“占月（日）斗法”：

> 子日斗，注四郡赵氏欲为主，人民相煞，城人惊恐，大恶。丑日斗者，四郡粟麦贵，有外兵来至我邑，城人流亡，九月下旬必有血流之像，大将须慎之。寅日斗者，注敦煌吕刘王自立为主，千人煞将亡士，冬孟月合流血。卯日斗者，注晋昌王郎李氏自立主，其

年夏四月中旬臣煞其君，外国兵至城。辰日斗者，注敦煌白衣自立为主，乱者千人，煞将亡士，不出其春季月……亥日斗者，武威西秦至流沙十年不归帝位，自立侯王，及者二百人死，不出其年春四月。

从文中频频出现“大将”一词，并有“番兵至城”、“南蕃攻国”、“外国兵来”、“胡人作逆”等语，可以推测该占书使用的对象就是“大将（有时是二千石）”，即为“大将”守卫西秦五州，用兵御下、统率百姓而占测天象吉凶之用专门编写。其产生的社会背景，应该是西秦五州失去与中原王朝之依峙联系，处在同周边其他民族政权不断的攻伐战争之中，随时面临倾覆的危险，于相对孤立封闭的环境中，外无援助，内有忧患，内外交困，危机四伏，于是组织一些星占家、术士综合已有占卜书，改编、摘抄、汇录而成。

黄正建从文中“州”“郡”称呼并用的情况，认为“唐玄宗天宝元年（742）改州为郡，凉、甘、肃、瓜、沙州遂改为武威、张掖、酒泉、晋昌、敦煌郡，因此本段文书应该是在唐玄宗天宝年间编写的，内容与当地密切相关”。[①]王爱和则从州郡并称，且文中不避“民”“坚”等字，推测是在唐初编写成的。[②]邓文宽、刘乐贤认为是在“西秦五州面临异族入侵的情况下编写的……所反映的情况，似乎不大可能发生在安史之乱以前的河西地区。因此，我们怀疑《西秦五州占》可能是在安史之乱后吐蕃侵占河西地区的前后编写的。也就是说，《玄象西秦五州占》的编写大致不出公元755—800年之间。”[③]笔者同意邓、刘二位的意见，并从文中一直将西秦五州作为整体来看，应是在河西地区尚未完全陷蕃时所

① 黄正建《敦煌占卜文书与唐五代占卜研究》，第42页。

② 王爱和《敦煌占卜文书研究》，第379页。

③ 邓文宽、刘乐贤《敦煌天文气象占写本概述》，《敦煌吐鲁番研究》第9卷，第411—415页。

编写，其最晚不应超过公元786年。公元786年沙州投降吐蕃，河西完全纳入了吐蕃统治范围，已经没有有组织的汉族军事力量，如在其后才编成此书，则完全失去了实用意义。

从文中所预测吉凶看，无论是城邑安全、人心归顺、谷麦食物等，极少有吉庆乐观之预测，几乎全部是凶兆，出现的占测结果往往是“兵起”、“下人谋上”、“城破邑危”、“煞万人”、“人民相煞”、“粟贵”、“人民相食”、“山崩”、“饥冻”、“白衣自立侯王”，等等。如“日暝西秦……丑日暝者，鬼山崩，注武威注冬季月煞万人死，来年粟贵，饥冻，人民相噉食，谷麦虫食。寅日暝者，注水灌酒泉，南蕃攻国，蝗虫食粟，春孟月，人民相煞，自立刘氏为主”；“悬象占日耳法：正月子日左右有耳，臣煞其君，注武威秋八月攻围，人心离异，异不相同，城破邑空，五年大乱，人民失叙，大将须左右惟良贤”。虽然天文星占书的特点是言凶多于吉，如江晓原所云：“在所有传世的中国古代星占学文献中，言凶者殆十之九，而言吉者不过十之一。换句话说，在古人认为有星占学意义的各种天象中，绝大部分是凶兆。这个现象是值得深思的。天似乎是一个苛求无已的严师，动辄对人事表示不满，天对罚恶的兴趣远远超过赏善”。[①]但具体到《玄象西秦五州占》，仔细阅读其内容，上天的惩罚不再只是告诫与警示，而是随时可至的覆亡，其中所表达的忧虑、焦灼甚至绝望的情绪，与其他星占书还是有区别的。

面对这样危机四起、忧患不断的情形，占书所能给出的指导却十分无力，“大将慎之，依符禳之大吉”，“大将须举贤人用能吉”，“大将谨守之”或“二千石须谨守法度，用贤良吉”。

占候天象，判断吉凶所依据的对象，除去首尾的五星占与五星符，其余都是干支所代表的十二日和十二月。如黄正建所归纳：

---

① 江晓原《星占学与传统文化》，桂林：广西师范大学出版社，2004年，第75页。

正月占城气法。占子日至亥日。

占月（日?）斗法。占子日至亥日。

日暝西秦。占子日至亥日。

占日食法。占子日至亥日。

悬象占日耳法。占正月至十二月。

西秦占日晕法。占正月至十二月。

占色气法。占正月至十二月。

占月光不明法。占正月至十二月。①

最后的五星符部分，是将五星分别对应五州，即武威荧惑、张掖太白、酒泉镇星、晋昌辰星、敦煌岁星。各配有符图，用以厌禳解除前面所述种种灾难不吉，并与最前“五星占”（拟）部分形成前后呼应。所载厌禳之法如下：

此符所有日月食、晕、耳、□□暝、斗、云起临城，恶灾怪占知者，即须用五星符，朱书，桃木七寸，书此符安置四城门厌禳。大将须清斋沐浴，着新净衣服，手自执符，丁在四门上，入土二寸。咒：“我是所由，专守此城，城中苍生，我视之如赤子，我今占见日月晕、食及恶气色注我城中流亡，晨夕忧惶，寝食不安，伏愿天之五星，我今知子各摄其恶气，我自修善，转祸为福。”咒讫，大将须三七日用贤良，召忠取义，布恩恤下，矜孤敏穷，思下士如渴。用此祷禳之，有灾祸便自消灭，更不无灾。此法不令愚人见，九真金不传于恶人，秘之不出。

① 黄正建《敦煌占卜文书与唐五代占卜研究》，第42页。

(2)《太史杂占历》(拟)

内容包括：太史杂占动静善恶决、占风雨善恶及看时节动静急难法、占地动法、太史所占十二时善恶吉凶法、太公占候雨法、当雨不雨占（拟)、十二月生气法、出军大忌日法、十二时相形（刑）相合法、亦名六合法、六钩之所听法、十德合法、十德所在法、六情来物之意、五行用情之法、天狱所在法、墓煞法、休废法、六丙法，以及占风占军(拟)、占岁（拟)、占嫁娶等。

这部分内容，在S.2729V中有标题作《太史杂占历》，故此处为之拟名。

其“太史杂占动静善恶决”后，有“看月地动及配当方分所当声去来，上秘勿传”之语，后载六十甲子日、一日十二时中所“闻”动静善恶之占断。如：

甲子、乙丑、丙寅、丁卯、戊辰，闻悦不悦，闻忧不忧，闻喜不喜，闻兵不行，闻贼不贼，闻惊有慎，闻动不动，闻声不刑。己巳、庚午、辛未、壬申、癸酉，闻悦后悦，闻忧不忧，闻喜有喜，闻兵必行，闻贼不见，闻动不动，闻动不动，闻声有声……

其中《太史所占十二时善恶吉凶法》云：

六十年有好，六十年有恶，逢好年即好，逢恶年即恶，十干之中，亦有善恶矣。岁在子年，蕃浑遍川。岁在丑年，将佛似袄。岁在寅年，劫垄买踈。岁在卯年，拆舍买椽。岁在辰年，谷麦投钱。岁在巳年，重得生天。岁在午年，蕃贼寂然。岁在未年，鲜卑在前。岁在申年，劫贼道边。岁在酉年，两国相连。岁在戌年，麦束生烟。岁在亥年，麦空生□……

太史问言子曰：见其苦乐也，知在何年岁？子胥答曰：置立天地，有汉有胡，有蕃有浑，鲜卑杂半。若有窥心，皆有别意。凡五百年一末，三百六十年一乱，一百六十年一凶，六十年一丧，十二年一恶。至其［末年］，洪水洮天，众生并尽。至其乱年，国中无主，三边俱煞，劫夺妻子，痛不可言。至其凶年，天下铁扫帚鬼行十种病，时气天下，人民相啖食，是凶丧年。至其恶年，父南子北，父东子西，父子不相识，兄弟绝衢街，是其苦恶也。子胥于天台山中，因行游，逢此白头老人，问此之间，披揽文书，寻其一百廿甲子余，知善恶吉凶所立此，吟书传流圣主，秘而勿传。

占候所依据的对象，较上篇“玄象西秦五州占”的内容要丰富得多，主要有干支、甲子、十二时、十二日、十二月、八卦、四季等，所占内容，军事、政治仍是主要关注对象，风雨寒热、五谷丰歉、疾病人民、嫁娶生子等也在占卜之列。

卷末最后一小部分10行左右的文字，记占嫁娶、生子内容所用卜法，据四方神头胁足日加以推算，应归入选择时日类。

从文中所反映的社会时代背景看，其产生当处于西北动荡、民族斗争激烈的时代。文中所称太史、子胥皆是伪托无疑，但其中占候资料还是汇集利用了前代已有占书，所流传的区域亦不限于西秦五州。

2. Дx.01366V+S.2729V《玄象西秦五州占》、《太史杂占历》（拟）

这是由俄藏和英藏的两个残卷拼合起来的占书。

（1）Дx.01366V，图版参《俄藏敦煌文献》第8册，册中定名《立像西秦五州占第廿二》。卷子装，写卷正面抄写《毛诗音》，背面所抄占书，首尾俱残，下端亦横向撕去，存上端文字31断行，无题名，有子目1个，作“西秦日斗占”，起“□青，上赤，如鱼□，秋七月□”，迄“□者，五百人死。酉日斗者王宋□”。所存内容，涉及“正月占城气法”（拟）、“日暝西秦”（拟）、“西秦日斗占”三个部分。据内容、书法笔迹及另一面所抄《毛诗音》的内容考察，此残卷与 S.2729V 应属同一写卷，是同一写卷的不同断裂部分。孟列夫在《俄藏敦煌汉文写卷叙录》中著录正面的《毛诗音》时已经说到“S.2729 是本号的后面部分”，[①]潘重规也在研究《毛诗音》时对这两个残卷进行过缀合。[②]但以往的占卜研究者都未注意到写卷背面内容及其相互关系，也未对儒家经籍文献的研究加以关注，所以黄正建、王爱和、赵贞等人虽然提到 Дx.01366V，王爱和还有释录，但都未与 S.2729V 联系起来。

从背面所抄《西秦五州占》的内容看，Дx.01366V 的第 16 行“午日暝者”、第 17 行“未日暝者，注酒泉夏四”等可以和 S.2729 的第 1行“注西秦秋”、第 2 行的“月自立张梁氏为主”相缀合，共计有 16 行文字可以与 S.2729 所残缺部分相缀合，这样“日暝西秦”的一半、“西秦日斗占”的全部就可以完整看到。

（2）S.2729V，图版参《英藏敦煌文献》第 4 册，册中定名《失名占书（悬象占太史杂占历等)》。卷子装，首残尾全，前部上端横向撕去 16 行，无书题、作者，后有题记“大蕃国庚辰年五月廿三日沙州□▭”。由此可知其抄写时间。存文字 317 行。内有子目多个，“悬象占日（晕）耳法第廿七”、“西秦日晕占第廿九”、“占月光不明第廿三”、“太史杂占历”、“占风雨善恶及看世界动静急难法”、“太史所占十二时善恶吉凶法”、“推天煞日法”、“夫妻相法”等，并有符图、卦符等。文字起“注西秦秋▭▭月自立张梁氏为主”，讫“夫火女土，生数人，千万大吉。大蕃国庚辰年五月廿三日沙州□▭”。写卷正面抄写《二月十使论悉诺罗接谨勘牌子历》，“辰年三月日僧尼部落净辨牒”，以及《毛诗音》的前一部分。

Дx.01366V 在前，S.2729V 在后，两个残卷可以缀合。缀合后写本

① ［俄］孟列夫撰、袁席箴，陈华平译《俄藏敦煌汉文写卷叙录》上册，上海：上海古籍出版社，1999 年，第 608—609 页。

② 潘重规《伦敦藏斯二七二九号暨列宁格勒藏一五一七号敦煌毛诗音残卷缀合写定题记》，《敦煌诗经卷子研究文集》，香港：新亚研究所，1970 年，第 77 页。

所存文字达到332行，内容除开头部分有少量残缺外，绝大部分保存下来，尾部亦较P.3288完整。

该占书内容，大致可以分为两个部分：

第一部分《玄象西秦五州占》(拟)。包括日暝西秦（拟)、西秦日斗占、日食占（拟)、悬象占日耳法第廿七、西秦日晕占第廿九、占色气法(拟)、占月光不明第廿三、五星符（拟）等。子目序号不全，顺序亦前后错乱。文字内容与P.3288基本相同。以十二日、十二月为依据占测日耳、日晕、虹开、月光不明等日月气象所兆示的西秦五州（武威、张掖、酒泉、晋昌、敦煌）之吉凶，以及五星符厌禳之法。

如“占月光不明第廿三”：

> 正月不明，注武威、张掖兵起，远期半年。二月不明，注酒泉、晋昌多阴谋，大旱，人民饥，万人死，兵起，期一年。三月不明，注敦煌多阴谋事，火烧人民，粟贵，须慎火灾，期三年个月。四月不明，多阴谋，注敦煌、酒泉、晋昌三州蝗虫食粟麦根茎，一年兵起，大将须用忠直贤良大吉。五月不明，多风雨不顺，贼起西秦五州，期半年，兵甲动，煞人流血，万人死，人马食土，甚恶。六月不明，多阴，注酒泉六畜贵，城邑危，国空，人民作怨煞将，下人谋上，一年内城注，须普恩惠德。七月不明阴□，注晋昌、敦煌自立侯王，期五年定，粟麦贱如土，人民昌乐，吉庆之事。……

第二部分《太史杂占历》。原书所题，所包括内容及子目有：太史所占天下动静善恶决、太史看月地动吉凶及配当方分所当声来去、占风雨善恶及看时节动静急难法、占日蚀、太史所占十二时善恶吉凶法、太公占候雨法、十二月生气法、出军大忌日法、十二时相刑相合法亦名六合法、六钩之所听法、十德合法、十德所在法、六情来物之意、五行用情之法、天狱所在法、墓煞法、休废法、六丙法、以及占风占军（拟)、推天煞日法、占暴风雨、占岁（拟）、占嫁娶、生日吉凶法（拟）、夫妻相法等。

其中有少量内容为 P.3288 所无。最后的占生日吉凶与夫妻相法保存完整。

写卷末尾题“大蕃国庚辰年五月廿三日沙州刺□”，“大蕃国庚辰年”为公元 800 年，即唐德宗贞元十六年，正当敦煌为吐蕃所占领的期间。

写卷正面所抄写的“二月十使论悉诺罗接谨勘牌子历”，“辰年三月日僧尼部落净辦牒”等内容，刘永明考察为公元 788 年。[①]可见该卷正背两面的抄写并非在同一年，《玄象西秦五州占　太史杂占历》抄写在后，显然是利用了当时已无价值的僧牒与儒家经典的背面纸张来抄写的，说明该占书在吐蕃占领期间已经流传，并得到时人的看重，至少被抄写者认为其价值重于儒家经典《毛诗音》。据纸张的使用情况看，严格来说，《玄象西秦五州占　太史杂占历》所在的一面应该算作正面，而原来的《牌子历》、《毛诗音》所在的一面应是背面。

3. P.2632《手诀一卷》

P.2632，图版参《法国国家图书馆藏敦煌西域文献》第 17 册，册中定名《手决一卷》。卷子装，首残尾全，存文字 218 行，有符图，有子目，有尾题，作“手决一卷”，末有题记云“咸通十三年八月廿五日于晋昌郡写记”。文字起“大将须坚守勿斗争，慎之不出兵”，讫“风从徵上来，客大败，主大胜□”。写卷最后还有倒书的 6 行“大唐中兴三藏圣教序　御制”。写卷背面抄写《五姓宅经》。从写卷情况分析，可能是纸张不够，便利用写废了的一纸“大唐中兴三藏圣教序”粘抄在原纸上，以抄写占候及宅经文献。

内容可分两个部分。

---

① 刘永明《S.2729 背<悬象占>与蕃占时期的敦煌道教》，《敦煌学辑刊》，1997 年第 1 期，第 103 页。

第一部分《玄象西秦五州占》(拟)。存正月占城气法（拟)、占十二月日暝法、占日斗十二月十二日同占法、西秦日食占、悬象占日晕耳法第廿七、日晕占、占月光不明法第廿三、五星符（拟）等。所存内容文字与P.3288、S.2729相同。

第二部分《占日月傍气法　占风法》(原子目)。

《占日月傍气法》的子目后有说明文字："两军俱严，出在原野，昼则观日及风云之气，夜则观月及星辰之变，以揆于度吉凶。"则据日月傍气的形状、颜色、大小及方位来占测吉凶。文中引有《晋书·天文志》及李淳风之语。

"占风法"亦有说明："九风之法，先须明知五音、六清（情)、八卦、五行、王相休废，相生相克，以知吉凶。"后有日音法、时音法、五音所主法、六情法、六合法、十二刑法、六冲法、六钩法、五行王相法、八卦王相法等，有少许双行小字注文，引李靖、京房、王乔等语。并有"王乔《风书》"之名。最后是引"李淳风曰"、"经曰"、"李靖曰"等有关候风、军事的文字。如：

> 五行王相法　李淳风曰：春东方王，南方相，西方休，北方废，即为囚死也。王乔风书云：王相囚死以四时别之，四季之月土王，金相，水死，木囚，火休。

这部分内容在P.3288、S.2729中大都没有，仅"占风法"中的六合法、十二刑法、六冲法、六钩法可在P.3288、S.2729找到一些内容，但形式不同。黄正建认为"可能是在李淳风《乙巳占》的基础上编写的。……本卷所据抄的书或晚于《乙巳占》，很有可能是《乙巳占》的一个详注详解本"。[①]王爱和则进一步认为"它大致相当于P.3288之'太

① 黄正建《敦煌占卜文书与唐五代占卜研究》，第47页。

史杂占'，但与'太史杂占'又有较大不同。……它的编写可能是在李淳风的《乙巳占》、李靖《李卫公兵法》以及前代'太史杂占'、'风云气候'、'兵书'等基础上完成的"。①

其抄写时间，据末尾题记"咸通十三年八月廿五日于晋昌郡写记"，可知是唐懿宗咸通十三年，即公元872年，在晋昌郡抄写的。这时正当归义军张淮深时期，敦煌不断与回鹘的侵扰进行战争。这部占书很可能是为了军事需要而抄写的。

4. P.2941《手决一卷》(拟)

P.2941，图版参《法国国家图书馆藏敦煌西域文献》第20册，册中定名《星占书》。卷子装，首尾俱残，存文字27行，存子目"西秦日食"，内容涉及日斗占（拟)、西秦日食两部分。起"□兵来至我邑□"，讫"酒泉晋外国兵和使往来，后有阴谋之事"。文字与P.2632全同，可知是《手决一卷》的部分内容。黄正建、王爱和有讨论，王爱和并有释录。

5. S.5614A《玄象西秦五州占》(拟)

S.5614A，图版参《英藏敦煌文献》第8册，册中定名《悬象占》。蝴蝶装，首尾俱残，书法不佳。无书题、作者等，有子目4个："日暝占第卅六"，"占西秦日斗法第卅七"，"占日蚀吉凶法第卅八"，"占西秦日晕第卅九"，存文字52行，起"日暝占第卅六：子日暝者注敦煌"，讫"米至千钱以上，牛贵马贱"。写本后面接抄《摩醯首罗卜》、《占十二时卜》、《占周公八天出行择日吉凶法》及医书《五藏论》、《平脉略例》等。

本件占书所存内容与P.3288、S.2729、P.2632相同，但子目名称不同，序号也不一致。P.3288无序号，作"日暝西秦"、"占月（日）法"、"占日食法"和"西秦占日晕法"；S.2729的前三个部分均无子目，第五

① 王爱和《敦煌占卜文书研究》，第409—410页。

部分子目“西秦日晕占第廿九”，序号亦不同；P.2632亦无序号，子目作“占十二日暝法”、“占日斗十二月二十日同占法”、“西秦日食占”及“日晕占”。段落排列上，P.3288、S.2729、P.2632在日食后、日晕前有“悬象占日耳法”部分，此件则无。可见该写本内容略少于P.3288、S.2729、P.2632，可能是经过后来术士整理编缩的写本，并重新编排了序号。王爱和认为“该卷该部分属转摘性质，不是‘玄象西秦五州占’的全本”[①]的看法，不无道理。

写本中没有保存关于抄写时代的信息。不过，从其以册页装帧的形态来看，其抄写的时代不会太早，可能在晚唐五代宋初。

该件文献，《敦煌遗书总目索引》及《敦煌遗书总目索引新编》均著录为S.5614A，拟名为《悬象占》，并说明“此与本目录（S.2729）悬象占可能系一书”。[②]

6. P.2610A《太史杂占历一卷》

P.2610，图版参《法国国家图书馆藏敦煌西域文献》第16册，册中定名《太史杂占历一卷》。卷子装，是一个双面抄写的长卷，首尾俱残，页面底端亦有部分残破，可以看出在封存入石室之前曾长期使用过。卷中所抄内容多样，且纸页黏结亦有错讹，正背两面的内容前后不相衔接。“太史杂占历”抄在最前，其后还有“逆刺占”（拟）、“式占”、“杂占”等内容。《敦煌遗书总目索引新编》共著录了正背两面的子目内容等多达35项。笔者据其卷所抄内容性质及前后关系，重新调整位置，划分为6件。正面抄写P.2610A《太史杂占历一卷》、P.2610B《逆刺占》（拟）；背面抄写四部分内容，分别为P.2610VA《推孤虚法　推亭亭白奸法》，P.2610VB《候风法》、P.2610VC《攘女子妇人述秘法》、P.2610VD《地镜中》。

该《太史杂占历一卷》，抄于写卷正面，首残尾全，存文字242行，

① 王爱和《敦煌占卜文书研究》，第346页。

② 《敦煌遗书总目索引》，第224页。《敦煌遗书总目索引新编》，第174页。

部分内容正文大字单行书写，注文小字双行书写，有少量朱笔勾抹痕迹。文内有卦符、符图等。中有书题“太史杂占历一卷”，有子目多个，起“廿六日廿八日当雨”，讫“善恶必应，万无不克”。黄正建、王爱和、邓文宽等均有讨论，王爱和有释录。

所存内容，包括十二日风雨占（拟）、八卦方位声占（拟）、占候十二月地动吉凶、日蚀色气占（拟）、太史所占十二辰善恶吉凶法、雨雪占（拟）、太公占候雨时日准则法、占候十二月生死气法、出军大忌法、推十二辰相刑相合法、六钩之所听法、推十干合法、十德所在法、六情来物之意、五行用情之法、推天狱所在法、墓煞法、休废法、六丙法，及式法占风占军，包括推天煞日法，四宫占候风法（拟）等。

与 P.3288、S.2729、P.2632 内容相较，除最前面所存内容亦与其他卷号有异外，绝大部分内容相同，但一些子目的名称不同。如 P.3288的“占地动法”，此卷作“占候十二月地动吉凶”；P.3288、S.2729 的“太公占候雨法”、“十二月生气法”，此卷作“太公占候雨时日准则法”、“占候十二月生死气法”等。其中，在“当雨不雨占”（拟）之前，题写有“太史杂占历一卷”的字样，应是书名，可知该部分皆属《太史杂占历》，但令人不解的是所题写的位置不是如 S.2729 一样写在该部分的开头，而是写在了内容中间。

其中“出军大忌法”最后所记载的出军禳祭仪式及咒语，较 P.3288、S.2729 所载全面：

> 右军初出城，大将左手持刀，闭气，划地作四纵五横，令方五尺，随所向方面立，密咒曰：四纵五横，长遣我行；周遍天下，灾殃不生；当我者死，犯我者亡。咒讫，便跨度即行，勿顾其后。

该卷的结尾处还有一段题记，亦为其他写卷所无：

管内五州杂占天镜并风云气候，但依此图，善恶必应，万无不克。

由此可知以上内容皆属某部“五州杂占天镜及风云气候”，中间就包含了《太史杂占历一卷》。参照 P.3288、S.2729、P.2632 中与之相同的内容，以及 P.3288 的首题“玄象西秦五州占第廿二天境”，我们可以推断，这里的“管内五州”，应该就是指其他写卷中所提到的西秦五州，即武威、张掖、酒泉、晋昌、敦煌；该卷前面所残去的内容，可能就是“玄象西秦五州占天镜”的部分。

关于 P.2610 文书内容与顺序的问题。

如前所述，P.2610 写卷很长，正背两面抄写，所存文字达 510 行，内容多且复杂，《敦煌遗书总目索引新编》共著录了 35 项。从内容看，文书正背两面所抄有些内容不相连贯，怀疑可能是在使用中纸页散开，重新粘连装订时弄错顺序，以致内容不能前后相接。如写卷正面最后一页最后一行“始出军，风雨逆来而沾衣者，此名天泣之师，大”，未写完而止。背面开头抄写的则是“推十二月将所在逆占来意法”，二者无法相接；背面第 4 张照片开头写“天泣军没不还”，内容恰好可以和正面结尾内容相接。王爱和在释录时将本卷背面照片的第 4 张（P.2610V-04）以及其后的所有内容都调整到背面第 1 张照片（P.2610V-01）的前面，[①]使得背面的照片顺序成为 P.2610V-04、05、06、07、08、09、10、11、12、13、14、15、P.2610V-01、03，这样调整的结果，虽然使得写卷背面开头的内容可以与正面结尾的内容能够衔接，解决了上面所说的问题，但同时又造成了后面内容的错乱，《地镜》残断未完的内容则显然又无法与背面第 1 张照片（P.2610V-01）相衔接。

① 王爱和《敦煌占卜文书研究》，第 418—429 页。

仔细观察 IDP 网站所公布的写卷照片，文书的第一部分与第二部分之间有粘连痕迹，即正面第 12 张照片末尾“管内五州杂占天镜并风云气候，但依此图，善恶必应，万无不克”之后与“推孤虚法”的相接处有明显的粘连缝线，“推孤虚法”前的一行文字被压掉一半，可以肯定其前是有内容的，说明这两页纸是经过重新黏结的，并且在黏结中遮盖了原有的少量内容，或许就是由于这次重新粘连造成了该写卷现存内容不相连贯的问题。这张有明显接缝的纸张背面，正是照片 P.2610V–04 所抄写内容，恰好是需要调整到背面第 1 的位置。笔者经过比较，推测其顺序可能是《太史杂占杂历一卷》在前，后面接 P.2610V–1、P.2610V–2、P.2610V–3 的内容，然后是 2610–13、2610–14、2610–15，即将写卷正面照片的第 13、14、15 与背面的 1、2、3 颠倒一下，这样可以解决内容不相连接的问题。调整后照片的顺序为：

正面：2610–1、2610–2、2610–3、2610–4、2610–5、2610–6、2610–7、2610–8、2610–9、2610–10、2610–11、2610–12、2610V–1、2610V–2、2610V–3。

背面：2610–13、2610–14、2610–15、2610V–4、2610V–5、2610V–6、2610V–7、2610V–8、2610V–9、2610V–10、2610V–11、2610V–12。

调整后的内容顺序，正面为太史杂占历一卷，后接占十二月将所在逆占来意法、占日卜法、占坐卜向法、左右手举法、占时来卜。背面为推孤虚法、推亭亭白奸法、候风法、五音候风法、攘女子妇人述秘法、地镜中。

二、《玄象西秦五州占》、《太史杂占历》的内容与性质

《玄象西秦五州占》、《太史杂占历》所存内容篇目一览表

P.3288	Дx.01366V+S.2729V	P.2632	P.2941	S.5614A	P.2610+P.2610V
玄像西秦五州占第廿二天镜					
[五星占]	前残	前残			
正月占城气法	[正月占城气法]	[正月占城气法]		前残	
日暝西秦	[日暝西秦]	占十二日暝法	前残	日暝占第卌六	
占月（日）斗法	西秦日斗占	占日斗十二月十二日同占法	[占日斗]	占西秦日斗法第卌七	
占日食法	[占日食法]	西秦日食占	西秦日食	占日蚀吉凶法第卌八	
悬象占日耳法	悬象占日（晕）耳法第廿七	悬象占日（晕）耳法第廿七	后残	无	
西秦占日晕法	西秦日晕占第廿九	日晕占		占西秦日晕第卌九	
占色气法	[占色气法]	[占色气法]			
占月光不明法	占月光不明第廿三	占月光不明第廿三			
[五星符]	[五星符]	[五星符]			
太史杂占动静善恶吉凶决	太史杂占历太史所占天下动静善恶决	占日月傍气法			前残

续表

P.3288	Дx01366V+S.2729V	P.2632	P.2941	S.5614A	P.2610+P.2610V
无题	占风雨善恶及看时节动静急难法	占风法：日音法。月音法。五音所主法。六情法。六合法。十二刑法。六冲法。六钩法。五行王相法			[十二日风雨占]
[八卦九宫占声法]	[八卦九宫占声法]				[八卦九宫占声法]
占地动法	[占地动法]				占候十二月地动吉凶
[占日月蚀晕气]	[占日月蚀晕气]				[占日月蚀晕气]
太史所占十二时善恶吉凶法	太史所占十二时善恶吉凶法				太史所占十二辰善恶吉凶法
[当雨不雨占]	无				前题：《太史杂占历一卷》[当雨不雨占]
太公占候雨法	太公占候雨法				太公占候雨时日准则法
十二月生气法	十二月生气法				占候十二月生死气法
出军大忌日法	出军大忌日法				出军大忌法

续表

P.3288	Дx.01366V+S.2729V	P.2632	P.2941	S.5614A	P.2610+P.2610V
十二时相形（刑）相合法，亦名六合法。六钩之所听法。十德合法。十德所在法。六情来物之意。五行用情之法。天狱所在法。墓煞法。休废法。六丙法。	十二时相刑相合法，亦名六合法。六钩之所听法。十德合法。十德所在法。六情来物之意。五行用情之法。天狱所在法。墓煞法。休废法。六丙法。				推十二辰相刑相合法。六钩之所听法。推十干合法。十德所在法。六情来物之意。五行用情之法。推天狱所在法。墓煞法。休废法。六丙法。
[式法占风占军]：推天煞日法　四宫占候	[式法占风占军]：推天煞日法　四宫占候				[式法占风占军]：推天煞日法　四宫占候。后云："管内五州杂占天镜并风云气候，但依此图，善恶必应，万无不克"。
[师公占岁善恶法]	[师公占岁善恶法]				推十二月将所在逆占来意法(原背面，调至此)
[阴阳时日占嫁娶]	[阴阳时日占嫁娶]				占日卜法

续表

P.3288	Дx.01366V+S.2729V	P.2632	P.2941	S.5614A	P.2610+P.2610V
[占生日吉凶]	[占生日吉凶]				占坐卜向法
后残	夫妻相法				左右手举法
					占时来卜
					推孤虚法（原正面，调此）
					推亭亭白奸法
					候风法
					五音候风法
					推动土及修造三五吉日
					攘女子妇人述秘法
					地镜中：天灾占第一，地灾第二，云雷风火占第三，山占第四，水占第五。
					后残
	尾题“大蕃国庚辰年五月廿三日沙州□□”	尾题“《手决一卷》。咸通十三年八月廿五日于晋昌郡写记”			

续表

P.3288	Дх.01366V+S.2729V	P.2632	P.2941	S.5614A	P.2610+P.2610V
卷子装	卷子装	卷子装	卷子装	册页装，后抄摩醯首罗卜、占十二时卜、《占周公八天出行择日吉凶法等	卷子装，正背面皆抄，黏结顺序有误，已调整。
备注说明：原写本中有内容无子目的部分，用［ ］表示拟定的子目					

从上表所列篇目内容，我们可以对《玄象西秦五州占》、《太史杂占历》的情况进行一些讨论。

结合 P.3288 前题《玄象西秦五州占第廿二　天镜》与 P.2610“四宫占候”之后的题记“管内五州杂占天镜并风云气候，但依此图，善恶必应，万无不克”，可知这两件文献所指的内容应当是相同的，它们的书名应当是《玄象西秦五州占天镜》。这两件文献的内容，包含两个部分，即《玄象西秦五州占》、《太史杂占历》。其中《玄象西秦五州占》即是写卷前一部分 10 篇小节的题目，又是这部文献的总名。

其文献性质，当为汇录杂抄而成。可能经过两个阶段方形成。首先是《玄象西秦五州占》前 10 篇的汇集成编。这 10 项内容，在不同的抄本中序号不一，但基本内容一致，所适用范围限定于西秦五州，时间在这一地区处于与中原隔离但未全陷入少数民族统治之际。有些子目称“西秦占”，有些称“玄象占”，可能其来源于不同的原本，黄正建推测《玄象西秦五州占》可能就是两种书依据这些子目的不同名称。但来自不同书的内容被汇编入一书后，其内容基本定型，因此笔者还是认为应当将其作为一书看待。由其编纂时沿袭了源文献子目的序号而未加统一编排，可见其编写之仓促；且多种抄本流传但未再进行统一编排处理，也从一个角度说明了产生时代的特点。

《太史杂占历》的编写产生也当在此前后，如其中《太史所占十二时善恶吉凶法》云“六十年有好，六十年有恶，逢好年即好，逢恶年即恶，十千之中，亦有善恶矣。岁在子年，蕃浑遍川。岁在丑年，将佛似袄。岁在寅年，劫垄买踈。岁在卯年，拆舍买椽。岁在辰年，谷麦投钱。岁在巳年，重得生天。岁在午年，蕃贼寂然。岁在未年，鲜卑在前……”以及“子胥答曰：置天立地，有汉有胡，有蕃有浑，鲜卑杂半”等语，另外从有关军事占候应用的内容看，它的产生与《玄象西秦五州占》的时间差不多。不过其中许多材料可能来源更早，如占风雨、六合法及式法占风占军等，均有利用已有占书内容，因此也见于其他占书。

这两个部分编成后，有人将其抄写汇集，作为一个整体流传，这一过程中还有人在后面抄写其他占书内容，从而形成我们今天看到的形态。

《玄象西秦五州占》所用占测方法，涉及观测占候、时日推算、式法等多种，所依据的占测对象主要为干支时日。如前一部分内容的10项中，除去五星占与五星符这两项，其余8项中，前4项皆按子日至亥日十二日占测，后4项皆按正月至十二月占测；后一部分《太史杂占历》则在时日干支的基础上，又加了阴阳、四时、八卦等。这种占候方法，与传统的日月星辰云气观测据位置、形态、颜色、时间等因素结合测知吉凶的方法有很大不同。

从古代天文气象占候历史和唐代河西、敦煌社会历史的研究来看，《玄象西秦五州占》的发现具有重要的意义。首先，《玄象西秦五州占》是目前所知仅存的以某一地区的天文气象吉凶为占测对象的书籍。黄正建在讨论《玄象西秦五州占》的性质时，联系《隋志》所著录的《荆州占》，认为二者均以地域命名，可能是相似的占书。其实，《荆州占》是刘表任荆州牧时命刘睿“集天文众占”而编成的一部占书，[①]原本就是一部全国性天文占书，并非专门占测荆州地区天象吉凶，保存在《乙巳占》、《开元占经》中的佚文也说明了这一点。更何况在王权一统的时代，占测天文是天子的特权，即便刘表有割据的野心也不敢公开让人编纂此类图书，之所以称为《荆州占》，是纪念其编纂的缘起，而非所适用的区域。因此，从命名实质上说二者是不同的，图书的性质也是不同的。除此之外，类似这样的专门以占候一个地区的天文气象吉凶的图书，在古代天文气象文献中尚未发现。可以说，目前为止，此类图书也就保留了《玄象西秦五州占》这么仅有的一件，可见其独特性及珍贵性。邓文宽、刘乐贤认为“这一类新型天文气象占文献的发现，填补了古代数术史研究的一项史料空白，加深了我们对古代天文气象占的认识”，[②]是对其价值的中肯认定。

其次，《玄象西秦五州占》的产生与流传，与唐代河西地位的社会历史发展有着密切的关系。如前所述，其文献产生在唐代安史之乱后到敦煌陷落之际，在吐蕃统治时期及归义军时期均有抄写流传，它所间接反映的河西地区民族斗争的历史，尤其汉族民众在与中原政权相互隔绝，外临强敌，内有忧患的情况下的社会心理与生活状态，以及归义军时期这一地区与中央政权的关系等等，都是传世史料或者其他文献所少有表现的，具有重要的社会史料价值。

---

① 《晋书·天文志》，北京：中华书局，1974 年，第 322 页。

② 邓文宽，刘乐贤《敦煌天文气象占写本概述》，《敦煌吐鲁番研究》第 9 卷，第 419 页。

第三节

杂占候

该类文献有两个卷号，均与 P.2610 有关，一是 P.2610VB，另一是 P.2610VD。

1. P.2610VB《候风法》

该写卷抄写于 P.2610 背面，图版参《法国国家图书馆藏敦煌西域文献》第 16 册，此卷正面抄有《太史杂占历》、《逆刺占》（拟），背面前抄《推孤虚法　推亭亭白奸法》，后抄《推动土及修造三五吉日》、《地镜中》等。该件《候风法》存文字 59 行，起“候风法：酉戌亥子丑寅之风，宜先起”，讫“凡刑法，木刑在北方”。包括《候风法》、《五音候风法》两部分，前者据风的顺逆、缓急、清浊及方位、时辰等情形来预测军队胜负及行动所宜，后者以十二辰、阴阳等与五音相配，以占测军事吉凶。如：“凡引军出营，有顺风送，此有天助，必大胜。凡出军，幡旗劲直者，战必胜。凡战，风逆者败。从风异起军，军中当有反者。若风雨异者起军中，声气极成，成者亦当候之。”部分内容见于《乙巳占》所引。

另，德国国家图书馆收藏的出土于吐峪沟的 Ch3316 残片《风角占候》（拟），[①]载不同方位之风所兆示的吉凶，注重民众日常生产生活的内

① 拟题有数个，今从荣新江主编《吐鲁番文书总目》的拟题。荣新江《吐鲁番文书总目》武汉：武汉大学出版社，2007 年，第 268 页。

容，如田种、年岁、健康等，与此篇只关注军事不同，应该是风占术由上层、军事向民众社会的一种拓展普及。

2. P.2610VD《地镜中》

抄写于 P.2610 写卷的背面。图版参《法国国家图书馆藏敦煌西域文献》第 16 册。写卷正面及背面前部抄《太史杂占历一卷》、《逆刺占》(拟)、《推孤虚法　推亭亭白奸法》、《候风法》、《攘女子妇人述秘法》，该件文献抄于最后。从照片看，该文献首全尾残，存文字 88 行，存书题，有子目 5 个，首起书题，讫《水占第五》的“林中臣为客且将大水▭”。所存内容有天灾占第一、地灾占第二、云雷风火占第三、山占第四、水占第五。这部分内容未见于其他敦煌文献。前有小序云：

> [天灾一]，地灾二，云雷风火三▭▭蛇虫九，龙鱼十，人物十一，邑▭▭。右目录，凡行军营阵所占灾祥，所▭▭春霜，夏雪，秋虹，冬雷、日晕▭▭日夜出，星，天裂，天雨血，地裂▭▭鬼哭，殊此太公廿四灾夷，今□□中，述吉凶星事▭

虽然该卷只保存了前 5 篇，但由此小序所列目录，可知《地镜中》的内容至少应有 12 篇，涉及 24 种灾异现象。其中的“云雷风火占第三”：

> 风占分别在风角中。冬雷震，人君当之，各在其国，□愁万民，逆天心。冬雷夏雹，民饥死三年；雷霆击宫廷中，大夫欲逆，不出五年，灾兵流血；雷霆击宗庙，是谓天或人君暴亡，不出八年，削地夺国；雷霆击贵人从官车骑，此人乃君或□嬖人，失众和；雷霆击贵人屋，佞人持政，不出三年，地削君亡。

飘风飞衣丝于市中，不出一年，必有煞主；飘风入宫阙中一日再三，名曰大阳夷，不出一年内兵起；飘风入宫中飞衣物，有惊恐凶□；忽暴风入舍，发几折树，不出六十日有相煞。天火燔宗庙，人君□谨▭

将该写本所存内容与《开元占经》所引内容相比较，发现有多处相同，尤其在涉及“地灾”的部分，许多文字完全一致，但内容分量少于《开元占经》，即有些《开元占经》引用的文字在敦煌本中没有，由此推测，可能该本是《地镜》的节略本或略抄本。

从内容看，卷中所载灾异现象及吉凶多与国家政治、军事、年岁等联系紧密，应是专门记载灾祥变怪一类的占书。《隋书》子部五行类有《天镜》与《地镜》各一卷，注明“梁有隋亡”。[①]敦煌保存的《地镜中》，应该与《隋志》所录《地镜》有关，说明该书的成书较早。清人马国翰在其所辑《地镜》的序文中说：“其书言地石山水草木鸟兽之变异，占其吉凶，大较与《天镜》同。”[②]赵益将《隋志》子部五行类中的《天镜》与《地镜》均归入“灾祥、瑞应及变怪杂占”类中。[③]核以该卷所存内容，他们的看法大致是准确的。这件文献的发现，使我们可以看到当时流行的《地镜》的原貌，并可以与传世典籍所引进行校勘。

① 从《开元占经》的引用及敦煌残本的存在，说明《地镜》在唐代并未真正亡佚。

② （清）马国翰《玉函山房辑佚书》，清光绪九年（1883）长沙嫏嬛馆刊本。

③ 赵益《古典术数文献述论稿》，北京：中华书局，2005年，第107—111页。

第四节

敦煌外来天文占

该类文献有两个卷号，即 P.3055V、P.3571VB。

1. P.3571VB《日月食占》(拟)

P.3571VB，图版参《法国国家图书馆藏敦煌西域文献》第 25 册，册中定名《占书》。卷子装，抄于 P.3571 写卷背面，写卷正面抄佛教文献《真言要诀》卷第三，[①]背面前抄《占梦书》(拟)，后抄此件，故标为 P.3571VB。该卷首尾及上下俱残，[②]存文字 23 断行。[③]无书名、作者等信息，前有大字书写“镇宿”二字，文中注文用小字双行抄写。字体笔画纤细，似为硬笔书写而成，笔迹与前面的《占梦书》相近。其文首

① 此依《法国国家图书馆藏敦煌西域文献》第 25 册的拟名。王重民《敦煌遗书总目索引·伯希和劫经录》认为是“关于佛教之论文”，施萍婷《敦煌遗书总目索引新编》著录为“佛名经”，黄永武《敦煌遗书最新目录》则作“佛家破妖伪说”。

② 背面所存文字与正面格式、边界不同，故郑炳林认为该写卷背面抄写《占梦书》与《占日月食》书的用纸“皆为裱装正面文字而粘贴于其背面的”。郑炳林《敦煌写本梦书解校录研究》，第 295 页。

③ 由于其写卷残断严重，且注文用小字双行的格式抄写，所以有关文字行数的看法，也各不相同。如黄正建认为存 44 行（《敦煌占卜文书与唐五代占卜研究》，第 53 页），邓文宽认为存 26 行（《天文气象占写本概述》《敦煌天文气象占写本概述》，《敦煌吐鲁番学研究》第 9 卷，第 421 页）。

起“辰时午时未时申时没时▭”，讫“七白色、八绿色，十赤黄白色▭”。王爱和拟名为《占日食》，并有释录。

所存内容，涉及日食占、日色占、气象占、月食占、月色占等，所占测的依据既有日月食发生的时间，也有自然气象的形态、颜色等，但看不出与文前所写“镇宿”两字有何关系。文中提到“婆罗门”、“祆庙”、“梵天王”、“帝释”、“阎罗王”、“药叉”等，如：

> ▭白月一日梵天王引（小字双行注：黑月十六日准前）。二日风▭
>
> ▭（月十□□日准上）。四日阎罗王引（黑月十九日准上）五日功▭
>
> ▭枵父天神（小字双行注：廿二日准上）。八日帝释引（廿三日准上）▭
>
> ▭引（廿五日准上）。十一日摩醯首罗天引（廿六日准上）▭

可知与外来佛教文化，尤其是印度天文星占学关系密切。王爱和说它“与其他同类文书均不同，具有的印度文化色彩，应是比较纯粹的外来卜术；而其中提到的神祇，基本可以涵盖在S.5614《摩醯首罗卜》神祇系统中，由此可以推测二者产生的时空大致相当”。邓文宽指出写本正面所抄《真言要诀》卷第三有避讳“民”字的痕迹，可证正面的抄写时代早不过唐太宗时代，所以背面的星占文献，亦当抄于唐代稍后。

2. P.3055V 疑伪经残卷（拟）

P.3055V，图版参《法国国家图书馆藏敦煌西域文献》第21册，册中定名《妙法莲花经马明菩萨注释》。卷子装，写卷正面抄《维摩诘所说经疏》和《大乘稻芉经随听疏》之内容，其上有大字书写“不用”二字。该件写本首尾俱残，书写潦草，有涂抹改动痕迹。字体纤细，似乎为硬笔所书。存文字 34 行，首起“言月者，去地八十四万里”，讫“或云春夏行□火山之上是故大热”。内容有三部分，各以“言”字开头，包括“言月者”、“言星者”、“言辰者”，综合佛教日月天文之说与中国星占说，如“言月者，去地八十四万里，仏宝所作，白银作里城，琉璃作外城。月之一日，名之为朔……”；“言星者”提到二十八宿、五星等，并引《论语》之言。

《敦煌遗书总目索引新编》著录为“残天文书”，方广锠、邓文宽均认为是疑伪经，指出其内容是据《妙法莲花经马鸣菩萨品第三十》改写的，写本中又有“如”代“而”的现象，这是唐五代西北方音特征之一，认为有敦煌或西北人编写的可能。黄正建与王爱和均未列入讨论，邓文宽在《天文气象占写本概述》列为“佛教天文书”的一种。

另外，敦煌保存了独特的唐五代抄本的还有 S.3374《摩登伽经》残卷，以及由 3 个残片缀合的 S.1648+S.6024+Дx.519《舍头谏太子二十八宿经》，这两件写本其实是同一种佛经的不同译本，讲述印度天文星占学知识，主要包含二十八宿、月离位置与人事吉凶的关系和祈禳之法，各月昼夜长短时节、各月地动所主灾异、历日置闰法、七曜周期，以及人体黑子所主吉凶等。[①]《隋书·经籍志》天文类著录有《摩登伽经说星图》，江晓原认为这个残卷可能就是《摩登伽经》的说星图品。[②]由于这些写卷本身包含于佛经之中，未单独成书，故不单独列入“外来星占”之中。

---

① 邓文宽、刘乐贤《敦煌天文气象占写本概述》，《敦煌吐鲁番研究》第 9 卷，第 420 页。

② 江晓原《天学真原》，沈阳：辽宁教育出版社，1991 年，第 360 页。

第五节

敦煌占候文献与唐五代宋初社会

唐代设太史局负责天文观测与占候，其长官称“太史令”：“掌观察天文，稽定历数。凡日月星辰之变、风云气色之异，率其属而占候焉。其属有司历、灵台郎、挈壶正。凡玄象器物、天文图书，苟非其任，不得与焉。每季录所见灾祥送门下、中书省入起居注，岁终总录，封送史馆。每年预造来岁历，颁于天下。”太史令之下的录台郎“掌观天文之变而占候之。凡二十八宿，分为十二次：寅为析木，燕之分……所以辨日月之缠次，正星辰之分野。凡占天文变异、日月薄蚀、五星陵犯，有石氏、甘氏、巫咸三家中外官占。凡瑞星、祆星、瑞气、祆气，有诸家杂占。凡测候晷度，则以游仪为其准”。①

因为天文占候与国家运祚、政治得失关系密切，所以历代统治者都对它严加控制，有关占候的书籍被当作“秘书”，只能保存在相关政府机构，百姓不得私自拥有，也不能传习其术。《唐律疏议》即规定：“诸玄象器物、天文图书、谶书、兵书、七曜历、太一、雷公式，私家不得有，违者徒二年。私习天文者亦同。”②

---

①《唐六典》卷一〇《秘书省》，北京：中华书局，1992 年，第 302—303 页。

②（唐）长孙无忌等撰，刘俊文点校《唐律疏议》卷九《职制·私有玄象器物》，北京：中华书局，1996 年，第 763 页。

统治者那么小心卫护，不让民间百姓所了解涉足的天文占候，能够占测什么内容、透漏出哪些天机呢？我们稍稍看一下文献的记载和占书的内容就会有所了解。传世的李淳风《乙巳占》中记载：

日中有黑子、黑云，若青若黄赤，乍二乍三，天子崩。《日占第四》

日月并见，相去数寸，臣下作乱，灭其国主也。《日占第四》

日晕而有直气在两旁，其国有自立诸侯王者，封赏左右。两军相当，有直者胜。日晕四提，必有大将出亡。日晕而有背，抱珥直而虹贯之，宜从虹而击之。《日月旁气中第五》

角。填星犯左角，大战。一曰将军死。土守左角天门，多贵人死。土守右角，天子好游猎，国亡。土守角，为水，有兵灾。《填星入列宿占第三十二》

流星犯女，布帛贵。春夏犯，大雨涝；秋冬犯，缯絮贵，天下蚕不收。《流星入列宿占第四十三》①

《乙巳占》看，占候所涉及的多与天子崩丧、国亡、作乱、臣谋君、兵起、用兵宜忌、水旱灾荒、五谷丰歉、疾病忧惧等相连，在将天下权柄视为己物的统治者而言，这些内容都关乎国家运祚、政权安危，是绝对不能泄露的天机，所以严禁民众阅览占书，占候天象，预测国家吉凶。

作为唐代占候的一部分，敦煌保留的占候文献，既有与唐五代占候共同的内容特点，又有其独特的历史与地域特性。从内容看，敦煌占候所涉及的范围相当广泛，大致有以下几类内容：一为国家运祚，二为西

① (唐) 李淳风《乙巳占》，《丛书集成珍库·术数全书》，郑州：中州古籍出版社，1994 年，第 133、206、231 页。

秦五州治乱安危，三为年岁气候，四为军事用兵，五为疫病，六为个人命运吉凶。其中最有地方特色的，是有关西秦五州治乱安危占的内容。

占国家运祚，往往依据日月星辰及风云而占，如 P.2811+P.2811V：“镇星所处，君圣臣忠，人信物顺。其星光盛，即大祥风至，以动万物，人君昌，其国兴。人君若不思虑政道教令，不行信德，以诈于物，则镇星降之，色微，其国不昌，大风起，损其万物。”“流星占：又流星光而入北斗，大臣受诛。流星出北斗，大将亡也。流星互北斗柄，破亡之忧，近其六十日。”最后一段“僚监”对“治风、衰风、弱风、乖风、乱风、荒风、叛风、危风、亡风”等九风的概括，更是借风气之占言说政治，以劝谏天子重视上天的警示，显示出占候与国家政治的紧密关系。

其余如 P.2610VD《地镜中》的五篇，P.2536《乙巳占》（拟）的“月食中外宫占”等也都是有关国家政治占测的。

这些残卷在敦煌发现，说明虽然在官府的严格控制下，占候文献仍以各种途径与形式在民间流传，特别是敦煌所处偏远，又长期处于归义军的统辖之下，对这类占候方术的控制相对松弛。

占西秦五州的治乱安危，以《玄象西秦五州占》为主，7 个卷号 6 件写本，皆是有关这一地区治乱危亡之占，除前部分的 10 篇明确提到武威、张掖、酒泉、晋昌、敦煌外，后一部分《太史杂占历》中也有许多内容是应用于西秦五州的。

这类文献的编撰背景，正如前述是在与中央力量隔绝而需要独自面对周边其他民族政权力量的侵犯，在此危机的情形下，将西秦五州作为一个独立的地区政权，通过占候星云气象，预知上天旨意并采取适宜的军政措施而编成的。所服务对象应该是当时掌握军事与政治实权的“大将”，其理论依据一仍原来，所用材料也多是选择原有占书中有关西秦分野的内容，并根据当时实际情况加以增补、编排或拼合。《玄象西秦五州占》中的前 10 篇正是专门针对西秦五州的治乱安危而编写的。所模仿的，是占候书中有关国家运祚、政治得失的部分。

占年岁气候，如P.3288《玄象西秦五州占》："日瞑西秦……丑日瞑者，鬼山崩注武威注冬季月煞万人死，来年粟贵，饥冻，人民相啖食，谷麦虫食。寅日瞑者，注水灌酒泉，南蕃攻国，蝗虫食粟……"又"占月光不明法……八月不明，多阴，注酒泉边兵起，城人被煞之有半，米麦贵，六畜难得。"这类内容所占，多与风旱雨冻虫雹之灾及五谷不熟、饥荒死丧相连，表现出强烈的忧患意识。

占军事用兵，这是占候最常见的用途之一，如S.2669、P.3794《灵台秘苑》（拟）所存内容，猛将气象、军胜气象、推岁刑德攻战所宜法（拟）、推六煞所宜法、风云气候、灾祥变异等篇，均与军事用兵有关。其中P.3794"灾祥变异第五"，依据对天气景物的观测来占候军中动向，如：

> 夫军行斗战，必有怪祥以表胜败，将宜明占吉凶，以知臧否之应。夫兴军对敌，天雨黑□昏暗，忠臣怨恨，将军宜施恩布德于下。天大雾，臣下欲塞将军之令，将军效恩无所，宜易将帅，分士众，屯军以应天气之变。天无雨，军宜易将帅，游兵施武以应天气之变。不雨，必有下人谋上，宜警诫。夫军出攻战，见龙八□□南北，并值日月蚀者，急还军，必败。不者，谋反至□。若军中忽有树木花者，急去，敌方至，必见围守。若军中树叶一日尽死，犹中霜之状，必□□□

《太史杂占历》中的式法占风占军部分，还提到安营之法，如S.2729V：

> 凡安营，莫饮死水，不流水是；莫居死地，丘墓间是；莫居地住（柱），四下中高是；莫居天狱，四高中下是。营阵门户一如上，

大吉。

这些内容，可与传世文献的记载相对照，看出唐代军事战争理论在敦煌的实际运用及特点。

占疫病，主要依据的是日月食及地动等异常现象。如P.3288《太史杂占历》“(卦符略) 艮若有声，向太阴宫上来，闻者其年合疾患，九十死，鬼气伤人，隔绝流亡”；“七月地动者，天下丰熟，诸国多病，妇人产死”。P.3571V《日月食占》：“(日) 食土□□黄色，多疫疠病死……若天上下土烟雾者，其民人多病死□□多疫□□病厄。”

占个人命运吉凶，此类内容在敦煌占候文献中虽然不多见，但还是出现了。这是古代天命观中心由国家社稷向个人与家庭转移的结果，即便在占候这样的以国家政治、军事、年岁为中心的领域也不可避免地要关注起普通人的吉凶祸福。敦煌占候文献中的个人吉凶占卜，既可根据日食来占，也可通过风占。据日食占测的如P.3571V《日月食占》：“申时食，一切能斗战人及道贼死也。”《太史杂占历》里比较集中的如“四宫占候”：

> 凡四宫占候，随风所发言之：
> 风从煞上来，必有相煞伤者，急防之。
> 风从大吉来，为有诏书恩泽并财食事。
> 风从反上来，子逆父，有反逆之事。
> 风从辱上来，必有污辱之事，若阴私相告发也。
> 风从争上来，必有诬欺不诚信之人欲来欺诈，慎之。
> 风从但上来，有诬乐行这人来。
> 风从分上来，有为义忿相持短长之事。
> 风从互上来，有罪人逃刑，若亡走入官之事。

> 风从四时诏狱上来，三日不止，必有大赦。

与敦煌所存的其他类型的占卜文献比较，占候书对个人日常生活的预测，内容少且解说简单，其应用也没有其他类型的卜书广泛。

除史书《天文志》、《五行志》中有关占候的记载外，在敦煌的民间传说中，也有不少通过占候预知国家运祚、王位变迁的故事，如《韩擒虎话本》开头的“前后不经旬日，果然司天太监，夜观乾象，知隋州杨坚限百日之内，合有天分”的记载，反映了民间对占候的一般看法。而从《李陵变文》中有关“气”的记载，也可看出民众对星气占候与战争胜负预测的兴趣：

> 顿食中间，陵欲攒军，方令击鼓，一时打其鼓不鸣。李陵自叹：天丧我等！叹之未了，从第三车上，有三条黑气，向上冲天。李陵处分左右搜括，得［两］个女子，年登二八，亦在马前，处分左右斩之，各为两段。其鼓不打，自鸣孔唤。①

有关气的占候，在《灵台秘苑》、《乙巳占》中都有记载，分类众多，有帝王气象、将军气象、军胜气象、军败气象、城胜气象、屠城气象、伏兵气象、暴兵气象、战阵气象、图谋气象、吉凶气象、九土异气象等种种名目。在兵书中也有不少，但似《李陵变文》中所载，能变化为女子使战鼓不鸣的黑气则未见载。按星占书中记载，黑气所兆多为败象，敦博076V《占云气书》之《占气章》“有黑气如牛马入其军者，名为天狗下食血其军，军必败也”；“两军相望，前有中有黑者，必有伏兵，不可击”。结合《李陵变文》，可知当时民间对于“气”的看法非常之

---

① 王重民、王庆菽、向达等编《敦煌变文集》（上集），北京：人民文学出版社，1957年，第86页。

多，但对黑气的看法基本一致。

有些星气占候的术语已经融会汇到日常语言中，如《李陵变文》用“夜望胡星飞似电，朝看煞气状如霞”描写李陵血战败后的情景，刘禹锡诗中用“金陵王气黯然收”来表现吴国政权的灭亡，等等，其语义的运用，都与占候有一定关系。

第五章

敦煌相书

相术是一种试图通过观察人的形体外貌、声音气色与行为举止等特征，来预测命运、了解未来的方术，也是古代先民在变幻莫测的自然与社会面前，试图通过对人体自身的观察与分析，了解乃至把握命运的一种努力与尝试，曾普遍存在于世界各种文化之中。相书是古代相术理论与实践方法的总结与记载。敦煌所保存的14个卷号的相书，[①]大多抄写于唐五代时期，是今日所能见到的时间最早的相书，填补了传世相书在这一阶段的空白，为我们认识了解唐五代相术的发展，以及由之反映出的唐五代社会生活，提供了珍贵的资料。

敦煌相书的14个卷号，根据其内容特点与相法特征，可划分为5个系统或类别，分别是许负系统相书、相书残卷、相痣类图书、面部气色吉凶法，以及相法类相书。以下就依这些类别划分依次进行讨论。

---

① 关于敦煌相书所保存的卷号，通常的说法是12个。如黄正建、郑炳林、王晶波等人此前的研究中均统计为12个。本书统计为14个：一是根据写卷所抄实际内容加以区分，将原来仅计算为一个卷号的P.2572区分为A、B两种不同的相书；二是为保持本书卷号统计中的一致性，将P.2829析分为P.2829与P.2829V两个卷号。数字虽有所变化，但实际保存的相书数量仍依旧。特此说明。

第一节

许负系统相书

许负相书有 5 个卷号，即 Ch.87、P.3589V、S.5969、P.2572A、P.2797。这一系统相书的共同特点是，书名题作《相书一部》或《相书一卷》，作者称“汉朝许负等一十三人集”或“撰”，依身体、五官、四肢、手足等部位划分篇目，分别论说身体部位不同的形貌、声色等特征所代表的命相吉凶，篇目的命名、划分及占辞的形式、内容都大致相同，解说简略。5 件写本均残，没有一部保存完整，但五件拼合，可得全部内容，合计篇目为 35 篇。

一、许负相书写本概述

1. Ch.87《相书一部》

Ch.87，图版参《英藏敦煌文献》第 14 册。卷子装，前抄藏文文献，后抄汉文相书。该件文献首全尾残，有界栏，抄写清晰，较少讹误。存文字 93 行。有书题，作《相书一部》，题“汉朝许负等一十三人撰”，列出许负、李陵、东方朔等一十三人之名。所存篇目，包括序文在内，共计 28 篇。首起书题、作者，尾讫“龙角文男，□”。郑炳林、王晶波有释录研究。①

该写卷前题：

> 相书一部汉朝许负等一十三人撰
>
> 许负、李陵、东方朔、管公明、陶侃、耿恭、朱云、黔娄先生、张良、鹿先生、神农、李固、张禹。许负《相书》及身面诸文靡合卅六篇。许负撰。凡卅六篇，并序。

其序曰：

> 夫积善余庆，则众相自然，积恶（头）[显]扬，表其深现。凡相官府部，难得骨肉相。夫阳光润泽，细发有殊，眉峻黑，眼目鲜明，阳中开阔，阴中太平，龙（精）[睛]凤目，阙上毫生，面如满月，方断天亭，鼻筒悬胆，沟渎深零，口上四字，(断)[齗]喂峰贞，齿白如玉，舌似花生，言语清朗，折桂（?）龙鸣，耳博脑，轮廓环成，奶阔尺二，宿幽清，手足紫色，甲像红樱，指尖无节，咻血文成，五策入掌，龙虎凤行。

此书题汉朝许负等一十三人撰，但所列的十三人中，汉朝以后的有管公明、陶侃二人。可见此书成书的时代至少也应当在晋以后。在十三名作者中，除许负为汉代有史的相士、管辂为三国著名术士以外，李固、张禹与相术有一些渊源，其余九人均未从事过相术活动，仅有不多的一些与相术有关的记载。可见其书称“一十三人撰”确实是伪托的。王重民在谈到 P.3589、P.2572A、P.2797 时，认为这些书“自古传行民

① 郑炳林、王晶波《敦煌写本相书校录研究》，北京：民族出版社，2004 年，第 24—59 页。王晶波《敦煌写本相书研究》，北京：民族出版社，2010 年。

间，久失撰人姓氏（或出于众人之手，原无撰人姓氏），尊许负者便题许负相法，尊袁天纲者或谓为袁天纲相书；更多托古人，以炫其名贵，如此敦煌本之东方朔、管公明，张彦远著录本之黄帝樊薛等是也”。[①]对于这个问题讲得很清楚。

序中称全书共有36篇，本卷所存仅28篇，包括序、躯貌、五官、六府、面、发、额、眉、眼、鼻、耳颊、鼻人中、唇、口、齿、舌、声、颐颔、项玉枕、背、心胁、奶脐、玉茎大起、胜膝、踝脚、行步、臂手、［额文］等。书中首先将人身体中与相术有关的头面、躯干、四肢划分为若干部位，根据这些部位来确定篇目，从形态、声音、气色等方面，分别记载这些部位及生于其上的黑痣、纹理所代表的贵贱穷通、吉凶祸福等。

从内容上看，此书的成书时代在唐以前是没有问题的。其抄写年代，根据相书前面抄有藏文书写的神话传说的情况看，很有可能是吐蕃占领敦煌期间抄写的。或者说，此卷抄写的上限，不会早于公元786年，而下限则有可能延至归义军时期。

2. P.3589V《相书一卷》

P.3589V，图版参《法国国家图书馆藏敦煌西域文献》第26册。卷子装，抄于P.3589写卷的背面，正面抄写天文占书。该件文献首全尾残，存文字75行，以及3幅面部图、两幅全身图、3幅手部图。前有书题称《相书一卷》，下有小字云：“汉朝许负等一十三人集”，并列许负等一十二人姓名，经与Ch.87对照，缺者为李固，大约为抄写遗漏所致。后讫“足下有此文者勇决，将帅相”。所存篇目，从序至《耳颊第十一》，《心胁第廿一》至《脚掌文第卅》，共21篇，缺鼻人中至项玉枕部的8篇，以及额文部1篇，共计9篇。所存篇目没有完全依照目次顺序排列，而显得有些杂乱，并有错讹。如列为八、九、十的眉、眼、鼻3

① 王重民《敦煌古籍叙录》子部，北京：中华书局，1957年，第179页。

篇排在五（面）、六（发）两篇之间，《背第廿》讹作《背第廿六》，排在廿五、廿六的踝脚、行步之间，以至于有两个“廿六”，《心胁第廿一》与《玉大茎第廿三》则先后排在廿七之后、廿九之前。

由书前所题“许负”之名和篇中内容，我们可以判定此卷相书属于敦煌许负相书系统。研究者也都持同样的观点。王重民《敦煌古籍叙录》中最早对它进行了研究，①其后陈祚龙、侯锦郎、高国藩、菅原信海、黄正建等人均提及或介绍过此卷相书，但均无专门研究。经与其他四种许负相书比较，我们发现，P.3589V 所存内容，与 Ch.87、S.5969 及 P.2797 的前半部较为接近，而与 P.2572 有着一定的差异。

此件写卷较为独特的一点，是在文中插绘了八幅相图。从照片所反映的情况来看，相图应当是在抄录文字之前绘上去的，因为文字的安排都是根据图的位置而确定。相图笔触粗大，线条中有许多描过的痕迹，人体比例亦有明显的失衡，突出了“好相”的特征，如双耳长大，上高过眉，下垂至嘴角一线，手臂下垂过膝，与文中占辞形成很大反差甚至矛盾，例如：

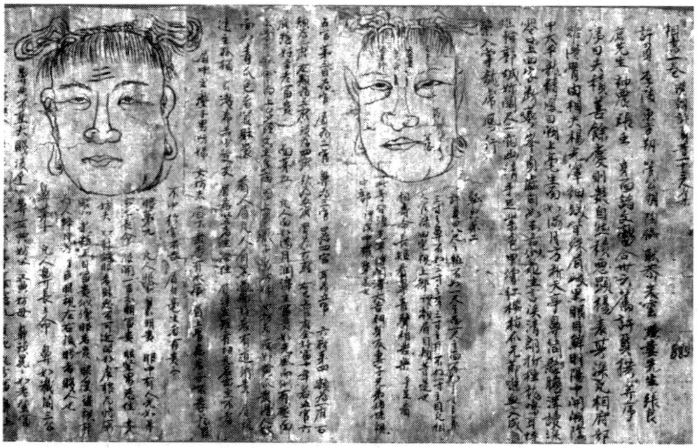

图 5-1 P.3589V《相书一卷》

① 王重民《敦煌古籍叙录》子部，第 178—180 页。

《耳颊第十一》：女人左颊高妨父，右颊高妨母，煞五夫。耳轮郭成就如刀环，富贵。耳门门狭，长命。耳如骨者，长命。耳孔中毛出，长二寸者，富贵。耳耎无骨者，短命。耳轮郭不成，贱。耳后黑子，妇人产死。

两篇中都没有提及图中所绘耳长大、手过膝及其代表命禄的内容。而在传世相书及文献记载中，这样的内容十分常见。文字与相图的差异，我们认为是时代的推移造成的。敦煌许负系统相书成书于唐代以前，书成之后长期流传，没有相士对它进行过修订补充，在它流传的过程中，实际的相术内容已经有了很大发展，并吸收了来自西方的佛教“相好”观念中的许多内容，如耳长大、手过膝，即是佛教的内容，但许负相书本身并没有根据相术发展而及时修改，抄录相书或使用相书的人的观念已随时代而改变了，接受了新的内容，所以在抄录相书时虽然按原书移录了文字，但绘制相图时却按自己的理解突出了他心目中“好相”的种种特征，使得相图中人物的双耳与手臂都超出了正常比例，而成为我们现在所见到的样子。

关于此卷相书的抄写年代，邓文宽在研究正面所抄的玄象诗时，将玄象诗的年代推定为唐初或唐前，而抄写时代，则估计“可能在隋唐时代”。[①]由于相书抄写在 P.3589 的背面，所以不会早于玄象诗的年代。另外从相图所表现的相学观念来看，它的抄写时代也不应早于唐初。

3. S.5969《相书一卷》

S.5969，图版参《英藏敦煌文献》第 10 册。卷子装，首全尾残，上下亦有残损，前后亦断为两截，共存文字 30 行。此卷开头残存有书名，作《□书一卷》，后题“汉朝许负等一十三人集”，并列出名字，后讫“煞五夫。耳轮郭成▭”。所列作者名中，仅存［耿］恭、朱云、黔娄

① 邓文宽《敦煌天文历法文献辑校》，南京：江苏古籍出版社，1996 年，第 52 页。

先生、张良四人。残存的篇目，从内容判断，有序、躯貌、五官、六府、面、发、额、眉、眼、鼻、耳颊，共 11 篇。残存文字与 P.3589V 完全相同。抄写年代无法确定。

4. P.2572A《相书一部》

P.2572，图版参《法国国家图书馆藏敦煌西域文献》第 16 册，卷子装。该写卷前后共抄写有两部相书，前者 P.2572A 属许负系统相书，后者 P.2572B 则属另一系统。P.2572A 首残尾全，末有尾题，称《相书一部》。前起"□三寸之鼻"，后讫尾题，存文字 184 行。所存内容篇目，从"相躯貌部第二"至"相人面气色第卅五"，共 34 篇。依次为：躯貌、五官、六府、面、发、额、眉、眼、鼻、耳颊、鼻人中、唇、口、齿、声、舌、颐颔、玉枕项、胸背臆、心胁腹、奶脐、玉茎袋器、髀膝、脚踝、行步、臂手、毫毛、人面郭三亭、男子、女人九恶、额文、手掌文、脚足下文、人面色气。

P.2572A 的篇目名称、排列次序在第 28 篇之前，多与 Ch.87、P.3589V、P.2797 相同，自第 28 篇开始，篇目名称及内容均有一定差异。

在敦煌许负系统相书中，P.2572A 是较为特别的一种。首先，它所保存下来的篇目是许负系统相书中最多的。敦煌许负系统相书的篇目，据 Ch.87、P.3589 保存下来的书题与序所称，共有 36 篇。Ch.87 存 28 篇，P.3589 存 22 篇，P.2797 存 19 篇。P.2572A 虽然篇首的序已残去，但保存了从《相躯貌部第二》至《相人面气色第卅五》的内容，达到了 34 篇。其次，它的篇目名称、排列次序大部与其他四种许负相书相同，但自第 28 篇开始，篇目名称及内容都有了不同。如"人面郭三亭"、"男子六恶"、"女人九恶"以及"面部气色"等篇目均未见于其他四种相书。最后，即使在与其他四种许负系统相书相同的篇目中，即在第 2 篇至第 27 篇中，P.2572A 的文字与其他四种相比，也有着些微的差异。如《发第六》：

凡人发长乌细润，富。黄发粗不润，苦。脑后发下垂，苦，女人妨夫。发中赤黡子，合兵死。发下垂盖额，薄相，后贫。发厚，合苦。发如青丝者，贵。（P.2572A）

凡人发长乌细润泽，富。发厚者，苦。脑后发下垂者，男苦，女妨夫。发中赤黡子，主兵死。（Ch.87,P.3589）

P.2572A 的内容显然多于 Ch.87 与 P.3589。不过，从总体来说，P.2572A 的内容比其他许负系统相书相对简略一些。

可以推断，P.2572A《相书一部》属于敦煌许负系统相书是没有问题的，但它与Ch.87、P.2797、P.3589、S.5969 等其他四种许负系统相书所用的不是同一个底本，这个底本在流传的过程中，经过了后世相学家的改造，删去了某些与当时流行的相术所不符合的内容，又加上了新的内容，所以显示出前后详略不一，后半部的内容篇目之间也缺少联系，显得有些杂乱。

5. P.2797《相书一部》（拟）

P.2797，图版参《法国国家图书馆藏敦煌西域文献》第 18 册。卷子装。单面抄写，首残尾全，首部残损严重，断裂处由下边撕去 15 行左右的一段，仅余上半部，中间又有一条横向缺口。无书题，前起“□贵卅四”，后讫“不成字者，依此文看”，存文字 120 行。所存篇目，由残文来看，可辨别的有齿（仅存 3 字）、舌、声、颐颔、项枕、背、心胁、奶脐、玉茎大起、膝、踝脚、行部、臂手、额、手掌文、脚掌文、额文、手掌文、脚足下文，其次序从齿第十五到相脚足下文第卅四，计 19 篇。此卷相书虽无书名、作者、卷数等说明，但其篇目、内容与 Ch.87、P.2572A、P.3589V 等许负相书基本相同。

P.2797 在抄写与内容方面有两点应加以注意。其一，在《脚掌文第卅》之后，中间空一行，接抄相“额文”的内容，没有注明篇次，笔迹与前面不同，抄写格式亦与前面不同。前面的内容为一人所抄，每篇相连，不单另起行，有关纹理的记载也是如此，字迹稍显潦草；《脚掌文第卅》之后接抄的部分，为另一人所抄，每个纹相单独起行，后面的两个篇题亦另起，字迹相对工整一些。

其二，《脚掌文第卅》之前的文字，与其他许负相书比较，与Ch.87、P.3589V 更为接近，而稍异于 P.2572A。

可以看出，P.2797 在抄写过程中依据了两个不同的底本，在《脚掌文第卅》之前，所据底本与Ch.87、P.3589V 相同；《脚掌文第卅》之后，所据底本则与 P.2572A 接近。

二、许负系统相书的内容及篇目

为使读者能对这一系统相书的篇目划分及其保存情况有一个更加具体与清晰的认识，也为了进一步比较各个卷号的异同，特用表格表示如下：

卷号 / 篇目	Ch.87	P.3589V	S.5969	P.2572A	P.2797
一	序	序	序（残）	缺	缺
二	躯貌第二	躯貌第二	[躯貌] 第二	[躯貌第二]	缺
三	五官第三	五官第三	[五官第三]	相五官部第三	缺
四	六府第四	六府第四	[六府第四]	相六府部第四	缺
五	面第五	面第五	[面] 第五	相面部第五	缺
六	发第六	发第六	[发] 第六	相发部第六	缺
七	额第七	额第七	额 [第七]	相额部第七	缺
八	眉第八	[眉第八]	[眉第八]	相眉部第八	缺
九	眼第九	眼第九	[眼] 第九	相眼部第九	缺
十	鼻第十	鼻第十	鼻第十	相鼻部第十	缺

续表

篇目＼卷号	Ch.87	P.3589V	S.5969	P.2572A	P.2797
十一	耳颊第十一	耳颊第十一	[耳颊第十一]	相耳颊部第十一	缺
十二	鼻人中第十二	缺	缺	相鼻人中第十二	缺
十三	唇第十三	缺	缺	相唇部第十三	缺
十四	口第十四	缺	缺	相口部第十四	缺
十五	齿第十五	缺	缺	相齿部第十五	[齿第十五]
十六	舌第十六	缺	缺	相声部第十六	[舌第十六]
十七	声第十七	缺	缺	相舌部第十七	[声第十七]
十八	颐颔第十八	缺	缺	相颐颔部第十八	颐颔第十八
十九	项玉枕第十九	背第廿(六)	缺	相玉枕项第十九	项枕[第十九]
二十	背第廿	缺	缺	相胸背臆第廿	背第廿
二十一	心胁第廿一	心胁第廿一	缺	相心胁腹第廿一	心胁第廿一
二十二	奶脐第廿二	奶脐第廿二	缺	相奶脐第廿二	奶脐第廿二
二十三	玉茎大起第廿三	玉大茎第廿三	缺	相玉茎袋器第廿三	玉茎大起第廿三
二十四	胜膝第廿四	胜膝第廿四	缺	相脾膝第廿四	□膝第廿四
二十五	踝脚第廿五	踝脚第廿五	缺	相脚踝第廿五	踝脚第廿五
二十六	行步第廿六	行步第廿六	缺	相行步第廿六	行部第廿六

续表

篇目＼卷号	Ch.87	P.3589V	S.5969	P.2572A	P.2797
二十七	臂手第廿七	臂手第廿七	缺	相臂手第廿七	臂手第廿七
二十八	额文第廿八	缺	缺	相毫毛第廿八	额第廿八
二十九	缺	手掌文第廿九	缺	相人面郭三亭第廿九	手掌文第廿九
三十	缺	脚掌文第卅	缺	相男子第卅	脚掌文第卅
三十一	缺	缺	缺	相女人九恶第卅一	缺
三十二	缺	缺	缺	相额文第卅二	[额文第卅二]
三十三	缺	缺	缺	相手掌文卅三	相手掌文第卅三
三十四	缺	缺	缺	相脚足下文第卅四	相脚足下文第卅四
三十五	缺	缺	缺	相人面色气第卅五	缺
备　注	抄写清晰	有相图，篇目顺序经调整	所存均半行	有尾题，后抄另一类型相书	

将这五种相书残卷放在一起，经过比勘拼合，全部可得 35 篇，较序中所说的 36 篇少 1 篇。由 P.2572A在“相人面色气第卅五”后即题写尾题来看，敦煌所存此类相书的全部内容没有超出 35 篇，也就是说敦煌许负系统相书并非如序中所称有36 篇，而是仅有 35 篇。这种情况说明，许负相书在长期的流传过程中，其内容篇目已有佚失，唐五代时敦煌所流传的已不是全本。

从表中所列，可以清楚地看出，许负系统相书的篇目划分，是依照人体从头至足的顺序，分额、面、颈、胸、腹、腿、足、手等部位来确定的。在相书的全部内容中，有关这些具体部位的解说占了 23 篇。在进行具体部位的划分之前，卷首还用 4 个篇幅对命相命理进行了总述与概括，包括序、躯貌、五官、六府诸部。身体部位之后，则转入对手足纹理、面部气色及其命相的记述，这一部分排在最后，占了 8 篇。

篇目的划分与排列，虽然只是相书的一种编排形式，但它往往说明一部相书的整体框架，以及编撰者对人体各个部位及其相互关系的总体看法与认识。从理论上来说，古代相学认为，人禀天地自然之气而生，人身体的所有部位都可体现天地阴阳之气，同样也可体现出人的贵贱祸福。但在实际上，人身体各个部位所处的位置和所起的作用是不同的，它们在预示人的命运祸福的程度和作用上也有所不同，只有那些能够明显体现命运吉凶贵贱的身体部位才会被列在相书中，专门设立一个篇目，进行解说。在所有列为篇目进行解说的身体部位中，又只有那些格外重要的部位才会排在前面，这就是在所有相书中头部五官诸相统统列在最前而解说又最细的原因。

第二节

《相书》残卷

该系统《相书》有两个卷号，可以缀合为 1 件写本，即S.3395 + S.9987B1V。

一、写本概述

S.3395+S.9987B1V《相书》残卷（拟）

这是由两个英藏文献的残片缀合而成的相书残卷。

1. S.3395，图版参《英藏敦煌文献》第 5 册，卷子装，前后及上下均残，无题名，起"□人异能方正"，讫"相人面及身上豪毛十六"，存文字 104 行，其中完整的仅有 7 行，中有子目 11 个，涉及 15 篇的内容。

2. S.9987B1V，图版参《英藏敦煌文献》第 13 册，为一斜三角形断片，仅存 12 断行，全部不满 70 字，首起"□为三公□"，讫"大富贵，年九十一。女人为□"。可与 S.3395 的最后 12 行的左上角相缀合。涉及舌、项、胸臆与臂部四篇的内容。拼合后的写卷仍为 104 行，虽然仍不完整，但对进一步认清此卷相书的内容、篇目，确定其所属系统都有很大的帮助。

此件残卷没有书题、作者及卷数等内容，所存篇目从残文来看，依次为［总述第二］[①]（拟）、占额第三、眉部第四、眼部第五、耳部第六、［鼻部第七］、［人中部第八］、唇部第九、口部第十、齿部第十一、［舌部第十二］、项部第十三、胸臆部第十四、臂部第十五、相人面及身上毫毛十六，共有15篇。与Ch.87、P.2572A等许负相书系统的篇目编排不同。篇目的排列，关系到相学对人身体部位所代表的命运吉凶符号的认定，不同的划分和排列顺序，则意味着不同的相学体系。可以认定它与许负相书不属同一系统。

此卷相书由于前面的部分已经残缺，研究者一般笼统地称作《相书》残卷，并归之于许负《相书》系统。《敦煌学大辞典》、黄正建《敦煌占卜文书与唐五代占卜》、高国藩《敦煌民俗资料导读》、日本菅原信海《敦煌汉文文献·占筮书》、法国侯锦郎《敦煌写本中的唐代相书》等著作中，都对这部相书残卷做过简单介绍。黄正建归之于许负相书系统，[②]笔者认为该卷从内容及形式上均与许负相书不同，故单独列为一类，仍称《相书》残卷。[③]

二、S.3395+9987B1V《相书》残卷（拟）的内容及特点

与许负系统相书比较，S.3395＋9987B1V的内容及形式有如下几个特点。

一是缺少了一些身体部位的占辞，如发、颊、颐等。从所存篇目来看，从总述部分到第十六，依照从上往下的顺序，头部依次为额、眉、眼、耳、鼻、人中、唇、口、齿、舌，接下来是项部。可见这部相书中没有关于发、颊、颐等部位的篇目与占辞。而许负系统相书中，发部排

① 加有“［　］”号的篇名都是残卷中原本没有，为笔者根据相书内容而补题的。

② 黄正建《敦煌占卜文书与唐五代占卜》，北京：学苑出版社，2001年，第59页。

③ 王晶波《敦煌相书残卷S.3395、S.9987B1V考论》，《兰州大学学报（社会科学版）》，2004年第4期。

在第六，颊与耳并为一部，列在第十一，颐颔在第十八，都是不可少的部位。

二是增加了新的内容与解说。在“总述”相的部分，我们看到了一些许负相书中没有见过的内容：

> 白齿□唇，骨节藏没，上应荧惑星▢
> 方，龙额高自（鼻?）□意经良，博问好事▢
> 猴目。五行曰：商人面白圆方，羽人面黑▢

从出现在这里的“荧惑星”、“五行”、“商人”、“羽人”以及“猴目”等名称，分别代表着相术中专门的体系内容。敦煌写本相书中只有此卷提到，是绝无仅有的内容。“荧惑星”为火星别名，依“五星六曜”之说，火星在面相中代表着额。卷中“目部第五”引不知名《相经》中的话，称“左目为日，右目［为月］”，这也是五星六曜说的内容。而卷中的“五行曰：商人面白圆方，羽人面黑□”诸语，则是五行形相说的体现，这里的“商”、“羽”并不是五音之名，而分别代表五行中的金与水，“商人”当指五行形相所说的金形人，其特征是面色白而体形方正；“羽人”则指水形人，特征是面色黑而体形圆厚。至于“猴目”，则体现出古代以动物形象及特征比类人相而言吉凶的风气，此种风气盛行于唐，我们从唐代韩愈、皮日休等人的议论中可清楚地看出这一点。

综合而言，S.3395+S.9987B1V 这部相书残卷中，基本上涉及了后代相书中的大部分精髓，从面部十三部位、五岳四渎、五星六曜说、五行形相、骨相、纹、痣、毫毛到声音、气色，以及人像禽兽说等等，几乎涉及中国相术的所有主要内容，虽然在系统性与具体解说方面还无法与传世的后代相书相比，但就当时的发展状况来说，差不多已具备了成为一部“相术集成”的性质。

除传统文化的内容外，此卷相书中还掺杂有佛教文化的内容。“耳部第六”的“耳长□□”，“耳郭厚□□”，以及拼合起的“臂部第十五”中的占辞：“臂长，贵；垂及膝，大贵；肘上为龙下为虎，通财，富贵。”都是佛教“相好”内容的反映。

三是部位的划分更加细致，解说更加详细，内容不同之处居多。与许负相书相比，S.3395＋S.9987B1V 对头面诸相的划分更加细密，解说更加详细。比如有关唇部的解说，单是文字就多出了 4 倍，提到的唇相从大类上分，虽然还是唇的色、形、态、黡子，但划分更细，不仅分别上下唇与男女的不同，而且还注意到唇的薄厚、长短、完缺，及其与相邻部位的关系。所涉命禄，除财运福禄、健康、性情、习好外，还有贵贱、寿夭、饮食、品行、与他人关系等方面，尤其关注品行及具某种唇相者与他人关系的解说。从内容上看，两种相书对唇相的解说既有一致的地方，也存在着不同甚至矛盾，更多的是不同。这样的情况同样适用于其他部位相的解说。

四是语言形式中出现了韵文。

S.3395+S.9987B1V 与 Ch.87、P.2572A 为代表的许负系统相书在叙述语言上的不同，就是在散文的叙述中出现了韵文占辞，如耳部之“耳圆如珠，死而更苏”，人中部“人中深长，子孙满堂”，口部的“口小如方，常食天仓”等。韵文占辞在此卷相书中所占数量还不多，只是偶尔出现，大多数的占辞还是用散文写成。这与宋元以后的相书多杂韵语歌诀不同。除在书名中直接冠以“歌”、“诀”外，存世的宋以来的诸种相书，其占辞中杂有韵语歌诀的情况几乎存在于每一部书中。与之相对的是，Ch.87、P.2572A、P.3589 等许负系统相书中几乎全用散文叙述，除了序文以骈体写成外，书内见不到明显的韵语。

综合上面所述可以看出，S.3395+S.9987B1V 产生的年代较许负系统相书要晚，它是在许负等传统相书基础上，汇录当时的各种相书及流行相法，重新编纂而成的一部新的相书，是居许负相书与传世相书之间的一种具有过渡性质的相书。

抄写年代的判定。王冀青对S.9987与S.3395所抄的另一文书《备急单验药方卷》进行研究后，根据其避“治”、“叶”之讳，认为是“唐高宗以后的唐朝写本，书写时间极有可能在公元8—9世纪”。[①]因此，与药方同抄一卷的相书残卷，自然也应抄写于同一时期。此外，在相书写本中，我们还发现有“旦”字缺笔作口下一横的情况，这是唐人避睿宗李旦之讳的结果，这也说明此卷相书的抄写应在唐睿宗以后的时代。

① 王冀青《英国图书馆藏〈备急单验药方卷〉（S.9987）的整理复原》，《敦煌研究》1991年第4期，第105页。

第三节

相痣类图书

敦煌相痣类图书共有 5 个卷号，可拼合为 3 件写本，即 Ch.00209+S.5976、P.2829+P.2829V、P.3492V。这 4 个卷号的相书，在形式和内容方面均与以上两个系统的相书有较大差别。它们所反映的都是如何根据身体各部位的黑痣来占相人生命运的内容。

1. P.3492V《身面黡子图》（拟）

P.3492，图版参《法国国家图书馆藏敦煌西域文献》第 24 册，卷子装。正面抄《诸杂推五姓阴阳等宅图经卷》及杂抄《唐光启四年戊申岁具注历日》等内容，该件相书抄写于背面，前后均残，无书名、卷数、作者等信息。存文字 93 行，起“□妨夫。黑子横阴上度，主产死”，讫“伤路，主折伤之事□□羞人。凡人□□鳞者□”。中有子目，作“身部图三：正面图、伏人图、侧人图”，其内容为分正面、背面和侧面叙述人身体各个部位之名称，及其所在黑痣代表的命运。《身部图》之前有 5 行残文，述头面部黑痣及其命相，可能是“头面图”的内容。根据其子目及内容，拟名为《身面黡子图》。

抄写年代。此件相书残卷抄于 P.3492 的背面，正面抄《诸杂推五姓阴阳等宅图经卷》及《唐光启四年（888）戊申岁具注历日》等内容，而背面相书《身部图三》的篇目与正文之间七八行的空白处，也夹抄

《唐光启四年戊申岁具注历补记》，笔迹与正面历日相同。从历日抄写的位置与形式看，可以确定是利用了写卷中的纸张空白而抄写上去的，可见其抄写当晚于相书，因此可以判定，P.3492V《身面黶子图》（拟）的抄写当在公元888年之前，为晚唐时期的抄本。

此相书残卷虽有篇题称“图”，但实际上并没有图，仅在“身部图三：正面图、伏人图、侧人图”、“伏人图”、“侧人图”后留有七八行空白，未抄任何文字，可能是为绘制相图留出的位置，但由于某种原因，相图最终未能绘制上去。所以我们现在看到的仅仅是有关人头面、身体部位名称及其黑痣命相的文字说明。《身部图》部分，由颈部开始，其次为胸乳、腹脐、股、膝、足，逐渐由上往下。所述着重在身体部位名称及黑痣，同时也涉及某些部位的形态、颜色。如《正面图》对人颈部外形的归纳：“凡颈势欲得前临，不用却堰；却堰者穷厄，前临者富贵，直上者平平；左右僻者，所求不称意，亦为官胜任。”《正面图》对人足踵及肘部颜色、形态的记载“踵色黄赤，主乐；青色，主贫贱”；“肘色紫光，富贵；□□□，辛苦人也。色黄，乐；有鳞起，人苦”。

此卷相书对头面部黑痣的记载，包括了眉眼耳颊口等部位。对身体黑痣的记载，则分正面、背面和侧面三个角度进行。《身部图》首句即云“人身前后两畔总有七十四部”，谓人身体前面及侧面划分为74个部位。此残篇中提到的身体部位名称，有50余个，正、背面较多，侧面稍少。其中的一些部位名称，不见于传世相书的记载。如《正面图》：“地基，主田畴载莳之物，在脚趺上，主贫富。有黑子，皆宜田宅六畜。旧说云：肤（趺）上有黑子，富君，宜牛羊，大富乐。不问男女，同。”传世相书中，《太清神鉴》卷六《黑痣部》分头面、手足、身体上下三部分讲述黑痣，其内容特点与此相类，但记叙简略，所记部位亦少于此卷相书。[1]《太清神鉴》以后的相书中，有关黑痣的内容变得越来越少，到《神相全编》，则只剩下头面黑痣，身体手足的内容已全然不见。从P.3492V的记载中可以了解相痣在唐代的发展历程。此外，该卷在说明黑痣位置及其所主命运时，常常用“旧说云”、“一说云”、“又云”等方式，并存旧说和其他说法，甚至是相反意见。这样全面详细甚至是讨论式的解说，其实就相当于黑痣解说的“汇录”或“集释”。由此，我们可以得出这样的一个结论：P.3492V这部残缺不全的相痣图，集中了唐代及其以前有关相痣的大部分内容，是唐代相黑痣类图书的集大成者。

2. P.2829+P.2829V《背痣图》（拟）

P.2829+P.2829V，图版参《法国国家图书馆藏敦煌西域文献》第19册，共存有两幅人体背部痣图，一幅绘在P.2829正面，一幅绘在P.2829背面。

P.2829所绘人体背部图为腰以上部分，手臂存腕以上部分。共标出黑痣所在位置10处，分布在左右耳后、肩后及两臂。黑痣皆有占辞解说，为“产死”、“爱夫”、“敬夫”、“刀厄”、“贫”、“盗”等。所绘人体从背部看不出性别，但根据图中所注占辞皆属女子命运，可知所绘实为妇人背痣图。图后抄《解梦书》16行。

P.2829V绘人体背部图亦为腰以上部分，有标题，作《妇人背卌六》。共标出黑痣所在位置10处，分布在肩后、两臂及腰部，占辞有“文笔”、“多艺”、“刀厄”、“贫”、“无子”等。根据图中所注占辞看，“文笔”、“多艺”都是男子才有的命相，与标题所云“妇人背”的说法不相符合，不当为“妇人背”，而应当是男子背，正面所绘才是妇人背。标题有误。

3. Ch.00209+S.5976《男女身面诸痣之图》（拟）

这是由英藏的两个残卷缀合而成的一部相痣图。

---

① （后周）王朴撰《太清神鉴》，《丛书集成·术数全书》上册，郑州：中州古籍出版社，1994年，第226—228页。

（1）Ch.00209，图版参《英藏敦煌文献》第14册，卷子装。此件属斯坦因所获敦煌绢纸画作品，编号不同于其他英藏敦煌汉文文献。前后有残损，无标题、作者等内容。共存有男子面部痣图（残）、男子全身正面痣图、女子面部痣图、男子全身背面痣图（足部残）、女子全身正面痣图（腰以下部位残）、女子全身背面痣图（腰以下部位残）六幅。图中人体上，用圆黑点标注出黑痣所在位置，旁边有简略的文字注解（占辞），以说明此痣所代表的吉凶命运。

（2）S.5976，图版参《英藏敦煌文献》第10册。为两幅人体腰以下部位黑痣图，可与Ch.00209后部下方相拼合，拼合后，图中的女子正面、背面全身痣图基本完整。

此相图所绘人体图像，如前所云，依次为男子面部、男子正面全身、女子面部、男子背面全身、女子正面全身、背面全身，总体的排列顺序有些杂乱。从六图所占空间位置看，前三幅图占了全卷三分之二的空间，图间距离较大；后三幅则挤在三分之一的空间里，图间距很小，总体分布明显不均衡。这样的排列顺序与分布，可能是绘图者的失误造成的。

在内容方面，这件相图所标出的黑痣数量以及相关的占辞解说，是目前所有相痣图中最多，也是最为详细的。男子面部图大部已残，仅余

图5-2 缀合后的Ch.00209与S.5976

右耳及面颊鼻准以下部分，标出黑痣60颗，所标位置，大体按照与面部十三部位平行横列的位置排列。每颗黑痣，又都有各自的占辞解说。与此相较，《新编群书类要事林广记》中的男子面痣图标出27个，[①]《神相全编》十二《面痣吉凶之图》中全部为45个。[②]男子正面全身图标出黑痣60颗，背面全身图标出21颗（胫至足部残），合起来共有81颗黑痣。传世相书中，仅《太清神鉴》在卷六《黑痣部》中列有“手足黑痣”与“身体上下黑痣”两类，记载了有关身体手足的黑痣62颗，[③]较此相图所载为少。其他相书则无此内容。

女子相痣图保存较好，面部图共注出天中、印堂、年上、人中、正口（水星）、承浆一线及左右耳部黑痣57颗；女子正、背面全身图分别标出黑痣29颗与16颗，合计45颗。在传世相书中没有女子身体图，敦煌相痣图可补传世文献之缺。

与敦煌其他写本相书以及传世相书相比较，Ch.00209+S.5976在内容解说方面有着自己独具的特点。一方面，在黑痣的标注位置上，此件相痣图与传世相书中的面痣图大体接近，部分占辞解说也相差不多；另一方面的情况是，不同的占辞解说占了大部分，有许多黑痣是传世相书中所没有的。

对此相图的研究与介绍，以日本学者松本荣一为最早。他在出版于20世纪前叶的《敦煌画研究》中介绍了Ch.00209，称此相图为“观相图”，介绍了它的主要内容，并与后世的《神相全编》及《三才图会》中所载的面痣图进行了简单比较。[④]20世纪70年代以后，陆续有中日法

---

① （宋）陈元靓编《新编群书类要事林广记》壬集卷八，北京：中华书局，1999年影印本。第514页。

② （明）袁忠彻编《神相全编》十二共收有三幅面痣图，男子两幅，女子一幅。见《古今图书集成·博物汇编·艺术典》，中华书局、巴蜀书社，1985年版，第57835—57836页。

③ 《太清神鉴》卷六，《丛书集成·术数全书》上册，第226—228页。

④ ［日］松本荣一《敦煌画の研究》之第八章《外教图·观相图卷其他》，东方文化学院东京研究所刊，东京：同朋舍，1937年，第797—798页。

学者对敦煌相书相图进行考察研究，但都没有提及此幅相痣图。中国学者对此件相图的研究，目前仅有黄正建在《敦煌占卜文书与唐五代占卜》的有关论述。他在分类述及敦煌所存写本相书时，将Ch.00209与S.5976同列为《黡子图》中的一种，并简略介绍了它们的内容，认为二者在占辞方面相近。[①]

关于Ch.00209+S.5976的绘制年代，松本荣一在《敦煌画研究》第八章《外教图》中，根据此图的画法、书体等特点，判定为唐宋间的作品。[②]讲谈社出版的《西域美术》则明确判定为唐代，约9世纪末叶。[③]此外，松本荣一提到在此相图的背面写有一行藏文，对此，他只认为与相图的内容无关而没有更进一步的说明。关于这一行藏文，我们分析，可能是在唐中期吐蕃统治敦煌以及其后的一段时间里写上去的。[④]它的存在，为我们判定Ch.00209+S.5976绘成的下限提供了重要的依据——藏文必定是在正面相痣图绘成之后才写上去的。由此，我们可以认为，此件相痣图绘制的时代，当在8世纪末至9世纪末，即唐代中后期。《西域美术》的判定，大致是可信的。

---

① 黄正建《敦煌占卜文书与唐五代占卜》，第59页。

② [日] 松本荣一《敦煌画の研究》之第8章《外教图·观相图卷其他》，第797—798页。

③《西域美术》第2册，东京：讲谈社，1982年版。

④ 由于未能见到原卷，无法对这些情况进行一一考察，只能就松本荣一所言，做一些推测与分析。

第四节

《面部气色吉凶法》

依据面部气色来判定吉凶忧喜的相书，敦煌仅保留了P.3390《面部气色吉凶法》（拟）这 1 件。

P.3390，图版参《法国国家图书馆藏敦煌西域文献》第 24 册，为一长卷写本，抄写三部分内容，《面部气色吉凶法》（拟）在前，中间为《孟受上祖庄上浮图功德记并序》，最后抄南阳张府君安信邈真赞并序，有“于时天福十年乙巳岁（945）二月日题记”字样。写卷背面杂抄西方净土功德记、赞文、信札等内容。该件首残尾全，共存有大小 11 幅彩色相图和相关的文字占辞解说。无书名、作者等内容，有子目 4 个，称“□□部图面用看吉凶□”（即十二月图）、“九州图”、“相色发面图看吉凶法”和“候病人法”。首起残面部十二支图，讫“马肝色者，名为行尸，不出三年内必死”。所抄内容以相面部气色为主，图文配合，分 5 个部分记载了唐代相术中有关面部气色的内容。5 个部分依次是十二支图（拟）、“□□部图面用看吉凶□”（即十二月图）、九州图、相色发面图看吉凶法、候病人法。分别介绍如下：

1. 十二支图（拟）

仅残存了面部图的右额角及眉侧部位，并标有“未”、“申”等字样，由此可知是以十二支来划分面部。参照宋人编《事林广记》壬集卷八所载面部图，[①]推测此图的顺序是从颏部开始，颏部为子，沿逆时针方向来划分面部一周的。其前的说明文字已佚。这幅图可能是按每日各个时辰面部气色的不同来判断吉凶。松本荣一推测此图上“大概有一日内各时刻在脸上‘发色’的记载”，[②]可能是用来判断吉凶的。

2. 面部十二月分布图

此图从额上天中起，沿面部中线直下，分别标出一至十二月的名称。图前有四行残文，可能是此图之名称及相关内容、作用的解说，但已残损不全。此幅相图是根据面部十二月的分布，观察每月面部所发气色，对应其月在面部图中所处位置，来判断那个月的吉凶祸福。传世相书中未见有相同相图，其相关内容的记载亦不多见。[③]

3. 面部九州分布图

图中以纵横两条红线将面部划分为 9 部分，每一部分属于一个州。九州的分布如下：天中——阳（扬）州、鼻——中豫州、下颏——冀州、左额角——徐州、右额角——荆州、左颧颊——青州、右颧颊——凉（梁）州、左腮——兖州、右腮——雍州。传世相书中存有面部九州图，但排列方向顺序与此稍异。此幅相图前有五行说明文字，说明此图是根据面部九州的分布，看每一部分所发气色如何，来判断前往该地是吉是凶，宜或不宜。

4. 相色发面图看吉凶法

这一部分共有 8 幅较小的面部图，分别用来标注各个部位所发气色如何，旁有占辞解说，用细线将图中所标部位与气色连接起来。这一部分主要是根据面部 13 部位的划分，来判断每一部分所发气色兆示的吉

① （宋）陈元靓编《新编群书类要事林广记》壬集卷八，北京：中华书局，1999 年影印本，第 514 页。

② ［日］松本荣一，《观（看）相图卷》，《佛教艺术》第 29 号，东京，1956 年。

③《神相全编》十三《定月分气色》、《月属气色》等节中的内容，可能与此图所载内容相关，还有一些辨四时、四季吉凶气色的内容，大约也是同源而来。见《古今图书集成》博物汇编艺术典卷六四八相术部，中华书局、巴蜀书社，1985 年影印本。

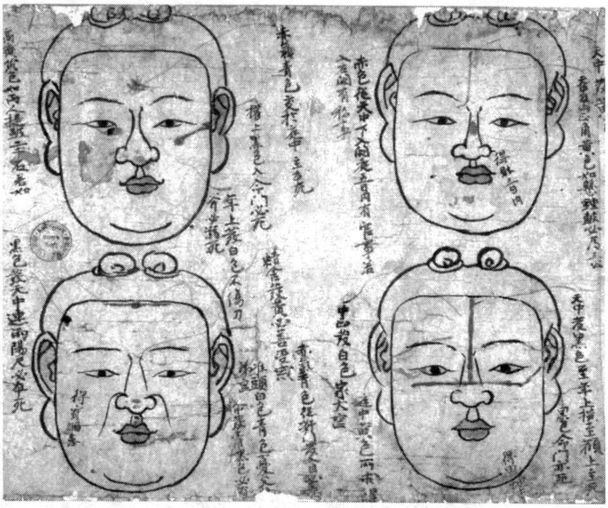

图 5–3　P.3390《相色发面图用看吉凶法》

凶命运。除过相图及其解说外，还有 28 行文字占辞，没有相图以作参照，所记内容也与此相关，互有补充。据面部十三部位所发气色判断吉凶的这部分内容中，出现了数十个相术中有关面部部位的术语，其中大半可在传世相书及文献记载中找到，也有一些不见于任何记载。在有关面部颜色的描述中，共提到近 10 种颜色，其中以五色——黄、白、青、赤、黑为主。这些颜色在面部不同部位的出现，以及呈现何种形状，都与人的吉凶祸福忧喜等相关。松本荣一、侯锦郎对此均有研究。①

5. 候病人法

这一部分抄在写卷的最后，仅有 6 行。从五脏、五行、五色的相配，来判定病人所得何病，有何症状，将死于何日。传世相书及文献中都有这一方面的内容，大体相类。②这一部分内容与中医理论有着密切

① [日] 松本荣一《观（看）相图卷》，《佛教艺术》第 29 号，东京，1956 年。侯锦郎《敦煌写本中的唐代相书》，《法国学者敦煌学论文选粹》，北京：中华书局，1993 年，第 350—366 页。

② 根据面部气色来判断疾病的相法，《神相全编》十三有《气色生死脉候》、《脉色应候诀》等，十四有《诀病生死》、《气色占应诀》之《占五脏安》、《占五脏病》等，均与此内容相类。

的关系，松本荣一已注意到这一点。[①]

通过观察人的面部气色来判定吉凶，是中国古代相术中重要的内容。汉代王符在《潜夫论·相列》中说："夫骨法为禄相表，气色为吉凶候，部位为年时，德行为三者招，天授性命决然。"[②]已将气色与骨法、部位并列为相术的三大主要依据。南齐刘昼在《刘子·命相章》中也说："相者，或见肌骨，或见声色，贤愚贵贱，修短吉凶，皆有表诊"。[③]这种对气色的看法发展到唐代，就如赵蕤在《长短经·察相》中所说："富贵在于骨法，忧喜在于容色，成败在于决断。以此参之，万不失一。"[④]都把观察气色，尤其是面部气色作为判定吉凶忧喜的主要依据。

相面部气色，所依赖的必要条件有三，一是对面部部位的确定，二是对颜色的认识，三是所代表命禄的属性及种类。三者缺一不可。

此卷中所提到的面部部位术语，约有 40 余个，与《太清神鉴》所记载的"面部一百二十位"相对照，绝大部分都可以确定位置。属于中央直下 13 部位的，有天中、中正、庭中、印堂、年上、准头、人中、口、地角（阁）。在这 40 余个部位中，有三处没有直接写出名称，而是由图中标注的位置显示出来的，即第四图面部所注"得财三日内"所指的"兰台"、"廷尉"，第五图地阁部注"得田地吉"所指的"地角(阁)"，以及第七图面颊注"得宝物喜"所指的"法令"。不见于传世相书记载的术语，共有三处，即"衔上"、"颜中"、"鱼头"。这里除了"衔上"的位置无法确定外，我们根据所用词语的定义及相关的部位，可以大体推断出"颜中"、"鱼头"的位置所在。从这些名词术语，再结合 Ch.00209《男女头面诸黡之图》（拟）中残存男子面痣图中标出的部位，

---

① [日] 松本荣一《观（看）相图卷》，《佛教艺术》第 29 号，东京，1956 年。

② （汉）王符《潜夫论·相列第二十七》，见彭铎《潜夫论笺校正》，北京：中华书局，1985 年，第 310 页。

③ （北齐）刘昼《刘子·命相章二十五》，见傅亚庶《刘子校释》，北京：中华书局，1998 年，第 239 页。

④ （唐）赵蕤《长短经·察相》，文渊阁《四库全书》本 849 页，第 15—16 页。

我们可以看出，敦煌相书中对人面部部位的划分已经相当细致，已奠定了后世所说的“一百二十部位”的基本部位与命名。

对颜色的认识上，此卷相书共提到十种左右颜色，以黄、白、青、赤、黑五色为主，还有桃花色、青黑色、干脯色、陷水花色、死马肝色等。书中将这些颜色分成两大类，即“好色”与“恶色”，分别表示吉凶两种不同的征兆。这些颜色发在何处、呈何形状，都是影响人命运吉凶的因素。此外，相书还将五色与五行相配合，论及“本色”与“客色”的关系及所示的吉凶。

此卷中记载的面部气色所兆示的命运，从其属性来说，其实很简单，就是吉凶两类，所谓“气色为吉凶候”，或“忧喜在于容色”。若再分细一些，其征兆共有80余种，从自身的得官、升迁、得财、闻喜、婚娶、生子、出行、伤病、忧泣、死亡，到父母妻子兄弟以至九族的生死病痛，再到与他人的口舌争斗诸纠纷等等，几乎涉及古人生活中忧喜相关的所有内容，当然，这些命禄主要是从男子的角度而言的。我们可以从这些最具体的记载里，看出那一时代人们生活的追求和忧惧。侯锦郎说：“大家在这卷写本的基本内容中可以发现一个民族的畏、惧、忧、希望与欢乐”。①

关于此卷的抄绘年代，松本荣一根据卷中插图的风格，认为应是唐代的，并且比P.3492要稍早。他说：“卷中的插图，还洋溢着浓厚的唐朝气息的地方，但不会晚到五代。”与他的意见不同，侯锦郎根据写卷修补用纸张上出现的“天福十年”的记载，以及抄写纸张的特征和书写风格，判断为10世纪上半叶的作品。

由于此卷相书的前部已经残损，我们无从知道原书的名称。《敦煌遗书总目索引》笼统地称之为《相书》，松本荣一称为《观（看）相图

① 侯锦郎《敦煌写本中的唐代相书》，《法国学者敦煌学论文选粹》，北京：中华书局，1993年，第366页。

卷》，侯锦郎推测了此卷相书可能具有的内容性质，并说："无论如何，这里是指一种为了由平民日常参阅的简单和具体的相面手册。"黄正建在《敦煌占卜文书与唐五代占卜》一书中将此卷归入相书的"面色图"一类，在书后的《敦煌占卜文书分类编号表》中又拟题为《相面书》，并注"相色发面图看吉凶法等"。这些定名或分析，我认为都未能体现此卷相书的主要特征与内容。前面我们已经对这卷写本的基本内容进行了逐条考察，从这些考察，再结合传世文献中保留下来的此类相图和相关内容，如《事林广记》壬集卷八所载的面部图中标出干支分布，《神相全编》十二、《三才图会》都有《九州八卦干支之图》，而在此卷中，我们仅看到十二支与九州两项，因此可以推测，在此卷前残去的部分中，应当还有"十支分布图"和"八卦分布图"。松本荣一也提到了这种可能性。无论是根据现有的内容，还是按照推测的结果，有一点是无疑的，即这一卷相书写本的各篇内容，都是围绕面部来展开的，都是根据面部气色来判断命运吉凶，特别是近期的吉凶。根据这一主要特点，也许将此卷拟名为《面部气色吉凶法》更为贴切一点。

第五节

《相法》

该类只保存了P.2572 B《相书》（拟）这一件文献。

P.2572，图版参《法国国家图书馆藏敦煌西域文献》第 16 册。卷子装，抄写两部不同相书。前部 P.2572A 抄《相书一卷》，隔七八行距离，为 P.2572B，抄另一部相书，以“何以知人……”为特征，述形貌、气色、举止等所兆示的吉凶祸福，抄写笔迹、行款均与前面的许负相书一致，当是同一人所抄。该写本首全尾残，无书名、作者等内容，存文字 74 行，起“何以知妇人有无耳”，讫“共语，把两手皆与人共”。

P.2572B 所抄的内容、形式与许负相书不同，书内不分篇，首句即云：“何以知妇人有无耳？正共语，先用右手把鼻头，即移手捧口，此女有富贵之矣。”篇中云：“何以知人为奴婢煞？正语，天中忽发赤色，直通下，度耳后，此人不出年中，为奴婢所煞。”篇内各句多以“何以知人……”的问句形式开头，记述如何根据人的形貌、气色及行为举止判断吉凶祸福，并分别总结归纳出女子、男子所具的好相，及相面时所应注意的事项。所占相的内容十分广泛，从自身的年寿、官禄、得财、生子、病痛、失物到家庭父母妻子兄弟的生死喜丧以至贫富趋势，都有涉及。所依据判定的条件方式，除形貌、气色、声音等常见于其他相书者外，行为举止也是很重要的一种条件，如“何以知人始遭偷？共语，而举眼视主人屋，不即答，必道造（遭）偷”，“正共语，而用左手指右膝上，又异食，亦云得人宝物”。这些行为举止，包括左右手足举动的顺序、位置，眼睛视物的方向，座位的取次以及神态等，这些记载，很少见于其他相书，为我们深入了解唐五代时期相术的发展提供了宝贵的资料。

此卷相书糅合了其他相书的内容与方法，而特别突出了这些内容在实际中的运用。对行为、气色等暂时存在的征兆所代表的吉凶祸福比较重视。如：

> 何以知人新生男儿？正共语，先动两脚。又云：用右手把左脚，必生男。若把右脚，新生女；若用两手俱把脚，儿不成人。”又如：“何以知［人］为兄弟所煞者？正语，权（颧）上忽发黑色，别又赤色入鼻头者，此人不出年中，必为兄弟所煞。

这部相书所记载的，实际就是具体的占相方法与诀窍。根据这一特点，拟名为《相法》。

除上所述 14 个卷号的相书写本以外，与相术有关的文献还有两件。一件是西夏文相面图。在俄藏的黑水城文献中，有一件西夏文注解的相面图残卷，绘一男子头部侧面图，标明面部 17 处骨相的位置及其所示命禄，①据学者考证，其绘制时间为 12 世纪。②

① 史金波，魏同贤，［俄］克恰诺夫主编《俄藏黑水城文献》第 1 册，上海：上海古籍出版社，1996 年。原件现藏于俄罗斯圣彼得堡艾尔米塔什博物馆，编号 X-2523 号。原卷首尾残缺，残存一幅男子面部图像及前后题记数行。马雅伦、郑炳林《西夏文<相面图>研究》一文对此有所研究，并与敦煌相书所载进行了比较。李范文主编《首届西夏学国际学术会议论文集》，银川：宁夏人民出版社，1998 年，第 366—373 页。

② ［俄］米开鲁·比奥特洛夫斯基著，许洋主译《丝路上消失的王国——西夏黑水城的佛教艺术》，台北：历史博物馆，1996 年，第 254 页。*Lost Empire of the Silk Road-Buddhist Art from Khara Khoto* (X-XIIIth century)， ed. Mikhail Piotrovsky， the State Hermitage Museum.

另一件是回鹘文占卜书。20世纪初，俄国“吐鲁番考察队”在吐鲁番获得一件回鹘文的占卜文书残本，存31行，主要记载了身体黑痣与身体感觉所兆示的贵贱吉凶，内容与相术有关。[①]以上两件相书在抄写时间上虽与敦煌相书接近，内容也有一致之处，但它们均出土于敦煌以外的地方，反映的是西夏和吐鲁番地区的占卜与相面情况，因此，笔者未将其列入研究对象，只作为参考材料。

另据《法藏敦煌藏文文献解题目录》，其中提到一件编号为P.T.1054，仅存12行的藏文文献，内容为“星相占卜及仪轨文书”，[②]由于未能见到原卷，其具体所载亦无从得知，姑且存疑。这样，可以明确划定在敦煌相书范围内的，实际就是以上提到的14个卷号。

---

① 回鹘文相面书收载于 W.Radloff，*Uigurische Sprachdenkmaler Materialien nach. Tode des Verfassers mit Erganzungen Von S.malov herausgegeben.* Leningrad 1928, Nr.42，S.59-61，224。这一部分内容由杨富学译为汉文，录文见《关于敦煌写本相书的几点认识（代序）》，郑炳林、王晶波《敦煌写本相书校录研究》，北京：民族出版社，2004年，第4页。

② 王尧主编《法藏敦煌藏文文献解题目录》，北京：民族出版社，1999年，第104页。

第六节

敦煌相书与唐五代社会

中国的相术起源很早，春秋时期已经开始在社会上层流行，所观察的对象也并不限于人，还有马、狗、牛、兵器、地形等多方面的内容，后来才逐渐指专门的“相人”。[①]与古代命运观的形成与发展紧密联系的相术，经汉代时期理论基础的奠定，魏晋南北朝的深入发展，到唐宋时代吸收了外来佛教文化影响，成为古代诸种数术中，比较简单、直观而又与个人命运贵贱联系紧密的方术，被人们广泛信奉并应用着。黄正建根据《太平广记》所记载诸种占卜事例的统计，得出“在唐五代的实际生活中，最流行的占卜术是相术，其次是梦，第三位是卜筮”[②]的结论，足以说明相术对人们生活的影响。

从敦煌相书的记载来看，唐五代时期人们利用相术所占卜的内容非常丰富，大体可分为两类。一类是对个人命运前景的预测，包括对官禄、仕途、年寿、健康、家庭、财富、婚姻、子孙的占卜，主要是对被相者未来较长时段中或者一生中的富贵、贫贱、寿夭等各种不同属性命相的预测，许负系统相书、S.3395＋S.9987B1V 及相痣类图书，基本都

---

① 在《汉书·艺文志》的分类中，相人与相地形、相宅墓、相器物、相动物等方术就被归在同一类中，均属于数术略的形法类。

② 黄正建《敦煌占卜文书与唐五代占卜研究》，第186—187页。

是有关于此类内容的。如 P.3589V《额第七》："凡人额得方如田字，封侯。额似龟形者，亦贵，吉。额中多断文者，男妨妇，女妨夫。额中多毛生，贱人。与眉相近者，少失父。额上立文入发，封侯。槌额者及平脑，贵财。额折阳中，陷廿厄、卅厄两度。额多理文，煞一妇。女人三理文者，煞夫。"文中出现的命相，除"额折阳中，陷廿厄卅厄两度"外，其余如地位的贵贱、夫妻妨害、财富、失父等，都是长期影响人生的命运际遇。

此外，心性德行、气质性格、智慧才艺等也都是伴随人的一生而较少变化的因素，也属于长期预测的范围。如 P.3492V《身部图》："清源，主清闲事，在横文上下。傍横文者黑子，皆主隐遁伏窜，志（上）［尚］闲雅。"又 P.3395+S.9987B1V《眼部第五》："数顾，多诈；直视，性刚。女右目小，畏夫。"

另一类是对近期吉凶祸福的预测，是指对较短时段内将出现的一些吉凶祸福之事的预测，包括官职禄位的升迁变化、疾病生死、财物得失、出行宜否，以及一些突发的灾厄。近期吉凶，与俗语所说的"天有不测风云，人有旦夕祸福"中的"旦夕祸福"大致相仿，这类命相的实现往往都在数日内，最晚的也在三五年中，与上面所说的长期命运有很大不同。对这类吉凶祸福的预测，也是相术的一个相当重要的内容，敦煌相书中的 P.3390、P.2572B 的内容，主要都是围绕这一主题的。如 P.3390《相色发面图看吉凶厄法》"中正发赤色，必有官事，在三日内"；"天中发黄色至印堂，必迁官，百事了，喜。如丝发，百日得官"。P.2572B "凡人面忽发白色，度鼻上入眼下者，不出五六十日丧至"。这些内容所预测的，都是在较短时段内将发生的官事（与官府有关的厄难之事）、升迁、死丧等，都与旦夕祸福有关。①

① 详参王晶波《敦煌写本相书研究》之第四章《敦煌写本相书的占相内容与命相类别》，北京：民族出版社，2010 年，第 194—219 页。

以上这些内容丰富的预测，所反映的正是唐五代时期人们对社会与人生的欲望和追求。这些欲望中，排在最前的是有关官禄、财富的欲望，其次为家庭子孙。史书所记载的古人占相的事例中，相官禄、财富的占到了大多数，与敦煌相书所反映的情况完全一致。如《旧唐书·张憬藏传》记载的刘仁轨占相的事：

左仆射刘仁轨微时，尝与乡人靖思贤各赍绢赠憬藏以问官禄。憬藏谓仁轨曰："公居五品要官，虽暂解黜，终当位极人臣。"仁轨后自给事中坐事，令白衣向海东效力。固辞思贤之赠，曰："公当孤独客死。"及仁轨为仆射，思贤尚存，谓人曰："张憬藏相刘仆射，则妙矣。吾今已有三子，田宅自如，岂其言亦有不中也?"俄而三子相继而死，尽货田宅，寄死于所亲园内。①

《太平广记》载李晟占相，亦云："初，晟（指李晟）于左贲效职，久未迁超，闻桑道茂善相，赍绢一匹，凌晨而往。"②也是因为官职久久没有升迁而去请桑道茂占相。

任过宰相的李藩，微贱时也曾因前途之事找葫芦生占相：

李相藩尝寓东洛，年近三十，未有宦名。夫人即崔构庶子之女。李公寄托崔氏，待之不甚厚。时中桥胡芦生者善卜，闻人声，即知贵贱。李公患脑疮，又欲挈家居扬州，甚愁闷，乃与崔氏兄弟访胡芦生。③

① （后晋）外昫等著《旧唐书》卷一九一《张憬藏传》，北京：中华书局，1975年，第5098页。

② （宋）李昉等《太平广记》卷七六引《剧谈录》，北京：中华书局，1961年，第481页。此则故事《新唐书·桑道茂传》中亦载，说法稍异。

③ （宋）李昉等《太平广记》卷一五三引《逸史》，第1099页。

从这些记载来看，无论是身处微贱没有功名的人士，还是已入仕途盼望升迁的官吏，他们前去相士处看相的目的，大都是询问官禄未来。而在官本位的社会中，财富的获得，又往往与一个人的社会地位有直接关系，这从“官”、“禄”二字的连用即可看出，有了官，禄便随之而来，所以社会的普遍欲求很自然地首先指向了官禄，为了迎合这种需要，相书中出现最多的，便是有关官禄仕途的内容，“封侯”、“二千石”、“三公”、“侯伯”、“卿相”、“九卿”、“将军”、“刺史”、“三品”、“郡君”等名词的出现频率非常高。如 P.2572A《相书一部》：“凡人额欲得方如田字，封侯”，“眉上有通天文，大贵，九卿之位”。P.3589《行步第廿六》：“凡人龙行，三公。虎行者，将帅。似鹅行，大夫。似龟，三公。”都将人的形貌特征与命运官禄紧密联系在一起。

家庭婚姻子孙是唐五代人所关注的重要内容，同样也是占相预测时仅次于官禄的内容。

敦煌相书有关家庭、子孙的内容，多涉及夫妻关系的宜与妨，通常比较关注女方对整个家族的影响，及她们与父母、子女的关系；还有一些则直接涉及子孙繁衍的情况。如 Ch.87《相书一部》：“面上多黡子，男妨（夫）[妇]，女妨夫……鼻左曲妨父，右曲妨母。”P.3390《相色发面图看吉凶厄法》：“目下有青黑色，男妨妻，妻妨夫，必见哭泣。”Ch.87《颐颔第十八》：“凡人颐方颔厚，富贵，好田宅，多子孙。颐狭小，无田宅，少子。”P.3492V《身部图》：“女人乳间有毛者，生贵子。”等等。

现实生活中，人们对夫妻关系、子孙繁育的重视，往往表现在婚姻对象的选择上。人们在选择配偶组成家庭时，也往往会参考相士的意见或依据相术行事，选择长相端正、能够生育，有“旺夫相”的女子为妻。不仅普通人如此，统治阶级也不例外。

据史书记载，从汉代起，统治者就开始利用相术辅助选拔后宫嫔妃。《后汉书·皇后纪》云：

汉法常以八月算人，遣中大夫与掖庭丞及相工，于洛阳乡中阅视良家童女。年十三以上，二十以下，姿色端丽，合法相者，载还后宫。择视可否，乃用登御。

隋唐五代的史书中虽然没有关于利用相术辅助选择后宫嫔妃的直接记录，但从众多的有关妇女占相及其命运的记载中，亦可看出相术的影响，有些内容则与宫廷、政治有密切的关系。如《新唐书·宪宗孝明皇后传》载：

元和初，李锜反。有相者言后当生天子。锜闻，纳为侍人。锜诛，没及掖庭，侍懿安后，宪宗幸之，生宣宗。①

宪宗孝明郑皇后在未入宫之前，曾有相士为她看相，预言她将来会生一个天子，怀有野心起兵反唐的李锜听说这话便娶了她，李锜败亡，孝明皇后被没入掖庭，得幸于宪宗，最后还真生了一个天子。这条记载中，宪宗选择孝明皇后有没有受相术的影响无从知道，但孝明皇后本身的命运确实与相士的预言大有干系——因为相士的话，她被谋反的李锜选中，李锜被杀，才得以进宫，最后做了皇后。与此类似的还有唐太宗时的张亮，心怀异志的他曾对人说："吾有妾，相者云必为诸王姬。"②隋末唐初的大将罗艺，其妻孟氏亦曾被术士认为拥有"贵相"："先是，济阴女子李，自言通鬼道，能愈疾，四方惑之。诏取致京师。尝往来艺家，谓艺妻孟曰：'妃相贵，当母天下。'孟令视艺，又曰：'妃之贵由

① （宋）宋祁等著《新唐书》卷七七《后妃传下》，北京：中华书局，1975年，第3505页。此事还见载于（唐）裴庭裕《东观奏记》卷上（丛书集成初编本，北京：中华书局，1985年，第1页），所记大体相同。

② （宋）宋祁等著《新唐书》卷九四《张亮传》，第3829页。

于王，贵色且发。’艺妻信之，亦赞以反。既败，与李皆斩。”①

至于普通民众，在婚姻家庭方面首先考虑的是夫妻相宜、子孙繁多，所以选择婚姻对象时往往按相书中的说法选取那些宜夫宜家且能生育的女子为妻，而避免相妨或无子者。P.2572A《相书一部》中专门总结了一些不好的形貌特征：

> 相男子第卅：一曰羊目，二曰露齿，三曰结喉，四曰癃瘘，五曰鼻[不]高，六曰安行如走。羊目，短命；露齿，传言；结喉者，癡贱；癃瘘者，短命；鼻不高者，忿争不止，失财；安行如走者，贫。右男子有此六恶者，不中交友、婚姻。
>
> 相女人九恶第卅一：一曰蛇面，二曰颈（头）倾，三曰蛇行，四曰雀趋，五曰鼻不高，六曰目白，七曰额上八文，八曰生发，九曰雄声。蛇面、头倾共鬼语；蛇行、雀趋无财。鼻不高、目白库仓虚。额上八文、生额（发）不自如，凶。雄声煞夫，难共居。右女人有九恶，不堪娶，大凶。

相书建议人们在选择婚姻对象时，应避免选择具有以上形貌特点的男女，其原因在于“不中交友、婚姻”，或“不堪娶，大凶”。

相书对社会生活的反映也许是不全面的，但它对社会欲望和社会心理的反映却是最直接的。通过敦煌相书，我们可以清楚地看出唐五代时期人们对命运及生活的希望与忧惧所在。

---

① (宋) 宋祁等著《新唐书》卷九二《罗艺传》，第 3807 页。

第六章

敦煌梦书

刘文英说："梦是人们自身的一种体验，占梦正是以这种自我体验作为沟通神人、预示吉凶的中介"。[①]作为流行民间数千年的一种占卜之术，占梦的发展经历了由官方到民间的漫长过程，汉代以后就主要在民间传播，享有广泛的民众基础。到唐宋时期，占梦的地位虽然比前代下降了许多，但仍旧非常流行，举凡人生所关注的官职利禄、生死寿夭、婚姻子嗣、田宅财物、疾病口舌等内容，都可以通过占梦得到一定的启示或预测。如《玉堂闲话》载"唐天佑年，河中进士杨玄同老于名场，是岁颇亦彷徨，未涯兆朕，宜祈吉梦，以卜前途。是夕，梦龙飞天，乃六足。及见榜，乃名第六。则知固有前定矣。"[②]占梦在官方占卜体系中虽然占不到什么地位，但由于其简便快捷、通俗易行的特点，在民间却相当的流行，成为唐

① 刘文英《梦的迷信与与梦的探索》，北京：中国社会科学出版社，1989年，第3页。
② （宋）李昉《太平广记卷》184引《玉堂闲话》，北京：中华书局，1961年，第1375页。

五代时期仅次于相术的一大占卜门类。[①]产生和流传过的占梦书也林林总总，达到二十余种之多，但全部都散佚不存了。

敦煌发现的17个卷号的解梦书，包括《新集周公解梦书》、《周公解梦书》、《先贤周公解梦书》、《解梦书》、《占梦书》等5个类型，大多是流行民间未见于史志著录的本子。即使是曾经为史志所著录过的，如《周公解梦书》、《解梦书》等，其卷帙篇幅也均少于或有别于史志的著录，可见是经过当地文士剪裁编辑而有别于原本的“略出本”、“新集本”，这些流行于当地的未经著录的书籍，或许更能反映出唐五代宋初敦煌地区的占梦风俗，以及占梦在民间社会的影响与作用。

① 黄正建通过对《太平广记》所载占卜事例的统计，得出在唐代流行的诸种占卜术中，相术以82条排第一；其次为占梦，52条；其余为卜筮、风水、星占等。见氏著《敦煌占卜文书与唐五代占卜研究》，北京：学苑出版社，2001年，第186—187页。

第一节

《新集周公解梦书》

《新集周公解梦书》，有 3 个卷号，两件写本，即 P.3908 和 S.5900+S.5900V。

1. P.3908《新集周公解梦书一卷》

P.3908，图版参《法国国家图书馆藏敦煌文献》第 29 册。册页装，每页 7—8 行，共 30 页，218 行。首尾全，首题“新集周公解梦书一卷”，尾题“周公备急解梦书一卷”。抄写清晰。卷前封面杂写有“白面谷面麨了。厨田麦厨田麦伍拾硕”等字。梦书后接抄“般若波罗蜜经心经一卷”16 行，未完。字迹与梦书相似。后有 5 页空白。册尾封底写有“丙寅年正月慈惠乡百姓张百子雇工契”。字迹不甚清晰，与正文笔迹相似。

法国学者戴仁于 1981 年发表了有关敦煌梦书的文章，其中释录了 P.3908 全文。[①]但他的文章直至 1993 年才译介到国内。1989 年高国藩的《敦煌古俗与民俗流变》，[②]1990 年刘文英的《中国古代的梦书》，均

① ［法］戴仁著，耿昇译《敦煌写本中的解梦书》，《法国学者敦煌学论文选粹》，北京：中华书局，1993 年，第 319—328 页。

② 高国藩《敦煌古俗与民俗流变》之第七章《敦煌本〈解梦书〉与梦的解释》，南京：河海大学出版社，1989 年，第 240—290 页。

对该件梦书进行了释录，[1]并有研究。

2. S.5900+S.5900V《新集周公解梦书》

S.5900，图版参《英藏敦煌文献》第9册。册页装，首存尾残，仅存S.5900一页的正反两面，页下部亦有残缺，存文字18行。卷首一行仅余其半，参照P.3908，可辨认出“新集周公□□书”的字样，当是原书题名。保存了包括序言和“天子（文）章第一”在内的内容，起“夫人生在世”，讫“梦见日［月没］，大凶”。字体清晰但错讹较多。所存内容、章节名称与P.3908相同，连其中一些讹误也相同，如序言首句“夫人生在世，以四大立形”一句，讹“以”作“记”，“立”作“丘”，与P.3908全同。因此可以肯定S.5900+S.5900V与P.3908同为《新集周公解梦书》的不同抄本，二者所用底本相同。

《新集周公解梦书》的内容，包括序言和二十三章占辞正文，序言作：

> 夫人生在世，记（以）四大丘（立）形，禀五常之养性，三魂从后，六魄于先。梦是神游，依附仿佛。若经年不梦，尚恐有凭。每夜梦多，十无一定。无事思之做梦，即名为梦。若思惟想之或寐，善梦宜说，噩梦理之。夫梦见好梦即喜，恶即忧。若何？智者解之，噩梦即吉；向愚人说之，好梦变为凶也。今纂录《周公解梦书》廿余章，集为一卷，具件条目，以防疑惑之心，兑（免）生忧虑，淋人君子，鉴别贤良，观览视之，万不失［一］。

论述了占梦的理论、对待吉凶之梦的态度，以及编纂梦书的缘由。正文的二十三章分别为：天文章一、地理章、山林草木章、水火盗

① 刘文英《中国古代的梦书》，北京：中华书局，1990年，第38—51页。

贼章、官禄兄弟章、人身梳镜章、饮食章、佛道音乐章、庄园田宅章、衣服章、六畜禽兽章、龙蛇章、刀剑弓弩章、夫妻花粉章、楼阁家具钱帛章、舟车桥市谷章、生死疾病章、冢墓棺财凶具章、十二支日得梦章、十二时得梦章、建除满日得梦章、噩梦为无禁忌等章、厌禳噩梦章。

二十三章的主要内容可分为三个部分。

第一部分是按所梦事物的种类和得梦的时间来解说吉凶的占辞，这是梦书的主体内容，包括第一章到第廿一章。做梦时所梦见的种种事物、情形，又称为梦象，是占梦的主要依据，由于繁多复杂，所以古人也给它划分了类别和顺序，即以天、地、人的顺序和类别来加以划分，天文最先，地理次之，人事再次之。

天文，指天、天帝及日月星辰雨雪霜露等，如《天文章第一》“梦见上天者，生贵子”；“梦见流星者，宅不安。梦见雪下者，得官”。

地，指土地山川草木水火等，如《地理章第二》：“梦见地陷者，宅不安。梦见地光者，主大富。”《山林草木章第三》：“梦见头戴山者，得财。梦见山林中行者，吉。”

人，指与人密切相关的社会环境、物质基础、精神信仰等，如圣贤君王、官禄、父子兄弟、生死疾病及日常生活所见所用者。《官禄兄弟章第五》：“梦见圣人者，主大吉。梦见帝王崩，主大荒。”《人身梳镜章第六》：“梦见镜破者，主分散。梦见身上虫出，大吉。”《佛道音乐章第八》：“梦见菩萨者，主长命。”“梦见庙神者，先人求食。”

得梦时间，分为十二支日、十二时、建除满日三个系统，分别解说何时得梦、主何吉凶。如《十二支日得梦章第十九》：“子日梦者，主失脱，东家口舌。丑日梦者，主财入宅及喜悦。”《十二时得梦章第廿》：“申时得梦者，主诤讼。酉时得梦者，客来。”《建除满日得梦章第廿一》：“建日得梦，主大吉利。除日得梦，忧疾病起。”等等。

第二部分，解说做噩梦的原因，即《噩梦为无禁忌等章第廿二》，解释做噩梦是由于触犯了禁忌，这些禁忌有20多个，如“庙砖谭床脚是一，卧床对屋梁是二……六畜死自食是十，井灶相见是十一……向井栏上坐是十九，着亡人衣服是廿。捕（铺）地席冷地卧者不祥”。最后提及转噩梦为吉的方法：“夫人噩梦，三日不说，化为珍宝。”。

第三部分，介绍以符咒厌禳噩梦的方法，即《厌禳噩梦章第廿三》：

> 凡人夜得噩梦，早起且莫向人说，虔净其心，以黑（墨）书此符安卧床脚下，勿令人知，乃可咒曰：“赤阳赤阳，日出东方。此符断梦，辟除不祥。读之三遍，百鬼潜藏。急急如律令！”“夫噩梦姓云名行鬼，恶想姓贾名自直。吾知汝名识汝字，远吾千里，急急如律令，敕！”又姓子字世瓠，吾知汝名识汝字。

文中插有3个厌梦符。

P.3908是敦煌所存解梦书中唯一保存完整的一部，也是目前能见到的最早的一部梦书。

第二节

《周公解梦书》

《周公解梦书》有 3 个卷号，可拼合为两件写本，即 P.3281VD→P.3685V、S.2222。

1. P.3281VD→P.3685V《周公解梦书一卷》

（1）P.3281，图版参《法国国家图书馆藏敦煌西域文献》第 23 册，卷子装。写卷很长，正面抄写《六十甲子历》（拟），[①]该件抄于背面。背面由数种内容组成，依次为部落使阎英达状、宅经、押衙马通达状、周公解梦书、布萨文等。故依次标示为 P.3281VA、P.3281VB、P.3281VC、P.3281VD、P.3281VE 等。《周公解梦书》处第四，标为 P.3281VD。该件首存尾残，尾部数行下半部残去，存文字 38 行，首题"周公解梦书一卷"，前有序文，载尧、舜、文王、武王、汉高、光武等及吴孙坚母之梦兆及其应验，其后为正文，有子目，依次为天事章第一、地理章第二十、杂事章第三、哀乐章第四、器服章第五、财物章第

---

① P.3281 号正面所抄内容，王重民拟名为"占筮书"（《敦煌遗书总目索引·伯希和劫经录》，北京：中华书局，1983 年，第 283 页），黄永武拟名为"六十甲子五行本命元辰历"（《敦煌遗书最新目录》，台北：新文丰出版公司，1985 年，第 714 页），《法国国家图书馆藏敦煌西域文献》第 23 册定名为"卜筮书"。此依黄正建、王爱和的定名。黄正建《敦煌占卜文书与唐五代占卜研究》，第 92—94 页；王爱和《敦煌占卜文书研究》第 266 页。

六、化伤章（仅存题目）。起“尧梦见身上毛生，六十日得天子”，讫“梦见得钗规 □□ 事。化伤章第 □ ”。据王重民《伯希和劫经录》对此卷原始状况的记录：“周公解梦书残卷（第一章二章被裱纸掩盖），次为杂事章第三、哀乐章第四、器服章第五、财物章第六。”① 可知此件《周公解梦书》与背面的其他几件状文、宅经等都是作为正面《六十甲子历》的用纸而拼接在一起的，它们的抄写时间均应早于《六十甲子历》的抄写。黄正建据《六十甲子历》行文不避“丙”字，认为可能是唐以后的抄本。②这可看作是《周公解梦书》抄写的下限。而据郑炳林对背面所抄“部落使阎英达状”与“押衙马通达状”的考察，其状的写成时间约在唐大中五年（851）至咸通八年（867）左右，故认为“《周公解梦书》的抄写亦应在这个阶段，是归义军节度使张议潮在任或稍后时期的作品”。③此处笔者要补充的是，《周公解梦书》与《部落使阎英达状》、《押衙马通达状文》的抄写时间先后不好确定，所以《周公解梦书》的抄写时间，可以大致认定在是咸通八年前后的中晚唐时期。

（2）P.3685V，图版参《法国国家图书馆藏敦煌西域文献》第26册。此号有两件残片，均为卷子装，一大一小，小片保存了上半截，抄“诸子语录”12行，背面空白，与《周公解梦书》无关；④大的残片与P.3281对勘，正反两面笔迹相同、内容接近，可以确定为同一写卷的不同断裂部分，但二者中间尚缺数行文字（约3—4行），不能直接缀合。

---

① 王重民《伯希和劫经录》，《敦煌遗书总目索引》，第283页。

② 黄正建《敦煌占卜文书与唐五代占卜研究》，第94页。

③ 郑炳林《敦煌写本解梦书校录研究》，北京：民族出版社，2005年，第56—57页。

④ 关于这一小片残文内容，王重民《伯希和劫经录》认为是《论语》白文（《敦煌遗书总目索引》，第292页），郑炳林《敦煌写本解梦书校录研究》亦同（第223页）。但据原文看，内容有“孔子曰”，亦有“庄子云”，及“传云”等。《法国国家图书馆藏敦煌西域文献》定名为《诸子语录》，亦不确，但较前者稍近实际，暂从之。

正面抄写《六十甲子历》(拟)，背面抄写《周公解梦书》内容，存文字21行，起“[梦]见益田宅有喜事”，讫“梦见大风□”，保存了从“舍宅章第八”到“水章第十三”的内容。

关于P.3281VD→P.3685V《周公解梦书》，从王重民《伯希和劫经录》著录以来，有不少学者给予关注。法国的戴仁于1981年发表的《敦煌写本中的解梦书》[①]一文中，首次提到P.3281与P.3685出自同一卷写本：“两卷伯希和编号的文书出自同一写本，又由S.2222正面的文书所补充。”他对包括这件文献在内的13件梦书进行了研究。刘文英《中国古代的梦书》、施萍婷《敦煌遗书总目索引新编》从其说。刘文英、郑炳林等均有研究、释录，郑炳林还进行了详细校注。[②]

2. S.2222《周公解梦书》(拟)

S.2222，图版参《英藏敦煌文献》第4册。卷子装，首尾俱残，首部18行上端亦残去，无书题、作者，存文字71行，起“□见身毛生，七十日得天子”，讫“《言语章第十七》梦□”，抄写清晰，保存了序言、天事章第一、地理章第二、杂事章第三、哀乐章第四、器服章第五、财物章第六、化伤章第七、舍宅章第八、市章第九、四时章第十、冢墓章第十一、林木章第十二、水章第十三、禽兽章第十四、杂事(六畜)章第十五、龟鳖章第十六、言语章第十七(仅存子目)的内容。篇目、文字内容与P.3281VD→P.3685V相同，故按P.3281VD首题定名为《周公解梦书》。其前部上端所残缺的序言、天事章和地理章的部分内容亦可根据P.3281VD→P.3685V补齐。其内容较P.3281VD→P.3685V多出了“化伤”、“禽兽”、“杂事”“龟鳖”4章和仅存子目的“言语章”。写

① 此文于1981年发表在日内瓦出版的《敦煌学论文集》第2卷，1993年由耿升译为汉文，见《法国学者敦煌学论文选粹》，第312—349页。

② 刘文英《中国古代的梦书》，第8—9页，29—37页；郑炳林《敦煌写本解梦书校录研究》第47—61页、219—232页。

卷背面抄写另一种解梦书。

该书序言记述了尧、舜、汤等十位人物的梦兆和相应事迹。与其他梦书或占卜书的序言相比，这篇序言有些特别，它不讲梦的原理、占梦的起源，也不讲梦的吉凶、写作缘由等等，而只是选择了一些著名梦兆加以排列，排列顺序亦有些混乱，不合一般序言的体例，有可能是摘抄或节录的结果。

所保存的17章占辞内容，分类叙述有关天地、四时、人事、器物等种种梦象及吉凶预兆。每类为一章，各有章题，题目多用两个字，概括主要内容，如天事章述天、日月、星辰、雷等内容，器服章述镜笏、刀剑等。但也有用一字为题的，如市章、水章。占辞解说简单，采用先述梦象，次加解说的形式，解说以直接说明梦象所兆示的具体内容为主，如《器服章第五》："梦见向镜笑，为人欺。梦见夫妻相拜，应别离。梦见把笏，得奴信。"也有只用"吉"或"凶"笼统概括的，如《合宅章第八》："梦见上屋望者，大吉。梦见苫屋，大吉。……梦见屋中牛马，凶。梦见门户，大吉。"

戴仁《敦煌写本中的解梦书》一文中最早注意到S.2222与P.3281VD→P.3685V的关系，认为它们很相似，并在分类时将这三个卷号列为同一种解梦书。[①]其后刘文英、郑炳林、菅原信海、黄正建等学者均有论说，刘文英结合这3件文献进行了释录，郑炳林在释录的基础上还进行了详细的校注和研究。他比较3个卷号的内容，认为S.2222内容与P.3281VD→P.3685V除抄写讹误外，几乎相同，连脱漏和假借字都相同，认为"虽然S.2222与P.3281之间无承袭关系，但二者都源自同一写本，故出现互为错对现象及共同错误的现象。由此得知，S.2222与P.3281、P.3685号抄写时间相距不远。"因此，此卷梦书的抄写时代，也当在公元9世纪中后期。

---

① [法] 戴仁《敦煌写本中的解梦书》，《法国学者敦煌学论文选粹》，第313—315页。

关于《周公解梦书》的作者与时代。

《周公解梦书》虽然打着“周公”的名号，但它的作者显然不是人们通常所认为的那个周公，而是伪托周公。序言云：

> 尧梦见身上毛生，六十日得天子。舜梦见眉长发白，六十日得天子。汤梦见飞上楼四望，六十日得天子。文王梦见日月照身，六十日为四（西）［伯］。武王梦见登树落，八十日有应。汉高祖梦见赤龙，左臂佳云，丹蛇绕腰，百日得天子。光武梦见乘龙上天，日月使人，五年得天子。孝武帝梦见乘龙上天，身披羽衣，百八十日得天子。列皇后梦见日入怀中，生长仙恒（沙桓）王。吴武（烈）皇［母梦］服（肠）绕吴昌门，生武列王（烈）（皇）帝。

从书中序言所述的十位人物来看，时代最晚的两位是东吴孙坚的妻子和母亲，并且提到了孙坚与孙策的谥号，[①]可见其书最早也早不过三国吴。此外，序中所涉及人物，前八位皆是圣贤明君，后两位却转到东吴的两位妇女身上，与前面人物很不协调，似乎是有意突出了东吴的位置，因此，刘文英和郑炳林都认为其书真正的作者可能是三国后期或更晚的人。刘文英还排除了此处的“周公”为曹魏时期的占梦名家周宣的可能，认为“此书底本当是《隋志》所著三国时期的某本梦书，后来新拟书名，内容亦有增益，从而在《宋志》中著录。原作者必生活在三国东吴地区，很可能即是《吴志·赵达传》注所提到的宋寿”。[②]

郑炳林进一步从子目标题、占辞内容等方面进行考察，指出书中存

---

① 《三国志·吴书·吴主传》载：“(黄龙元年) 丙申，即皇帝位，是日大赦，改年。追尊父破虏将军坚为武烈皇帝，母吴氏为武烈皇后，兄讨逆将军策为长沙桓王。”这一年为公元229年。《周公解梦书》的成书应不早于此年。（晋）陈寿《三国志》，北京：中华书局，1982年，第1134页。

② 刘文英《梦的迷信与梦的探索》，第120页。

在的内容文题不合、重复、混乱等方面的问题，提出了敦煌文人对《周公解梦书》一书进行过再加工的论断："这种粗枝大叶、敷衍了事的解梦书不会出自一个有很高文字修养的专业占梦家之手，故我们认为敦煌写本《周公解梦书》当出自敦煌文士之手，抄录原《周公解梦书》的有关条目进行必要的改造加工而成的一种新的解梦书，旨在应急、实用，故选择占辞条目力图少而简洁，在条目分类上不注意其严密性。"[1]

① 郑炳林《敦煌写本解梦书校录研究》，第 60—61 页。

第三节

《先贤周公解梦书》一卷

《先贤周公解梦书》有两个卷号，即 Fragment58、P.3105。

1. Fragment58（756）（IOL. C. 118A）《先贤周公解梦书一卷》

Fragment58（756）（IOL. C. 118A），收藏于英国印度事务部图书馆，图版参《英藏敦煌文献》第 14 册。卷子装，首全尾残，存文字 45 行，其中有 9 行为重复抄写。卷首题写“先贤周公解梦书一卷并序”，当是原书名。保存了序言、天部第一、地部第二（仅存题目）的内容。抄写笔迹不一，前后可分辨出三人笔迹，优劣不一。原卷上下部都经过剪裁，最上一行字有残缺。

序言曰：

盖闻解梦者，二气已分，三才列位，五行头缘，天地交泰。阳为日，阴为月，□乾三思，坤将三母。始六合之内，有□建君立臣事，莫不因梦而成高贵者也。凡龟卜梦兆，并是神□吉凶，然后依经占之，吉凶善恶，消息可知。相梦所作，心同龟兆，是以检书知之，各辩吉凶。凡欲说梦，明惠信者，可即对之叙说。何者？值诸梦相，皆有神在傍前，□对即吉，愿（怨）嗔即不吉，万不失一。故书曰：梦相皆有消息，化□经法，三日不说，必有消息之理。凶既消息，咸已吉耳。善恶并无要徵，后世之人，宜当慎之。梦善即向姓明人前说之，梦若恶，即减(缄) 口勿说之，经三日说明之，神明欢喜，即为除灭灾祸，及成福。人好自疑，勿为恶行，事当灭刹（杀)。故书曰：妖祥不胜善政，怪梦不胜善行。是以智人君子恒在。《梦书》一卷，传示子孙，遣说之耳。

其后抄写“天部第一”，叙述梦见天、云雨、星辰等相关事物所兆示的吉凶。如“梦见天门，有喜事。梦见天开破者，必有军事”。

郑炳林从原卷抄写情况，推断这部《先贤周公解梦书》是“唐五代敦煌地区学生练字老师示范的教学遗物”，[①]并推测抄写者的身份分别为“初入学的稚童、高年级学生及教师”。[②]他认为该卷梦书是10世纪中期作为修补用纸注入三界寺，应是晚唐五代归义军时期所抄写。

2. P.3105《先贤周公解梦书》(拟)

P.3105，图版参《法国国家图书馆藏敦煌西域文献》第21册。卷子装，首尾俱残，存文字19行。起“梦见益田宅有喜事”，讫“梦见北斗有忧”。最后一部分内容“天部第一”与Fragment58“天部第一”相同，可知其全称也应是《先贤周公解梦书》。[③]

这个写卷保存下来的内容不多，但情况比较复杂。首先，卷中有子目，又有书题。第5行低6字题写“日月部第三”；第14行低4字题写“又别解梦书一卷”，又接写子目“天部第一”。可见“日月部第三”、“天部第一”是子目，而“又别解梦书一卷”当是书题，其书名应为“解梦书一卷”，“又别”二字，应是与其前所抄的另一部同名解梦书相

---

① 郑炳林《敦煌写本解梦书校录研究》，第37页。

② 郑炳林《敦煌写本解梦书校录研究》，第239页。

③ 刘文英《中国古代的梦书》中拟名为《梦书》，并认为可能是《隋志》著录的《梦书》残卷（第24页)。黄正建的《敦煌占卜文书与唐五代占卜研究》中认为当拟作《解梦书一卷》(第67页)。

区别。但审其前所抄内容，还远远不到一部梦书的结尾处，而只是中间的位置而已。所以，书题“解梦书一卷”前后的内容是属于同一部书还是分属两部书，殊难遽断。其次，写卷抄写笔迹相同，可知为同一人抄写，但在写卷的第 8—9 行之间有拼接痕迹，似是由两个部分粘连起来，1—8 行为一部分，9—19 行为第二部分，两个部分之间的内容亦不相连，第 8 行讫“梦见映日月，贵人，大吉。梦见日，所求皆吉”，第9 行起“梦见拔草，忧官事。梦见墓中棺出，故事。梦见墓开，大吉”，由前行的有关日月的内容一下跳至有关草木、棺墓的内容，不相衔接。

对于这件残卷，多数学者倾向于将其看作两部不同的解梦书，从王重民《伯希和劫经录》、戴仁《敦煌写本中的解梦书》，到施萍婷《敦煌遗书总目索引新编》、黄正建《敦煌占卜文书与唐五代占卜研究》，人们根据卷中“又别解梦书一卷”的题名，将其前所抄部分编为 P.3105a 或 P.3105：1 号，拟名为《解梦书》；其后所抄部分编为 P.3105b 或 P.3105：2 号，作《又别解梦书一卷》或《别解梦书一卷》。与多数学者不同的是刘文英与郑炳林的看法。他们根据卷中所抄写的实际内容，认为这件残卷前后所抄的实际是同一部《解梦书》，其内容亦彼此相接。并推出其中所缺漏的子目有“地部第二”、“棺墓部第四”、“草木部第五”。[①]笔者同意刘文英、郑炳林的看法，也认为这是同一部《解梦书》的不同部分。补充理由如下：

首先，该残卷前后部分均抄写随意，并非为应用其书内容而抄。从内容上看，这件残梦书后部所抄“天部第一”的内容，与 Fragment58“天部第一”内容绝大部分相同，可以确定 P.3105 与 Fragment58 二者同属一部梦书。但 Fragment58 所抄还有序言，P.3105 略去序言未抄，可见其抄写随意，似乎并不是为了完整移录该《解梦书》的内容而进行的抄

① 刘文英《中国古代的梦书》，第 5 页，第 24—26 页；郑炳林《敦煌写本解梦书校录研究》，第 34 页。

写。同样，P.3105 前部的抄写也很随意，在“日月部第三”的内容后，还黏接有“棺墓部”、“草木部”的内容，却没有写出子目；在抄写了“草木部”内容之后，并未按原书顺序抄写后面的内容以至结尾，却又抄写书题及卷首第一部分内容。从中似可看出抄写者的目的并不是为使用这部《解梦书》而进行的抄录，而只是为了练习写字而随意选择一些内容抄写。其次，该残卷子目篇名均以“部”命名，与其他梦书不同。子目称“部”，可以说是 P.3105《解梦书》独有的标志，所以其卷前后所抄写内容当属同一书。再次，写卷前后内容的风格统一，也可认为它们是同一部书。如句式统一，解说简洁，都用“梦见……”句式，解说时都杂用具体征兆与笼统占辞，如后部所抄《天部第一》：“梦见上天者，大吉，生贵子。”前部《日月部第三》：“梦见日月，吉，亦得财。”

综合上述，可以推定这件残梦书虽然前后所抄写内容不同，中间夹有“又别解梦书一卷”的题名，但所抄实属同一部解梦书。

关于抄写时间。P.3105 写卷背面抄写《衙内汉唐衍鸡状》，内云：“衙内汉唐衍鸡：右衍鸡身充庄上造作，经今八载，衣粮并总不得。今有债负少多，旦暮逼迫，不放存济。伏乞令公阿郎鸿慈溥照，念见衍鸡弱奴，债负繁多，特赐恩泽，允充债主，休☐”。郑炳林据其中提到的“令公阿郎”推断，此状当抄写于曹氏归义军时期，时间应当在五代宋初。[①]从背面的这件文状来看，正面所抄写的《解梦书》的时间也当在这前后，因此可以推定这部《解梦书》也是五代宋初归义军时期所抄写。

Fragment58 与 P.3105 的关系。两个卷号所抄为同一部解梦书，其全称为《先贤周公解梦书一卷》，Fragment58 保存了“序言”、“天部第一”的内容及“地部第二”的子目，P.3105 保存了“天部第一”、“地

---

① 郑炳林《敦煌写本解梦书校录研究》，第 36 页。

部第二”、“日月部第三”及“棺墓部”、“草木部”的内容。两个抄本出自同一祖本。从写卷抄写随意、错漏较多、字体稚拙的情况看，它们可能都是出自学童手笔，是五代宋初敦煌学童为习字目的而抄写的。

第四节

《解梦书》一卷

《解梦书》一卷，有 4 个卷号，可拼合为 3 个写本，即 S.2222V、P.2829、Дx.2844+Дx.1327。

1. S.2222V《解梦书》一卷

S.2222V，图版参《英藏敦煌文献》第 4 册，卷子装。写卷正面抄写《周公解梦书》。该件抄写于背面，首全尾缺，存文字 16 行。首题“凡解梦书一卷”，未题作者，前无序言，中有子目，称“人间事章”，没有标出章节序号。正文起“梦见汜饮酒欢雨下”，讫“梦见宴会，人谋。梦见僧尼，所为不成”。尾部所缺非断裂所致，而是没有抄写完毕。

其内容可分两个部分，前一部分无子目，述天文日月、地理等梦兆及吉凶，后一部分有子目称“人间事章”，述身体、父母、兄弟、饮食、器物等梦兆及吉凶。解说简略，如“梦见拜贵人，吉利。梦见父母亡，大吉”；“梦见梳头，百事散。梦见失靴履，忧奴婢走”。郑炳林比较了本件《解梦书》与其他解梦书的异同，指出它的内容前部分“主要由《新集周公解梦书》天文章、地理章等抄录编集而成；后部分抄录《周公解梦书》杂事章编集而成，只是内容稍加增减而已”，[①]点明了其抄录

① 郑炳林《敦煌写本解梦书校录研究》，第 245 页。

编集的性质；黄正建也指出它是“一种节抄或杂抄的著作，没有序文，也似没有章节序号”。[①]

2. P.2829《解梦书》

P.2829，图版参《法国国家图书馆藏敦煌西域文献》第19册。卷子装，写卷横向撕裂，存首端16行文字的上半部分，卷尾端及下半部皆残，无一行保存完整。卷前空处绘有妇人背痣图。写卷前题“解梦书”，应是书名。正文起“梦见饮酒，天欲雨下”，讫“梦见宴会，人谋”。中间子目，只存“人间”二字，参照S.2222V，可知残去“事章”二字。所存内容，包含天文、地理、人间事、饮食等类占辞，天文类如“梦见拜日月，富贵”；地理类如“梦见陷厕中，贵；污衣，富”；人间事类如“梦见身牙齿落，大忧官事”，以及“梦见与人共食，大吉”等。除少数字句外，内容与S.2222V、Дx.2844+Дx.1327基本相同。郑炳林认为它与S.2222V内容相合而稍有差异，当是同一梦书的两个不同抄本；[②]黄正建指出它比S.2222V多出4条占辞，提醒注意二者之间的差异。[③]

3. Дx.2844+Дx.1327《解梦书一卷》

该写本由两个俄藏的残片缀合而成。

Дx.2844号，图版参《俄藏敦煌文献》第8册。卷子装，首存尾残，上下部亦残，存上部22断行。有首题，称“解梦书一卷 汉”，中有子目称“哀乐事”、“分明事”，无序号。正文起“□梦见□□梦见日月照，富贵”，讫“梦见共妻饮，大□□梦见”。抄写潦草。

Дx.1327，图版亦参《俄藏敦煌文献》第8册。卷子装，首尾俱残，上下部亦横向撕裂，仅存下部10断行文字，有子目称“人间事章”。正

① 黄正建《敦煌占卜文书与唐五代占卜研究》，第65—66页。

② 郑炳林《敦煌写本解梦书校录研究》，第249页。

③ 黄正建《敦煌占卜文书与唐五代占卜研究》，第66页。

文起"梦见日初出名位至"，讫"婢走□□庆贺吉□"。

这两件残片可以直接拼合，Дx.2844 在上部，Дx.1327 在下部，拼合后第 1—10 行的内容基本完整，有子目三，分别为"人间事章"、"哀乐事［章］"、"分明事［章］"。内容与 S.2222V、P.2829 基本相同而稍多一些。可以判定是《解梦书一卷》的另一抄本。这件残卷与其他抄本相比，有一个明显的不同，即在书题之后写有一个"汉"字，虽然没有作者姓名，但我们仍可以认为这是有关作者或成书时代信息的反映。

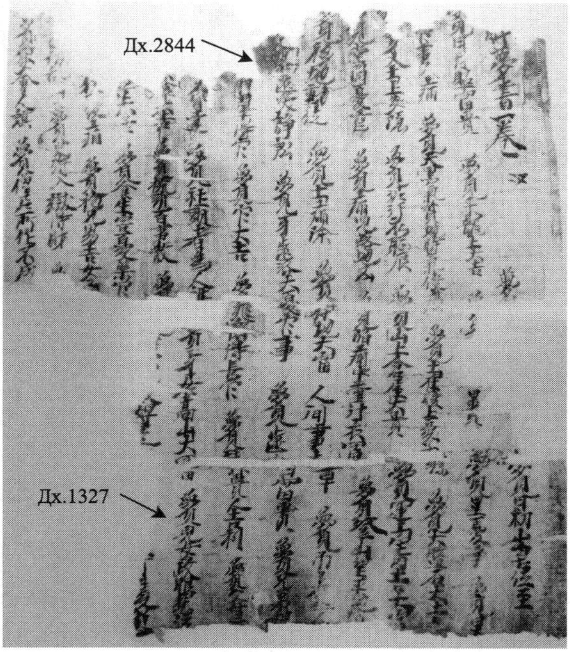

图 6-1　Дx.2844+Дx.1327 解梦书一卷

孟列夫《俄藏敦煌写卷叙录》称之为"圆梦者"，指出这两个残片同属一个卷子，但不相连接。[①]戴仁进一步将之与 P.2829、S.2222 归为一类。[②]郑炳林《敦煌写本解梦书校录研究》缀合了这两个卷号，并进行释录校注，指出其特点，并对原书的状况进行了推测。

① ［俄］孟列夫《俄藏敦煌写卷叙录》上册，上海：上海古籍出版社，1999 年，第 625—626 页。

② ［法］戴仁《敦煌写本中的解梦书》，《法国学者敦煌学论文选粹》，第 313—315 页。

第五节

《占梦书》

占梦书残卷，有 5 个卷号，可缀合为 4 件写本，即 S.620、P.3990V、Дx.10787→Дx.10787V、P.3571VA。又可分为甲、乙、丙三个系统，即 S.620、P.3990V 为一个系统，Дx.10787→Дx.10787V 为一个系统，P.3571VA 为另外一个系统

1. S.620《占梦书》（拟）

S.620，图版参《英藏敦煌文献》第 2 册。卷子装，首尾俱残，尾端上部亦残去。无书名、作者等信息。抄写清晰，有朱笔勾改痕迹。写卷背面，有杂写一行云："□有好恶梦者必须□□□□舌凶"。又倒抄有七言绝句一首，字迹甚淡，依稀可见"□自绕年二十□，□少关门学读诗。□□标□幽□，□□诛将中未知"。背面有裱糊修补痕迹。存文字 158 行，首起"［梦见］堂中有棺木，欲富"，讫"梦见大聚会 ______"。有子目称"篇"，从"水篇第廿四"至"饭食篇第四十三"，保存了 20 篇的篇名，分别为：水篇第廿四、火篇第廿五、桥道篇第廿六、飞鸟篇第廿七、鱼鳖篇第廿八、猪羊篇第廿九、龙蛇篇第卅、六畜篇第卅一、船车游行死腾篇第卅二、野禽兽篇第卅三、杂虫篇第卅四、冢墓棺椁篇第卅五、文武职棺篇第卅六、食会沐浴篇第卅七、鬼魅军旅污辱篇第卅八、农植五谷篇第卅九、佛法仙篇第卌、斩煞害斗伤篇第卌一、

捕禁刑罚篇第卌二、饭食篇第卌三。但实际保存的内容则不止 20 篇，还应加上卷首失去篇名的“[屋宅篇第廿三]”的内容，合计起来共有 21 篇内容。

关于此件梦书的拟名，《敦煌遗书总目索引》之《斯坦因劫经录》，黄永武《敦煌遗书最新目录》均著录为“解梦书”；[①]刘文英《中国古代的梦书》中疑此卷为《宋志》所著录的王升缩《占梦书》十卷之残本，改题为“占梦书”。[②]郑炳林《敦煌写本解梦书校录研究》、施萍婷《敦煌遗书总目索引新编》拟名从之。黄正建《敦煌占卜文书与唐五代占卜研究》中则持审慎的态度，认为拟题为《占梦书》，并且就是《宋书》著录的王升缩《占梦书》的残卷，“证据尚嫌不足”。但为与其他梦书区别起见，也沿用了刘文英“占梦书”的拟名。[③]本文亦从之。刘文英、郑炳林分别进行了释录与校注。

关于内容。此件梦书残卷所保留内容与其他梦书残卷相比，有一些不同。首先，篇目多，分类细，概括准。以保存最完整的 P.3908《新集周公解梦书》为参照对象来看，全书有 23 章，而 S.620 的篇目，不算后面残缺的部分，现在已知的就有 43 篇之多，而原书实际所有当不止此数，因为从现存篇目和顺序看，排在后面的内容还应有相当一些。所以这部梦书的篇目原本可能有 60 余篇，是敦煌所存梦书中篇目最多的一部。篇目多，则意味着分类细致准确。与《新集周公解梦书》、《周公解梦书》等相比，S.620 的分类更细也更准确。前者往往将几类性质相近的内容归并在一个大类中，设立为一章，如 P.3908 的“水火盗贼章第四”一章之中，包含了水、火、盗贼等三方面的内容；“六畜禽兽章第十一”中包含了家养禽畜和狮虎獐野兽等内容；相比之下，S.620 则分

---

① 《敦煌遗书总目索引·斯坦因劫经录》，第 122 页；《敦煌遗书最新目录》，第 23 页。

② 刘文英《中国古代的梦书》，第 12—13 页。

③ 黄正建《敦煌占卜文书与唐五代占卜研究》，第 69—70 页。

类明显细致、准确，篇名概括得当。如水、火分别立篇，不再与盗贼的内容相联系。有关六畜禽兽的内容，分别设立了猪羊、六畜、野禽兽五篇，将飞鸟、鱼鳖、杂虫与龙蛇的内容分开，单独成类。这样分类设篇，篇目较多，篇名准确，内容清晰，分类细致。其次，内容全面，解说详细。S.620 分类多而细，每类中的内容也较他书更多更全面，如《火篇第廿五》中记载有关火的梦兆共有 19 条，分别涉及戴火、抱火夜行、火烧门户、火入人家、山火坏屋、持火、火浮图等，而 P.3908 的《水火盗贼章第四》中，涉及火的内容仅有“梦见把火行，大通达。梦见燃火者，主大吉”两条。又如冢墓棺椁类，S.620 之《冢墓棺椁篇第卅五》有占辞 29 条，P.3908 的《冢墓棺财凶具章第十八》有占辞 12 条。相比之下，详略立判。最后，解说大多与其他梦书不同。S.620 篇目既多，内容又全，比其他梦书多出的内容有一半以上，这些内容当然为其他梦书所无。除此之外，在共有的篇目与占辞中，S.620 的解说也多与他书不同或相异。郑炳林已举出了诸如梦见僧尼、神庙、马、犬等近 20 条例证来说明这种差异，①此不赘述。

此外，在 S.620 的内容中，还有一个特点值得注意，就是在对一种梦象的解说中，除了直接解释其所兆示的吉凶之外，有时还会用“一云某某”、“或某某”来旁引他说，加以补充。如《桥道门户篇第廿六》：“梦见门开，妇有外心。一云百事不安。”《龙蛇篇第卅》：“梦见龙，必富贵；一云生贵子。”用“或某某”来补充说明的，如《六畜章第卅一》“梦见乘马走，大富贵。或远行”；“梦见牛马产者，吉。或有客，亦得财”。这种用“一云”、“或”的形式所补充引用的解说，除内容相近者外，又有很多与原有的占断吉凶相反，如《六畜篇第卅一》：“梦见乘赤马，王文书，大吉。一云口舌。”《食会沐浴篇第卅七》：“梦见

① 郑炳林《敦煌写本解梦书校录研究》，第 75—76 页。

共死［人］食，有忧。一云大吉。”《农植五谷篇第卅九》：“梦见五谷，大富贵。一云多忧。”

用“一云某某”、“或某某”这样的方式加以补充，表明此部梦书是在汇集多种梦书的基础上编撰完成的，已不是梦书产生之初的形态，它的成书，应当是在占梦术广泛流行，种种解说并存的情况下，至少参考了两种以上的梦书，即在选用其中一种为主要底本的基础上，参考其他梦书的占辞，互相补充调整而成。这里可能就包括《周公解梦书》这类的梦书。因为S.620的《猪羊篇第廿九》说：“梦见骑羊，得奴婢。一云好妇”。而S.2222《周公解梦书》的《(杂事)［六畜］章第十九》中正有“梦见骑羊，有好妇”的记载，证明“一云好妇”的说法确实是有依据的。此外，与其他梦书相比，S.620与S.2222内容相同或相近的条目要多一些，如“梦见乘白马有丧事”、“梦见牛出门奸事散”等都相同，也说明二者在内容上是有相通之处，可资补充的。

2. P.3990V《占梦书》(拟)

P.3990V，图版参《法国国家图书馆藏敦煌西域文献》第30册。卷子装，抄于P.3990写卷背面，正面抄《新集文词九经抄》残卷。首尾俱残，存23行，起“梦见青驴骡有财至”，讫“梦见驾车□”。内有子目称“船车游行死腾篇第廿九”，包括失去子目的“[六畜篇第廿八]”，实际保存了两篇的内容。抄写字体与正面不同。

关于这件梦书残卷的拟名和性质，刘文英认为“文字与斯620相同，但编次误为‘第廿九’”，故作为与S.620相同的一部梦书拟题为《占梦书》。[①]郑炳林虽然在定名上采用了刘文英的意见，但还是指出了P.3990V与S.620有三点不同：“第一，篇目名称同而篇次不同，《船车游行死腾篇》第廿九，而S.620作卅二。刘文英以为本卷误。第二，占辞内容多寡不同，本卷中‘梦见煞羊，官位高迁’等S.620皆不载。

① 刘文英《中国古代的梦书》，第52页。

第三，虽然占辞大部内容相同，但前后次序不一。”[①]黄正建认为 P.3990V 与 S.620 “属同一性质，但不是抄自同一底本。同样，说它是《占梦书》，证据也嫌不足”。

3. Дх.10787→Дх.10787V《占梦书》(拟)

Дх.10787→Дх.10787V，图版参《俄藏敦煌文献》第 15 册。册页装，首尾俱残，存 4 个页面，28 行文字。无书题、作者等信息。中有子目，题“刀剑弓箭篇第十三”。其实际内容，加上失去子目的“衣服篇”、“人身杂事篇”内容，本件梦书残卷实际保存了 3 篇内容。抄写粗疏，错讹较多。

图版排列顺序问题。按照《俄藏敦煌文献》第 15 册公布的图版顺序，本件梦书残卷共有 4 个页面，内容分别记述下列梦兆及吉凶占辞：页①衣服、刀剑弓箭（未完），页②人身杂事，页③人身杂事，页④衣服（未完）。这样的排列顺序从内容上看显然有误。郑炳林指出，这是由于《俄藏敦煌文献》第 15 册公布的图版照片前后顺序颠倒，并且未区分残页正背面所致。正确的顺序应该是页④衣服（未完）、页①衣服、刀剑弓箭（未完），页②人身杂事、页③人身杂事。[②]重新排序后，④①页的内容可以衔接，②③页的内容前后衔接，而且可以确定，④①页为同一残页的正背两面，②③页为同一残页的正背两面，但是④①页和②③页之间有缺页，二者内容不相衔接。因此，Дх.10787→Дх.10787V 梦书残卷所保存的实际上是两个互不连接的残页的正背两面。

本件梦书残卷的拟名和性质、时代。从篇名看，Дх.10787→Дх.10787V 残卷的子目称“某某篇”。在敦煌保存的其它解梦书中，大多数子目称“章”，如《新集周公解梦书》、《周公解梦书》、《解梦书》残卷的 10 个卷

---

① 郑炳林《敦煌写本解梦书校录研究》，第 291 页。

② 郑炳林《敦煌写本解梦书校录研究》，第 79—84 页，258—259 页。

号，称“部”的有《先贤周公解梦书》的两个卷号，称“篇”的只有拟名为《占梦书》的 S.620 与P.3990V。就这一点而言，本件梦书残卷与《占梦书》有一定的共同之处。但 S.620 与 P.3990V 的相关内容已残去不存，无法比较。从篇目排列顺序看，Дx.10787→Дx.10787V 与其他解梦书也大多不同。如Дx.10787→Дx.10787V“衣服篇”（拟）排第十二，刀剑弓箭篇排第十三；P.3990 号《新集周公解梦书》中“刀剑弓弩章”也排第十三，但“衣服章”却不排第十二，而在第十章；P.3281、S.2222 第十二、十三章分别是林木、水章，亦与此不相应。

从内容上看，Дx.10787→Дx.10787V 共保存占辞 86 条，分属衣服、刀剑弓箭、人身杂事等篇，郑炳林仔细研究并与其他梦书进行了比较后，“得出这样几点认识：第一，从解梦内容来说与他解梦书不完全一致，主要表现在与其他解梦书完全相同的梦象占辞约占近三分之一弱，内容接近的梦象占辞约占三分之一，梦象占辞相反或者不见记载的约占三分之一强。就是说与其他解梦书大异而小同。是证俄藏 Дx.10787 号《占梦书》是独立于其他解梦书之外的一种新的解梦书。第二，占辞分类与其他解梦书也不一致……第三，抄写不仔细认真，错字误字很多，也有夺失文字地方很多。”[①]黄正建认为，从性质上说，Дx.10787→Дx.10787V“属于 S.0620 号《占梦书》系统的可能性要大于属于 P.3908 号《新集周公解梦书》的可能性”。[②]

从以上对篇目排列、占辞数量规模以及内容的比较考察看，Дx.10787→Дx.10787V 梦书残卷与 S.620、P.3990 占梦书大体属于同一类，所以遵从学者对它的拟名，称为《占梦书》。

从装帙形式看，Дx.10787→Дx.10787V 残卷为册页装，与其他解梦

---

① 郑炳林《敦煌写本解梦书校录研究》，第 84—89 页。

② 黄正建《关于〈俄藏敦煌文献〉第 11 至第 17 册中占卜文书的缀合与定名等问题》，《敦煌研究》，2002 年 2 期，第 50 页。

书都是卷子装的形式不同。册页装[①]这种装帧形式产生流行的时代，较卷子装要晚许多，目前通行的看法是唐末五代宋初始出现。从此而言，这卷梦书抄写的时代也当在这一时期。

4. P.3571VA《占梦书》（拟）

P.3571VA，图版参《法国国家图书馆藏敦煌西域文献》第25册。抄写于P.3571写卷背面。写卷正面抄佛教文献《真言要诀》卷第三，[②]背面抄两部分内容，前为占梦书，后为占日月食书，故标此件写本为P.3571VA。首尾俱残，上半部亦残，存下半部文字20断行。无书名、作者等信息，亦无子目，首起“□□□已辨吉凶。凡是□梦，先观前□□□”，讫“见运土入宅，大富贵。见□□□□□□大吉利”。郑炳林认为：“P.3571号背面分两部分，第一部分是占梦书，未抄完，存占梦理论、十二支日得梦吉凶及天地章中部分内容。然占辞吉凶与敦煌本《新集周公解梦书》等相去甚远。”[③]抄写字体潦草，与后面的“占日月食书”笔迹相近。郑炳林认为写卷背面抄写占梦与占日月食书的用纸“皆为裱装正面文字而粘贴于其背面的”。[④]

此件梦书，法藏图版及黄永武、郑炳林、施萍婷先生均定名为《占梦书》，今从之。

P.3571VA所抄占梦书，大致包含5个方面的内容，依次为：（1）序言（拟）；（2）五更得梦吉凶（拟）；（3）十二日得梦吉凶（拟）；

---

① 册页装也就是文献学中所谓的“线装”。李致忠根据英藏敦煌文献中所保存的天复五年（905年）抄《金刚般若波罗蜜经》的装帧特点，认为“早在唐代末期，线装形式的书就已出现”。学界也普遍认同此说。《英伦读书记》（下），《文献》，1987年4期，第183页。

② 此依《法国国家图书馆藏敦煌西域文献》第25册的拟名。王重民《敦煌遗书总目索引·伯希和劫经录》认为是“关于佛教之论文”，施萍婷《敦煌遗书总目索引新编》著录为“佛名经”，黄永武《敦煌遗书最新目录》则称“佛家破妖伪说”。

③ 郑炳林《敦煌写本解梦书校录研究》，第295页。

④ 郑炳林《敦煌写本解梦书校录研究》，第295页。

(4) 天文（拟）；(5) 地理（拟）。由于保存的部分均已撕裂，未见篇名、子目、序号等内容。

这部残损严重的梦书，保留的主要是梦书的开头部分，可贵的是有一些关于占梦理论与厌禳噩梦方法的文字，应是原书的序言：

> ▭已辨吉凶。凡是□梦，先观前
> ▭□若狂奸谄佞之人，或多凶乱
> ▭□法，梦想神在其旁安人，战神
> ▭已如梦想，亦有自消灭化法
> ▭旦于宅书之吉。其梦是吉，占法
> ▭仍三日外解之大吉。①

与《新集周公解梦书》序言注重对梦的本质的探讨相比，这段文字更多关注梦的吉凶及趋避方法。如将梦的吉凶与人的道德行为联系起来加以判断，对梦与鬼神的关系的强调，以及有厌禳噩梦的方法等。这些内容在其他敦煌梦书序言中没有见到，传世文献中也很少涉及。

除序言外，正文中也还有一些其他梦书中所未见的内容，如按五更的时间划分来占梦：

> 凡梦，一更▭▭梦者，明日凶。后夜（曰）［四］更梦者，明日▭▭敕二回，再梦百日已来夜▭。

将一夜分为五更的做法，至少东汉时期就已开始了，《后汉书·百官志》李贤注引蔡质《汉仪》云："甲夜毕，传乙夜，相传尽五更。"②

---

① 录文参郑炳林《敦煌写本解梦书校录研究》，第294—295页。
② (南朝宋)《后汉书·百官志三》，北京：中华书局，1973年，第3598页。

《颜氏家训·书证》也说："汉魏以来，谓为甲夜、乙夜、丙夜、丁夜、戊夜，又云鼓，一鼓、二鼓、三鼓、四鼓、五鼓，亦云一更、二更、三更、四更、五更，皆以五为节。……更，历也，经也，故曰五更尔。"[1] 传统民间社会对夜晚时间的划分，以五更最为普遍，但按五更划分得梦时间来占梦的却不多见，更多的是按十二支日、十二时及建除满日划分得梦时间并判断吉凶的做法，如 P.3908《新集周公解梦书一卷》中的记载即是例证。如《十二支日得梦章第十九》："子日得梦者，主失脱；东家口舌。丑日得梦者，主财入宅及喜悦"《十二时得梦章第廿》："子时得梦，大吉昌。丑时得梦，有横财，寅时得梦者，送酒食。卯时得梦，有雨下。"同样，P.3571VA 也有分十二支日占梦吉凶的内容"丑日梦者，三日内得横财□□梦者，有口舌，凶。辰日梦者，有病，病□"等。从占辞的形式看，无论分五更、十二时，还是分十二支日、建除满日，都是把得梦时间作为判断吉凶的唯一依据，而不像通常那样以梦象为吉凶依据，所以这两件梦书在形式上有着共同之处。但就P.3571VA 而言，五更的划分还是值得关注的。

郑炳林研究了本件梦书残卷的内容，经与《新集周公解梦书》及其他梦书比较，发现大部分梦兆占辞不相同或者相反，从而认为 P.3571VA 与 P.3908 是源自不同系统的解梦书。另从与之相连的"占日月食书"来推测，认为 P.3571VA 的抄写时间在归义军时期。

---

① 王利器《颜氏家训集解》，北京：中华书局，1993 年，第 502—503 页。

第六节

敦煌写本解梦书与唐宋时代的占梦禳梦

一、敦煌写本解梦书的篇目

为便于阅览，现按分类将敦煌解梦书的书名、目录等信息综合列于表格之内。

书名	新集周公解梦书		周公解梦书		先贤周公解梦书		解梦书			占梦书（甲）		占梦书（乙）	占梦书（丙）
卷号 篇目 序号	P.3908	S.5900+5900V	P.3281VD→P.3685V	S.2222	P.3105	Frag-ment58	S.2222V	P.2829	Дx.2844+Дx.1327	S.620	P.3990V	Дx.10787→Дx.10787V	P.3571VA
	序	序	序	序		序							序
1	天文章第一	天子章第一	天事章第一	天事章第一］	天部第一	天部第一	[ ]	[ ]	[ ]				[ ]
2	地理章第二	（后缺）	地理章第二	地理章第二	［地部第二］	地部第二	人间事章	人间［事章］	人间事章				（后缺）
3	山林草木章第三		杂事章第三	杂事章第三	日月部第三	（后缺）	（后缺）	（后缺）	哀乐事［章］				
4	水火盗贼章第四		哀乐章第四	哀乐章第四	［棺［墓部第四］				分明事［章］				
5	官禄兄弟章第五		器服章第五	器服章第五	［草木部第五］								
6	人身镜梳章第六		财物章第六	财物章第六	（后缺）								
7	饭食章第七		化伤章第七	化伤章第七									
8	佛道音乐章第八		［舍宅章第八］	舍宅章第八									
9	庄园田宅章第九		市章第九	市章第九									

续表

书名	新集周公解梦书		周公解梦书		先贤周公解梦书		解梦书			占梦书（甲）		占梦书（乙）	占梦书（丙）
卷号 / 篇目 / 序号	P.3908	S.5900+5900V	P.3281VD→P.3685V	S.2222	P.3105	fragment58	S.2222V	P.2829	Дx.2844+1327	S.620	P.3990V	Дx.10787+10787V	P.3571VA
	序	序	序	序		序							序
10	衣服章第十		四时章第十	四时章第十									
11	六畜禽兽章第十一		冢墓章第十一	冢墓章第十一								（前缺）	
12	龙蛇章第十二		林木章第十二	林木章第十二								[衣服篇第十二]	
13	刀剑弓弩章第十三		水章第十三	水章第十三								刀剑弓箭篇第十三	
14	夫妻花粉章第十四		（后缺）	禽兽章第十四								（后缺）	
15	楼阁家具章第十五			杂事（六畜）章第十五									
16	舟车桥市谷章第十六			龟鳖章第十六									
17	生死疾病章第十七			言语章第十七									
18	冢墓棺财凶具章第十八			（后缺）									

续表

书名	新集周公解梦书		周公解梦书		先贤周公解梦书		解梦书			占梦书（甲）		占梦书（乙）	占梦书（丙）
卷号 篇目 序号	P.3908	S.5900+5900V	P.3281VD→P.3685V	S.2222	P.3105	fragment58	S.2222V	P.2829	Дx.2844+1327	S.620	P.3990V	Дx.10787+10787V	P.3571VA
	序	序	序	序		序							序
19	十二支日得梦章第十九												
20	十二时得梦章第廿												
21	建除满日得梦章第廿一												
22	噩梦为无禁忌章第廿二												
23	厌攘噩梦章第廿三									[屋宅篇第廿三]			
24										水篇第廿四			
25										火篇第廿五			
26										桥道门户篇第廿六			
27										飞鸟篇第廿七			

续表

书名	新集周公解梦书		周公解梦书		先贤周公解梦书		解梦书			占梦书（甲）		占梦书（乙）	占梦书（丙）
卷号 篇目 序号	P.3908	S.5900+5900V	P.3281VD→P.3685V	S.2222	P.3105	Fragment58	S.2222V	P.2829	Дx.2844+1327	S.620	P.3990V	Дx.10787+10787V	P.3571VA
	序	序	序	序		序							序
28										鱼鳖篇第廿八	［六畜篇第廿八］		
29										猪羊篇第廿九	船车游行死腾篇第廿九		
30										龙蛇篇第卅	（后缺）		
31										六畜篇第卅一			
32										船车游行死腾篇第卅二			
33										野禽兽篇第卅三			
34										杂虫篇第卅四			
35										冢墓棺椁篇第卅五			

续表

书名	新集周公解梦书		周公解梦书		先贤周公解梦书		解梦书			占梦书（甲）		占梦书（乙）	占梦书（丙）
卷号 / 篇目 / 序号	P.3908	S.5900+5900V	P.3281VD→P.3685V	S.2222	P.3105	fragment58	S.2222V	P.2829	Дx.2844+1327	S.620	P.3990V	Дx.10787+10787V	P.3571VA
	序	序	序	序		序							序
36										文武职棺篇第卅六			
37										食会沐浴篇第卅七			
38										鬼魅军旅污辱篇第卅八			
39										农植五谷篇第卅九			
40										佛法仙篇第卌			
41										斩煞害斗伤篇第卌一			
42										捕禁刑罚篇第卌二			
43										饭食篇第卌三			
备注	首尾全，共23章	首全尾残，存1章	首全尾残，存							（后缺）			

通过上表，我们可以得出以下几点认识：

1. 保存最完整的是P.3908《新集周公解梦书》，从序言到23章内容都完整保存下来。保存篇目内容最多的也是P.3908，加上序言共有24个部分；其次是S.620《占梦书》(拟)，保存了21篇内容；再次为S.2222，加上序言共有18章。

2. 篇目名称。全部17个卷号、7个系统的解梦书，从篇题名称来看，大致有三种情况，即称“章”、称“部”、称“篇”。其中，《新集周公解梦书》P.3908、S.5900+S.5900V，《周公解梦书》P.3281VD→P.3685V、S.2222，以及《解梦书》S.2222V、P.2829、Дх.1327+Дх.2844等10个卷号的篇题均以“章”命名；《先贤周公解梦书》P.3105、Fragment58等两个卷号的篇题均以“部”命名；而《占梦书》（拟）系统的S.620、P.3990V、Дх.10787→Дх.10787V、P.3571VA等5个卷号的篇题均以“篇”命名。

3. 篇目划分。篇目的划分往往按梦象加以分类，有的卷号划分较细，一类梦象划分为一篇（章)，有的划分较粗，几类性质相近的梦象合在一个篇章之内。其中划分最细的是S.620，划分最概括的是P.3908，比如六畜禽兽类内容，S.620划分为六个篇目，包括飞鸟、鱼鳖、猪羊、六畜、野禽兽、杂虫，而P.3908号则将其包含在“六畜禽兽”这一个篇章中；有关水火盗贼的内容，P.3908分在一个篇章之内，S.620则分为三个以上篇章。

二、敦煌解梦书的内容与占梦

敦煌解梦书是目前保存下来的最早解梦书，其中的P.3908是已知现存唯一完整的解梦书，它们的内容、形式是我们研究古代中国占梦的重要资料。

敦煌解梦书的内容，大体包括三个部分，即梦的论说、梦象及占辞、厌禳噩梦的方法。

1. 有关梦与占梦的论说。

一般都是通过简短的序言来体现，或者说明梦的神秘本质与重要意义，指出对待善恶之梦的正确态度，纂集梦书的目的，或者列举前代圣贤的著名梦验，以证明梦的灵验有征。敦煌解梦书 7 个系统 17 个卷号中，保存序言的有 4 个系统，分别是《新集周公解梦书》，《周公解梦书》，《先贤周公解梦书》，以及失名《占梦书》。实际上保存了 4 种序言。其中，《新集周公解梦书》、《先贤周公解梦书》及失名《占梦书》的序言为一类，集中讨论了梦的本质、意义及人的正确态度等；《周公解梦书》的序言则以列举著名梦验为主，缺少论说。

对梦的本质的认识，如 P.3908 序言所述："夫人生在世，记(以)四大丘（立）形，禀五常之养性，三魂从后，六魄于先。梦是神游，依附仿佛。若经年不梦，尚恐有凭。每夜梦多，十无一定。无事思之做梦，即名为梦。"认为人的精神由魂魄组成，梦是人在睡眠时魂魄之神离开身体的一种活动，所以依稀仿佛，把握不定。多年不梦与梦多无定，均不可据以占卜，故云"无事思之做梦，即名之为梦"。这样的论述，与《论衡·纪妖篇》所谓"人之梦也，占者谓之魂行"，"魂行即神游，必有所遇，或遇见人，或遇见物，于是睡者便梦见人、梦见物。梦见帝，是魂之上天也"的说法一致，[①]也见于南北朝时期的《梦书》："梦者象也，精气动也，魂魄离身，神来往也。阴阳感成，吉凶验也。梦者语其人，预见过失，如其贤者，知之自改革也。梦者告也，告其形也。目无所见，耳无所闻，鼻不喘臭，口不言也，魂出游，身独在，心所思念，忘身也。受天神戒，还告人也，受戒不精，忘神言也。名之为

① （汉）王充著，黄晖校释《论衡校释》卷二二《纪妖篇》，《新编诸子集成（第一辑）》，北京：中华书局，1990 年，第 918 页。

痦，告符臻也。古有梦官，世相传也。”①

对梦可以预示吉凶的论说，如Fagment58所云：“凡龟卜梦兆，并是神□吉凶，然后依经占之，吉凶善恶，消息可知。相梦所作，心同龟兆，是以检书知之，各辩吉凶。”从天地起源、日月运行出发，论说梦对国家和个人的重要性，梦兆同龟卜一样，都是神明对人事的一种预示，只要依据梦经加以占卜，就可以知道吉凶。这些内容，其实就是对占梦何以能够成立的论述，这是以前面对梦的本质的认识为前提的，二者是结合起来的。

如何正确对待善恶之梦？这也是解梦书序言所要回答的问题。占梦的目的，旨在预卜人事的吉凶。在相信梦可预示人事吉凶者而言，正确对待善之梦，也无疑关系重大。这正确的态度，简言之，就是好梦要向人说，恶梦则缄口不言。说梦还要选择对象，要向明智者述说，不能对愚人说。P.3908曰：“善梦宜说，噩梦理之。夫梦见好梦即喜，恶即忧。若何？智者解之，噩梦即吉；向愚人说之，好梦变为凶也”

叙述编纂梦书缘由与情况的，如P.3908：“今纂录《周公解梦书》廿余章，集为一卷，具件条目，以防疑惑之心，兑（免）生忧虑，淋人君子，鉴别贤良，观览视之，万不失［一］”。Fagment58亦云：“人好自疑，勿为恶行，事当灭刹（杀）。故书曰：‘妖祥不胜善政，怪梦不胜善行。是以智人君子恒在。’《梦书》一卷，传示子孙，遣说之耳。”为防止疑惑，免生忧虑，亦可传示子孙后代，是这些梦书编纂的直接目的。

列举著名梦验的，只有《周公解梦书》的序言，见于S.2222、P.3281VD→P.3685号。这部解梦书的序言，与其他梦书不同，不谈占梦

① 该书已佚，此段文字可能也是该《梦书》的序言。见《太平御览》卷三九七引。刘文英在《梦的迷信与梦的探索》中认为此书写作时代在魏晋时期。按《御览》引书多不注明时代，大体按时代先后排列，该《梦书》排在《世说》之后，恐怕不在魏晋时期，而应是南北朝时期的著作。

理论，只是简单列举了十位名人的梦验，从体例来说不合一般序言的情况，有可能是摘抄或节录的结果。其他梦书中也有类似的列举形式，如失传《梦书》："昔圣帝明王之时，神气昭然先见。故尧梦乘龙上太山，舜梦击天鼓，禹梦其手长，汤梦布令天下，后皆有天下。桀梦疾风坏其宫，纣梦大雷击其手，齐桓梦为大禽所中，秦二世梦虎啮其马，王者梦之，皆失天下"。[①]虽然梦兆不同，也缺少归纳之语，但列举的形式有一定的相近。由此估计，这段文字可能也是序言的一部分。

2. 梦象与占辞。

这是梦书的主体。古代的梦书，往往都是根据梦象来进行吉凶的判断，梦象是占辞据以得出的基础，占辞是梦象的意义所在。二者并存，缺一不可。

（1）梦象的分类：敦煌解梦书往往根据梦象的不同，分类加以编排，划分出不同的章、篇或部。可以说，敦煌解梦书的不同篇章，其实就是不同别梦象的分类集合，并分别给出吉凶判断而已。

一般梦书对梦象的分类，如刘文英所云："大致以天、地、人为顺序。天类通常包括天、日、月、星、辰、风、雨、雷、电等等；地类通常包括山、川、水、火、五谷六畜、草木禽兽等等；人类通常包括衣食住行、婚丧寿夭、科甲财货等等。然后每一种梦象，都分别说明其吉凶。所以，历代的各种梦书，不过是把种种梦象的占辞分类编纂而已。"[②]这种分类，对敦煌解梦书而言也是基本符合的。

敦煌解梦书对梦象的分类，我们通过上列篇目存佚表的篇目分类可以很清楚地看到。大体来说，天、地、人的基本分类与刘文英所概括的一致，但在这之外，还有一类内容不好归划，即鬼神类。敦煌解梦书中有关鬼神的内容不多，与天地人均有关系，但又不好截然划归某一大

① （宋）李昉等《太平御览》卷三九七引《梦书》。北京：中华书局，1960 年，第 1835 页。
② 刘文英《梦的迷信与梦的探索》，第 106 页。

类，所以宜单独分出一类。这样，敦煌解梦书的梦象可以分为五个大类，即天、地、人、鬼神、物。分列如下：

有关天的梦象，指自然的天体和天气现象，大体有天、日、月、星辰、云气、风、雨、雪、雷电、霜露等。

有关地的梦象，指土地及其上自然存在的事物，包括大地、土、石、壁、山水、河湖、井泉、林木、火等。

有关人的梦象，指人的自然与社会存在及其活动，大致有身体(头发、牙齿)、帝王、贵人、父母、兄弟、夫妻、盗贼、官禄职位、斗争伤害、疾病、死亡、耕作、沐浴、饮食宴会、音乐、歌舞、哀泣、集呼、叩拜、梳头、捕禁、刑罚、军旅等。

有关鬼神的梦象，指超自然的力量及其信仰活动，包括鬼魅、神灵、祭祀、佛、道、仙、法等。

有关物的梦象，指与人的生活相关的自然存在物和创造物，大体有六畜、禽兽、鱼鳖、杂虫、道路、桥市、楼阁、冢墓棺椁、灶、厕、门户、田宅、五谷、衣冠、镜梳、钱财、丝帛、刀剑弓弩、舟车、文书笔画、家具、杂物等等。

这些梦象，依存在形态，又可分为静态与动态两种。静态的梦象，如天地自然景物等；动态的梦象，则包含人的活动、自然景物的变换等等。从数量说，动态的梦象要占到多数。

郑炳林《敦煌写本解梦书校录研究》一书中编制了内容检索，按照梦象的类别，依天地人物的大致顺序，分作 71 类，可以方便检索。

除按梦象分类以外，敦煌解梦书中还有一类比较特殊的分类方法，即按得梦的时间来判断梦的吉凶。得梦时间一般可分为日、时、更三种：日包括十二支日、建除满日；时分为十二时，均以十二为单位依次循环；更分五更。P.3908 的第十九、二十、二十一章，以及 P.3571VA 残卷的大部均属此类内容。

依子至亥十二支日为划分标准确定梦的吉凶的，如 P.3908 的《十二

支日得梦第十九章》:

> 子日梦者，主失脱；东家口舌。丑日梦者，主财入宅及喜悦。寅日梦者，得酒，远行，口舌。卯日梦者，主外客至，忌官事。辰日梦者，酒肉事，得外财。巳日梦者，东家小儿病。午日梦者，远行到人生行初吉。未日梦者，主酒肉喜乐，吉。申日梦者，官事，口舌起。酉日梦者，主酒食之事至。戌日梦者，远客至，得外财。亥日梦者，官史(事)、疾病事。

按建除十二日占断吉凶，有 P.3908《建除满日得梦第廿一章》。两个不同的划分标准如何调和运用，是一个值得进一步考察的问题。

同样，将一日划分为十二时，确定得梦时间，然后占卜吉凶，也是属于同一类型的梦占。但让人困惑的同样是十二时划分法与十二日、建除满日划分法之间的统一问题。某一日梦的吉凶既已由该支日或建除满日所规定，其日中的某时又如何能再次判定吉凶？占梦者究竟应该依据哪个时间标准？

以五更划分时间的，如 P.3571VA。五更的划分，通常只包括夜晚从戌至寅的五个时辰。从内容看，依据五更来占梦，判断的往往是次日吉凶，与十二时占梦有所不同。

(2) 占辞与吉凶判断。占辞是对梦象及所兆吉凶的解说。人们之所以要解梦，就是为了了解梦象的吉凶，以求事先预作准备，能趋吉避凶。敦煌解梦书的占辞，一般都由两部分组成，第一部分是梦象之辞，第二部分是吉凶判断。按刘文英对古代梦书的论述，一般的梦书往往要包含三个组成部分，即梦象之辞、释梦之辞、占断之辞。三者结合，构成一个完整的释梦文献。[1]不过，从敦煌解梦书的情况来看，并没有多少释梦之辞保存下来，因而只有梦象之辞与吉凶判断这两个部分。

梦象之辞。敦煌解梦书中对梦象的记载，都很简要，有“梦见某某”或“梦见某某者”两种句式，最常见的是前者，如：

> 梦见江海大水，富贵。
> 梦见屋中水出，凶。
> 梦见林中火，有喜事。
> 梦见牙齿，忧刀兵。
> 梦见乘白马，或有丧事。[2]

解梦书中的梦象之辞，无论何种句式，都很精炼概括，简要记述梦中所见景物或行为。有的是直接记载所梦事物的名称，如“梦见文书”、“梦见枷锁者”等；有的是描述事物的状态、关系或人的行为、心理，如“梦见水入宅”、“梦见被刀杀者”、“梦见六畜共人言语”、“梦见怕怖”等等。

从具体应用看，敦煌解梦书的17个卷号中都是两种句式混合运用，“梦见某某”句式的运用最为普遍。运用“梦见某某者”句式较多的，是P.3908《新集周公解梦书》，占到整体梦象之辞的一半以上。这也是此件解梦书与其他梦书的不同之处。

吉凶判断是对梦象所兆结果的揭示，是占梦的目的所在，因而也是占辞中最关键的环节。它上承梦象之辞，二者互相配合，构成了一个完整的占梦环节。敦煌解梦书吉凶判断形式，也大体包含在刘文英所总结的四点之中了，它们大致是：直接判断吉凶的；不直接判断梦之吉凶，

---

① 刘文英《梦的迷信与梦的探索》，第106页。

② 以上例句，均见S.620。

只是说明梦象所预兆的人事；判断吉凶，又对吉凶内容作具体说明的；对吉凶提出附加条件，即有时为吉，有时为凶。[1]依照刘文英的划分，笔者再补充一些例证。

直接判断吉凶的占辞：

梦见被伤见血，吉。
梦见苫屋，大吉。
梦见屋中牛马，凶。[2]

不直接判断梦的吉凶，只是说明梦象所预兆人事的占辞：

梦见白鹿者，得圣人道术。
梦见虎狼不动，必见君子。
梦见胡麻，口舌事横起。[3]

判断吉凶，又对吉凶内容作具体说明的占辞：

梦见身入棺，迁进，吉。[4]
梦见厕中粪污衣，得财，吉。
梦见白衣使，忧丧，不吉。[5]

对吉凶提出附加条件的占辞：

① 刘文英《梦的迷信与梦的探索》，第108—110页。
② 见S.2222。
③ 以上三条见S.620。
④ S.2222。
⑤ 以上二条见Дx.10787→10787V。

梦见新袜，吉；若破，凶。[①]

梦见一（益）宅，吏迁官，凡人吉。

梦见从破桥上过者，厄难免；不过，凶。[②]

梦见食生肉，凶；熟肉，吉。[③]

这一类占辞中，梦象的基本内容是相同的，但由于有明暗、清浊、大小、生熟、新旧及行为、时序等条件的不同，也造成吉凶判断的不同。此外，做梦者主体地位的高下，也影响吉凶判断。一般来说，同一梦象下，明亮、清、小、熟、新、地位高或时序处于万物生长的春夏季节等，都意味着吉；反之则兆示着凶或其他不同的预兆。

普遍情况下，在一个占辞体系中，一个梦象对应一个吉凶判断。但在敦煌解梦书中还有一类比较特殊的情况，即对同一梦象，给出了两种吉凶判断，主要表现在 S.620 中，如：

梦见门开，妇有外心；一云百事不安。

梦见牛马产者，吉；或有客，亦得财。

梦见骑虎，吉；或官事。

梦见得五谷，大富贵；一云多忧。

梦见［蛇］出宅者，忧疾病；一云移徙。

从形式上看，这些吉凶占断也不出以上四种形式，但对同一梦象做出不同或者相反的吉凶判断，则是比较少见的。如上文所论，这应该是不同梦书汇编的结果，但也说明对梦象的理解存在不同的意见。

---

① 见Дx.10787→10787V。

② 以上两条见 S.620。

③ 见 P.3281。

三、厌禳噩梦

人们除了被动地接受梦的警示与预告之外，对于带来不吉的噩梦，也要尽力避除。因此，梦书也往往包括如何厌禳噩梦的内容。在敦煌解梦书中，这类内容由两部分组成，一是指出造成噩梦的原因，二是有了噩梦之后如何进行厌禳。二者互相联系。

趋吉避凶是人类的本能，凶既为人所厌，唯恐避之不及，那么预示着凶的噩梦，自然也是人所不喜欢的。因此，弄清是什么原因造成了噩梦，并加以避免，是人们主动避除噩梦的有效途径之一。P.3908《新集周公解梦书》中的《噩梦为无禁忌章第廿二》就专门讲解了造成噩梦的原因，认为噩梦的出现是因为触犯了以下这些禁忌：

> 庙砖垫床脚是一，卧床对屋梁是二，神树木造床是三，左（作）绳缚荨是四，面向北铺床是五，卧床下有枯骨是六。为人爱随邪是七。家养白鸡犬是八。近神庙前后住是九。六畜死自食是十。井灶相见是十一。桃树近井是十二。奴婢死下妨书是十三。破家具多年不烧是十四。碓硙安神上是十五。吃饭不咒愿十六。无故杀龟蛇是十七。将刀安灶上是十八。向井栏上坐是十九。着亡人衣服是廿。捕（铺）地席冷地卧者不祥。

分析以上禁忌，可以发现，对神灵的触犯，包括对与神灵有关的物品的不敬，都被看作使人易作噩梦的主要原因。

厌禳恶梦的方法：

《周礼》中已有关于“献吉梦”、“赠噩梦”的记载，如《周礼·春官·占梦》云：

> 季冬，聘王梦，献吉梦于王，王拜而受之。乃舍萌于四方，以

赠恶梦，遂令始难驱疫”。[1]

可见至少从很早的时候起，人们就已经开始驱除厌禳那些预示凶咎的恶梦了，并且还伴有一定的仪式。P.3908《新集周公解梦书》的《厌禳噩梦章第廿三》，即是专门讲厌禳恶梦方法的，并画有符：

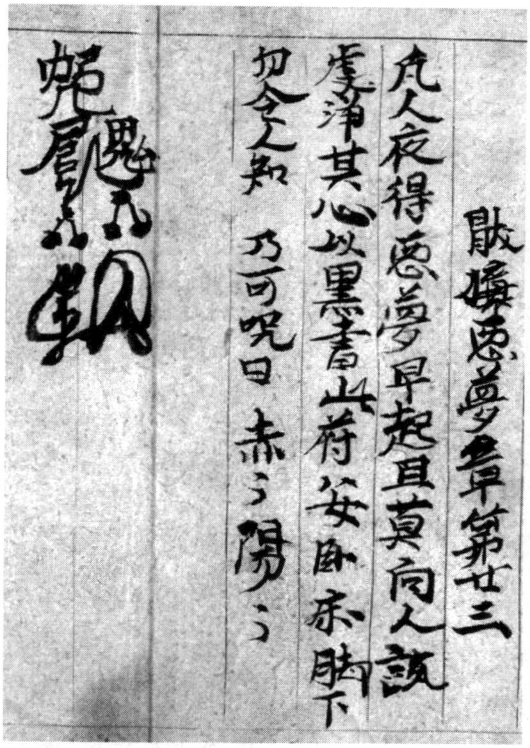
厭禳惡夢章第廿三
凡人夜得惡夢早起且莫向人說
虔淨其心以黑書此符安臥床腳下
勿令人知 乃可呪曰 赤〻陽〻

图 6-2 P.3908 禳梦符

> 凡人夜得噩梦，早起且莫向人说，虔净其心，以黑（墨）书此符安卧床脚下，勿令人知，乃可咒曰：“赤阳赤阳，日出东方。此符断梦，辟除不祥。读之三遍，百鬼潜藏。急急如律令！”“夫噩梦姓云名行鬼，恶想姓贾名自直。吾知汝名识汝字，远吾千里，急急如律令，敕！”“又姓子字世瓠，吾知汝名识汝字。”

禳梦符共有三个，大约是分别与这三段咒文相配合使用的。

这个仪式的施行，包含书写神符、安放床脚、念诵咒语三个步骤，时间是做噩梦的当日早上，条件是“莫向人说”，并“虔净其心”。从符咒的内容看，当时人们运用的克制恶梦的有效力量或方法有三种，即太阳、符咒和念诵恶梦鬼名字。这三者中，太阳是自然界的鬼怪克星，夜

---

① （汉）郑玄注，（唐）贾公彦疏《周礼注疏》卷六《春官宗伯下》，见《十三经注疏》，北京：北京大学出版社，1999 年，第 654—655 页。

晚梦中作祟的恶鬼，会随着太阳的升起照耀而远遁潜藏，所以禳梦咒中说“赤阳赤阳，日出东方”；符咒与念诵鬼神名字，是巫术与道教常用的驱除鬼怪方法。符咒的应用极广，无论巫术还是道、佛二教都广用此法以驱使鬼神，驱怪降魔，除病消灾；而念诵鬼神名字以驱之的方法，起源于一种非常古老的名字巫术及其禁忌，如弗雷泽所说：

> 未开化的民族对于语言和事物还能明确区分，常以为名字和它们所代表的人或物之间不仅是人的思想概念上的联系，而且是实在的物质的联系，从而巫术容易通过名字，犹如通过头发指甲及人身其他任何部分一样，来为害于人。事实上，原始人把自己的名字看作自身极重要的部分，因而非常注意保护它。①

弗洛伊德也说：

> 在原始民族的观念里，人名是一个人最重要的部分之一，所以，当一个人获知某一个人或某一种灵魂的名字时，他同时也将得到了他的一部分力量。②

中国的巫术与道教都认为只要呼唤鬼怪的名字，便可以克制鬼怪。《道藏》所收《无上玄元三天玉堂大法》卷五也有近似说法：“其鬼众多，其名不一……有知鬼名，终身不敢加害，三呼其名，其鬼自灭。”③

---

① ［英］J.G.弗雷泽著，徐育新、汪培基、张泽石译《金枝》，广州：新世纪出版社，2006年，第240页。

② ［奥］弗洛伊德著，赵立玮译《图腾与禁忌》，上海：上海人民出版社，2004年，第102页。

③（宋）路时中《无上玄元三天玉堂大法》卷五，《中华道藏》30册33号，北京：华夏出版社，2004年，第400页。

呼鬼怪名字而制之的方法在古代很是流行。敦煌杂占类文献中，P.6261+P.2682《白泽精怪图》记载了近百种鬼精变怪现象及厌禳方法，特别提到："人家无故恐者，皆是诸鬼精变怪使然，各随其所在处，以其名呼之可除。""此皆是其鬼名，故先呼其名，即使人不畏之，鬼亦不伤人者也。"因而念诵恶梦鬼的名字来厌禳恶梦的方法，在古人看来也是十分奏效的，禳梦咒的内容有时直接就是念诵这些名字："夫噩梦姓云名行鬼，恶想姓贾名自直。吾知汝名识汝字，远吾千里，急急如律令，敕!""又姓子字世瓠，吾知汝名识汝字"。

此外，该章之前的《噩梦为无禁忌章第廿二》的末尾，有"夫人噩梦，三日不说，化为珍宝"的话，也与厌禳恶梦有关。Fragment58 号《先贤周公解梦书》的序言中也有类似的表述："梦若恶，即减（缄）口勿说之，经三日说明之，神明喜欢，即为除灭灾祸及成福。"可见，做了恶梦，当时是不能说出来的，否则即有祸殃，等到三日之后才可向人述说，神明欢喜，帮助人除灭灾祸，转祸成福。因此，有了恶梦闭口不说，也是厌禳恶梦的方法之一。

编成于宋代的类书《事林广记》中，有厌禳恶梦的符篆十二幅，分别用于子至亥日，其后还引《管辂梦书》中的话说："昔黄帝画十二符以厌恶梦，清辰随日至诚书篆，以水面东噀之，执符而咒曰：赫赫阳阳，日出东方，断绝噩梦，祓除不祥。急急如律令!'"[①]与 P.3908 中的禳恶梦法十分相似。

唐五代时期敦煌民间流行的禳除恶梦法，除解梦书所载外，还有另外一些。如 P.6261+P.2682《白泽精怪图》载：

"人夜得噩梦，旦起，于舍东北被发咒曰：'伯奇伯奇，不饮

① （宋）陈元靓《纂图增新群书类要事林广记》己集卷下，北京：中华书局，1999 年影印元刻本，第 162 页。

酒食肉，常食高兴地，其恶梦归于伯奇，厌梦息，兴大福。'如此七咒，无咎也。"

这种禳噩梦方法与解梦书所记载的有一定不同，它也是通过一定的仪式，如在早上起床后的时间，在屋舍东北方向，披散头发，念诵咒语七遍，祈请一位叫"伯奇"的神灵来吃掉噩梦。这种驱噩梦法，其历史相当久远。

睡虎地秦简《日书》中的《梦篇》：

人有噩梦，觉，乃释发西北面坐，祷之曰：皋！敢告尔豹𧴀，某有恶梦，走归豹𧴀之所。豹𧴀强饮强食。赐某大幅，非钱乃布，非茧乃絮。则止矣。（《日书》甲本）①

凡人有噩梦，觉而释之，西北乡释发而驷，祝曰：皋！敢告尔宛奇，某有噩梦，老来□之，宛奇强饮食，赐某大畐，不钱则布，不茧则絮。（《日书》乙本）②

睡虎地秦简《日书》甲种中的《诘篇》载厌劾妖祥内容，也讲到厌劾恶梦之鬼："鬼恒为人噩梦，觉而弗占，是图夫为桑杖倚户内，复鬴户外，不来矣。"③

这是现在所能看到的最早的厌禳噩梦的记载。不过，从其内容来看，与唐五代宋初仍在流行的禳噩梦的方法并无本质的区别，都是祈请"豹𧴀"或者"宛奇"来吃掉噩梦，并请赐福。可以大致确定，秦简《日

① 吴小强《秦简日书集释》，长沙：岳麓出版社，2000年，第121页。
② 吴小强《秦简日书集释》，第236页。
③ 吴小强《秦简日书集释》，第131页。

书》中的“豿竒”或者“宛奇”就是后来的“伯奇”的前身。

这里提到的“伯奇”，是古代传说中吞食噩梦的神灵，据《后汉书·礼仪志》的记载，在岁末大傩仪式中所要驱除的种种疫疠恶鬼之中，就有噩梦之鬼，而负责吃掉噩梦的神叫做伯奇。驱傩仪式中是这样唱的：

> 甲作食凶，胇胃食虎，雄伯食魅，腾简食不祥，揽诸食咎，伯奇食梦……凡使十二神追恶凶，赫女躯，拉女干，节解女肉，抽女肺肠。女不急去，后者为粮！①

伯奇作为十二神之一，专门被请来吃掉恶梦之鬼。这种仪式，直至唐代仍然存在。《旧唐书·礼乐志》所记载的岁末驱傩仪式，与《后汉书·礼仪志》中的几乎一样，就连所唱驱傩歌辞，也是全同。

结合敦煌文献的记载，可见到唐代时，人们观念中的吞食恶梦的神灵，仍是伯奇。而引起噩梦恶想的鬼怪，则称“云行鬼”、“贾自直”，或称“子世瓠”。

比较以上厌禳噩梦的方法，我们可以发现，敦煌解梦书中所提到的方法，主要是适合做梦者个人所用，往往是由梦者本人在做了噩梦之后施行，是事后禳除；史书《礼仪志》、《礼乐志》所记载的，主要是通过岁末驱傩仪式，由众人合作完成，并不针对具体的噩梦，而是在岁末时通过祈请神灵驱逐噩梦之鬼，提前预防噩梦的发生；其次，敦煌解梦书中的厌禳恶梦，很注重符的作用，利用神符、咒语来对付噩梦之鬼；而史书《礼仪志》、《礼乐志》更看重驱傩仪式，利用仪式活动驱逐噩梦。再次，敦煌解梦书中厌禳噩梦的咒语中，只提到太阳，没有提到伯奇；其他文献的咒语中则只请伯奇。这是值得注意的一个方面。

除传统占梦术和道教的禳除噩梦法外，佛教也有解梦及禳除噩梦

① （南朝宋）范晔《后汉书·礼仪志中》，第3127—3128页。

法。P.3303《真言集抄》（拟）中所抄的《杨柳枝净口真言》载："若夜作噩梦，早晨取草木三段，念此咒七遍，即着火中，解其噩梦"。其真言不长，作："唵！耶磨奢嚩啰南，莎诃！"①

段成式《酉阳杂俎》前集卷五也记载了当时流行的除噩梦咒："雍益坚云：主夜神咒，持之有功德，夜行及寐，可已恐怖恶梦。咒曰：婆珊婆演底。"②

有了噩梦须念诵咒语加以禳除，那么想要做好梦，也就应当有某种方法来求得，P.2322 就正好记载了这样一种求梦咒：

> 此是求梦咒，诵七遍，卧时诵。若无所见，至一七日必有所见。烧香散花，于佛前诵一百八遍，卧去，更不共人语。若欲所作，于梦中见得不得，成不成。"那暮勒囊梨虵虵，那暮勒阿梨虵，波路鞞提舍，婆罗虵菩提萨谣虵，摩诃萨谣虵，多掷哆，至梨弥至梨勒勒义义，摩诃梨虵婆路，提舍鞞婆罗虵。莎诃！"

至于这些梵语咒文的意思，已不得而知。

此外，敦煌文献中涉及解梦、厌攘恶梦内容的，还有其它语言的文献，如 P.T.55 藏文写本解梦书。郑炳林在《敦煌写本解梦书校录研究》中已有介绍，并结合吐番占卜风俗、吐番与敦煌文化交流诸方面进行了讨论，并给出了藏文写本的汉译。③P.T.55 藏文解梦书残卷的主要内容，与厌禳恶梦有关，先讲如何判断梦之吉凶，次讲如何厌禳恶梦。其中厌禳恶梦的方法与我们前面提到的方法有一定的相似处：

---

① 见 P.3303。［法］戴仁在《敦煌写本中的解梦书》一文中，也提到此咒语。见《法国学者敦煌学论文选粹》，第 327 页。

② （唐）段成式《酉阳杂俎》前集卷五《怪术》，北京：中华书局，1981 年，第 57 页。

③ 郑炳林《敦煌写本解梦书校录研究》，第 89—93 页。

若做噩梦，在屋内洗脸，挑一小木棍，向仪轨行礼三次，喊“嗦！”并祈祷：以前的噩梦对我无害。你将木棍折成很多段，抛入火中，噩梦便如此被火烧焦，不会再来。祈祷完毕，木棍被火焚烧，噩梦便同木棍一样，不会再来。然后，将下面的三个硬土块取出，在自己的头上绕三次，把硬土块放入水中搓揉，祈祷：昨晚的噩梦对我无害，此硬土有害，（噩梦）如同硬块一样不会再来，对我无害。土块里有与肾相抗的熏树，如果你得到了熏树的余烬——昨日的噩梦的话，便对自己无害。（噩梦）不再滞留了。如果滞留的话，在三次之间，西边熏树的灰烬会有火苗。用手将净土取出，这样就会忘记一个个噩梦，变害为利了。[①]

译文中有一些话语不太连贯，但总体内容是清楚的。所记载的禳除噩梦的仪式包含以下几个步骤：洗脸、行礼、祈祷、焚烧木棍、搓揉硬土块、再次祈祷。其后还有对仪式中具体情况的说明。这些步骤中，关键的步骤是焚烧木棍与搓揉硬土块，尤其是焚烧木棍的步骤至为关键。联系 P.3303《真言集抄》中《杨柳枝净口直言》中所记载的禳恶梦法，也是念咒、将草木折为三段投入火中焚烧，两种禳除恶梦的主要步骤十分相像，都是通过焚烧这样的象征行为来消除恶梦，二者之间是否有着某种联系，是一个值得探讨的问题。

藏文解梦书 P.T.55 中还提到太阳的作用：

梦无法判定吉凶时，背向东升的太阳洗脸，先点上神香，向太阳等一一致礼，神嘱咐后，安乐、得食。

① 录文参郑炳林《敦煌写本解梦书校录研究》第 300—302 页。该文汉译由黄维忠完成，见《敦煌写解梦书校录研究》第 93 页第 1 条注释。

太阳出现，意味着黑夜结束，人从梦中清醒。太阳是一切恶梦的克星。如果自己无法判定梦的吉凶，不知怎样开始一天的生活，就应向太阳礼拜，得到天神的旨意后，便可开始一天的正常生活。这与 P.3908 号中“赤阳赤阳，日出东方”符咒的作用是一样的。

第七章

敦煌禄命类文献

禄命，按照黄正建的定义：“实指对‘禄命’的推算即‘推禄命术’，也可以称为‘算命术’（或‘推命术’、‘占命术’）。举凡以人之生年（或月或日）来推算人之富贵贫贱、寿夭病厄的，无论是用五行八卦，还是用七曜九宫，均属此类。”[①]史志著录的唐五代有关禄命术的文献，到宋末元初已经基本不传，传至今日的更是少之又少，而敦煌保存的此类文献则有数10个卷号之多，为我们认识这一时期禄命术在民间的发展流传提供了不可多得的资料。

黄正建最早对敦煌禄命书进行分类。他将34件禄命书分为两大类，“一类是有着若干外来因素的、与星座宫宿有关的推禄命术（这类推禄命术可称为星命术）；另一类是用中国传统的干支八卦五行来推算的禄命术”。[②]此后，法国学者马克（Marc Kalinowski）将敦煌术数文献分为10组，在第3组“选择行年”中又分为7个类

---

① 黄正建《敦煌占卜文书与唐五代占卜研究》，第107页。

② 黄正建《敦煌占卜文书与唐五代占卜研究》，第107页。他在后来的表述中将此数字修订为36件。参见张弓主编《敦煌典籍与唐五代历史文化》下卷《杂占章》，北京：中国社会科学出版社，2006年，第918页。

别，包括：六十甲子历、纳音法、六壬法、人属法、九方色生宫法、年命法、曜占等，划分较为细致，但有些内容超出了禄命的范围。[①]王爱和未明确分出“禄命”这一类别，而是将此类文献分属于九宫与时日两个大类中，从卜术原理的角度加以综合论述，涉及37个卷号。[②]陈于柱则依主体命理特征与内容形式，将敦煌禄命书残卷的38个卷号分为13类加以讨论，他的分类包括：孟遇禄命书、行年类、游年八卦类、九天/天官类、九宫类、纳音类、七星类、十二属相类、七曜类、九曜类、十一曜类、廿八宿类、一般类。[③]参考以上学者的分类与定名，今将涉及敦煌禄命术的42个卷号分为行年、九宫、纳音、宿曜、十二属相与杂推禄命6类，进行简单的讨论。

① 参见马克（Marc Kalinowski）“The Interaction between Popular Religion and shushu Culture in the Dunhuang Manuscripts,”刘增贵主编《法制与礼俗——第三届国际汉学会议论文集历史组》，台北：史语所，2002年，第243—284页。

② 王爱和《敦煌占卜文书研究》，兰州大学博士论文，2003年。

③ 陈于柱《区域社会史视野下的敦煌禄命书研究》，兰州大学博士论文，2009年。凡本书未注明出处的引文皆出自此文献。

第一节

行年类

此类文献主要有 P.2856、P.3896P、P.3066、S.62154 个卷号。

1. P.2856《推人行年命算法、推年立法等》（拟）

P.2856，图版参《法国国家图书馆藏敦煌西域文献》第 19 册，册中定名《发病书》，卷子装。首残尾全。抄写《发病书》中的十部分内容，涉及禄命的内容有三部分，居于写卷的首尾两端，存文字 93 行，首起“□算尽□□巳，算有二，忌门”，讫“受命九十，得六子力。凡人□”，后有尾题“咸通三年壬午岁五月写发病书记”，可知其抄写时间为唐懿宗咸通三年（862）。

所存关于禄命的三部分内容，一为“推人行年命算法”（拟），以年岁为纲，保存了 16 至 78 岁男女的行年与算厄，如：“年五十，男至乙卯，算有二，口舌，火。女至癸未，算有六，忌厕。”

二为“推年立法”，以十二支年为纲，各有符图，依次叙不同年立者所忌月日时、得病吉凶、病因、病状及厌解之法。黄正建未将此节归入禄命类。

三为“推十二支生人受（寿）命法”（拟），按十二支年顺序，叙不同年立者的游年、厄、寿命及得子之力等。如：“丑生人，年八、十七、卅一、卌七、五十三、六十五，五厄不死，受命九十一，得三子力。”王爱和认为这部分内容可能本不该属于《发病书》内容，是抄写时舛讹而入的。[1]

黄正建拟名为“推男女年立算厄法、推年立法、推十二支生人受命法”，王爱和拟名为“推年立算厄法、推年立法、推游年所在立寿厄法”，陈于柱拟名为《推人行年命算法、推年立法等》。今从陈于柱。

2. P.3896P《推人行年命算法》(拟)

P.3896P，图版参《法国国家图书馆藏敦煌西域文献》第 29 册，册中定名为《占卜书》。卷子装，残甚，前后及中间均有残破，文字模糊，存 12 残行，起“▭顺□从□□□行▭”，讫“算尽，水土厄▭▭忌▭▭有”，分上下两栏，以年岁为纲，分叙各年男女行年算厄及所忌，约存 2 岁至 22 岁间的部分，内容形式与 P.2856 接近。黄正建说：“整件文书残甚，字迹也不清楚。《敦煌宝藏》定其名为《星占书》是不对的。从可以辨认的几行看，它应属于推男女年立法性质……因此本卷不是《星占书》而应是《推男女年立法》。”[2]陈于柱拟名为《推人行年命算法》，今从之。

3. P.3066《推人行年命算法、游年八卦图/法》(拟)

P.3066，图版参《法国国家图书馆藏敦煌西域文献》第 21 册，册中定名为《推人游年八卦图》。该件前后均残，由三个不相连续的残片组成，前面两个小片，仅存上端小部分的文字 18 残行，后面一片稍大，存文字 25 行，内容形式为以年岁、六甲为纲，依次叙述男女行年之算厄吉凶、所忌，并注明游年，即以行年算厄与游年八卦相结合推人行年之吉凶。如：

年五十七岁，男立壬戌，忌九月三月，犯天罗，复伤堕栽之

---

① 王爱和《敦煌占卜文书研究》，第 195 页。

② 黄正建《敦煌占卜文书与唐五代占卜研究》，第 125 页。

厄，及口舌中，算有五。女立丙子，忌十一月五月，宅有怪，盗贼起，病患气急短，算有五。

（坤卦符略）游年在坤，祸害在震，绝命在坎，生气在艮。

所存约为23岁至25岁、30岁至31岁、54岁至61岁内容，最后一部分保存较完整。黄正建说此文书“以‘年立’说吉凶，‘游年’只是标明了所在八卦，所以是以‘年立’为主，但同时也说明了‘游年八卦’在当时使用的频繁”。[①]其文对行年命算及所忌的记载，与P.2856、P.3896P相似而解说更加详细，不同之处是在各年岁内容的末尾还标明其年对应的八卦游年和卦符。王爱和认为“该卷是在‘推年立算厄’和‘推游年八卦’结合基础上形成的一种新的推命术”。

关于定名，《敦煌遗书总目索引新编》、《法藏敦煌西域文献》拟名为《推人游年八卦图》，黄正建拟名为《推年立算厄法》，王爱和拟名为《推年立算厄、游年八卦命书》，陈于柱拟名为《推人行年命算法、游年八卦图/法》。今从陈于柱。

4. S.6215《推男女行年灾厄法》（拟）

S.6215，图版参《英藏敦煌文献》第10册，册中定名为《失名葬书》。该件首尾俱残，仅存文字3行，其后抄“舍布施回向疏”与“婚礼文”。该件内容涉及50岁至52岁中的男女行年算厄吉凶，其文为：

五十，乙卯水，厄二月八月。五十，癸未木，厄六月十二月。入墓□。

五十一，丙辰土，厄三月九月，入地户四墓罗。五十一，壬［午］木，厄五月十一月。

五十二，丁卯土，厄四月十月，三煞小，元辰厄。五十二，辛

① 黄正建《敦煌占卜文书与唐五代占卜研究》，第124页。

[巳] 金，四月十月，三煞地网之厄。

黄正建说：“它以年岁为序，讲各年的吉凶，当与‘行年’有关。其中的‘厄’某月，与前述S.5772‘行年在子’等行年在十二地支中的‘厄’月全同，也可证它与‘行年’法有关。又，此卷占辞中有‘地网’等，与前述P.3066推男女年立法中的‘犯地网’类似。”[①]《敦煌遗书总目索引新编》将此卷拟名为《命书》。今从黄正建、陈于柱的定名，拟为《推男女行年灾厄法》。

① 黄正建《敦煌占卜文书与唐五代占卜研究》，第125—126页。

第二节

九宫类

该类文献有11个卷号，可缀合为8件写本，即P.2830、Дx.02800+Дx.03183+S.5772、P.2842V、P.4740、S.3724V、S.6164+S.11400、S.5553B、P.2482VE。

1. P.2830《推人游年八卦图》

P.2830，图版参《法国国家图书馆藏敦煌西域文献》第19册，册中定名为《推人游年八卦图》。该写本首全尾残，下端亦有部分横向残去，有首题作“推人游年八卦图”，正文部分大字单行，说明部分小字双行，存文字28行，[①]首起“推人游年八卦图”，讫“不宜食鸡子鱼肉，亦忌白□▭”，内容存离、坤、兑卦的全部及乾、坎的一半（下残）。每卦内容结构安排一致，包括卦符、卦名、五行、游年数、游年、祸害、绝命、生气所在及吉凶宜忌、解厌法等。如：

（卦符略）坤家土。二、九、十七、廿五、卅三、卌二、卌九、五十六、六十五、七十三▭

游年在［坤］，西南。六月未日不可西南行，一年之中宜与姓

① 陈于柱计算为24行，参见陈于柱《区域社会史视野下的敦煌禄命书研究》，第147页。

马侯▭▭苏许吕郭交忌，十一月廿三日不宜正北渡水▭▭刀兵狱讼，不宜伐树木、斗讼，勾芒所克，不宜东方丧问病，忌之吉。

祸害在震，正东。忌二月八月，不宜▭▭造，祟在神社▭

绝命在坎，正北。忌十一月子日，不宜吊丧问病，其年病者，坐为动土▭▭忌北方黑衣人来，大凶，勿前□。

生气在艮，东北。宜东北方黄衣师及黄药治之，即差。其疾主心脾病▭▭鸡，看病大凶。若欲避病，宜向东北入山，宜少男□▭▭可画虎于门上，取生铁九斤悬东南角上，取四柱长九尺，倚宅西南上坤▭

从内容看，这是用传统的游年八卦法来推算禄命的一种方法，即依文王八卦的方位，按照离、坤、兑、乾、坎、艮、震、巽的顺序，顺时针方向数年岁，以游年所至之八卦判断吉凶宜忌。黄正建引《五行大义》卷五所载："游年所至之卦，因三变之，一变为祸害，再变为绝命，三变为生气。生气则吉，祸害、绝命则凶。"结合此件与 S.6164 的内容，认为"游年八卦在当时可能有比较大的影响"。[①]王爱和认为"该卜法没有涉及九宫，也没有外来文化的痕迹，是比较纯粹的本土卜法"。[②]陈于柱不同意黄正建关于该卜法"岁差为八"的说法。该卜法所占内容中，比较重视疾病及其解治方法，与占病书的内容有相近之处。

2. Дx.02800+Дx.03183+ S.5772《推人游年八卦图、行年算命法、十二支行年》(拟)

这是由俄藏与英藏的 4 个残片缀合起来的一件文书。

① 黄正建《敦煌占卜文书与唐五代占卜研究》，第 121—122 页。

② 王爱和《敦煌占卜文书研究》，第 80 页。

Дx.02800+Дx.03183，这两个残片在俄藏图版中已经缀合，参《俄藏敦煌文献》第10册，册中定名为《医卜书》。卷子装，首尾俱残，下部亦残去，存文字25断行，起“□绝命在震，主□”，讫“游年在震，震为木，木为□□绝命在□”。以八卦为纲，叙各卦之五行、忌月、行年及祸害、绝命、生气、游年所在之吉凶宜忌，涉及乾、坎、艮、震等卦内容，所占以疾病吉凶为主。

S.5772，图版参《英藏敦煌文献》第9册，册中定名《失名占书》。卷子装。该件实际为两个残片，可以缀合，但英藏文献的图版中误将后片颠倒180度，并置于整件写本的前部。黄正建、王爱和、陈于柱诸人均已指出其误。调整顺序后的写本，前为11行文字，内容涉及游年八卦中的震、巽两卦及“凡数八卦之法”等总结性文字；后为图表形式，在方形框的中间及四周均标写有文字，其中，方形框中的文字叙十二支行年的宜忌及命算，方框四周的右、上、左方均标注五行，并分别对应列出六十甲子的命算数及宜忌。按照写本整体情况来看，方框下面也应有相对的内容，但已经残去不可见。

陈于柱经对比，已将Дx.02800+Дx.03183与S.5772按照正确的顺序加以缀合，并释录了全文。

缀合后的写本保存有文字33行和图表说明一幅，内容可分为三个部分。

一为文字部分的“推人游年八卦图”(拟)，保存了兑、乾、坎、艮、震、巽六卦的部分内容与总结性文字。与P.2830相比，多出了天医、福德等内容。如：“凡数八卦之法，一从离起，巽不受八，前就离，坤不受一，退就离，依□□天医地、福德地，宜迎师、避病、求财，大吉。游魂地，不宜远行、征伐，凶。绝命□。”是值得注意的内容。

二为书写于方框四周的“六十甲子行年命算法”(拟)，如方框右侧的：“金。壬寅，算三，刀兵厄。算始生，忌溷。癸卯，算三，算始生，火厄，算一，算四，水厄。”

三为书写于方框内部的“十二支行年及宜忌”(拟)。如：“凡人年立下连算者，岁中连□病，如算尽复 ▭▭ 十死一生，愿解厌，如其赤星，虽有病不死，算年 ▭ 。”

今参照陈于柱的拟名，定为《推人游年八卦图、行年算命法、十二支行年》。

3. P.2842V《推人九天宫法、推游年八卦图等》(拟)

P.2842，图版参《法国国家图书馆藏敦煌西域文献》第 19 册，册中定名《推人九天宫法》。卷子装。写卷正面抄写道教文献《太上玄一真人锭光说无量妙神通转神入定妙经》，本件抄写于背面，首残尾全，图文结合。有子目称《推人九天宫法》、“推天道”、“月德法”、“五行”等，存文字 94 行，起“ ▭ 辰宫厄，月煞 ▭ ”，讫“十二支子丑寅卯辰巳午未申酉戌亥”。

其内容分为三个部分。

第一部分，最前 3 行文字，推煞所在。

第二部分，《推人九天宫法》，是该件的主要内容，由两部分内容穿插结合组成：

(1) 九天宫法。上方画有九个分别写有九天宫名称的圆形图，九天宫的名称依次为赤虚宫、游盛宫、飞柱宫、通光宫、云贾宫、温土宫、微精宫、太仓宫和太清宫。宫名图的外圈四周分别列有 10 个游年数，其数以九为差。九天宫图的下方，是四言韵语形式的文字解说，说明行年至各天宫的命运吉凶。如第一宫下云：

> 年至赤虚，身临坟堵，百恶俱来，行殃并见，所作不成，所求不利，横被罗网，虚遭嗔倌，恶仇数逢，灾祸频直，口舌喧哗，公庭对事，亲眷分离，忧愁并起，戌亥两月，不宜长寿，莫乘车马，必遭损堕。入此年中，特宜慎避，带符修福，灾殃远离。

(2) 八卦游年。在九宫图之间，即第一宫赤虚宫后至最后的太清宫前，又分别插入了八卦游年的内容，以八卦为纲，有卦符，从离起首，分别为离、坤、兑、乾、坎、艮、震、巽，叙祸害、绝命、生气、天医、福德所在，及吉凶宜忌。如第一卦离：

> 离（卦符略），一、八、十六、廿四、卅二、卌、卅一、卌八、五十六。
>
> 祸害艮，绝命乾，生气震。

王爱和认为这八卦分别对应九天宫中的后八宫，“以宫、卦结合，推人行年命运”。[①]

其后，又集中将游年八卦内容抄写一遍，内容稍详于前，列出了祸害、绝命、生气、天医、福德所在，并总结道：“生气之上，一切俱吉。祸害、绝命之上，一切不可从。天医之上，宜取师服药。福德上，出行吉。”

第三部分，推天道、月德法及五行、十干、十二支等占卜常用基础知识。

该件是有关九天宫诸种抄本中内容最为完整的，对我们全面认识当时有关此类占卜的内容流变有重要价值。陈于柱认为该件行文不避唐讳“丙”字，推测为晚唐五代之际抄写，并拟名为《推人九天宫法、推游年八卦图/法等》，今参考其意见，拟名为《推人九天宫法、推游年八卦图等》。

4. P.4740《推人九天宫法》(拟)

P.4740，图版参《法国国家图书馆藏敦煌西域文献》第33册，册中

---

① 王爱和《敦煌占卜文书研究》，第89页。

定名《占卜书》。卷子装。该件写卷前后俱残，下端亦横向残去，存文字 16 残行，首起“□男利七月、正月、八月、二月”，讫“□娠生男封□□十□”，内容为推人九天宫法。黄正建说：“先讲各天宫的行年，以九为差；再讲月日的吉凶；最后是各宫的占辞。九天宫中残存赤虚、游盛、飞住三宫。……拿此文书与 P.2842V 相比，九天宫的名称、顺序、行年都是相同的（不过彼处的‘飞柱’，此处作‘飞住’）。同一宫的占辞虽不同，但其吉凶的趋势是一致的。比如‘游盛宫’都是不吉，‘飞柱宫’都是吉等等。因此二者应是性质相同的命书。有一点不同的是，此处有关于‘三生五鬼’的占断，而‘三生五鬼’属中国传统的推禄命术。可见此件文书混杂了几种不同的推命方法，应是稍晚一些的东西。”[①]黄正建、王爱和拟名为《推人九天宫法》，陈于柱拟名为《推人九天宫法、推游年八卦图/法等》，今从前者。

5. S.3724V《推九天行年灾厄法》

S.3724V，图版参《英藏敦煌文献》第 5 册，册中定名《李老君周易十二钱卜法一本》。卷子装。写卷正面抄写《佛说无量寿宗要经》与《李老君周易十二钱卜法》，写卷背面所抄内容前后错杂重沓，分别为“六十甲子纳音”、“六十甲子纳音性行法”、“李老君周易十二钱卜法一本”、学郎杂诗“郎君须立身”，最后为“推九天行年灾厄法”。

“推九天行年灾厄法”，居于写本最末，首全尾残，有标题称“推九天行年灾厄法”，存文字 6 行，起首题，讫“诤讼无理，百事不如，成□”，先述九天宫名称，再从赤虚开始叙行年至各天宫的吉凶宜忌，至游盛宫止。如“年至赤虚，百事不如，男不宜妇，女不宜夫，赤口赤舌，急宜解除”。

其内容是依九天宫推占命运。黄正建说：“它的行年不是以‘九’为差，而是以十年为单位‘周而复始’，这是与前两件文书的不同之

① 黄正建《敦煌占卜文书与唐五代占卜研究》，第 111—112 页。

处。”[①]笔者认为文中“一十赤虚宫，二十游盛宫，三十飞柱宫”的“十”字，也有可能是“是”的同音假借，恐不能理解为“十年”之“十”。故其行年以十年为单位的说法值得进一步讨论。

6. S.6164+S.11400《推人游年八卦图、推男女三生五鬼法、推人本生元宫法等》(拟)

这是由英藏的两个残片缀合而成的一件文书。

S.6164，图版参《英藏敦煌文献》第10册，册中定名为《推命书(推男子三生五鬼法等)》。卷子装。首尾俱残，图文结合，存一图示及27行文字，文字起“▭生气，男讳祸害，女讳绝命”，讫“上元甲子九宫，中元甲▭”，中有子目称“推男子三生五鬼法”、“推女子三生五鬼法”、“推人本生元宫法”等。

S.11400，图版参《英藏敦煌文献》第13册，册中未定名，为一小残片，存文字5残行，可与S.6164尾部中间所缺的部分相缀合。缀合后文字行数不变，尾部内容更加清晰。所存内容可分为6个部分：

(1) 首行残存“▭生气，男讳祸害，女讳绝命”，与P.3602V《孟遇禄命书》(拟) 所存内容相近，可知为同类禄命书。

(2) 无标题，为一环形放射状文字示意图，王爱和归纳为：“图内圈是洛书，外圈配后天八卦。圈外，于八卦之下，配注该卦所属月份、五行、颜色、人伦角色，并于巽东南、离南、兑西、乾西北，又配注了八卦推变对应于人的吉凶。内外圈之间，于四正四维配注了主管干支。北方坎卦之下，还有‘廿六’二字，似是‘年立’之属。要之，该图显示出较高程度的综合性、细密性特点。”[②]

(3) 以七言诗的形式对有关起宫法与九宫运行法的说明。文作：“上元甲子兑宫起（七），中元甲子坎宫起（一），下元甲子巽宫起

---

① 黄正建《敦煌占卜文书与唐五代占卜研究》，第112页。

② 王爱和《敦煌占卜文书研究》，第74页。

(四)，符从中宫升于乾，西过兑泽连艮山，南离炎火北入玄，西南坤母震青龙，还从地户入中宫。”

(4) 推男女三生五鬼法，男女分别叙述。

(5) 推人本生元宫法。

(6) 九州及其分野。

从保存的这些内容及写卷形式来看，这可能是某部禄命书中的部分内容。

黄正建说：“本卷文书使用的三元九宫术，包括游年八卦等，都是中国传统的推禄命术。”他定名为《推男子三生五鬼法等》。[1]王爱和拟名为《三元九宫行年》。[2]陈于柱认为“P.2830《推人游年八卦图/法》卷首题‘推人游年八卦’而未见具体图式，S.6164 中的图或就是 P.2830 所指。……写本行文不避唐讳，似为晚唐五代抄本”，[3]他拟作《推人游年八卦图/法、推男女三生五鬼法、推人本生元宫法等》。今从陈于柱。

7. S.5553B《三元九宫行年命书》(拟)

S.5553，图版参《英藏敦煌文献》第 8 册，册中定名为《三元九宫行年命书》，册页装。该写本共抄写两部分内容，前为《大佛顶尊胜出字心咒》(依陈于柱定名)，标为 S.5553A；后为该件，标为 S.5553B。首尾俱残，存 5 个页面，35 行文字。起页首的椭圆形图示，图中标“三元九宫行年”字样；讫“遇此总如然。大五鬼游年方位□”，中有子目“三元九宫行年”、“凡数法”、“上都新制歌诀”、“推疾病灾运歌”及“大五鬼游年方位”等，内容大致可依据这些子目分为 5 个部分：

(1) 页首的椭圆形“三元九宫行年”图示，圆外依次标示了一至八宫的名称位置，其中第九宫未标。

① 黄正建《敦煌占卜文书与唐五代占卜研究》，第 119—120 页。

② 王爱和《敦煌占卜文书研究》，第 74—76 页。

③ 陈于柱《区域社会史视野下的敦煌禄命书研究》，第 23 页。

(2) 以“凡数法”开头的有关男女起岁的方法：“凡数法，男一岁从三生，顺数岁；女一岁从二宜，亦顺算起岁。先鬼谷先生行此法。”

(3)“上都新制歌诀”，用七言韵语叙从太一宫起至九宫的吉凶宜忌，如“男女行年至太一，商价求财兴贩吉，君子遇此必加官，小人田蚕得丰溢。行年若至二宜间，东北之上勿交连，若往其方忧灾厄，主有钱财慎之吉”等。

(4)“推疾病灾运歌”，叙占夫妻、父母、子女疾病的一些原则。

(5) 仅存子目的“大五鬼游年方位”。

黄正建说：“‘三元九宫行年’是一种比较中国式的推禄命术，起源较早。本卷中说‘先鬼谷先生行此法’不免假托，但至迟在魏晋时代就已有了。其中的‘三生’、‘五鬼’在前述卷子中已经多次出现，而其具体含义和吉凶则以此卷为最详细。又，从本卷文书看到，此时占卜多采用‘歌诀’形式，并且这种‘歌诀’有的来自‘上都’，可见此类推禄命术不仅是在敦煌地方，同时也是在长安流行的占卜术。”①

陈于柱从写本中《大佛顶尊胜出字心咒》与《三元九宫行年》相连抄写，推测写本“似为归义军时期敦煌寺院某位僧人所抄写，或有以密教咒语改造此禄命书的动机”。②

8. P.2482VE《推男女生宫法》(拟)

P.2482VE，图版参《法国国家图书馆藏敦煌西域文献》第 14 册，册中定名为《推男生宫法》，卷子装。写卷正面抄写阴善雄及罗盈达等墓志铭、邈真赞 5 篇，有“于时大晋开运三年十二月丁巳朔三日己未题记”字样，背面依次为常乐副使田员宗启、杂写、大晋天福八年九月十五日题记、八宫游归卦变图（拟)、推男生宫法等。该件文献为 P.2482 背面所存 5 种文献的第五种，故标为 P.2482VE。

---

① 黄正建《敦煌占卜文书与唐五代占卜研究》，第 120—121 页。

② 陈于柱《区域社会史视野下的敦煌禄命书研究》，第 14 页。

该件文献抄写于八宫游归卦变图之后，有子目称“推男生宫法”，存文字5行，其文云：

男起生官一四七，女起生官二八五。男五寄二，女五寄八。男兴元甲子起七，上元；会昌甲子起一，中元；天祐甲子起四，下元。女兴元甲子起五，会昌甲子起二，天祐甲子起八。

这属于以九宫推命的内容。黄正建已指出，这里的“三元甲子”，分别为唐德宗兴元元年（784）、唐武宗会昌四年（844）和唐昭宗天祐元年（904），并据此判断本件文书当写于唐昭宗天祐元年以后。[①]

我们从写卷的内容及形态来看，该写卷背面的内容应该是为利用原来纸张的空白一面而黏合在一起的，其时间应早于正面墓志铭、邈真赞的抄写，故当在正面所题的“大晋开运三年（946）”之前、唐末昭宗天祐元年之后。再根据背面的“大晋天福八年九月十五日”题记，则可以将该件的抄写时间具体限定在后晋高祖石敬塘的天福八年(943）至后晋出帝的开运三年之间。

陈于柱据文书包含了男女两性命运的推定内容，判断其原称《推男生宫法》，可能脱漏了“女”字，故拟名为《推男女生宫法》。[②]今从之。

① 黄正建《敦煌占卜文书与唐五代占卜研究》，第119页。

② 陈于柱《区域社会史视野下的敦煌禄命书研究》，第14页。

第三节

纳音类

敦煌文献中的纳音类文献保存很多，大多可归入基础知识类。属于禄命书性质的，主要有 4 个卷号，可缀合为 3 件写本，即 P.3175B、S.3724V+S.11415V、S.6258C。

1. P.3175B《纳音甲子占人性行法》

P.3175，图版参《法国国家图书馆藏敦煌西域文献》第 22 册，册中定名《纳音甲子占人性行法》。卷子装。抄写两部分内容，前为六十甲子纳音，标示为 P.3175A；后面接抄《纳音甲子占人性行法》，标示为 P.3175B。卷末有题记“天福十四年戊申岁十月十六日报恩寺僧愿德写讫耳”，可知抄写时间为后晋天福十四年，即公元 949 年。卷背抄“转经食历”[①] 等。

该件文献首尾俱全，有首题称《纳音甲子占人姓（性）行法》，存文字 23 行，起首题，讫“壬戌癸亥水，海中水，醎煞万物，富贵”。内容为据六十甲子纳音推占人的性格行为特点及命运吉凶，属禄命术。如“丙辰丁亥土，神石土，性急，有气意，难触犯。戊子己丑火，霹雳火，急心性无德，煞夫”等等。

① 施萍婷《敦煌遗书总目索引新编》著录为“某寺癸年食物帐”，第 270 页。今依图册定名。

黄正建说："需要指出的是，这里的六十甲子的性行与后代不同。比如这里的'甲子乙丑金，石中金'，后代（最迟在元代）则是'甲子乙丑金，海中金'。至于这'石中金'的说法起于何时，何时又由'石中金'变成了'海中金'，变化的原因是什么，值得我们很好地研究。此外，从文书后的题记看，此文书抄于后汉乾祐二年（949），可证五代后期'石中金'类的说法还在流行着。"①

2. S.3724V+S.11415V《六十甲子纳音性行法》

这是由英藏的两个残片缀合起来的一件写本。

S.3724V，图版参《英藏敦煌文献》第5册，册中定名《李老君周易十二钱卜法一本》。卷子装。写卷正面抄写《佛说无量寿宗要经》与《李老君周易十二钱卜法》。写卷背面所抄内容前后错杂重沓，分别为"六十甲子纳音"，"六十甲子纳音性行法"，"李老君周易十二钱卜法一本"，学郎杂诗"郎君须立身"，最后为"推九天行年灾厄法"。

S.11415V，图版参《英藏敦煌文献》第13册，册中定名《六十甲子纳音》。为一斜三角形残片，存文字6残行，起"□火戊辰己"，讫"□乙未金□□火，丙午丁□"。残卷正面抄写"李老君周易十二钱卜法一本"。

以上两个残片可以缀合，S.11415V恰好可以补上S.3724V右下角所缺部分，缀合后，六十甲子纳音部分完整。

"六十甲子纳音性行法"，居于六十甲子纳音之后，首全，尾未抄完，有首题称"六十甲子纳音性行法"，存文字5行，起首题，讫"甲戌乙亥火，山头火，多损害，罡强不畏□"，保存了六十甲子中前十二个甲子，内容与P.3175B相同。

3. S.6258C《甲子纳音占人性行法》(拟)

S.6258，图版参《英藏敦煌文献》第10册，册中定名《六十甲子推

① 黄正建《敦煌占卜文书与唐五代占卜研究》，第128—129页。

吉凶法》，卷子装。该写卷共抄写三部分内容，分别为占盗（拟）、治田种莳宜忌日（拟）、纳音甲子占人性行法（拟），故分别标示为S.6258A、S.6258B、S.6258C。

该件文献首全尾残，无标题，存文字17行，起“甲子乙丑石急金，坚急如石”，讫“戊申己［酉］山头土，声崇高万人观□”。保存了六十甲子中的44个甲子，内容为依六十甲子纳音来推占人的性格行为特点及命运吉凶。文书性质与P.3175B、S.3724V所载相同，吉凶判断也基本接近，但文辞叙述差别较大，当抄自不同的底本。此从黄正建、王爱和，拟名为《纳音甲子占人性行法》。

第四节

宿曜类

该类文献，主要指以星命术类为主的写本，涉及七星、七曜、九曜、十一曜及廿八宿等星座宫宿类推占之术，其中的大多数有着外来因素。计有 12 个卷号，可缀合为 11 件写本。即：P.2675V、P.2675bis、Дx.08977、Дx.09259、P.3081、P.3779、P.3838、S.4279、S.5666、P.4071、P.4058CV+P.2499V。

1. P.2675V《七星人命属法》

P.2675V，图版参《法国国家图书馆藏敦煌西域文献》第 17 册，册中定名《阴阳书残卷》。卷子装，首残尾全，下端亦横向残去大片。两面抄写。正面为《新集备急灸经一卷》，书题下有“京中李家于东市印”字样，可知是根据印本抄写；背面抄写内容多样，大致包含行年算厄法(拟)、时日杂忌（拟)、人神所在及治病宜忌（拟)，及“七星人命属法”四个部分，该件抄在最后。末有题记作“咸通二年岁次辛巳十二月廿五日衙前通引并通事舍人范子盈，阴阳氾景询二人写记”，可知其抄写于唐懿宗咸通二年，即公元 861 年。抄写者的身份，一为归义军节度使衙中的“衙前通引并通事舍人”，另一为供职于归义军节度使衙中的专业从事占卜的“阴阳人”。①

该段文献首尾全，有题目称“七星人命属法”，存文字6行，文下插绘有小符图两幅。文字如下：

> 午生人属破军星，日食［豆］三石八斗，受命九十五。
> 巳未生人属武曲星，食大豆［三］石八斗，受八十七。
> 辰申生人属廉贞星，日食麻子五斗，受命八十三。
> 卯酉生人属文曲星，日食小麦九斗，受九十五。
> 寅戌生人属禄存星，日食稻米一石六斗，受命九十五。

这里所载，是以人出生的十二时辰为依据，推占不同时辰生人当属北斗七星之何星、寿命如何、日食多少的内容。其说法与隋萧吉《五行大义》中的记载相合，但萧书中没有“日食”数量多少的内容，黄正建认为可能有外来因素的影响。②陈于柱认为“日食”（或称日料）之说并非外来因素，而是来自道教；“七星人命属法”大约创制于南北朝时期。③当是。

2. P.2675bis《七星人命属法》

P.2675bis，图版参《法国国家图书馆藏敦煌西域文献》第17册，册中定名为《七星人命属法》，卷子装。两面抄写，正面为《曹议金状》的尾部，背面为该件。所抄内容同P.2675V，当是P.2675V的另一抄本，只是没有抄写者的题记。保存状况好于P.2675V。该部分存6行，首尾全，文字同P.2675V，没有符图。赵贞根据写卷另一面所抄写的曹议金官衔，

① 黄正建对“阴阳”有所讨论。参《敦煌占卜文书与唐五代占卜研究》，第109页。

② 黄正建《敦煌占卜文书与唐五代占卜研究》，第108—109页。

③ 陈于柱《区域社会史视野下的敦煌禄命书研究》，第60—64页。

推测 P.2675bis 抄写于咸通二年至后唐长兴二年（861—931）之间。[①]

3. Дx.08977《星命书》残卷（拟）

Дx.08977 号，图版参《俄藏敦煌文献》第 14 册，册中未定名。为一小残片，仅存文字 5 残行，可能与星命术有关。释录如下：

□灭千佛□

□王公尽自消灭□

□悲啼野道，咒□

□曲星主官□

□星主□

4. Дx.09259《星命书》残卷（拟）

Дx.09259，图版参《俄藏敦煌文献》第 14 册，册中未定名。为一小残片，仅存写本底端文字 8 残行，内容与 Дx.08977 相同，可能与星命术有关，亦牵涉佛教。

□千佛

□尽自

□悲啼野

□曲星主

□梦禄存星

□恶气左北

□胎星主

□辟

① 赵贞《敦煌占卜文书残卷零拾》，《敦煌吐鲁番研究》第 8 卷，北京：中华书局，2005 年，第 214 页。

5. P.3081《七曜日生福禄刑推》

P.3081，图版参《法国国家图书馆藏敦煌西域文献》第21册，册中定名《七曜日吉凶推法》。卷子装，两面抄写。该件抄于正面，为正面八部分内容中的一部分，有题目作“七曜日生福禄刑推”，首尾全，存文字21行，起“蜜日生人，多生气，美容貌”，讫“宜游外州。上寿。出家吉”。内容为根据出生的七曜日来推占一生命运吉凶、福禄寿夭等。如：

> 莫日生人，冷心肚，少言语，孝顺父母，禄至五品。颇破散，不坚久，久宜畜福身，有心道，宜近福禄。人命下寿，须断酒肉。合用妻财或家业，少男女，儿必须遣诸人养之。

写卷背面抄《发病书》（拟），笔迹与正面相同，应为同一人所抄写。

黄正建认为此卷“题目作‘七曜日生禄福刑推’，有翻译味，似应以‘推七曜日生禄福刑’更符合一般占卜书的说法。……文书用生日推福德禄命，对李虚中算命法的产生，或许也有一定影响”。[①]陈于柱认为“包括《七曜日生福禄刑推》在内的P.3081《七曜日吉凶推法》，其底本主要是改编自8世纪后期的佛教文献《宿曜经》或《七曜攘灾决》，具有明显的佛教的色彩”。[②]

6. P.3779《推九曜行年灾厄法》（拟）

P.3779，图版参《法藏敦煌西域文献》第28册，定名为《推九曜行年容厄法》，卷子装。首全尾残，有首题称“推九曜行年容厄法”，其中“容”字讹，当据S.3724V改作“灾”字。存文字42行，正文起“凡人

---

① 黄正建《敦煌占卜文书与唐五代占卜研究》，第116—117页。

② 参见陈于柱《区域社会史视野下的敦煌禄命书研究》，第18页。

志心每月供养本直星辰者”，讫“四岁，十三，廿二，卅一，卌，卌九，五十八，六十□”。涉及两部分内容：

（1）以九曜为纲，根据行年至九曜某星，来推占当年的吉凶宜忌。如：

> 行年至那颉，西方金星，行年至［此］，四岁、十三、廿二、卅一，宿者是那颉，太白金星，西，卌、卌十九、五十八，方金精也，一名长庚，其六十七、七十六、八十五，星周回一百里，若临人命，九十四，注哭泣，刀兵大凶，宜察（祭）本命元神吉。

该部分文字，字句排列前后颠倒错乱，黄正建分析道：“细观全卷，岁数都被断成大致相同的长度，并斜着有规律地排列。怀疑此件文书的底本原本是一张图（或即圆形），岁数成规律地排列在四周。抄手不明就抄成了这样一副样子。”①合理解释了文字错乱的原因。

上引一段文字，按合理顺序调整后，应为：

> 行年至那颉，西方金星。行年至［此］，宿者是那颉，太白金星，西方金精也，一名长庚。四岁、十三、廿二、卅一，卌、卌九、五十八，六十七、七十六、八十五，九十四。其星周回一百里，若临人命，注哭泣刀兵，大凶。宜察（祭）本命元神吉。②

文中对九曜之名，既写其胡名，又说明其中国传统之称，如温没斯——木星、云汉——火星、嘀——水辰星、那颉——太白金星、鸡

① 黄正建《敦煌占卜文书与唐五代占卜研究》，第112—114页。

② 陈于柱在校注中已经将错乱文字的正确顺序全部表达出来。见《区域社会史视野下的敦煌禄命书研究》，第200—203页。

缓——土星神等，“有着明显的中外文化交流和融合的特色”。[①]

(2) 以九天宫为纲，述行年至某天宫的吉凶宜忌，保存了赤虚天、游盛天、飞注天的内容。其文字顺序与前部分一样颠倒错乱，需要调整。

黄正建根据内容，将此卷拟名为《推九曜行年灾厄法、推九天宫行年灾厄法》，陈于柱认为 P.3779 主要依据《梵天火罗九曜》改编而成，故将 P.3779 定名为《推九曜行年容（灾）厄法》。[②]今从之。

7. P.3838《推九曜行年法、推九宫行年法》

P.3838，图版参《法国国家图书馆藏敦煌西域文献》第 28 册，册中定名为《推九曜行年法、推九宫行年法》，册页装。首残尾全，存 12 页，图文结合，存人物彩图两幅，九宫图 9 幅。存文字 61 行，起“八十八、九十七。醉不能醒”，讫“求财多得，远行人迟”。其中有些页中只画出九宫图，没有抄写占辞内容，有少量不同笔迹的杂写，与此内容无关。涉及两部分内容：

(1) 推九曜行年法。占一页的篇幅。分上中下三栏排列，上栏写行年岁数，中栏为两幅星神图像，一女一男，陈于柱考定为太阴（月神）与木星神像；[③]下栏为七言歌诀。可看出上栏的行年岁数与下栏歌诀是可以对应的，所存完整者为太阴、木星两曜，前残部分为计都星内容。最后写有“推九曜行年法了”的字样，可能是该部分的尾题。黄正建比较了该部分与 P.3779 的内容与形式，认为“这两件文书虽然都是推九曜行年，但不属一个系统，本件文书可能更中国化一些”。[④]他的分析很有道理。

(2) 推九宫行年法。原有子目。占其中 11 页的篇幅，采用图文相

---

① 黄正建《敦煌占卜文书与唐五代占卜研究》，第 114 页。

② 陈于柱《区域社会史视野下的敦煌禄命书研究》，第 19 页。

③ 同上。

④ 黄正建《敦煌占卜文书与唐五代占卜研究》，第 115 页。

配的方式，分别绘有9个圆形九宫图，图中标第一宫至第九宫的宫名，图周标出各宫行年数，但未标全；文字占辞写于图下，亦未写全，其中三、四、九宫有宫图及宫名而无占辞，第六宫仅抄一句。保存完整占辞的只有其余5宫。如第一宫：

> 年属第一宫，岁中百事皆凶，居之辰，奸盗之者，横有口舌，共相窥徒。钱财散失，忧病不除。遇此凶年，宜速解除。不宜吊死问病。带神符禳之吉。忌五月、十一月、六月、十二月，病者难差，患心腹要背冷，主肠水大肿，故灶微冷也。田蚕小收。合有鼠咬衣物为怪。求官难得。君子吉，小人不吉。诤讼，他人有理。

所占内容，从家庭夫妇、健康疾病、日常交往到田蚕耕种、求官求财、口舌争讼，涉及日常生活的各个方面。可见其与民众生活关系的紧密及应用的广泛。

通过对占辞的分析，黄正建认为“这里的九宫与八卦有关，因此可能是比较中国化的，也是比较晚期的著作”。[①]在此基础上，王爱和进一步认为该卜法“似是几种卜法的混杂”，“是在推九曜行年法、推人九天宫法、洛书八卦之间所做的调和。这种现象，说明上述三种卜法在当时都很流行。而由于三者之间有基础上的类似，所以往往混杂。而该卷中的推九宫行年法，其主要的基础依然是‘洛书九宫八卦’”。[②]

8. S.4279《罗睺星神供养文》(拟)

S.4279，图版参《英藏敦煌文献》第6册，册中定名为《岁星禳灾符》。所存为一残片，上部为残神像，下方存文字4残行。其文作：

---

① 黄正建《敦煌占卜文书与唐五代占卜研究》，第116页。

② 王爱和《敦煌占卜文书研究》，第97—100页。

未生男，年可卅□
七，愚至罗睺星□
请来降下，烧香□
□足如此身□

王卡、赵贞、陈于柱均认为该图像所绘为罗睺星神。①陈于柱说："S.4279、S.5666 都是以图上绘神像、图下记述祭拜者祷愿辞为结构形式。《梵天火罗九曜》与 P.3779《推九曜行年灾厄法》要求信仰人行年如遇恶曜，应在深室或暗处'画形供养'，以禳厌厄运。S.4279、S.5666 所述年龄与罗睺星神直年相符，当是这一信仰实践的产物"，并指出"敦煌 P.3995《炽盛光佛图》上方二像同样分别有罗睺、计都。Ch.lvi.0033《北方神星·计都星像护符》绘有水星神、计都星神像，神像旁和图下有祷愿文，风格和 S.4279、S.5666 相似。"他拟名为《罗睺星神供养文》。②今从之。

9. S.5666《罗睺星神供养文》（拟）

S.5666，图版参《英藏敦煌文献》第 9 册，册中定名为《岁星禳解符》。为上图下文的形式，上绘神像，下写祈愿供养文，从左往右竖行书写，存文字 8 行：

卯生女人，年六十四岁者，今
年恰至罗后星神者，命属
星神，放过赦罪，德助念

① 王卡《敦煌道教文献研究——综述·目录·索引》，北京：中国社会科学出版社，2004 年，第 154 页。赵贞《"九曜行年"略说——以 P.3779 为中心》，《敦煌学辑刊》2005 年第 3 期，第 31 页。

② 陈于柱《区域社会史视野下的敦煌禄命书研究》，第 20 页。

愿，星神欢喜，其人福至，
病者能行，日日消散，岁岁昌
强，百鬼远离，善神加力，并不
逢恶。急急如律令。

月朝月半，烧香启告，莫绝者自知。

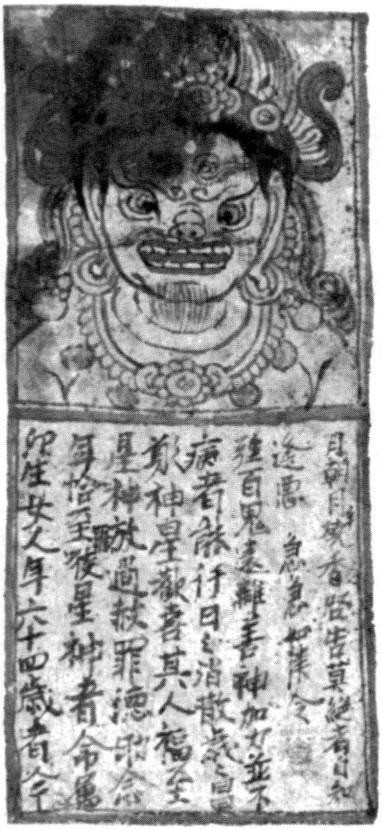

图 7–1　S.5666《罗睺星神供养文》（拟）

10. P.4071《十一曜见生图等课文》(拟)

P.4071，图版参《法国国家图书馆藏敦煌西域文献》第 31 册，册中定名为《星占书》，册页装。该写本保存完整，抄有三部分内容，依次为：十一曜见生图等课文(拟)、大佛顶如来顶髻白盖陀罗尼神咒、藏文书写。十一曜推人禄命的内容居前，首尾全，存 15 页，每页 8—10 行，共 129 行，起“苻天十一曜见生庚寅丙戌月己巳日房日兔申时”，讫“谨具课文，伏惟高见。谨状”，尾题“开宝七年十二月十一日，灵州大都督府白衣术士人康遵课”。文中有子目数个，如“推五星行度宫宿善恶”，“十一曜见生图”等。文下空白处绘有手形图数幅及人面图两幅。从末尾题记，可知其撰写时间为宋开宝七年，即公元 974 年，撰者为“灵州大都督府白衣术士人康遵”。

依学者的考察，该文书的内容可以概括为两个方面：一是叙述了星命占课的基础知识，如十一曜与十二宫的位置与分野所在、昼夜时刻数、十一曜命宫度法、五星行度宫宿善恶等；二是根据十一曜的理论推占了某人的未来命运与福禄吉凶等。其内容主要集中在“十一曜见生图”中，其中又有“命宫日”、“身宫日”、“推鞍马有分”、“推子弟男女”、“推田宅”等推占的具体内容，如“命宫日”：

氐房宿中生者，是天蝎宫，为人性懦善，爱道术，募出家。心宽，一生富乐，宜朋友，结交于信，善恶一生自如。有容仪，头上必有奇骨。中平，后身合为公侯王。六亲在公吉，在私平。小年多患小厄，纵有，转祸为福，亦有三千石禄。敬师僧，好修道，爱水竹园林，修补院舍，有济四方，无所悋惜。妨弟妹，宜鞍马奴婢。行年忌卯上，修福，寿命八十四，无厄……

大致概括了某人命宫所在及一生的性情、爱好、行为特点、容貌、官禄、财富等命运及宜忌。其身宫日部分，则按行年推占其一生的具体命运，从孕育始，经三岁大难，再至廿一岁，然后逐年细说，直到六十岁，涵盖了某人一生的命运起伏、遭际，并指出所应注意的宜忌。

文末有作者将此推占内容呈上的一段状文：

右谨课见生。其文历等玄文上，有廿八宿、十一曜行度、十二祇神、九宫、八卦、十二宫分野，总在其中。若人等得定其灾福，切须仰重。谨具课文。伏惟

高鉴　谨状

开宝七年十二月十一日灵州大都督府白衣术士人康遵课

饶宗颐指出白衣术士人康遵当出自撒马尔罕的康居国，宋初寓居灵

州都督府中，都督衙门安排他为人批命。[①]可见这是康遵依命为某人(黄正建推测其可能尚未出生）进行的一生禄命的预测。

文中引用了《聿斯经》、《五星经》等书的内容，并引“又曰”等他说来补充所论，用“歌曰”的韵语来对所论内容进行概括。其占法，则综合了廿八宿、十一曜行度、十二祇神、九宫八卦、十二宫分野等多项内容，显示出作者对当时流行的禄命书的熟悉，以及星命占术在宋初已经达到的成熟程度。

十一曜为七曜再加上罗睺、计都、月孛、紫气。以十一曜推人禄命的，敦煌遗书中仅保留下这一件。由于其内容与西方外来星占术有着紧密的关系，有多位学者，如饶宗颐[②]、姜伯勤[③]、严敦杰[④]、黄正建[⑤]、陈万成[⑥]、华澜[⑦]、王爱和[⑧]、陈于柱等，或从天文学史的角度，或从星命占术的角度对之进行了充分的讨论。

黄正建认为此卷“运用了‘天蝎宫’‘天秤宫’等西方十二宫的知识。按此种知识在唐代虽然已有，但似乎用到算命中的还不多。宋代以后，这类知识才用得多起来。本件文书反映了唐宋过渡时期推禄命术的实况。……第三，‘十一曜’云云，不见其他文书。此种推占法，或与宋代还存在的《秤星经》有些关系，因为《秤星经》就是‘以日、月、五星、罗睺、计都、紫炁、月孛十一曜演十二宫宿度，以推人之寿夭休

① 饶宗颐《论七曜与十一曜——记敦煌开宝七年（974）康遵批命课》，《选堂集林》，香港：中华书局，1982 年，第 777—781 页。

② 同上。

③ 姜伯勤《敦煌吐鲁番文书与丝绸之路》，北京：文物出版社，1994 年，第 59—63 页。

④ 季羡林主编《敦煌学大辞典》，“推符天十一曜星命法”条，第 624 页。

⑤ 黄正建《敦煌占卜文书与唐五代占卜研究》，第 117—118 页。

⑥ 陈万成《杜牧与星命》，《唐研究》第 8 卷，北京：北京大学出版社，2002 年，第 61—79 页。

⑦ 华澜《简论中国古代历日中的廿八宿注历——以敦煌具注历日为中心》，《敦煌吐鲁番研究》第 7 卷，2004 年，第 413 页。

⑧ 王爱和《敦煌占卜文书研究》，第 373—374 页。

咎'的"。[①]陈于柱推测"P.4071很可能不是康遵撰写的原本，而是转抄本，在转抄誊写过程中脱文夺字，以致成为我们现在所见到的样子"。[②]

11. P.4058CV+P.2499V《大方等大集经·宝幢分/廿八宿星相法》(拟)

这是由法藏的两个残片缀合起来的文书，《法国国家图书馆藏敦煌西域文献》图册和IDP国际敦煌项目网站公布的照片中已经缀合。

P.4058CV+P.2499V，图版参《法国国家图书馆藏敦煌西域文献》第14、31册，卷子装。其写本正面抄写《春秋经传集解》，该件抄于背面，首残尾全，第14册中定名为《大方等大集经》卷第二十《二十八宿纪日》，第31册中定名为《大方等大集经·宝幢分》第九《三昧神足品》第四《二十八宿计日》，存文字31行，起"田业宅舍。膝有黑子，过廿二得大富贵"，讫"廿九室，卅辟"。无题名，内容是将一月三十天分配给二十八宿（最后多出的两天又重复初一、初二日的"室"、"辟"两星），再将人的生日与这廿八宿的各星相联系，根据生日所值之星，来推占其一生命运。如："属危星廿八日者：身无病苦，聪明持戒，通达世事，富贵多财，寿八十年，宜诸眷属。瞿昙，属危星者，有如是相。"内容抄写不全，中间有脱漏，存前部的［胃］、昴、毕、觜、参和后部的升、牛、女、虚、危、室、壁星部分。

最后有一段文字，集中叙二十八宿与每月三十日的配属情况，如"一日室，二日辟，三日奎，四日娄，五日胃，六日昴，七日毕，八日觜，九日参，十日井……廿七虚，廿八危，廿九室，卅辟"。

黄正建说："这种星宿书将人的生日与星宿联系起来，是一种外来的新方法。因为过去中国传统的推算禄命只使用生年。唐代兴起李虚中

① 黄正建《敦煌占卜文书与唐五代占卜研究》，第117—118页。

② 陈于柱《区域社会史视野下的敦煌禄命书研究》，第21页。

的用年月日的算命法，或许还受到了此类佛教星命书的影响。”[①]并拟名为《推二十八宿星命法》。王爱和拟名为《生宿书》。

陈于柱将其内容与北凉天竺三藏昙无谶译《大方等大集经》卷第二十《宝幢分第九三昧神足品第四》比较后，发现内容接近但仍有较大差异，认为“P.4058背（1、2）书写者更多追求的是对《大方等大集经宝幢分》有关星宿属人命运以及对应之日的了解”。他拟作《大方等大集经·宝幢分·廿八宿星相法》。[②]今从之。

① 黄正建《敦煌占卜文书与唐五代占卜研究》，第116页。
② 陈于柱《区域社会史视野下的敦煌禄命书研究》，第22页。

第五节

十二属相类

以十二属相来推人禄命的占卜书有 3 个卷号，分别为 P.3398B、P.4058BV、P.6157。

1. P.3398B《推十二时人命相属法》(拟)

P.3398，图版参《法国国家图书馆藏敦煌西域文献》第 24 册。册页装，抄三部分内容，分别为《周公卜法》(拟)、《推十二时人命相属法第卅五》、《推人十二时耳鸣热足痒手掌痒等法》，分别标示为 P.3398A、P.3398B、P.3398C。末有题记云“辛戌年四月廿壹日三界寺法律”，可知抄写者的身份为晚唐五代时三界寺的僧人，但“辛戌”二字有误，故抄写具体时间不明。P.3398B，册中定名为《推十二时人命相属法》，首尾全，有首题称“推十二时人命相属法第卅五”，存文字 93 行，正文起“子生鼠相人，命属北方黑帝子”，讫“一生不得向西北方大小便，慎之则吉也”。以十二属相为纲，叙各属相人命运吉凶宜忌。前后内容详略不一。前 7 个属相内容较简略，叙各属相人命属五帝何子、日料数量、宜何色、厄之所在、不宜同财者；后 5 个属相内容详细，增加了有关该属相人命属七星何星、前生属何国、寿命子孙如何，以及女人命禄等内容。与 P.2675V《七星人命属法》中的内容亦有一定重合，如：

申生猴相人，命属廉贞星，西南方白帝子，日食麻子一石二斗一升，宜着白衣，有病宜服白药，大厄寅申之年，小厄正月、七月。春夏生富贵，秋冬生自如。再娶妻子，五子上相，三子力。此人元是摩伽国人，前多犯愆过，遂来此处生。为人轻健，多知识、爱文字、学顺，卌官位，保财，牛马奴婢自足。女人宜夫和资财，不三子上相，二子力，年十八九小厄、卌五中厄、五十七大厄，得度此者，受命七十八，宜修功德，亦长命。一生不得向西南方天大小便，慎之吉。

后5个属相内容中提到的前生所出之国，有安国、摩伽国、天陁罗国、叶波国、波提国，均约处于西域或古天竺国之方位。陈于柱认为这段比较特殊的内容，针对的信仰对象是流寓中土，特别是敦煌地区的胡族及其裔民，是在敦煌胡汉共存的社群现实条件下，晚唐五代占卜对传统命术加以调整的结果。[①]

2. P.4058BV《推十二相属法》

P.4058，图版参《法国国家图书馆藏敦煌西域文献》第31册，卷子装。有三个残片，P.4058BV抄于其中第二个残片的背面。正面抄写“陆德明庄子音义”，背面为该件，册中定名为《推十二相属法》。首全尾残，前部下端亦残去大片。有首题称“推十二相属法”，绘有各个属相的动物图形，存文字20行，起首题，讫“一生不宜共酉生人同财”。以属相为纲，记叙不同属相人的命运吉凶，涉及子鼠、丑牛、寅大虫、卯兔四个属相。内容与P.3398B《推十二时人命相属法》（拟）相近。写卷中将虎称为“大虫”，可能是避唐讳的结果，说明其抄写于唐代。

3. S.6157《推十二相属法》

S.6157，图版参《英藏敦煌文献》第10册，册中定名为《推命书

① 陈于柱《区域社会史视野下的敦煌禄命书研究》，第60—69页。

(六十甲子推人年命法等)》，卷子装。抄四部分内容，有“六十甲子推人年命法”等，该件为其中一部分，首全尾残，题“推十二相属法”，存文字两行，作：

□生鼠相人，命属北方黑帝子，日料黍
米三石二斗一升，宜着黑衣，有□

仅存第一个属相。其中的日料数与 P.3398B 不同。

除汉文文献以外，敦煌所保存的藏文文献中亦有两件关于以十二相属推占人命的写本，一为法藏的 P.t.127《推十二时人命相属法》(拟)，一为英藏的 I.O.748/Ch.80.IV.h《推十二时人命相属法》(拟)。据学者考察，两者内容接近，其中法藏的一件，高田时雄认为译自汉文原典，[①] 陈于柱认为是在 P.3398B 的基础上的改编本与扩展本。有罗秉芬、刘英华的汉译本。[②]I.O.748/Ch.80.IV.h《推十二时人命相属法》(拟)尚未有汉译。有关内容，可参陈于柱的讨论。[③]

① [日] 高田时雄著、钟翀等译《敦煌·民族·语言》，北京：中华书局，2005 年，第 352—353 页。

② 罗秉芬、刘英华《敦煌十二生肖命相文书藏汉文比较研究——透过十二生肖命相文书看汉藏文化的交融》，《安多研究》第 2 辑，北京：民族出版社，2006 年，第 1—27 页。

③ 陈于柱《区域社会史视野下的敦煌禄命书研究》，第 69—72 页，第 191—196 页。

第六节

杂推禄命类

此类所收，主要包括除以上诸类之外的，没有形成明显类别，杂用各种传统禄命术推占人命的文献，包括S.6157、P.3602V、S.10526、S.9814B、Дx.05651、Φ.362A、S.612V、S.8350C。

1. S.6157《六十甲子推人年命法等》(拟)

S.6157，图版参《英藏敦煌文献》第10册，册中定名为《推命书(六十甲子推人年命法等)》，卷子装，前后均残，图文结合，有子目6个，分别为“六十甲子推人年命法”、“凡数行年法”、“推人禄合法”、“推驿马法”、“推十二相属法”、“推相生图八”，其中第一部分，前部画有一个圆圈，周围标写六十甲子及所属五行，外周按方位写八卦名称及卦符，其后为文字占辞，总结其使用方法：“凡人欲得知本命相属，皆从太岁逆数，即知本命相属。”其后为“凡数行年法”：“男从丙寅顺□□女从壬申逆行。”后面的文字分上下两栏抄写，内容简略，可能是杂抄类的禄命书。

黄正建认为“本件文书属推人年命的禄命书，其中主要使用了‘行年’的理论和方法。……但是也有其他方法……说明第一，当时的禄命书常采用几种不同的方法。第二，行年法还是用得比较普遍的。换句话说，‘推人年命’比较流行。我们在史籍中也常能看到‘卜年命’、

'看年命'的说法，而利用生月生日推禄命的方法（即后世所谓的推八字）还没有流行起来。第三，六十甲子、五行八卦、推禄推驿马等，都是很传统的中国式的推禄命法"。①

陈于柱推测"各子目所含内容较为简略，似属禄命基础知识的性质，或是某部禄命书的简编本"。②

2. P.3602V《孟遇禄命一部》

P.3602V，图版参《法国国家图书馆藏敦煌西域文献》第26册，册中定名为《孟遇禄命一部》。抄于P.3602写卷的背面，前为《神龟推走失法》，后有"宅内伏龙法"、"土公"等宅经类图文，该件首尾俱残，仅存4行文字：

> 凡男忌祸害，不得吊死问病。
> 女忌绝命，不得吊死［问］病。
> 生气地求觅财物吉。
> 孟遇禄命一部。

这是敦煌文献中唯一标示为"禄命"书并有残存内容的写卷。③其所存内容，与S.6164+S.11400中的第一行文字接近，可以认为是禄命书的一部分。孟遇，当是其书作者，其事迹史无记载。据《宋史·艺文志》、《崇文总目》与《通志·艺文略》的著录，孟遇撰有《三命诀》三卷、《考平三命诀》一卷，《通志》并注明"隋孟遇"，可知其为隋人。但未见撰有《禄命》一书的记载。

① 黄正建《敦煌占卜文书与唐五代占卜研究》，第126—127页。

② 陈于柱《区域社会史视野下的敦煌禄命书研究》，第62页。

③ 据陈于柱考察，P.4667背面亦提到《禄命》之名，但内容不明。参见陈于柱《区域社会史视野下的敦煌禄命书研究》，第9页第③注。

3. S.10526《禄命书残片（甲）》

S.10526，图版参《英藏敦煌文献》第13册，册中定名为《推命书》。为一小残片，仅存两行文字，似是利用六十甲子纳音性行法结合行年法来推算命禄：

> 丁酉生男命天火雨，与丙辰生人合□
>
> 癸丑生人卅一，木命□

陈于柱拟名为《禄命书残片（甲）》。[①]今从之。

4. S.9814B《禄命书残片（乙）》

S.9814B，图版参《英藏敦煌文献》第13册，册中定名为《推命书》。为一残片，杂抄有社司转帖、推人禄命等内容，书写笔迹各不相同，非一人所抄。禄命内容仅存3残行：

> 壬子生男年廿□
>
> 右今月
>
> 已未生人，年□

内容与S.10526相似。黄正建、王爱和认为本件与S.10526可能为同一件文书。[②]陈于柱将本件命名为《禄命书残片（乙）》。[③]

5. Дx.05651《禄命书残片（丙）》

Дx.05651，图版参《俄藏敦煌文献》第12册，册中未定名。为一小残片，首尾及下部均残，存文字6残行。背面为敦煌学郎的习字练习。正面为禄命书内容，起“禄王定多封”，讫“破禄中生者，君子官游两

① 陈于柱《区域社会史视野下的敦煌禄命书研究》，第23页。
② 黄正建《敦煌占卜文书与唐五代占卜研究》，第131页。
③ 陈于柱《区域社会史视野下的敦煌禄命书研究》，第23页。

□”，内容涉及命值背禄、空亡、破禄等的吉凶。王爱和拟名为《四柱推命书》，[①]陈于柱不同意其说，改拟为《禄命书残片（丙）》。[②]今从陈于柱。

6. Φ.362A《论流运书》（拟）

Φ.362A，图版参《俄藏敦煌文献》第5册，册中定名为《星占流年》，卷子装。首尾均残，下端亦残去。前部存横写的“寅、卯、辰”3字，卯下标“月”，可能是十二支图的残部。后存文字10行，起“一论流运者，是一世之动”，讫“丁壬化木之本位，以此□”。其中提及“大运”、“空亡”等术语，结合行年、纳甲等来推占禄命吉凶。

黄正建认为“此件文书比较特殊，因为它使用了后世算命常用的概念如‘大运’，特别是起运的‘五岁令八个月’，似采用了八字算命中的起运法，而且据大运算出了五年的禄命。因此，这件文书的年代较晚，应该是宋代以后的文书。在敦煌文书中使用此种算命术的，恐怕仅此一件”，并推测“此件文书也可能是黑城出土文献”。[③]他和陈于柱均将此文书拟名为《论流运书》。

7. S.0612V《推五音建除法、推十二禽兽法等》（拟）

S.0612V，图版参《英藏敦煌文献》第2册，册中定名为《失名占书（推五音建除法等）》，卷子装。写卷正面为《大宋国太平三年（978）应天具注历日》，题“大宋国王文坦请司天台官本勘定大本历日”。写卷背面所抄内容复杂多样，有表格两个、图示一幅，存文字141行，起“推五音建除法”，讫“飞廉当大煞，同行宜避之”。有子目多个，包括推五音建除法、推杂忌日法、推修造月法、推修造日法、推十二禽兽法、推胞胎月法及十干法五子元正法、推禄法、五行相生法、五行相克

① 王爱和《敦煌占卜文书研究》，第330页。

② 陈于柱《区域社会史视野下的敦煌禄命书研究》，第23页。

③ 黄正建《敦煌占卜文书与唐五代占卜研究》，第132页及132页注①。

法、十二支相冲法等，部分内容分上下两栏排列。前后笔迹不同，似为两人所抄写。前者笔迹清晰，抄写整齐；后者书法不佳，字小而不清。内容涉及禄命、时日宜忌与占卜基本知识等。涉及禄命内容的主要有：

（1）推五音建除法。为表格加文字解说的形式。以五姓为纵轴、十二建除为横轴建立表格，中间排列十二月，其下用文字对各姓人命值建除十二神时的吉凶禄命加以解说，是以五姓结合出生月份推占禄命的一种卜法。

（2）推十二禽兽法。亦为表格形式。以十二禽兽为纵轴、十二支为横轴建立表格，中间排列十二月，其后是对不同支年不同月份出生的不同禽兽所代表的人的性情行为、命运吉凶的解说。如“鹄鸡下生，四海之心，财食不少，急性无恶，常慎斗打，女人得贵夫”。十二禽兽为：凤凰、白鹤、麒麟、鸿鸟、鹄鸡、燕子、獐禄（鹿）、鸽鸟、孔雀、鸠鸽、朱雀、鹰鸟。

（3）推禄法。如：“十干为禄，十二支为命，纳音是金木水火土，其十干五阴五阳……其阳干常随阳支，其阴干常随阴支，其禄者阳禄顺行、阴禄逆行。其甲禄寄在寅，乙禄寄在卯，丙戊禄寄在巳，丁己禄寄在午，庚禄寄在申，辛禄寄在亥，癸禄寄在子。”等。

（4）推驿马法。今依黄正建，拟名为《推五音建除法、推十二禽兽法等》。

8. S.8350C《逐月推禄命》（拟）

S.8350，图版参《英藏敦煌文献》第12册，册中定名为《六十甲子纳音、吉凶书》。抄于写卷正面，写卷背面抄“成君子便豆契”。写本首尾及上部均残，属杂抄性质的文书。所存内容，前面分别为六十甲子纳音、太岁等神出游日、沐浴良日等时日宜忌类内容，后为禄命内容。该件文献为后一部分，存文字13残行，起“□盛，保财九十年□”，讫“□有五孙相，多财禄□”，其中月份大字单行书写，内容涉及按出生月推占男女未来性情、子孙、财富等。如：

十二月：男贵相，有子孙，多财□兴盛，保财七十九年。女为人慈，敦厚，宜夫，有五孙相，多财禄。

陈于柱认为此件无明显的禄命特征，未收入禄命类中，恐不确。今从王爱和，拟名为《逐月推禄命》。

除以上文献外，黄正建还将S.4282、S.6333归入禄命类，陈于柱将S.4282、S.6333及P.3081V也归入禄命书中。按其内容，S.4282、S.6333皆重在以干支占婚嫁，P.3081V重在占病，与禄命占关系均不太紧密，故本书未列入此类。有关写卷情况可参见时日宜忌类的叙述。

占禄命是随着命运观念的流行而发展起来的一种占人福禄命运的方法，以传统的干支、五行、八卦、九宫等为基础，并吸收了外来星占等因素，南北朝之后有了快速发展，至唐宋，这种有关个人命运的占卜便发展成为一种非常流行的方术。

从史志著录来看，《隋书·经籍志》最早著录禄命类典籍，但数量并不多，有《杂元辰禄命》、《湴河禄命》以及梁有隋亡的《五行元辰厄会》、《孝经元辰会》、《孝经元辰决》、《五行禄命厄会》等。

新旧唐书所著录的禄命类书也不多。《旧唐书·经籍志》著录有《孝经元辰》、《推元辰厄命》、《禄命书》（刘孝恭撰）、《禄命书》（王琛撰）；《新唐书·艺文志》著录有《推元辰厄命》、《杂元辰禄命》、《湴河禄命》、《禄命书》（王琛）、《禄命书》（刘孝恭）、《禄命人元经》、《推计禄命厄运诗》（杨龙光）等。此外，《新唐书》还著录了一些与星象有关的书，如《都利聿斯经》二卷、《聿斯四门经》（陈辅）一卷、《长庆算五星所在宿度图》一卷等。

到《宋史·艺文志》，有关禄命的著作显著增多，数量达50余种之多，并出现了许多以“三命”命名的书，如《三命指掌诀》、《三命》、《三命诀》等。《通志·艺文略》中分元辰、三命、行年三个小类，共著录了禄命类典籍 150 余种，数量更多。从这些著录中可看出禄命在唐宋间已经成为最重要的占卜内容之一，在民间广泛流行。

不过，史书所著录的这些禄命书的绝大多数都散佚不存了。

敦煌保存的 40 余个卷号的禄命书写本，对我们认识唐宋间这类占命术在民间的流行以及具体内容、实施方式等，提供了最客观的材料，弥补了传世文献的不足。

敦煌禄命书大多为残卷，很少保存下书名、题目，只有 P.3602V“孟遇《禄命》一部”可能与史志中的“孟遇《三命诀》三卷”有一点关系，其余的都不能与史书所著录的禄命书相联系或者对应起来。

敦煌禄命书有如下几个特点：

第一，大多是未经著录的民间流传的写本。这些写本，或为本地卜师文人编写，或传自内地但在流传过程中经过当地卜师的改编、摘录，或是学郎练习时的摘抄。从题记中看，亦有不少为僧人抄写。内容简易，时有错讹、脱漏。

第二，杂抄性。许多写本中杂抄多种内容，既有各种不同性质的占卜内容的杂抄，如禄命与历日、禄命与婚嫁、禄命与占病等内容合抄，也有禄命与其他社会与宗教文书的合抄。

第三，实用性。敦煌禄命书多是从民众日常所需的实用性出发编纂而成，往往以实用为目的，多述推占方法、规则与内容，而少述占命的理论与历史，存在重吉凶实用、轻义理的现象。

第四，内容中混合了佛教与外来星命因素。如《推十二时人命相属法》、《七曜日生福禄刑推》、《推九曜行处灾厄法》等，均有外来星命术与佛教转生理论等因素，是中国传统禄命术对外来文化因素吸收、融合的结果。

第八章

敦煌宅经类文献

相宅术，是对中国传统的有关住宅的知识与方术的概称，指根据山川走势、地理环境及阴阳、时间、方位等因素，来选择建造居所屋宅的适宜位置、时间、方向、高低，安排宅内门户井灶溷厕等内部设施的布局，以及镇厌祈禳，以达到趋吉避凶目的的一类方术。宅经是对这种方术与知识的集中记载。敦煌保存的写本宅经数量很多，有30多个卷号，客观反映了唐五代时期相宅术在民间的流行与发展。

黄正建将敦煌写本宅经分为五姓宅经类、其他宅经类、杂类三类进行了简要讨论；陈于柱分为七类，即五姓阴阳宅经、五姓宅经、阴阳宅经、八宅经、宅经一卷、大唐新定皇帝宅经一卷和一般类宅经，进行了专门校录研究；金身佳分作四类，包括五姓阴阳宅经类、八宅经类、一般宅经类、护宅神历卷，对敦煌宅经进行了校注。从分类的内容和标准来看，黄正建对宅经的分类相对笼统一些，陈于柱和金身佳对宅经的分类更为细致和具体。参考以上诸位学者的分类与研究，结合笔者的认识，将敦煌宅经文献分为五姓阴阳宅经、五姓宅经、阴阳宅经、八宅经、一般宅经类和护宅神历卷六类，进行简要讨论。

第一节
五姓阴阳宅经

该类宅经有 6 个卷号，即P.2615A、P.3492A、P.t.1297V、P.2632V、P.3507、P.4667VA。

1. P.2615A《诸杂推五姓阴阳等宅图经一卷》

P.2615A，图版参《法国国家图书馆藏敦煌西域文献》第 16 册，册中定名《□帝推五姓阴阳等宅图经一卷》，册页装。该件文书抄写两种宅经，前为该件，后抄《八宅经一卷》，故分别标示为 P.2615A 与 P.2615B。本件写卷是敦煌写本宅经中最长也是最完整的一件。有首题作“□杂推五姓阴阳等宅经一卷”，当为其书原名；前所缺字据 P.3492，当为“诸”字。第一行书名下题写“□□子弟董文员写记通览”，故知抄写者为“□□子弟董文员”；第二行又书“□□大夫太常卿博士吕才推卅六宅□□并八宅、阴阳等宅”，据 P.3492，前缺两字为“朝散”，知其内容出自“朝散大夫太常卿博士”吕才。图文结合，存图示 19 幅，存文字 458 行，起首题，讫“即福德上倍功治以报之，无咎，吉”。存子目多个，如“推五姓以定八街（卦）吉凶图法”，“推地刑（形）”，“卜种树法”，“皇帝推风后不整宅图”，“阴阳宅吉凶图”，“十九宅吉凶图”，“占宅刑（形）势法”，“推相土色轻重法第一”，“推阡陌法步第三”，“推泉源水出处及山宅庄舍吉凶法”，“作灶法”，“五姓安佛地囊法”，“五姓安场地法”，“五姓同忌法”，“祭宅文”，以及角、徵、宫、商、羽姓宅图和移徙法、移徙延向法，“五姓开门开户法”，“五姓开井图”，“灶法”，“推宅内神煞法”，“推宅内土公伏龙飞廉地囊日法”，“凡五姓合阴阳门法”，“五姓合阴阳置仓库法”，“厕法”，“碓磨法”，“水溪法”，“杂忌法”等，内容丰富而庞杂。大致可以分为三个部分：

第一部分，从开头到祭宅文，专讲五姓阴阳宅的形法相法，偏重于阴阳宅，包括宅外环境的宜忌、阴阳宅的划分、刑祸德福四方的规定、如何数宅等。

第二部分从“角姓人宅图”到“五姓阴阳宅图同看用之”，叙述了五姓宅主体建筑的方位、建筑时间的吉凶。

第三部分从“山东山南为阳”起，到“杂忌法”，论述五姓建筑或附属建筑如灶、井、栏屋、碓磨、厕等的吉凶宜忌，以及建筑神煞宜忌和建筑时日宜忌等。

该写卷内容十分庞杂，条目编排也显得凌乱。不过从整体来看，其特点依然比较突出。陈于柱总结为三点：

第一，有关五姓、阴阳的相宅内容在本件宅经中所占比例最大。写卷开端部分对如何数宅、推地形进行了详细规定。数宅是五姓相宅的重要步骤之一，推地形也是在五姓分类之下对地形地势的划分并推演吉凶。五姓宅图、五姓分类下宅内设施的规划以及围绕五姓建宅的各种时日禁忌则构成了写卷后半部分的主要内容。

第二，除五姓、阴阳宅法外，写卷还集合了其他一些相宅书中的内容，如《皇帝宅书》、《三元宅经》等。

第三，从整卷行文来看，似有力图对诸种相宅书进行整合之意。如“卜安宅要诀”就是“依诸家图抄说之”，还引用了《阴阳宅经》、《皇帝宅经》和《三元宅经》的某些内容，全卷试图突出五姓、阴阳宅法，并综合了其他相宅书，具有整合的趋势。[①]

2. P.3492A《诸杂推五姓阴阳等宅图经》

P.3492A，图版参《法国国家图书馆藏敦煌西域文献》第24册，册中定名《诸杂推五姓阴阳等宅图经》。卷子装。首全尾未抄完，首部下端亦有少量损缺。有首题作“诸杂推五姓阴阳等宅图经”，后题写“朝散大夫太常寺卿博士吕才推卅□”。存文字65行，起首题，讫“名曰宫地，居之宜子孙富贵□”。保存的子目有“推五姓以定八卦吉凶图法”，“推地刑（形）”等。写卷后面接抄《光启四年戊申岁具注历日》的一部分，倒写；写卷背面抄相痣书（拟）。该件文书，《敦煌遗书总目索引》定名为《诸杂推五姓阴阳等宅图经卷》，《敦煌遗书总目索引新编》定名为《诸杂推五姓阴阳等宅图经卷（首题）朝散大夫太常寺卿博士吕才推》，《敦煌遗书最新目录》定名为《诸杂推五姓阴阳等宅图经》。

此卷内容与P.2615A的前部分基本相同，由此可知P.2615A是《诸杂推五姓阴阳等宅图经》的完整抄本，而P.3492A只是该抄本残存的一部分，占到全部内容的近八分之一。

黄正建认为：“从题目看，这件文书属于以推五姓阴阳为主的有图的宅经。‘推者’即作者是唐人吕才。据《旧唐书》卷七九《吕才传》，吕才只做过‘太常博士’而没有做过‘太常卿’，而且若是‘太常博士’的话，也不会带‘朝散大夫’的散官，所以这署名中的官职有问题，‘吕才’云云当是托名。但它是唐人所作恐怕没什么问题。又据敦煌卷子中的《黄帝宅经》，当时流传的多种《宅经》中既有《五姓宅经》，又有《吕才宅经》，而此件文书在题目中既见‘五姓’在作者中又见‘吕才’，因而不知属于哪种宅经。鉴于标题中的‘书名’比‘作者’更正

① 参陈于柱《敦煌写本宅经校录研究》，北京：民族出版社，2007年，第47—48页。

确，所以称其为《五姓宅经》可能把握更大一些。”[①]

严敦杰认为《旧唐书·经籍志》著录有《五姓宅经》两卷，P.3492A可能是其中之一；[②]高友谦《中国风水》一书在论述唐代是中国风水理论的真正成熟期时，提出P.3492A《诸杂推五姓阴阳等宅图经》是后来《阴宅十书·论宅外形》的祖形之说。[③]这对我们认识该写卷的源流都有一定的启示意义。

关于抄写时间。该写卷后部倒写有《光启四年（888）戊申岁具注历日》，从形式上看，似是利用该件宅经所空余的纸张而写，故《诸杂推五姓阴阳等宅图经》的抄写应在具注历抄写之前，即光启四年(888）是它的抄写时间下限。

3. P.t.1297V《诸杂推五姓阴阳等宅图经》（拟）

P.t.1297V，图版参idp.gov。这是一件抄写于藏文写卷背面的相宅文献，编为藏文收藏号，故长期以来未为学者所注意到。该件文书卷子装，正面抄写藏文、背面抄写宅经内容。首尾俱残，磨损严重，有修补粘贴痕迹，似经过长期使用。无书题、作者等信息，存文字117行，起“□□□在甘南有山□东流□居水之北者吉”，讫“造又令卑下间数□□□”，中有子目，分别为“□土轻重法第二”、“阡陌步法第三”、“阴阳宅第四”，及“□□□次第”等。内容涉及居宅与山泽水流之吉凶、居宅地八不可居、相土轻重法、阡陌法、阴阳宅等，其中有些内容与P.2615A中的部分相近，可见二者有一些关系，但也还有一些内容未见于他书。文中避“丙”字，应当抄于中晚唐时期。暂且参照P.2615A、P.3492A之题名，拟为《诸杂推五姓阴阳等宅图经》。

4. P.2632V《诸杂推五姓阴阳等宅图经》（拟）

P.2632V，图版参《法国国家图书馆藏敦煌西域文献》第17册，册

① 黄正建《敦煌占卜文书与唐五代占卜研究》，第72页。

②《敦煌学大辞典》之《诸杂推阴阳百姓等宅图经》条，第625页。

③ 高友谦《中国风水》，北京：中国华侨出版公司，1992年，第72页。

中定名为《五姓宅经》，卷子装。写卷正面抄写占候类文献“手决一卷”，末有题记云“咸通十三年八月廿五日于晋昌郡写记”。本件抄写于背面，首尾均残，存宅图 9 幅，文字 87 行，起“徵姓：李、史、陈、田、郑、基母”，讫“取其吉凶而安之，审察□”，涉及徵、宫、商、羽诸姓宅图、吉凶占辞及论祸福刑德之内容，角姓内容残去不存。黄正建说“P.2632V 存徵姓、宫姓、商姓、羽姓的宅图，与 P.2615 相同，后面图示的阴阳宅的德福刑祸，与 P.2615 亦同；P.2962V 则仅存角姓和徵姓宅图，内容亦与 P.2632V 和P.2615 同”，认为此件文书应为《诸杂推五姓阴阳等宅图经》的一部分。[①]陈于柱进一步认为“本写卷与 P.2615A 相比较，主要在五姓宅图与阴阳宅福德刑祸等内容上基本相同，但本件写卷是将阴阳宅福德刑祸相关规定置于五姓宅图之后，这就说明阴阳宅法与五姓宅法是两个相对独立的占卜体系，因而可以互相置换、组合”。他拟为《诸杂推阴阳等宅经》，[②]金身佳拟名为《五姓宅经》。今从黄正建拟名。

抄写年代，据写卷正面咸通十三年（872）的题记，可以判定为唐末所抄。

5. P.3507《诸杂推五姓阴阳等宅图经》(拟)

P.3507，图版参《法国国家图书馆藏敦煌西域文献》第 24 册，册中定名《五姓宅经》，卷子装。首残尾未抄完，有界栏，存文字 16 行，起“□西入门为阴宅”，讫“又城郭四角、火烧水冲、减咸之地，及陶冶之□”，存子目 1 个，作“推五姓以定吉凶八卦图法”，内容与 P.3492A《诸杂推五姓阴阳等宅图经》的相应部分基本相同。

此卷后面接抄 “淳化四年癸巳岁（993）具注历日”中的 13 行文字。二者字体大小不一，陈于柱据抄写笔迹和行文风格判断为同一人所

① 黄正建《敦煌占卜文书与唐五代占卜研究》，第 73 页。

② 陈于柱《敦煌写本宅经校录研究》，第 336 页。

书。[①]那么其抄写时间当在 993 年或其前后不久。

《敦煌遗书总目索引》定名为《阴阳宅书》,《敦煌遗书总目索引新编》沿用此说,《法国国家图书馆藏敦煌西域文献》定名《五姓宅经》,金身佳同。陈于柱拟名为《诸杂推五姓阴阳等宅图经》,今从之。

6. P.4667VC《阴阳五姓宅图经》一卷

P.4667VC,此写卷抄写在藏文写卷背面,藏文编号为 P.t.2207。卷子装,正面抄藏文文献,背面抄写三种内容:前为《益算经》,有符图多幅。有占乌鸣内容,其后为本件,倒抄。首残尾全,有尾题,称“阴阳五姓宅图经一卷”,存文字 43 行,起“甲己之日平旦,建丙寅”,尾讫“谨请北方毗沙门天王护我居宅,北方有光明电王,名苏多末尼”。有子目作“镇宅法第六”、“石镇法第七”,正文 35 行,主要讲述用石等镇宅之术;后有 8 行为佛教护宅咒语。黄正建认为“全部文字没有涉及五姓也没有宅图”,“文书中还抄了‘谨请北方毗沙门天王护我居宅’等佛教咒语,以及道教的符咒,因此不是纯粹的《宅经》文书”。[②]

值得注意的是其前所抄神符内容中间有两条题记,其一作:“咸通六年(865)七月五日,分付庆庆《冢图经》一卷、《破葬诀》一卷、《明堂》一卷、《式诀》一卷、《备神符本》一卷。含含《禄命》付了。《宅经》一卷在高师。本书目录在《式诀》背”;另一为《益算经》的抄写题记,作“辰年三月廿五日己时写讫”。为我们提供了关于当时占卜文书的诸多信息,不仅可以了解当时葬书的抄写、流传情况,也可推知其抄写年代。前一题记的年代是“咸通六年”,即公元 865 年;后一年代为“辰年”,应距咸通六年(乙酉)不远,可能为其前的庚辰年(860)或者其后的壬辰年(872)。据此推断,P.4667VC 的抄写也当在这一时段。

---

① 陈于柱《敦煌写本宅经校录研究》,第 372 页。

② 黄正建《敦煌占卜文书与唐五代占卜研究》,第 74 页注①。

第二节

五姓宅经

该类文献有 9 个卷号，可缀合为 4 件写本，即 P.2962V、Дx.00476+ Дx.05937+ Дx.06058、Дx.05448V→Дx.01396V+ Дx.01404V+ Дx.01407V、Дx.05193。

1. P.2962V《五姓宅经》（拟）

P.2962V，图版参《法国国家图书馆藏敦煌西域文献》第 20 册，册中定名为《宅经》，卷子装。为图示的形式，存角姓人宅图、角姓家宅图和徵姓人宅图三幅宅图及其相关占辞。三图皆为方形，中间分别标称“角姓宅依此看用吉”、“角家宅图依此用之”、“徵宅图”。占辞书写于四周，按方位、十二月、十二支及对应神煞、形势高下等条件因素，分叙角姓、徵姓人起作舍宅之吉凶宜忌。其占辞与 P.2615A、P.2632V 基本相同，但在内容构成上不如前两者完整。

此件写卷《敦煌遗书总目索引》、《敦煌遗书总目索引新编》均定名为《星占书》，《敦煌遗书最新目录》定名为《宅经》。黄正建认为此件写卷“则仅存角姓和徵姓宅图，内容亦与 P.2632V 和 P.2615 同。这两件文书（P.2962V、P.2632V）应是《诸杂推五姓阴阳等宅图经》的一部分”，[①]陈于柱和金身佳分别拟名为《五姓宅经》和《宅经》。[②]今从陈于柱。

写卷正面抄《张议潮变文》，且宅经中文字不避“虎”字，可知抄写于晚唐五代归义军时期。

2. Дх.00476+Дх.05937+Дх.06058《五姓宅经》（拟）

Дх.00476+Дх.05937+Дх.06058，图版参《俄藏敦煌文献》第6册，册中定名《宅经》，卷子装。此件文书由3个不相连接的残片组成，每个残片都不大，分别保存文字13行、8行、8行，末片并有一图，3个残片的书写笔迹相同，应为同一人所抄写，可知为同一写卷的不同断裂部分。写卷背面抄写“唐开元五年沙州敦煌县龙勒乡籍”，笔迹相同，亦为同一人所书。据写卷正背内容，可推知抄写“唐开元五年沙州敦煌县龙勒乡籍”的一面应为原来的正面，《宅经》内容应是在正面“乡籍”废弃后才抄写上去的，其时间似在距唐开元五年（717）之后较晚的一段，有可能在吐蕃统辖时期或者其后的归义军时期。今《俄藏敦煌文献》图版的正背面的标识应予调整。所存3个残片的内容大致如下：

第一片仅存上半部，下半横向撕去，存文字13残行，起“何以知人家贫苦□”，讫“何以知人家频遭牢□”，全部为“何以知人家……”的句式，由于残缺，其内容并不十分明确，不过其所叙，与P.2632V《宫姓宅图》后面的记载，如“何以先富后贫，南方屋坏后起东屋使之贫，当伤任（妊）娠妇女。何以先贫后富，东方屋坏后起南屋使之富。何以知宅多伤害，水渎出甲　，太岁在甲，故伤。何以居之暴富，其门外下庭中高使之。何以飞祸非，又则长子，南方屋坏，柱折伤起之三至，不者必通硖，慎之，凶”等，在句式及吉凶判断方面有一定

① 黄正建《敦煌占卜文书与唐五代占卜研究》，第73页。

② 陈于柱《敦煌写本宅经校录研究》，第377页；金身佳《敦煌写本宅经葬书校注》，北京：民族出版社，2007年，第24页。

的相似性，可以判定应属五姓宅经的内容。陈于柱拟名为《五姓宅经》，[①]应是。其文书所用的“何以知人家……”句式，传世的相宅类文献《地理葬课择日全书》中的“论坟宅兴衰”，[②]明王君荣辑《阳宅十书》卷一论外宅形引《何知经》，[③]都与此类似。该句式，敦煌相书 P.2572B《相法》（拟）中亦有运用。

第二个残片，俄藏图版照片拼接有误，误将末尾断裂下来的两残行文字放置在最前。黄正建已指出其误，陈于柱的释文中已经调整。存文字 8 残行，起“移向子地害财物及长子▭”，讫“▭若养六畜宜□▭”。内容为依十二支叙移徙的吉凶，如“向辰地不宜田蚕，破败，凶”；“向午地大富贵、宜六畜，吉”等。陈于柱判定为“宫姓移徙法”。

第三个残片，前为 8 残行文字，起“向寅地克败财物及六畜，凶”，讫“宜养黄伯黑色，番▭”，叙移徙的吉凶，内容所涉为商姓；后为一宅图残部，标示出部分地支与神煞的方位。陈于柱认为应是“商姓家宅图”。最后写有“宫姓图”字样。

金身佳将这三个残片排序为 Дx.00476、Дx.06058、Дx.05937，与此稍有不同。

3. Дx.05448V→Дx.01396V+Дx.01404V+Дx.01407V《五姓宅经》（拟）

这是由 4 件俄藏残片缀合成的一件写本。

Дx.05448V，图版参见《俄藏敦煌文献》第 12 册，册中未定名。正面抄写《阴阳宅经》内容（拟），该件抄写于背面，为一小残片，存文字 7 断行：

---

① 陈于柱《敦煌写本宅经校录研究》，第 388—389 页。

② 妙摩慧度编著《地理葬课择日全书》，北京：中国文联出版公司，1995 年，第 96 页。

③《古今图书集成》卷六七五《艺术典·堪舆部·汇考二十五》；清周南、吕临辑《安居金镜》卷六亦引有《何知经》，见《续修四库全书》1052 册，上海：上海古籍出版社，1997 年，第 747 页。

〔　〕日马一匹身着白衣在〔　〕

〔　〕移徙□□（立亥?）大富贵，资财百〔　〕

〔　〕立子，大富贵，资财三百万，食口〔　〕

〔　〕三年灭门，凶。立丑，灭绝世不可〔　〕

〔　〕不可居。立巳〔　〕

〔　〕立未，先富后贫〔　〕

〔　〕立酉〔　〕

其中第一行文字未见于他书，其余内容与P.2615A中的“商姓人宅图”所述占辞基本相同，可以大体判定为商姓人宅经的内容。金身佳归在五姓宅经类中，拟名为《商姓人宅图占辞》。①

Дx.01396V+Дx.01404V+Дx.01407V，图版参《俄藏敦煌文献》第8册，册中定名《阴阳书》，卷子装。原为3个残片，《俄藏敦煌文献》图版已经缀合。前后均残，存32残行，起“〔　〕口五十人，居大吉〔　〕”，讫“饥不可〔　〕”。内容涉及五姓中宫姓、羽姓人的移徙吉凶及宜忌。商姓内容保存不多，仅存后半的10残行。羽姓内容基本完整，包括羽姓所含的诸姓氏、羽姓十二月移徙吉凶、十二支移徙吉凶等。如“羽姓移，忌太岁在辰巳丑未，煞子孙，凶。四月移徙，猪不产。何以知？四月、五月巳午火，火羽，水克火，夏火克水，水往克之，消人精，以此言之”；又如“亥移在天合（空）下，出明经大儒，为国所征，拜侍中、将军、公侯，授刺史、二千石，累世富贵，印授丞相，子孙兴盛，食口六十人，资财千万”，等等。写卷正面抄写《阴阳宅经》。与背面笔迹不同。

笔者通过对以上残片正背面所抄内容及笔迹的对比，认为二者当为同一写本中的不同断裂部分，Дx.05448V在前、Дx.01396V+Дx.01404V+

---

① 金身佳《敦煌写本宅经葬书校注》，第42页。

Дx.01407V 在后，二者不能直接缀合，中间尚有缺损。缀合后共保存文字 39 行，涉及五姓中商姓、羽姓的居宅吉凶内容。

关于此卷的定名与时间，研究者多以 Дx.01396V+Дx.01404V+Дx.01407V 为依据。孟列夫《俄藏敦煌汉文写卷叙录》定为 9—10 世纪，并认为该件正背面所写为同一文书。[①]黄正建认为该卷“抄写年代晚于正面，例如‘白虎’不写作‘白兽’，又有‘乡党富贵’、‘亥移至大吉下，出明经大儒为国所征，拜侍中将军’等不大见于唐人的语言。故此《宅经》虽属‘五姓宅经’类，但时代应该比较晚。孟列夫《叙录》将文书的正、背面视为一件文书，认为其内容是占地气，如‘金’气和‘水’气对人们命运的影响，这是不准确的。《俄藏敦煌文献》定其名为‘阴阳书’，似亦不确”。[②]

4. Дx.05193《宅经？》残片（拟）

Дx.05193 为《俄藏敦煌文献》第 12 册中 11 个小残片的总号，均未定名。其中一个为一小竖条，仅存文字 1 行，共 7 字，作：

［　　］□官是勾陈，商徵［　　］

涉及五姓与十二神。黄正建认为 P.2615 中有将五姓与勾陈等十二神相连的文字，故疑此可能与五姓宅经有关。[③]但其所存文字过少，无法明确认定其内容所属，暂归于此。

---

① ［俄］孟列夫主编，袁席箴、陈华平译《俄罗斯科学院东方研究所圣彼得堡分所藏敦煌汉文写卷叙录》上册，上海：上海古籍出版社，1999 年，第 625 页。

② 黄正建《敦煌占卜文书与唐五代占卜研究》，第 76 页。

③ 见张弓主编《敦煌典籍与唐五代历史文化》下卷《杂占章》，北京：中国社会科学出版社，2006 年，第 897 页。

第三节

阴阳宅经

该类宅经有 5 个卷号，可拼接缀合成两件写本，即 P.3865 和 Дx.05448→Дx.01396+Дx.01404+Дx.01407。

1. P.3865《阴阳宅经》(拟)

P.3865，图版参《法国国家图书馆藏敦煌西域文献》第 29 册，册中定名为《宅经》。册页装，首尾俱残，存文字 111 行，起“□贱，寿命短长，一代盛衰，百年荣辱”，讫“若薄命之人居其吉宅，犹如丑陋之子□”。内容涉及宅经中的序言及正文的一部分。无首题、作者，中有子目称“凡修宅次地法”。该件是敦煌宅经中可与传世文献相比勘的一部，所存部分大体相当于传世《宅经》卷上的“序”、“总论”及“凡修宅次第法”。[①]

其书开首云：

---

① 参《宅经》卷上，《古今图书集成·博物汇编艺术典》卷六五一，文渊阁《四库全书》本。按传世本《宅经》版本颇多，有《说郛》本（一卷）、《学津讨原》本、《四库全书》本，均题名《宅经》；《正统道藏》本、《夷门广牍》本、《津逮秘书》本、《崇文书局汇刻》本，均题名《黄帝宅经》。赵建雄《宅经校译》对此叙述甚详，可参其说。见氏著《宅经校译》，台北：云龙出版社，1996 年，第 11 页。

> □贱，寿命短长，一代盛衰，百年荣辱；占宅者，见刑(形)势气色，革变迁移，祸福交并，吉凶代谢；占葬者，辨山岗善恶，营域征(正)邪，鬼神安危，子孙隆绝；占卜者，逆知前事，预测将来，审冥寞之幽微，决嫌疑之得失。如上五说，乃是阴阳之枢钮（纽），人伦之轨模。非夫博物明贤，无能悟斯道也。就此[五]种，其最要者，唯有宅法是真秘术。凡人所居，无不在宅，唯只大小不等，阴阳有殊，纵然一室之中，犹善恶。大者大说，小者小论。犯即有灾，镇而祸止，亦犹药病之义也。故宅者，人之本。人者以宅为家，居若安，即家代昌盛。若不吉，即门族衰微。坟墓川冈，并同兹说。上至军国，次及州县郡邑，下至村薄堡栅，乃至山居，但人所处，皆其例也……

从内容看，这部分显然属于宅经开头的序言。开始先叙占宅术在五种占卜术中的重要性，其后列举当时流行的25种宅经文献，作者涉及早期的皇（黄）帝、孔子、文王、司马天师，及唐代的李淳风、吕才等，虽然多为依托，但也可看出其所遵循与流传的大致脉络；再次叙阴阳二宅之内涵及修造宜忌等内容。是对相宅术的重要性、历史源流及相宅方法的总体性概括。

正文部分为“凡修宅次地法”。叙述了阳宅、阴宅修造中在时间、方位等方面的顺序，如“先修刑祸，后修福德，吉。修阳宅从亥起功顺转，修阴宅从巳起功顺转，终而复初”等，并引《宅书》、《搜神记》、《三元宅经》之文加以论述。

与传世本相比，P.3865的内容顺序与旧题为黄帝撰的《宅经》卷上大半相同，但其文字内容较传世本多，传世本中已经删去了开头论述五种占卜术的内容，以至于论述内容前后不能衔接，远不如P.3865完整连贯。由此可见敦煌写卷之宝贵价值。

关于定名与时代。《敦煌遗书总目索引》、《敦煌遗书总目索引新编》、

《敦煌宝藏》均定名为《宅经》。黄正建拟名为黄帝《宅经》，陈于柱、金身佳拟名为《阴阳宅经》，今从后者。

此卷的年代，黄正建认为写卷在列举诸家宅经时引用了《李淳风宅经》和《吕才宅经》，“因此应该是唐人的作品。宅经中对阴阳二宅的划分，以及宅的‘五虚’、‘五实’等，对当时和后代都有一定的影响”，[①]严敦杰拟名为《宅经》，认为“书名中有‘吕才宅经’和‘李淳风宅经’，知此卷成于唐中叶或稍后。序文还阐明阴阳玄学理论对于建宅趋吉避凶的意义，建宅时避‘五虚’就‘五实’的风俗习惯，以及房宅、土地和人的依存关系，对探索古人的建宅思想有一定意义”。[②]王卡认为“应是中晚唐道士所作”，与《道藏》本相比，“两本文字颇有出入，敦煌本删去经文较多，应是节抄本”。[③]

另外，该卷中以“代”字替“世”字，避唐讳，亦可看出其为唐人所撰。

2. Дx.05448→Дx.01396+Дx.01404+Дx.01407《阴阳宅经》(拟)

这是由俄藏的4个残片缀合而成的一件写本。

Дx.05448，图版参《俄藏敦煌文献》第12册，册中未定名。为一小残片，存文字8残行。有子目作“凡开灶门法”，内容涉及住宅东西南北的长度与宽度、开门法、置井安灶的吉利方位等。

□宅南北廿九步，东西□
□尽天除一，地除二，人除三，四时除□
□无人居之，凶，余三者天人共居之
□廿五除之。凡开宅门法，皆以南方

① 黄正建《敦煌占卜文书与唐五代占卜研究》，第79页。

② 季羡林主编《敦煌学大辞典》之《宅经》条，上海：上海辞书出版社，1998年，624页。

③ 王卡《敦煌道教文献研究》，北京：中国社会科学出版社，2004年，第148页。

▭置井同在巳上吉。安灶同在乙丙

▭若同在亥。前▭

▭依灶法，宜长七▭

▭昌，作灶当日▭

其中一些内容与 P.2615A 的部分内容相似。陈于柱拟名为《宅经残卷乙种》，[1]金身佳拟名为《宅经》，[2]均归在一般宅经类。写卷背面抄《五姓宅经》（拟）。

Дх.01396V+Дх.01404+Дх.01407，图版参《俄藏敦煌文献》第 8 册，册中定名为《宅经（附阴宅图）》，卷子装。原为 3 个残片，俄藏图版已经缀合。写卷背面抄写《五姓宅经》（拟），两面抄写笔迹不同。该件文献首尾俱残，存文字 26 行，起“▭用香水和▭”，讫“▭宅入阴宅▭□▭”，中间附有“阴宅图”一幅。黄正建认为与黄帝《宅经》为同一性质的文书，并拟名为黄帝《宅经》。[3]陈于柱、金身佳均将其拟名为《阴阳宅经》。

笔者通过对以上残片正背面内容及笔迹的对比，认为是同一件写本的不同断裂部分，Дх.05448 在前，Дх.01396+Дх.01404+Дх.01407 居后，但中间有残缺，不能直接缀合。拼合后存文字 34 行，内容可分为四个部分：

（1）住宅东西南北的长度与宽度、开门法、置井安灶的吉利方位等。

（2）阴阳宅之间刑祸德福四方的移徙往来及其吉凶等。

（3）天道、人道、岁德、月德、月空的运行方位，及其与阴阳宅的修造和移徙的关系。

① 陈于柱《敦煌写本宅经校录研究》，第 478—488 页。
② 金身佳《敦煌写本宅经葬书校注》，第 193—194 页。
③ 黄正建《敦煌占卜文书与唐五代占卜研究》，第 79 页。

（4）保存了一幅残存的阴宅图，对研究传世本阴阳宅图很有参考价值。

其中主要内容与 P.3865 很接近。

金身佳在比较了 Дx.01396+Дx.01404+Дx.01407 与传世本《黄帝宅经》阴宅图后认为该卷残存的神煞与传世本基本相同，但也存在少量的差异，他具体指出了四个方面的不同。[①]

抄写时间的讨论以 Дx.01396+Дx.01404+Дx.01407 为主。孟列夫《俄藏敦煌汉文写卷叙录》将其定为 9—10 世纪的写本。[②]黄正建根据文书中避“丙”、“虎”两字，认为“本件文书抄于唐代甚至可能是撰于唐代的著作”。[③]严敦杰认为成于唐中叶或稍后，[④]与孟列夫的看法更为接近。

---

① 金身佳《敦煌写本宅经葬书校注》，第 22 页。

② ［俄］孟列夫主编，袁席箴、陈华平译《俄罗斯科学院东方研究所圣彼得堡分所藏敦煌汉文写卷叙录》上册，第 625 页。

③ 黄正建《敦煌占卜文书与唐五代占卜研究》，第 79 页。

④ 季羡林主编《敦煌学大辞典》之《宅经》条，上海：上海古籍出版社，1998 年，第 624 页。

第四节

八宅经

敦煌宅经中的此类文献仅有 P.2615B 一个卷号。

P.2615B《八宅经一卷》

图版参《法国国家图书馆藏敦煌西域文献》第 16 册，册中定名《八宅经一卷》，册页装。本件与 P.2615A 连抄，首题“八宅经一卷”，首全尾残，存文字 45 行，起“八宅经一卷”，讫“后皈来入兑即下[　　]”。从行文笔迹来看，与前抄的《诸杂推五姓阴阳等宅图经一卷》为同一人所书，即“□□子弟董文员”所写。

此卷的内容，陈于柱总结为三部分：(1) 关于八种命宫的规定及住宅灾祸年份的判断。主要根据生年来规定人的八卦属性，并由此推论此居宅何年出现灾祸。(2) 八宫之人作宅的吉凶宜忌。主要论述了前面八种命宫之人作宅的吉凶宜忌。其方法大致是：以某一命宫为起点，然后依次与以八卦命名的宅子联系起来作吉凶判定。(3)“八宅经”中的作宅法。①

此卷的抄写年代，亦应与 P.2615A《诸杂推五姓阴阳等宅图经》的

① 陈于柱《敦煌写本宅经中的“八宅”——“八宅经一卷”研究》，《麦积山石窟艺术文化论文集》（下），兰州：兰州大学出版社，2004 年，第 237—258 页。

抄写时间相同，大致在张氏归义军时期。金身佳亦据卷中“生气”、“祸害”、“绝命”、“五鬼”、“天医”等游年八卦中的术语，尚未见于隋萧吉《五行大义》一书，推断《八宅经》的创制不会早于隋，应大致在隋唐之际。[①]

《宋志》中著录了《黄帝八宅经》一卷、《淮南王见机八宅经》一卷、《八宅》二卷，P.2615B有可能是其中的一种。[②]

---

① 金身佳《敦煌写本宅经葬书校注》，第170页。

② 现在可见的明清时期有关八宅的著作主要有：(明) 周继《阳宅真经》，《续修四库全书》子部术数类，第1052册。(明) 一壑居士集《八宅四书》，《续修四库全书》子部术数类，第1052册。(明) 王君荣纂辑《阳宅十书》，《古今图书集成》艺术典堪舆部汇考二十五、二十六、二十七、二十八。(明) 黄一凤撰《八宅造福周书》，台北：育林出版社，1998年。(清) 周南、吕临辑《安居金镜》，《续修四库全书》子部术数类，第1052册。(清) 箬冠道人撰《八宅明镜》，北京：华龄出版社，1995年。(清) 赵九峰《阳宅三要》，郑州：中州古籍出版社，1996年。(清) 吴鼒《阳宅撮要》，收录于《阴阳宅大全》，郑州：中州古籍出版社，1996年。

第五节

一般宅经

该类宅经有9个卷号，可拼接缀合为8件写本，即S.4534V/1+S.9434→S.4534V/2、P.2630V、P.3281VB、P.3594、P.4522V、P.2964、P.3602V、S.6169。

1. S.4534V/1+S.9434→S.4534V/2《宅经一卷》

这是由英藏的3个残片缀合成的1件写本。

S.4534V，图版参《英藏敦煌文献》第6册，册中定名为《宅经一卷》，卷子装。为两个不相连接的残片，写卷正面均抄写《新修本草》，该件抄写于背面，第1片暂标为S.4534V/1，存9行，有书题作“宅经一卷”，后有相关子目6个，后面接抄道教内容。第2片标为S.4534V/2，较前片大，存文字29行，起“凡人居穷，欲到宅良”，讫“宫食角井，少子病伤恶疮”。中有子目，内容涉及厌禳安宅及起楼法、宅中置处所法等。从背面内容及书写笔迹判断应为同一书中的不同部分。

S.9434，图版参《英藏敦煌文献》第12册，册中定名为“失名道经”。为一小残片，存文字8残行，恰好可与S.4534V/1残片的左上角所缺部分缀合，缀合后的文字，恰处在“宅□神异处法第十”之后，与《宅经一卷》中6个子目之后所抄写的道教内容有关。

缀合后，该件文献所存文字有42行，内容可分为三个部分：

第一部分，首题及其后所列子目篇名。子目包括“□□安置法第一”、“□宅舍所用法第四”、“宅神伏龙所在第五”、“宅所见以知法第七”、“治宅谢厌解法第八”、“宅□神异处法第十”等。

第二部分，子目后所抄与道教有关的内容，可能是序言。提到玄女、皇帝、虞成、赤松子等，以及“宅经一卷”的字样。由于所保存内容少，不能完全看清它与该卷的关系。王卡认为是“假托玄女传授道法经书给皇帝（黄帝）、赤松子”。[①]

第三部分，即S.4534V号第二个残片所抄，为宅经的主体部分，大致包括三方面。其一记述镇宅厌禳的各种方法；其二为“诸家起楼法”，叙述了造楼的方位选择及在家宅布局中的吉凶宜忌；其三为“宅中置处所法第三”，述五姓人置井的方位及吉凶，与P.2615A之《五姓开井图》较为相近，即以天干、地支来表示不同方位的井，分别用五姓加以分类，并略述五姓人饮用五姓之井的吉凶，但本件的叙述没有P.2615A完整。

黄正建说此写卷“题作‘宅经一卷’，但不知是当时诸家宅经中的哪一种宅经。……从内容看，似乎这种宅经以了解神异动向和如何厌解为主”。[②]

《敦煌遗书总目索引新编》介绍说“此卷两面书写，而纸很薄，两面透字，因而难辨认者多”。[③]荣新江《〈英国图书馆藏敦煌汉文非佛教文献残卷目录〉补正》一文注意到英藏的这两个卷号的关系，将其缀合，定名为《宅经一卷》；[④]王卡亦有缀合，并拟名为《玄女宅经》。[⑤]

---

① 王卡《敦煌道教文献研究》，第148—149页。

② 黄正建《敦煌占卜文书与唐五代占卜研究》，第77页。

③ 施萍婷《敦煌遗书总目索引新编》，第141页。

④ 荣新江《〈英国图书馆藏敦煌汉文非佛教文献残卷目录〉补正》，载宋家钰、刘忠编《英国收藏敦煌汉藏文献研究——纪念敦煌文献发现一百周年》，北京：中国社会科学出版社，2000年，第382—383页。

⑤ 王卡《敦煌道教文献研究》，第148—149页。

2. P.2630V《宅经》(拟)

P.2630V，图版参《法国国家图书馆藏敦煌西域文献》第17册，册中定名为《星占书》，卷子装。写卷正面抄写《尚书》卷第十，该件抄写于背面，首尾俱残，字迹不清。存文字64行，起“□八十人。平地高幽，南北百余步”，讫“□门户有禁者□东门□□南门□”，有少量双行小字注文。

内容大致包含四个方面：

(1) 分龙尾地、天庭之地、水减之地、天仓之地等名目，分述所居地之吉凶，如“所谓咸池之地，大水从西南来宅前未地，折北行百步，若三百步而折东南至辰□折东北行，居之，出二千石”；

(2) 按太岁、太阴、天常等日述移徙安宅的吉凶所宜；

(3) 种树木法，述屋宅周围种植树木的吉凶宜忌；

(4) 述天德、土公等所在及与居宅门户的吉凶，提到“天火日”等。

黄正建认为该卷应拟名为宅经，他说“其中P.2630V原定名为《星占书》，是不对的。查其照片，虽甚残并字迹不清，但内容大致有：1. 讲地形，如说：‘所谓还丘之地者，四方高二后下，□数宜□，出二千石，□后食口五十人’；2. 叙太岁以下神之出游；3. 述禳法，如‘舍东北角种□三根□□太阴以避□□’；4. 列某神某时在某等。大致都应是《宅经》的内容”。[①]陈于柱拟名为《宅经残卷甲种》。[②]

3. P.3281VB《宅厅梁屋法等》(拟)

P.3281VB，图版参《法国国家图书馆藏敦煌西域文献》第23册，册中定名《宅经》。卷子装。写卷正面抄写《六十甲子历》(拟)，背面由数种文献组成，依次为部落使阎英达状、该件宅经、押衙马通达状、

① 黄正建《敦煌占卜文书与唐五代占卜研究》，第79页。

② 陈于柱《敦煌写本宅经校录研究》，第435页。

周公解梦书、布萨文等。该件居背面第二位，故标为 P.3281VB。文献似首尾全，前有子目称“宅厅梁屋法”，存文字 117 行。起“宅厅梁屋法”，讫“下下宅东西九步，南北十步”，有数个子目，分别为“宅厅梁屋法”、“扬州刺史安羊法”、“五姓安置场地法”、“初入宅法”、“占宅刚（冈）势法”、“占伤败”、“五姓移徙法”、“五姓同忌法”、“制宅大小法”等，内容复杂，似是各种占宅法的汇集抄录，涉及五姓宅内容较多。陈于柱认为：“在五姓宅法方面，本件虽然不如‘五姓阴阳宅经’类、‘五姓宅经’类写卷完整和有序，但在内容上基本相近，特别是在某些错字误字、衍文上两者也完全相同，所以本件应是对《诸杂推五姓阴阳等宅图经》或《五姓宅经》的摘抄；在镇宅法方面，其镇宅咒语和 P.4522VA 所记基本相同。”①

《敦煌遗书总目索引》、《敦煌遗书总目索引新编》均将其定名为《宅经》，《敦煌遗书最新目录》命名为《宅厅梁屋法》。

关于 P.3281VB 的抄写年代，据郑炳林对背面所抄“部落使阎英达状”与“押衙马通达状”的考察，其状的写成时间约在唐大中五年（851）至咸通八年（867）左右，故判断同卷的“《周公解梦书》的抄写亦应在这个阶段，是归义军节度使张议潮在任或稍后时期的作品”，②那么其前的 P.3281VB 宅经残卷也应抄写于这一时期，即大中五年（851）到咸通八年（867）左右。

4. P.3594《推五姓墓月法、用石镇宅法等》（拟）

P.3594，图版参《法国国家图书馆藏敦煌西域文献》第 26 册，册中定名《宅经》，卷子装。该件首尾俱残，有图示多幅，存文字 55 行，有朱笔勾涂，起“日□□南□□凶□□祭之”，讫“三元毕，周而复始”。存子目 8 个，分别为“凡人疫病移徙嫁娶用

---

① 陈于柱《敦煌写本宅经校录研究》，第 455 页。

② 郑炳林《敦煌写本解梦书校录研究》，北京：民族出版社，2005 年，第 56—57 页。

法”，“推太岁游图法”（有图示），“推五姓墓月法”，“用石镇宅法”，“推五姓祭祀修造月日法”，“推伏龙法”，“推出入逐急不得吉日随时所去门”，“求九方色”，涉及宅经、时日选择宜忌等方面内容。主要以占宅、移徙和镇宅为主，如“用石镇宅法：凡人居宅不利，有疾病逃亡耗财，以石九十斤镇鬼门上大吉利艮是也。人家居宅已来，数亡遗失，钱不聚，市买不利，以石八十斤填辰地大吉”。陈于柱认为此卷“当为各种宅法或居住吉凶禁忌的混抄”。①

《敦煌遗书总目索引》、《敦煌遗书总目索引新编》均定名为《阴阳书残卷》，《敦煌遗书最新目录》定名为《阴阳书》。现依黄正建拟名为《推五姓墓月法、用石镇宅法等》。

关于此卷的抄写年代，《敦煌遗书总目索引新编》以文中有“从开元十二年甲子入下元”语，定为晚唐著作。

5. P.4522V《推镇宅法》（拟）

P.4522V，图版参《法国国家图书馆藏敦煌西域文献》第 31 册，册中定名为《宅经推镇宅法第十》，卷子装。写卷正面抄写《受八关斋戒文》，该件文献抄写于背面，首尾似全，存文字 21 行，起“占镇宅法。推镇宅法第十”，迄“阳宅埋丑地，阴宅埋未，必迁官”。中有子目称“占镇宅法”、“推镇宅法第十”，文字后有宅图一幅。另，文献前后画有数幅男子头像，应与该件文献无关。

此件文书记载了数种镇宅禳灾的方法及相关咒语，如“凡人家虚耗，钱财失，家口不健，官职不迁，准九宫八宅及五姓宅阴阳等宅同用之，并得吉庆”。所用镇宅物有雄黄、朱砂、砺青、白石膏、紫石膏、五色彩、铁女、白石、虎头、赤石、铁、钱等，似与道教、巫术有关。咒语则与 P.3281VB 所记大致相同，其中提到的禁忌，如“不煞生、不出恶语”等，与佛教影响亦不无关系。

---

① 陈于柱《敦煌写本宅经校录研究》，第 468 页。

诸家目录及《宝藏》均定名为《宅经》，黄正建、朱俊鹏、余欣拟名为《杂镇宅法》，陈于柱《敦煌写本宅经研究》定名为《推镇宅法第十》，金身佳拟之为《推镇宅法》。今从金身佳。

关于抄写年代，朱俊鹏说："卷中有头像画稿，为唐人画像，本卷也应属于唐代。"[①]陈于柱认为"从头像所戴幞头来看，具有明显的晚唐风格。又，写本行文不避'虎'字，因此P.4522V大致为晚唐之抄本"。[②]

6. P.2964《四邻造作及自家泥垒犯触转为福法等》(拟)

P.2964，图版参《法国国家图书馆藏敦煌西域文献》第20册，册中定名为《星占书》，卷子装。首残尾全，前存图六幅，分别按方位时间标示出黄黑道十二神位置，后为7行文字说明，起"凡四邻造作及自家泥垒犯触转为福法"，讫"以酒脯祭之，吉宅土"，内容是关于触犯黄、黑二道十二神时的厌解之法；其后为土公出游图，下方存文字10行，起"土公游之方，不得起土造作移徙嫁娶修门户"，讫"以上三图用行大吉"，说明土公出游的方向、土符所在及其宜忌。

黄正建云："P.2964有六张图，每两个月一张，在每张图上按十二地支画有青龙、白虎、司命、勾陈的位置，然后有文字说'凡四邻造作及自家泥垒'犯了青龙如何如何，犯了玄武如何如何，最后是触犯后'转为福法'。文字之后又有一张图，图分九格，正中坐一人，四方各有一个骑马的人。正中写"土公位常在中庭"，四方则写土公何日出游，比如南方写'□亥、戊戌、□酉、丙申、乙未、甲午，此六日南游'。图下有10行字，大致讲土公出游日的宜忌。这件文书不知是不是《宅经》。由于它是讲'造作'的，又有土公出游日的宜忌，所以可能和《宅经》有些关系。"[③]

① 朱俊鹏《敦煌风水类文书初探》，首都师范大学硕士学位论文，2002年，第13页。
② 陈于柱《敦煌写本宅经校录研究》，第62页。
③ 黄正建《敦煌占卜文书与唐五代占卜研究》，第80页。

《敦煌遗书总目索引》、《敦煌遗书总目索引新编》均定名为《残星占书》;《敦煌遗书最新目录》命名为《星占书》，不确。今依金身佳，拟名为《四邻造作及自家泥垒犯触转为福法等》。

7. P.3602V《宅内伏龙法》(拟)

P.3602V，图版参《法国国家图书馆藏敦煌西域文献》第26册，册中定名为《孟遇禄命一部》。卷子装，抄写于P.3602的背面。写本正面抄写《庄子集音》，[①]背面杂抄数种内容，分别为“八日推走失法”(拟)、“神龟推走失法”、“孟遇禄命一部”、“宅内伏龙法”、“土公出游图”(拟)等，并绘有8幅图。

本卷内容较杂，与居住有关的内容为：(1)绘有一坛，旁边标注“右土府，犯之损家母，凶”；(2)绘一龙踞坛上，旁注“宅内伏龙法”，并有“正月一日灶前六十日，六月十一日在东北六十日”等说明；(3)土公出游图及说明。

“伏龙”、“土公”在P.2615A、P.3594、P.2964等书中多有记载，故本件当为诸宅神禁忌的混抄。伏龙为中国传统修造禁忌中的神煞，黄正建和余欣曾有考证，[②]可参。

8. S.6169《大唐新定皇帝宅经一卷》

图版参《英藏敦煌文献》第10册，册中定名《杂写》。内容仅存1行：

大唐新定皇帝宅经一卷

本件杂写于佛经之后，卷中写有“龙兴寺法门门神智神智并写阴阳

① 许建平考定为东晋徐邈《庄子集音》残卷。见氏著《伯三六〇二残卷作者考》，《文史》第40辑，1994年，第177—183页。

② 黄正建《唐代的“坐龙”与“伏龙”》，《中国文物报》2001年11月23日；余欣《神道人心——唐宋之际敦煌民生宗教社会史研究》，北京：中华书局：2006年，第202—204页。

阴阳阳阳阴阴阳”等字，龙兴寺为唐五代时敦煌僧寺，从本件可知阴阳占卜术亦为唐五代敦煌僧人所抄写和研习。

黄正建云：“S.6169 只有一句话，写作‘大唐新定皇帝宅经一卷’。这当是唐时《皇帝宅经》的正式名称，与后世将其写作‘黄帝宅经’不同。还有一证，即传世本《宅经》在提到诸家宅经时有‘黄帝宅经’，但 P.3865 号文书在同样的地方却写作‘皇帝宅经’，这似乎也说明《皇帝宅经》是当时比较通行的名称。”①

① 黄正建《敦煌占卜文书与唐五代占卜研究》，第 76—77 页。

第六节

护宅神历卷

该类宅经有 3 个卷号，即 P.3358、S.5775、 S.5775V。

1. P.3358《护宅神历卷》

P.3358，图版参《法国国家图书馆藏敦煌西域文献》第 23 册，册中定名《护宅神历卷》。该卷首尾全，首题“护宅神历卷”，分作数栏，绘有 18 幅各种护宅神符，多为人首或动物形象，并用小字注明各自的用途。可辨名者有镇宅四角符、管公明神符、门符、咸安心符、董仲（舒）神符、穴符、门符、床符、脚符、除噩梦符、地穴出口符、房舍符、神树符、树神符等。与镇宅有关的内容如（符画略）：

镇宅四角符：病患，此神符镇四角。除云（去）百鬼，万患逍（消）除。

管公明神符：管公明神符，却鬼，见口走出；万里病患自除，宜保财物，安门上，大吉。

咸安心符：咸安心符，前大吉，立有脸（验）知，十六日却。符厌，持行咒鬼，安大门，除一切鬼。

董仲（舒）神符：凡人家宅舍不安，六日厶日（畜?）不息，田蚕不成，钱财不聚，八神不安，以桃木板长一尺，书此玄（悬）

宅四角，大吉利。

穴符：此符［安］穴中，大吉。

门符：此符大门上安。

床符：符主噩梦，床上安。

房舍符：此符房舍内安，并安门旁，大吉。

灶符：此符安灶上，大吉利。

神树符：咒曰：宅神不安，钱财不散失，家内准厄，安上符。安此神树，永无殃灾，大吉。

树神符：先贤孔夫子、吕才定略，天圆地方，辰日书此，六畜王(旺)，急急如律令。

从内容形式看，与道教关系比较密切，用于护宅安宅，驱鬼镇邪除病。

2. S.5775《护宅神历卷》(拟)

S.5775，图版参《英藏敦煌文献》第9册，册中定名《护宅神历卷》。首尾俱残，下半部亦被撕去。该卷《敦煌遗书总目索引》、《敦煌遗书总目索引新编》均定名为《道家符箓》，王卡定为《道教镇宅禳角符咒》。卷中所画神符与P.3358《护宅神历卷》多有相似之处，故应为《护宅神历卷》的不同抄本之一。有管公明神符、镇宅四角符、董重(仲)舒符、火怪符等。占辞说明与P.3358《护宅神历卷》稍异。

3. S.5775V《护宅神历卷》(拟)

S.5775V，图版参《英藏敦煌文献》第9册，此卷写于S.5775背面，卷内载有董仲舒神符、树神符等，神符形象与P.3358很相似，但占辞有同有异。如“董重（仲）舒”符云：“董重□舒凡人家宅 ▭ ▭ 不□畜生不番 ▭ ▭ 宅舍七神不安，或浮游 ▭ ▭ 桃板一尺，打宅四角，名 ▭ ”，与P.3358“董仲舒”符占辞大致相同。而“树神”符等则与P.3358不同。

此外，王卡认为 S.6204 可与 S.5775 缀合，为同一件写本。[①]笔者经对比，发现二者笔迹、写卷形式等均不同，不是同一件写本，不能缀合。

敦煌写本宅经的数量，黄正建在《敦煌占卜文书与唐五代占卜研究》中统计为 25 个卷号，19 件写本，分别是 P.2615V、P.2632V、P.2962V、P.3492、P.3507、P.4667、P.3281V、P.3594、P.4522V、Дx.00476+05937+06058、Дx.01396+01404V+01407V、S.6169、P.2615V、S.4534V、P.3865、Дx.01396+01404+01407、P.2630V、P.2964、P.3602V。后来又增加了 Дx.05193、Дx.05448 两个卷号。[②]陈于柱增加了 Дx.05448 号；金身佳在上述基础上将《护宅神历卷》也收了进来，增加了 P.3358、S.5775、S.5775V 等 3 个卷号，写本总数统计为 23 件。本文又辑得 P.t.1297V、S.9434V 两件文书，并将 Дx.05448 与 Дx.01396+Дx.01404+Дx.01407 缀合，S.9434 与 S.4534V 缀合，故现在统计的敦煌写本宅经的卷号为 33 个，缀合为 24 件写本。

相宅术起源很早，殷墟甲骨中已有关于占卜修建城邑的记载，出土的秦简《日书》中对宅居与吉凶的关系也已有了较详细的说明和规定。依据出土简帛文献与敦煌保存的宅经，结合传世文献的记载，可以看出占宅相宅在古代中国一脉相承的发展。敦煌保存的 33 个卷号、24 件写本的宅经，无论从数量、内容，还是宅经的系统与类别上，都是目前所能见到的最早也是最丰富的有关唐五代时期占宅相宅情况的记载，为我们认识那一时期风水择吉习俗的大体面貌，了解宅经在这一时期的流行情况，提供了宝贵的材料。

作为唐五代流行宅经的一部分，敦煌写本宅经的内容与种类，反映了唐五代时期此类文献的大体面貌，具有一定的代表性和普遍性。史志

---

① 王卡《敦煌道教文献研究》，第 156 页。

② 见张弓主编《敦煌典籍与唐五代历史文化》下卷的《柒　杂占章》，北京：中国社会科学出版社，2006 年，第 895—897 页。

目录中记载的相宅之书，如《隋志》五行类著录有《地形志》、《宅吉凶论》、《相宅图》等，《旧唐志》著录有《五姓宅经》二卷，《新唐志》五行类有《五姓宅经》二十卷，《宋志》有《二宅赋》、《宅心鉴式》、《相宅经》、《宅髓经》、《阴阳二宅歌》、《二宅相占》、《五音三元宅经》、《阴阳宅经》、《阴阳宅经图》、王澄《二宅心鉴》、《二宅歌》、《阴阳二宅图经》、《黄帝八宅经》、《淮南王见机八宅经》、《八宅》等。另据《北史》、《隋书》，萧吉尚有《宅经》八卷，等等。这些书中，冠以五姓、阴阳、八宅之名的著作较多。相比于此，敦煌写本宅经中，有原题的虽然不多，但也有“诸杂推五姓阴阳等宅图经”、“宅经”、“八宅经”等名目，内容也多涉及五姓、阴阳等说，这与史书中的记载大体相符，表明敦煌写本宅经与唐宋时期民间普遍流行的宅经基本相符，具有一定的代表性。

同时，作为敦煌当地民众抄写使用的占卜文献，敦煌写本宅经又具有民间性与杂抄性的特点。敦煌写本宅经的大部分都是民间撰写并在民间传抄流布的，并不关注撰者及源流，所以大多都不署作者之名，有的即使署了作者，如署吕才的，也非严格的原作，而是经过了增删修订或摘抄汇编的工作，其内容也掺杂汇抄入其他书的内容。还有一些署作“皇帝（黄帝）宅经”的，显系伪托。同样，题有抄写者姓名的也少，已知者如“□□子弟董文员”抄写过P.2615中的《诸杂推五姓阴阳等宅图经一卷》、《八宅经一卷》，“龙兴寺法门神智”写过S.6169中《大唐新定皇帝宅经》之题名，其余宅经，均不知撰者或抄写者之名。可知这些宅经都是在民间长期流传，人们习用其术，而不斤斤于其源流传承及作者。敦煌宅经中的相当一部分是由当地民众按照敦煌实际情况，依据流行的各类宅经，选取所需内容杂抄完成，故敦煌写本宅经更多是编写和撮抄的结果。如P.2615A、P.3492A《诸杂推五姓阴阳等宅图经》等，均属五姓阴阳宅经杂抄类，这也是宅经流行于民间的一种表现形式。郑炳林指出：“归义军收复敦煌后，在文化事业上面临的最大问题是典籍匮乏，中原传来的既不能满足当地需要，又与当地风俗习惯存在着一定差异。同时为了教授生徒，当时敦煌文士中出现了一股编书热。”①大量的敦煌占卜文献，都是在这种情况下编辑、抄写并保存下来。宅经当然也不例外。

敦煌宅经文献中还表现出明显的道教与佛教的影响。

作为一种传统的方术，相宅与道教在阴阳、干支、五行、八卦等基础理论方面是共通的，所以它天然地与道教有割不断的联系，在有关住宅类型划分、吉凶判断取向及镇宅厌禳方术等方面都受到道教的影响，比较明显的如镇宅法、护宅神历卷等。P.4522V《推镇宅法》中提到的镇宅物有雄黄、朱砂、砺青、白石膏、紫石膏、五色彩、铁女、白石、虎头、赤石、钱等，均与道家黄白炼丹术有关，也是道教法术中的常用物品。而护宅神历中的大量符箓，应是直接来自道教及民间巫术。

敦煌宅经对佛教因素亦有所吸收，如P.4667VC《阴阳五姓宅图经一卷》在卷末咒语中对佛教四天王护宅功能的借用：

谨请东方提头赖吒天王护我居宅。
东方有光明电王名阿揭多。
谨请南方毗楼勒天王护我宅居。
南方有光明电王名没瓶鲁。
谨请西方毗楼傅叉天王护我居宅。
西方有光明电王名主多光。
谨请北方毗沙门天王护我居宅。
北方有光明电王名苏多末尼。

四光明电王在佛经中亦有护宅之功能，如《金光明最胜王经》卷七

① 郑炳林、羊萍《敦煌本梦书》，兰州：甘肃文化出版社，1995年，第250页。

云："佛言：'汝等谛听，于此东方有光明电王，名阿揭多；南方有光明电王，名设羝嚕；西方有光明电王，名主多光；北方有光明电王，名苏多末尼。若有善男子、善女人得闻如是电王名字，及知方处者，此人即便远离一切怖畏之事，及诸灾横悉皆消殄。若于住处书此四方电王名者，于所住处无雷电怖，亦无灾厄及诸障恼，非时枉死，悉皆远离。'"①在宅经中加入启请佛教神明护宅安宅的咒语，明显是敦煌本地作者抄者受佛教信仰影响而改写改编的结果。

① 《大正藏》第16册，台北：新文丰出版公司影印，第433页。

第九章

敦煌葬书

以占卜的方式选择适宜的葬埋时间和方位，是古代流传久远的一种传统，也是古代占卜的一大内容。《孝经·丧亲》中的“卜其宅兆而厝也”，说的就是这样的事。《礼记》中也有不少相关的记载。卜葬之法，约始于汉代，经长期发展而成为术数中重要的一种。葬书是有关卜葬的知识与技术的记载。敦煌所存葬书大多抄写于唐五代宋初，是我们所能见到的较早的卜葬类文献。黄正建说：“所谓葬书，定义比较宽泛，大致凡与推算、选择阴宅（冢墓）以及与葬事相关的文书均包括在内。”①根据这一定义，我们将敦煌文献中的16个卷号归入葬书的范畴，并根据其内容，参考黄正建、金身佳等学者的研究，将敦煌葬书具体分为葬书葬事类和山冈地脉类两大类，进行简单的讨论。

① 黄正建《敦煌占卜文书与唐五代占卜研究》，第82页。

第一节

葬书、葬事类

敦煌文献中的葬书、葬事类写卷共有13个卷号，可拼合为10件写本。即S.10639AV+ S.12456B+S.12456C、P.2831→P.2550B、P.3647、P.4930、S.2263、S.3877V、Φ.279、P.2534、P.2263V、上图017(812388)。按其内容，又大致可划分为葬书、葬录、阴阳书葬事三个小类。

一、葬书类

1. S.10639AV+S.12456B+S.12456C《阴阳书目录》（拟）

这是由英藏的3个残片缀合而成的一件文书。

S.10639AV，图版参《英藏敦煌文献》第13册，册中定名为《阴阳书》，并指出与S.12456C+S.12456B的关系。该件为一小残片，仅残存2行文字，作：

□吉凶法卌一□

□论龟甲取吉穴法卌四□

S.12456B+S.12456C，图版参《英藏敦煌文献》第14册，册中定名为《阴阳书》,为两个可以缀合的残片。其中 S.12456B 存上部的 8 残行，起“□论六甲八卦冢法卅七”，讫“论立铭请幡法五十八□”；S.12456C 存下部的 8 残行，起“□论六对伤败等法卅二”，讫“论取土□”。所载为一部葬书的子目，二者内容相互衔接。

3 个残片缀合后，可看出为卷子装，共存文字 10 行，所抄目录分上中下三栏排列，其位置是 S.10639AV 与 S.12456B 居上部， S.12456C 在下部。

现将 S.10639AV+S.12456B+S.12456C 缀合后文字释录如下：

□吉凶法第卅一；论六对伤败等法卅二；论八将□

论龟甲取吉穴法卅四；论步阡陌取吉穴法卅五；论天覆地［载］□

论六甲八卦冢法卅七；论六甲立成图法卅八 ；论八卦立成□

论白埋权殡法第卌；论三灵六等法卌一；论明堂降神□

论斩草仪法葬卌三；论斩草祭图法卌四；论筮地吉□

论棺下六尺法卌六篇；论鹿项长短法卌七；论凶门所向□

论墓外沟渐土法卌九；论埏道□

论坟高卑等法五十二；论取土□

论开故动尸法五十五；□

论立铭请幡法五十八□

保存了从第卅一到五十八的大部分子目。从目录所显示的篇章次序看，原书是一部篇幅很大的著作，所包含的内容也相当全面，集中了有关丧葬殡埋的内容。

荣新江从内容与字体判断出 S.10639AV、S.12456B、S.12456C 三片原属同一抄本，明确指出拼接关系与顺序，并据篇题定名为《阴阳书·葬事目录》。①

黄正建指出S.12456B、C是一部《葬书》的目录，S.10639AV也是这目录中的一部分，并将目录所载与其他敦煌葬书进行了对比，推测“S.12456B、C+S.10639AV所示《葬书》可能是一部集大成的《葬书》，敦煌文书中的《葬书》残卷都可能与这部《葬书》有关”。②

金身佳在黄正建的基础上，又将本目录与宋代王洙等纂、金代张谦重校的《重校正地理新书》相比照，发现二者大多可对应，从而认为敦煌写本《葬书》是王洙等纂《地理新书》的渊源。③

荣新江定名为《阴阳书·葬事目录》，《英藏敦煌文献》定名为《阴阳书》，金身佳沿用。黄正建拟为《葬书目录》，朱俊鹏拟名《葬书》。今据内容等拟名为《阴阳书目录》。

2. P.2831→P.2550B《阴阳冢墓入地深浅法五姓同用卌五家书第卅七》

这是由法藏的两个残卷缀合起来的一件写本。

P.2831，图版参《法国国家图书馆藏敦煌西域文献》第19册，册中定名为《卜葬书》，卷子装。该件写卷首尾俱残，文字磨损比较严重，有朱笔勾画，存图示5幅、文字105行，起“□东行二百卅步”，讫“煞师子，□ □煞师”。有子目作“六甲冢图第十八”、“[八]卦冢图第十九”，还有师坐法、推玄尸法等。5幅图示分别为甲子冢图、甲戌冢图、甲午冢图、甲辰冢图、乾冢图。

黄正建说：“5幅图都与墓葬取穴有关，其中可认出的图分别是取

---

① 荣新江《英国图书馆藏敦煌汉文非佛教文献残卷目录（S.6981-13624）》，台北：新文丰出版公司，1994年，第173、233页。

② 黄正建《敦煌占卜文书与唐五代占卜研究》，第83页。

③ 金身佳《敦煌写本P.4930<相冢书>中的六对八将试释》，《敦煌学辑刊》2006年第3期，第23—27页。

‘甲穴’和‘庚穴’，亦包括辆车的路线，也写‘丙’作‘景’，与P.2550V相近。本卷的文字部分，写有‘六甲冢图第十八’、‘[八]卦冢图第十九’，字迹亦与P.2550V相近，内容也相续，因此怀疑这两件文书本是一件，P.2831在前、P.2550V在后。《敦煌宝藏》定其名为‘封冢图第十九’是错的，‘封’字当为‘卦’字。”[①]金身佳亦拟名为《卜葬书》。

P.2550B，图版参《法国国家图书馆藏敦煌西域文献》第15册，册中定名《阴阳冢墓入地深浅法五姓同用卌五家书第卅七》。首残尾全，有尾题“阴阳冢墓入地深浅法五姓同用卌五家书第卅七”，存图示两幅，分别题“甲午冢图”、“甲辰冢图”，每幅图中心都标明墓穴所在位置以及辆车行经的路线。文字45行，起“冢穴在庚，丧庭在墓之甲地”，讫尾题，文中有朱笔勾画。存子目5个，分别为“[八]卦冢法”、“十二祇法第廿”、“入地深浅法第廿一”、“造冢取土法第廿二”、“造冢明镜法第廿三”。黄正建标此卷号为P.2550V。

从写卷形式、内容和笔迹来看，这两个残卷确实属于同一写本，[②]P.2831在前、P.2550B在后，但还不能直接缀合，二者之间尚有少量残缺。缀合后的写卷，存文字150行，子目前后相续，内容涉及依六甲、八卦、建除十二神来确定冢墓位置，占卜墓地、墓穴之方法，不同地位者所用墓穴入地深浅大小尺寸，取土宜忌，穿地所得兆示的吉凶，以及丧葬活动中的一些宜忌，辆车行经的路线方位，等等。如“六甲冢图第十八”：

凡葬，择得吉地，又卜穴定，然后依算，须取步数长短，七分之，立门陌卌九，穴之合所。卜穴当甲、庚、景、壬四字之下，遂年月所宜安冢。甲为麒麟，景为凤凰，庚为章光，壬为玉堂。当内

---

① 黄正建《敦煌占卜文书与唐五代占卜研究》，第84页。

② 黄正建以外，朱俊鹏也认为这两个卷号同属一书。参朱俊鹏《敦煌风水文书初探》，首都师范大学硕士学位论文，2002年，第14页。

心一穴，是为地心明堂，外三重，正当子、午、卯、酉，名四轴，当四维，名廉［路］。比地心、四轴不可安冢穴。远者凶。（P.2831）

“入地深浅法第廿一”：

凡葬，入地八十九尺得景，为凤凰，得定。入地九十三尺得庚，为章光，得成。入地九十五尺得壬，为玉堂，得闭。入地九十九尺得景，为凤凰，得开。入地一百卅一尺得戊，为黄黄龙，得开。入地一百卌一尺得戊，为黄龙，得成。入地［一百］卌五尺得壬，为玉堂，得建。入地一百五十五尺得壬，为玉堂，得开。入地一百卌五尺得壬，为建。

已前入地深浅，帝王用之吉。

入地八十三尺得庚，为章光，得戌。入地七十七尺得申，为麒麟，定。

已前入地深浅，公侯用之吉。……（P.2550B）

黄正建据 P.2550B 尾题及内容，认为 P.2550B“是一种专门讲‘阴阳冢墓’的书。这书是‘五姓同用’的。而且有关的书有‘四十五家’，此卷是该书的‘第三十七’章或‘三十七’家（说见前）。可见吕才所说的葬书有‘百二十家，并非虚言”。并说“文中讳丙，将‘丙’写作‘景’。因此此图可能作于或抄于唐代”。[①]

缀合后的写卷保存内容较多，今依尾题定名作《阴阳冢墓入地深浅法五姓同用卌五家书第卅七》。

3. P.3647《葬经》（拟）

P.3647，图版参《法国国家图书馆藏敦煌西域文献》第 26 册，册中

① 黄正建《敦煌占卜文书与唐五代占卜研究》，第 83—84 页。

定名《葬经》，卷子装。该写卷首残尾似全，存文字171行，起"□年至壬辰，大□"，讫"凡四分位地，准上推之"。抄写工整认真，注解用双行小字。无书名作者等信息，有子目多个，包括"五音图云五姓方面吉凶"、"推权殡法第二"、"三镜去处吉道"、"衰殃"、"破瓦法"、"推丧庭"、"门陌出入法"、"入地深浅法"、"推月建法"、"推地囊日"、"推地矩日"、"开墓厌法"、"清鸟厌法"、"师坐法"、"推地镜法"、"师送丧从行立之法"等。各子目层次不一，标有序号的仅有"推权殡法第二"。

所存内容，涉及墓地选择、墓地大小方位、墓穴丧庭所在、入地深浅、丧葬时日宜忌、死丧妨忌、开墓厌法等丧葬活动中的各种吉凶宜忌，有极强的实用性，如"推权殡法第二"下，对丧葬程序有详细说明"先定五姓，次定丧主年、命，次择吉日，次择时，再次择却灭门、大祸凶日"等，为我们了解唐五代时期的丧葬习俗提供了宝贵资料。

该卷是敦煌写本葬书中最长的一件，可能是同类葬书的杂抄汇集，如"葬得公曹下"前后两处出现，且内容有异。文中往往用"又一法"的方式，汇集他说，如"衰殃"下三次注明"又一法"，"占衰殃去处"后抄"又一法"，用以并存不同说法，应视为同类文书的不同占法之汇录。

卷中多处提到五音、五姓，如"宫姓土行"、"徵姓宜乾冢甲穴"、"商家车道出壬"等，应属五姓墓葬法，与六甲八卦冢有联系，金身佳认为此件当是与P.2831→P.2550B等卷子同类性质的文书。

此写卷《敦煌遗书总目索引》定名为《阴阳书残卷》，《敦煌遗书总目索引新编》命名为《葬经》。黄正建说："P.3647首残尾似全，有'推权殡法第二"，以及'用破瓦法'(其中提到'白埋造墓'等)、'门陌出入法'、'入地深浅法'、'推地境法'等，以推'五姓相宜'的'四穴'结束。其中'权殡法'云云也列在上述《葬书》目录中。但本卷中的'入地深浅法'与前述P.2550V的'入地深浅法'并不一样，可见是另一种

《葬书》的残卷。”[1]他拟名为《推权殡法、入地深浅法等（葬书?）》。金身佳拟名同《敦煌遗书总目索引新编》，今亦从之，拟为《葬经》。

4. P.4930《造冢墓取土及墓内尊卑法》(拟)

P.4930，图版参《法国国家图书馆藏敦煌西域文献》第33册，册中定名《堪舆书》，卷子装。该件首尾俱残，存文字20行，起“已前入地深浅三 ▭”，讫“▭ 宜丙壬亥子午地吉 ▭”。中有子目，称“造冢墓取土及墓内尊卑法第□”，内容涉及两个部分，一是入地深浅法，二是五姓人造冢墓取土及墓内尊卑法。

黄正建认为，此卷“内容分两部分，一部分是讲‘入地深浅法’，与上述P.2250V中的‘入地深浅法第廿一’相近。另一部分是‘造冢墓取土及墓内尊卑法第□”，其中讲到‘宫姓取土’如何，‘造冢’如何，‘商姓取土’如何等等，也是‘五姓’同用，因此与《阴阳冢墓入地深浅法五姓同用卌五家书》虽非一书，但定是同类葬书无疑”。[2]

《敦煌遗书总目索引》定名为《相冢书残卷》，《敦煌遗书总目索引新编》定名为《堪舆书残卷》，《敦煌遗书最新目录》命名为《相冢书残卷》。黄正建拟名为《造冢墓取土及墓内尊卑法等》，金身佳拟为《相冢书》。今从黄正建。

5. S.2263《造墓取土及墓内尊卑法等》(拟)

S.2263，图版参《英藏敦煌文献》第4册，册中定名《葬录卷上并序》，卷子装。该卷两面抄写，正面写本件，背面写《葬录卷上并序》。两面文字笔迹似不相同，非同一件文书。该件文书首尾俱残，附一墓图，分别标明“祖墓”、“父墓”、“二叔墓”、“三叔墓”、“四叔墓”的排列位置，从“父墓”到“四叔墓”，均在其位置下写“长子、中子、小子”。存文字19行，起“ ▭土。若欲改葬 ▭”，讫“六品以下高

① 黄正建《敦煌占卜文书与唐五代占卜研究》，第85页。
② 黄正建《敦煌占卜文书与唐五代占卜研究》，第84页。

七尺，盖长一□”。中有子目4个，分别为“置墓道山门起坟碑兽之法”、“起坟高下法”、“置人兽法”、“椁大小法”，内容涉及五姓造墓取土及有关设置墓道山门起坟碑兽等法。

黄正建认为此卷以“五品以上”和“六品以下”来区分上下，且文中墓前有石人等而无石虎，显然是避唐讳，均为唐代风俗，故此卷也可能抄写于唐代。[1]他拟名为《造墓取土及墓内尊卑法等》，金身佳拟名为《葬录》。今从黄氏。

6. S.3877V/1《造墓取土及墓内尊卑法等》(拟)

S.3877V/1，图版参《英藏敦煌文献》第5册，册中定名《葬经》。卷子装。首尾残，所存仅有一张祖墓图与两残行文字，图前后分别为《社司转帖》、《乾宁四年（897）正月廿九日平康乡百姓张义全卖舍契》，所残存两行文字，为：“□世是其吉也□□其吉地。”其祖墓图与S.2263《葬录》中的墓图形式一样，只是缺少父墓，也没有标明二叔、三叔墓等字样，应与S.2263为同一类文书，拟名亦同之。金身佳拟名为《葬经》。

7. Φ.279《卜葬书》(拟)

Φ.279，图版参《俄藏敦煌文献》第5册，册中定名《卜葬书》。首尾俱残，仅存文字13行，起“□癸酉生男七十五”，讫“今月八日辰”。内容叙癸酉生男七十五岁死者之丧葬所宜与妨忌，与P.3647“推权殡法第二”下的“十二时当体自妨忌”和“衰殃”条目所载相似。从内容来看，Φ.279与P.3647应为同类文书。

孟列夫《俄藏敦煌汉文写卷叙录》归在官方文书类中，著录为“生、卒、葬登记，指明月日”，[2]没有认识到它的占卜文书的性质。黄正建拟名为《葬书》，金身佳从《俄藏敦煌文献》拟名为《卜葬书》。今

---

① 黄正建《敦煌占卜文书与唐五代占卜研究》，第85页。

② [俄] 孟列夫主编，袁席箴、陈华平译《俄罗斯科学院东方研究所圣得利堡分所藏敦煌汉文写卷叙录》上册，上海：上海古籍出版社，1999年，第669页。

亦从之。

二、葬录类

该类仅保存了一个卷号。

S.2263V《葬录》卷上并序

S.2263，图版参《英藏敦煌文献》第4册，册中定名《葬录》卷上并序，卷子装。该卷两面抄写，正面写“葬录”(拟)，背面写《葬录》卷上并序。两面文字笔迹不相同，非同一件文书。本件抄写于背面，首全尾残，存文字23行，起“夫论阴阳之道，由（犹）如江海”，讫“三边宴净，万性（姓）安家□□观前事□”，中有书题称“葬录卷上并序”，并题“归义军节度使押衙兼参谋守州学博仕（士）将仕郎张忠贤集”，所存仅序言部分，文字有修改勾抹痕迹，其中部分内容重复书写，但不是简单地照抄原文，而是在原文基础上重写，推测可能是张忠贤为其所纂集的《葬录》书写的序言草稿。其文如下：

> 夫论阴阳之道，由（犹）如江海，非圣不裁。时遇乱世，根浅性微，俗化所易，王教风移，其君欲与贪狼为政，其臣欲与从胸（凶）求尊，人心变改，邪魅得便，政法不从，非道为美，得事者不师轨车，求同类，擅作异谋，货路（赂）求名，破灭真宗，商（伤）害能德。能德既无，咨行非法。非法既盛，邪道日兴。但忠贤生居所陋，长在危时，学业微浅，不遇明师，年至从心，命如悬丝，忽遇我归义军节度使，蓝(览）观前事，意有慨焉。厶今集诸家诸善，册（删）除浮秽，亦有往年曾学，昔岁不问。所录者多取汉丞相方朔之要言，所阙者与事理，如唱之七十二条，勒成一部，上中下与为三卷，事无不尽，理无不穷。后诸达解者，但依行用，得真无假。于时大唐乾宁三年五月日下记。
>
> 今遇我归义军节度使南阳张公讳承奉，有大威慧，真俗双行，

道俗虔虔，出言无非，三边晏净，万性（姓）仰覆（服），实郭家之宝，栋梁之才。

葬录卷上并序　归义军节度使押衙兼参谋守州学博仕（士）将仕郎张忠贤集。

盖闻阴阳之道，游（犹）如江海，非圣不裁。生逢乱世，仍遇侥(尧）时。俗化所易，王教风移，道德不用，仁义无绝。或有学者不任师轨，不睹政文，擅作异谋，目（慕）求名利，或（惑）乱人心，货路(赂）为先。若有能者，命悬若丝。忽遇旧主，我□□节度使南阳张公讳承奉即开国□□志过单，敢而遂通，三边宴净，万性（姓）安家□观前事□

从序言来看，该书为张忠贤汇集纂录通行诸家葬书而成，分内容为72条，上中下三卷。编成的时间是唐昭宗的乾宁三年（896）五月。编者张忠贤的身份是“归义军节度使押衙兼参谋守州学博仕（士）将仕郎”，说明他是归义军中专门负责学术文化教育的官员，编辑这样的占卜文书，也是他的职责所在。除有关葬录的信息之外，这个序言，还透露出有关张承奉立国的一些信息，即其中所云“节度使南阳张公讳承奉即开国”之语，是研究归义军史的一条重要材料。

按：其序作者张忠贤，大多学者均释为“张思贤”，不确。[①]

《敦煌遗书总目索引》命名为《葬录卷上归义军节度使押衙兼参谋守州学博仕（士）将仕郎张思贤集》，《敦煌遗书总目索引新编》命名为《葬录卷上并序　归义军节度使押衙兼参谋守州学博士将仕郎张思贤集》，《敦煌遗书最新目录》命名为《葬录卷上（附张思贤序）》。黄正建

① 其中仅翟理斯在《英国博物馆藏敦煌汉文写本注记目录》中释录为“张忠贤”，余皆误。见 *Descriptive Catalogue of the Chinese Manuscripts from Dunhuang in the British Museum*, by Lionel Giles.D.Litt, Published by the Trustees of the British Museum, London, 1957, p.225.

拟名为《葬录》，今按其序中所题，命名为《葬录》卷上并序。

三、阴阳书葬事类

1. P.2534《阴阳书》卷第十三·葬事

P.2534，图版参《法国国家图书馆藏敦煌西域文献》第15册，册中定名《阴阳书卷第十三》，卷子装。该件文书首残尾全，中间亦有残断，末有尾题作“阴阳书卷第十三　葬事”，存文字240行，起“□埋，宜子孙，斩草、起土吉”，讫尾题。中有子目作“立成法第十二”、“灭门、大祸日立成法第十三”。内容为三个部分：

(1) 叙各月日葬事之吉凶宜忌，存九月至十一月部分。依六十甲子日、建除十二神、五行等，逐日记述五姓人家殡埋、斩草、起土、除服等事之吉凶宜忌，特别标出“金鸡鸣，玉狗吠”日之吉凶。如十月“癸酉日，金开，地下癸丑。金鸡鸣，玉狗吠，上下不呼。此日葬及殡埋，有黑乌应，神灵安宁，子孙福流后嗣，大吉。启殡、发故、斩草、起土、除服吉。角徵二姓用之凶，斩草吉”。

(2)“立成法第十二”，为表格形式的灭门、大祸日之岁月速查推算表。其说明“凡葬，值用岁月日灭门、大祸者凶。自古及今无用单支单干，皆支以干相配为用，得岁问月，得月问日推之”。

(3)“灭门、大祸日立成法第十三”，表格形式的灭门、大祸日速查推算表。末有说明：“凡葬及殡埋、斩草日，值灭门日者，妨害深重，不可用。若值大祸日者，被劫盗。日音与姓相克，害深。”

此卷文书是敦煌文书中唯一标明“阴阳书”的卷子。史载唐太宗“以《阴阳书》近代以来，渐致讹伪，穿凿既甚，拘忌亦多，遂命（吕）才与学者十余人共加刊正，削其浅俗，存其可用者。勒成五十三卷，并旧书四十七卷，十五年书成，诏颁行之”。[①]罗振玉认为在唐代《阴阳书》实有三家，他在P.2534叙录中说：“夫云《阴阳书》近代渐讹，则《阴阳书》自是六朝旧著，吕才虽奉诏撰定新书五十三卷，而旧书四十七卷亦并行不废。乃《隋书·经籍志》未著录，《唐书·艺文志》则于吕才《阴阳书》五十三卷外（《旧志》作五十卷，殆夺三字），别出《王璨新撰阴阳》三十卷（《旧志》作王粲撰）。王璨不知何人，而《新志》远列于吕才书之前（《旧志》列吕才书之后），殆为唐以前人，其书三十卷，与《吕才传》所谓旧书四十七卷数不合，是各为一书，则在唐时《阴阳书》有三家矣。此卷不知出于何人，初疑为吕才书，乃审谛再三，书迹不类唐人，卷中不讳‘丙’字，必唐以前人所作，其为王璨所著，抑为吕才传所谓旧书，盖不可漫定矣。”[②]他认为敦煌所存的这部《阴阳书》并非吕才之书，而是唐前的王璨或者其他人所作。日本菅原信海则认为该文书当属吕才《阴阳书》。[③]

史志著录《阴阳书》今已不传，故该残卷弥足珍贵，是现存最早记载鸡鸣狗吠日及其吉凶和大祸灭门日的文献。

2. 上图017（812388）《葬事》（拟）

上图017，图版参《上海图书馆藏敦煌吐鲁番文献》第1册，册中定名《葬经》。本件首尾俱残，存二纸，文字26行，起“准姓宜用今日廿五日”，讫“并入了讫，祭，然后启伏☐”，共记载了9条关于葬事方面的条例规定，为了醒目，每条前均用短杠标注，如“—右检前件日合金鸡鸣玉狗☐”；“—右此日宜用巳后午前，合南方或北方”；“—去冢东南廿七步，合得庚寅”；“—造冢须入地三尺”；“—造冢

---

① 《旧唐书》卷七九《吕才传》，北京：中华书局，1975年，第2720页。

② 王重民原编、黄永武新编《敦煌古籍叙录新编》第9册子部，台北：新文丰出版公司，1986年，第1页。

③ ［日］菅原信海《占筮书》，见《讲座敦煌5·敦煌汉文文献》，东京：大东出版社，1992年，第448—449页。

宜于西北六十步外”；“—斩草法，合著芦草长一尺二寸，用五色丝左缠”；“—右检《葬经》堂子合高三尺”；“—堂子之内宜著五谷”；“—右检《葬经》祭礼”等，内容涉及五姓、“金鸡鸣玉狗吠”、“造冢”、“斩草法”、“堂子”，文中两处提及《葬经》，其中“堂子”不见于其他文书，主要讲述了造冢和祭礼两方面的内容，故黄正建认为此文书的性质或与《新唐志》著录孙季邕《葬范》三卷接近。[①]金身佳未提及此件。今暂拟名为《葬事》。

① 见张弓主编《敦煌典籍与唐五代历史文化》第7章，北京：中国社会科学出版社，2006年，第905页。

第二节
山冈地脉类

山冈地脉类是葬书中专讲葬地的地形地势选择与吉凶关系的文书。该类文献有 3 个卷号，即 S.5645、S.3877、Дx.04803V。

1. S.5645《司马头陀地脉诀》

S.5645，图版参《英藏敦煌文献》第 9 册，册中定名《司马头陀地脉诀》，册页装。该册抄有多种文献，如礼忏文、文样、分亡摄物法、咒生偈、小乘录、刘晏论三教不齐论等，该件抄于最后，首全尾残，有首题称《司马头陀地脉诀》，存 17 面，文字 144 行。首起首题，尾讫“中出为脊背者，为乳足□”。无子目。以赋体的形式，结合山势、地形、水流、动植物及干支、五行、八卦等因素，述居住、葬埋与地势地形的吉凶关系。后一部分引《寺观图记》，专门述寺观所在方位及与僧尼吉凶的关系。

黄正建认为，“像这样篇幅较大，又有定名的卷子，在全部葬书中极少见，因此非常珍贵。该卷内容讲到了地形地势，如‘天门山千里万里来住，则出三品京官’，‘平地覆椀？堆蹄，此地全无好势’，‘卯地远有辰山，男女英雄聪惠’，‘第一之地，垣然四面平起；第二之地，东南倾西北高’。卷子讲地势，似既包括阳宅，也包括阴宅。如说：‘墓近大驿，男女宽弘，更有辛水东流，商贾甚多，宜利男女’，‘居宅左青龙：东有南流水，是左青龙；右白虎：西有大道，是右白虎'等。最后是'寺观图记'，专讲僧尼"。[①]

其书以"司马头陀"命名。司马头陀相传为唐代著名的堪舆家，《江西通志》载："司马头陀名曦，唐时人。习堪舆家言，历览洪都诸山，钤地一百七十余处，讫今犹验。一日至奉新参百丈曰：'近于湖南得一山，乃一千五百善知识所居。'百丈曰：'老僧可住否？'曰：'不可，和尚骨相，彼骨山也。'时华林觉为首座，询之，不许。一见典座灵佑曰：'此为山主人也。'后往住山。连帅李景让率众建梵宇，请于朝，赐号同庆寺，天下禅学辐辏，竟如其言。"[②]黄正建推测说，如果实有其人的话，其活动时期，可能与李景让任山南道节度使的时间大体相同，在唐宣宗时期。[③]

《通志》卷六八《艺文略》第六著录葬书类有《司马头陀地理括一卷》、《司马头陀六神回水决一卷》、《司马头陀括地记一卷》三种。按北宋哲宗时亦有一位司马头陀，姓刘名潜，亦通晓地理风水，活动于江西湖广一带。不知以上三种书具体属于哪一位司马头陀。

2. S.3877《山冈占图》（拟）

S.3877，图版参《英藏敦煌文献》第5册，册中命名为《葬经》。首尾俱残，只有一张简略的地形大图，图中标明"抱子岗"、"散盖山岗"、"雄龙山岗"字样。图中有的地方还有占辞如"葬得此地，富贵不绝"，或"出二千石、令长"、"出九卿相"、"出方伯"等。图中空余处还有许多杂写。在敦煌葬书类文献中，这是唯一一件绘有山冈风水的文献，十分珍贵。

黄正建拟名为《山冈占图》。金身佳将此件标为S.3877V/1，似无必要。他拟名为《葬经》。今从黄正建拟名。

---

① 黄正建《敦煌占卜文书与唐五代占卜研究》，第87页。

② 《江西通志》卷一〇六，文渊阁《四库全书》本。

③ 黄正建《敦煌占卜文书与唐五代占卜研究》，第87页。

3. Дx.04803V《失名葬书残片》（拟）

Дx.04803，图版参《俄藏敦煌文献》第11册，册中未定名。为一双面抄写的小残片，正面似为书信，有“三公厄于狱卒”“官事解散”等字样；[①]该件抄于背面，仅存1行文字，即“左青龙，右白虎”。黄正建推测“似与葬书中所言地形地势有关”。[②]不过，该件所存文字过少，难以判定其内容所属。今从黄正建，暂附于此。

综上所述，敦煌所存写本葬书共计有16个卷号，13件写本。所有这些写本都是残卷，并无完帙。其中有明确题名的，仅有S.2263V《葬录》卷上并序、P.2534《阴阳书》卷第十三·葬事及S.5645《司马头陀地脉诀》三种，其余绝大部分都佚失原题，不知属于何书。

有关相墓相冢之书，自《隋书·经籍志》开始，历代史志目录均有著录，且呈现出逐渐增多的趋势。《隋志》著录有《冢书》四卷，《黄帝葬山图》四卷，《五音相墓书》五卷，《五音图墓书》九十一卷，《五姓图山龙》及《科墓葬》各一卷，《杂相墓书》四十五卷等。

《旧唐书·经籍志》著录有《青乌子》三卷，《葬经》八卷、又十卷、又二卷，《葬书地脉经》一卷，《墓书五阴》一卷，《杂墓图》一卷，《墓图立成》一卷，《六甲冢名杂忌要诀》二卷，《五姓墓图要诀》五卷，《壇中伏尸》一卷，《玄女弹五音法相经》一卷等十余种。

《新唐书·艺文志》著录有《葬经》二卷，王璨《新撰阴阳书》三十卷，《青乌子》三卷，《葬经》八卷、又十卷，《葬书地脉经》一卷，《墓书五阴》一卷，《杂墓图》一卷，《墓图立成》一卷，《六甲冢名杂忌要诀》二卷，《郭氏五姓墓图要诀》五卷，《坛中伏尸》一卷，《胡君玄女弹五音法相冢经》一卷，由吾公裕《葬经》三卷，孙季邕《葬范》三卷，吕才《阴阳书》五十三卷、《大唐地理经》十卷等近二十种。

---

① 黄正建推测可能也是葬书类文书。参张弓主编《敦煌典籍与唐五代历史文化》第7章，北京：中国社会科学出版社，2006年，第906页第②注。

② 张与主编《敦煌典籍与唐五代历史文化》第7章，第906页。

《崇文总目》卷八五行类下著录《乾坤宝典葬书》三十卷、《大唐地理政经》十卷、《五音地理经》十五卷、《葬范》三卷、《地理三宝经》九卷、《地理六壬六甲八仙经》八卷、《五婚合诸家风水地理》一卷等十余种。

到《通志·艺文略》，所著录此类典籍更多，包括庾季才《地形志》八十七卷、吕才《大唐地理经》十卷、《五音地理经》十五卷、《地理新书》三十卷、《地理指南》三卷、《冢书》四卷、《黄帝葬山图》四卷、《五音相墓书》五卷、《五音图墓书》九十一卷等，共著录了葬书 149 部，498 卷。虽然这些典籍并不是当时全都存世的，有不少是郑樵沿袭前代目录而来，但从其著录的数量之多，可以看出有关地理风水习俗在唐宋时期的兴盛状况。

《宋史·艺文志》子部五行类所著录的葬书亦不在少数，有七八十种之多，如《金图地鉴》一卷、《地鉴书》三卷、孙季邕《葬范》五卷、《地理六壬六甲八山经》八卷、《五音山冈诀》一卷、《地理正经》十卷、朱仙桃《地理赞》一卷、王希逸《地理秘妙歌诀》一卷、《地理名山异形歌》一卷、王洙《地理新书》三十卷、苏粹明《地理指南》三卷、《地理秘要集》一卷、《唐删定阴阳葬经》二卷、吕才《阴阳书》一卷等等。

对照史志目录所载，可以发现敦煌所存葬书文献中仅 P.2534《阴阳书》卷第十三·葬事是有过著录的，虽然仅保存了《阴阳书》中第十三卷《葬事》的一部分，但可证明史书所著录的“吕才《阴阳书》五十三卷”确实是一部篇幅很大的典籍，也说明它在唐末五代民间的流传是相当广泛的。其余两种有题名的敦煌葬书则不见著录。

虽然大多数敦煌葬书都没有被著录下来，但其内容也并非全无踪迹可寻，其中一些与传世文献有着相合之处。以传世的北宋王洙等编纂的《地理新书》为例，其书成于熙宁四年（1071），稍晚于敦煌归义军时期，但其内容是在唐及宋以来诸种地理占书，尤其是吕才《阴阴书》中的八篇“地理”和《乾坤宝典》三十篇“地理”的基础上勘谬补缺而成的。[①]敦煌写本葬书中的许多内容可以在此书中找到相同或相近部分，如 S.10639AV+S.12456B+S.12456C 所保存的目录，大多可在《地理新书》中找到相同或相近的篇目。此外，P.3647 所保存的内容与《地理新书》的相关篇目亦有相同之处，可见二者有着一定的渊源联系。[②]由此可以看出敦煌所流传的葬书类文献，虽然有许多内容经由当地术士及使用者的重新编辑修订，加入了许多地方性及佛教信仰的因素，但其基本内容与方法理论，仍与主流一脉相承。

敦煌葬书类文献中值得注意的一个特点，是其中涉及佛教的一些内容。如 S.5645《司马头陀地脉诀》中的“寺观图记”，记载了佛寺的地势方位选择以及所兆示的吉凶：

> 《寺观图记》：天门高，住福德之名僧，坤巽相扶，主富贵之极。卯长肥厚，主贼口舌生。丑未相递，无有横口舌。申酉肥，窃盗不敢来寝(侵)。未地势宽的，出高僧之位人。山破子门外远，主贱，口舌，逃亡。丑未位悬，主僧尼之多病。大门若下，主常住无粮食。坤申位悬，常逢劫贼。巽门若下，主僧命难荐。辰戌位悬，即僧道失目。午未上风，僧尼之相，憎心不相，扶事空虚。坤申贮水，长发纳为妻。已亥交流，僧尼自相染污，或狂酒在路，勤他女人。或捉撮面伤，累于官府。亥子位下，尼与俗人交通。

众所周知，唐五代时的敦煌是佛教极为流行的地区，佛寺的兴建及僧尼的生活亦是社会所关注的重要内容，在风水观念流行的情况下，本

① 参（宋）王洙《地理新书序》，《图解校正地理新书》，台北：集文书局，1985 年，第 10—13 页。

② 参见宿白《白沙宋墓》，北京：文物出版社，1957 年，第 3、81—83、86—87 页。

着趋吉避凶的心理，根据地形地势占卜的原理，将有关占寺观风水的内容加入到地理书中，亦是自然而然的事情。当然，在这些内容中，其所占事项内容及吉凶判定，与世俗的认定标准自然不同。从上引内容看，与寺观地形方位有关的占卜，主要涉及僧尼的宗教生活与日常生活两类，而又以日常生活为主，关注日常生活中的食物、安全、人际关系、地位等方面的内容；宗教生活则关注修行所达境界、戒律的遵守等方面。

另外，P.3647《葬经》“推权殡法第二”中有“三镜去处吉道”，按月记述推算“吉道”的方法。所其述“吉道”，参照《地理新书》卷十五“三鉴六道吉凶”中的记载，可知为天道、地道、人道。六道包括天道、地道、人道、兵道、鬼道、死道。这种说法显然是由佛教六道，即地狱、饿鬼、畜生、阿修罗、人、天改编而来。这些内容进入葬书，说明了佛教六道轮回思想对丧葬礼俗的影响。

第十章

敦煌时日宜忌类文献

古人为了趋吉避凶，日常生活中常用各种方法来判断时日的吉凶，以便确定做事的宜忌。这种占卜，早期属于“日者”之术，五代以来称为“时日”，后来也称为“选择”、“择吉”。在敦煌占卜文献的研究中，人们将此类卜法统称为“时日宜忌”①或“时日”类。②

时日宜忌与选择的传统非常久远。先秦时代人们已经在行事时选择适宜的时日，并形成了一些固定的看法，如《礼记·曲礼》云：“外事以刚日，内事以柔日。”《吴越春秋》中记载伍子胥以《金匮第八》来论说时日的吉凶。③近年出土的大量战国秦汉的日书，更是具体地说明了当时时日宜忌及择吉之风的盛行。王充《论衡·辨祟篇》曰：“世俗信祸祟，以为人之疾病死亡，及更患被罪，戮辱欢笑，皆有所犯。起功、移徙、祭祀、丧葬、行作、入官、嫁娶，不择吉日，不避岁、月，触鬼逢神，忌时相害。故发病生祸，絓法入罪，至于死亡，殚家灭门，皆不重慎，犯触忌讳之所致也。”④虽然是从批评的角度而言,但也反映出时日选择对百姓生活的影响。

时日宜忌类文书是敦煌占卜文献里的大宗，其种类与数量在各类占卜书里是最多的。今分为推忌日月类、六十甲子历类、七曜直类、出行类、占婚嫁类、占病类、占死丧妨忌类、推失物类共八类，进行简要论述。

---

① 黄正建《敦煌占卜文书与唐五代占卜研究》，第89页。

② 王爱和《敦煌占卜文书研究》,第191页,第480—490页。

③（汉）赵晔著，苗麓点校《吴越春秋》卷五《夫差内传》，南京：江苏古籍出版社，1986年，第61—62页。

④（汉）王充著，黄晖校释《论衡校释》，北京：中华书局，1990年，第1008页。

第一节

推忌日月类

此类文献有 17 个卷号，即 P.2661V、S.612V、P.3984V＋北大D195V、S.9987B3、Дx.01064＋Дx.01699＋Дx.01700＋Дx.01701＋Дx.01702＋Дx.01703＋Дx.01704、S.6258B、S.11362BV、S.813D、Дx.01274＋Дx.03029。可拼接缀合为 9 件写本。

1. P.2661V《诸杂略得要抄子一本》

P.2661V，图版参《法国国家图书馆藏敦煌西域文献》第 17 册，册中定名为《诸杂略得要抄子一本》，卷子装。该卷双面抄写，正面抄写《尔雅》卷中，首残尾全，尾有大历九年（774）、天宝八载（749）、乾元二年（759）等所写题记 5 则。背面共抄写 4 类内容：（1）抄写者题记，首行题写“岁月日时州学上足子弟尹安仁书”；（2）医方；（3）占人手痒目瞤耳鸣等法；（4）诸杂略得要抄子一本。该件位于背面的最后，首全尾残，有首题称“诸杂略得要抄子一本”，中有子目，如“推作灶法”，“□鼠远人家法”，“推诸忌讳”，“推养犬之法”等，中有少量朱笔勾画及评语，存文字 140 行，起“诸杂略得要抄子一本　正月一日取杨桃支着户上”，讫“□□有相，大吉利，犬□□□□生犬生六子□□”。

该卷内容，主要以时日宜忌与厌禳方法为主，涉及生活的许多方面，如日常起居、沐浴裁衣、买卖耕种、出行吉凶、防病祛病、辟盗驱鼠等，目的是祈求富贵平安、健康兴旺、趋吉避凶。大体可以分作三类：

(1) 首先记述哪些时日适宜做哪些事，以便使人能够选择相宜的吉日、吉方，即在适合的时间、方向（或地点）主动实施一些行为，以求得良好的结果,如：

正月一日取杨桃支着户上，百鬼不入门。冬至日裁衣令人无病，大吉利。以破履埋庭中，令人宜社，大吉。……以庚寅日塞鼠穴，永不入人家，吉。以鹿角着厕中，令人得财。以寅日涂仓，令鼠不食五谷。以岁三十日裁衣，宜官宦迁。以牛骨悬舍四角，令人家富贵。以小儿初生日入学，必尊贵。己丑、己巳日欲有求聪明，所愿从心。夫着妇内衣，生贵子，吉。欲令达官不嗔，取白雄鸡羽带之，吉。以月上朔日卖买，十万倍，吉利。以癸辛日偿债，令人终生负他人债。以五月庚辰、庚申日纳财，千倍利。

凡洗头、沐浴，子丑未酉亥吉。常以八月□日，取清酒，和饭七口，令人不被贼，宜子孙。三月三日，作九索十寻连行户上，气温去，吉。六月一日，取三家井水作酒，饮之，令人到老万事吉。凡欲除殃去祸，以壬辰扫除宅中，莫当门烧之，取牛马骨在庭烧之，令人家富。

(2) 记载了哪些时日不宜做某事，避免人们在不宜的时间地点实施某些不适宜的行为，以达到避凶的目的。这些内容主要集中在“推诸忌讳”一节中，如：

丑不种葱。丁亥不治田、下种。戊不种树。未不与人钱。望不受寄。夏至不□妇着夫衣，不得。正月不浣衣。妇人产不满百日，不得为夫裁衣、浣衣，大凶。妇人灶前不哭。故车辕不得作床。妇人月水□裁煞夫，裁衣煞夫。以十月十日裁衣，市死。晦朔日裁衣被虎食，大凶。

杜康以丁酉日死，不得此日会客。□□辛未日死，不得此日服药。田公丁亥日死，勿此日种五谷，凶。仓颉以丙寅日死，勿此日入学。师旷以辛卯日死，勿以此日作乐。河伯庚申日死，勿此日乘船远行。皋陶以壬辰日死，不得此日劾罪人。

甲不开藏，乙不纳财，丙不指灰，丁不剃头，戊不度田，己不伐树，辛不作酱，壬不书家，癸不买履。子不卜问，丑不冠带，又不买牛，寅不召客，卯不穿井，辰不哭泣、不远行，巳不取妇，午不盖屋，未不服药，申不裁衣、不远行，酉不会，戌不祠祀，亥不呼妇。

(3) 记述遇到灾祸或者不得已要在不宜的时间做某些事时，应当采用哪些方法加以厌禳，以消除祸殃。如：

东家有取造，西家举金向之。西家有取造，东家举火向之。南家有取造，北家举水向之。北家有取造，南家举土向之……

凡人欲急不择日者，出大门画地五纵六横，一云四纵五横。"禹为治道，蚩尤壁兵，五周行天下，为祸殃呵吾者死，流吾者亡，急急如律令。"讫，奇画上过而去，物回头。

从内容看，厌禳的使用不限于时日方面，很多与阴阳、五行、干支结合运用，有浓厚的道教及巫术信仰色彩。内容涉及日常居住和疾病的比较多。比如井、灶、仓库、碓、床、马枥的安置方位的宜忌，以及不吉利时的厌禳；家人的防病除病方法等等。其中一些内容与时日关系不大，尤其是和日常居住相关的内容，更接近于宅经类，但由于主要内容属时日选择，故归于该类。黄正建在《敦煌占卜文书与唐五代占卜研究》中认为"本件文书确如题目所言，内容极杂，但大致不出选择时日，以及用种种方法驱邪避凶的范围"。①

关于抄写时间的考察。P.2661写卷的背面没有确切的时间记载。写卷正面抄写《尔雅》卷中，末有多人所写题记五则，涉及的时间有大历九年（774）、天宝八载（749）、乾元二年（759）。王重民认为该写卷不避唐讳，当是六朝写本，卷末题记均为阅者所写，不得据以确定写本年代。②他的看法是针对正面的《尔雅》而言的。而我们要判断背面的抄写时间，就应当结合这些题记加以分析。五则题记，依次分别是：

大历九年十月廿七日书主尹朝宗书记

□一别去不分君□意

大历年月日尹宗记

天宝八载八月廿九日写

张真乾元二年十月十四日略□乃知时所重亦不妄也。

可以看出，这些题记分别是写卷持有者和阅读者所书，早的在天宝八载（749），晚的则在大历九年（774）。从其中张真的题记看，当时人对这件写本是很看重的，所以才有"知时所重亦不妄也"的话，到大历九年时，写卷持有者即"书主"仍在卷尾写题记，说明当时以及之后的相当一段时间，时人对这件六朝时抄写的《尔雅》仍是备所珍视，所以这一阶段绝不会在背面抄写其他内容，背面的《诸杂略得要抄子》一本及其他内容，都应当是在持有者已完全不懂正面《尔雅》的价值，而单纯将它当作可利用的废纸看待之后才写上去的。其时间不应与大历九年相近，而应是相隔较长时间之后。有了这样的认识，我们再来看背面首

① 黄正建《敦煌占卜文书与唐五代占卜研究》，第89—90页。

② 王重民《敦煌古籍叙录》，北京：中华书局，1979年，第74页。

行题写的“岁月日时州学上足子弟尹安仁书”，这一则题记显然是抄写者所书，黄正建认为这笔迹与正面“尹朝宗”题记的笔迹相同，但笔者仔细对比，发现二者其实并不相同，尹安仁并非尹朝宗，他们是不同的两个人。从尹安仁“州学上足子弟”几字的身份看，他应为州学生。敦煌文献中与此身份相近的有“河西敦煌郡州学上足弟子翟再温”，见于BD14636（北新0836）《逆刺占》的抄写题记，抄写时间为天复二载(902)。结合我们前面的讨论，以及尹安仁的州学上足子弟的身份，可以大致判定，P.2661写卷背面内容的抄写，不会距大历九年太近，而有可能在晚唐至五代时期。

2. S.612V《推杂忌日法、推修造月日法》(拟)

S.612V，图版参《英藏敦煌文献》第2册，册中定名为《失名占书(推五音建除法等)》，卷子装。该写卷两面抄写，正面为《大宋国太平三年（978）应天具注历日》。背面抄写内容以禄命为主，存文字141行，有子目多个，包括推五音建除法、推杂忌日法、推修造月法、推修造日法、推十二禽兽法、推胞胎月法及十干法五子元正法、推禄法、五行相生法、五行相克法、十二支相冲法等，部分内容分上下两栏排列。前后笔迹不同，似为两人所抄写。前者笔迹清晰，抄写整齐；后者书法不佳，字小而不清。内容涉及禄命、时日宜忌与占卜基本知识等。该件文献处在其中稍前的位置，有推杂忌日法、推修造月法、推修造日法三个部分，11行文字。前一部分述十二支日所忌，如：

> 推杂忌日法。子日不卜问，怪语非良。丑日不买牛，子孙不昌。寅日不祭祀，鬼来反殃。卯日不穿井，百泉不通。辰日不哭泣，有伤，伤重丧。巳日不纳妇，不宜姑嫜。午日不改屋，失火多殃。未日不服药，毒反伤。申日不裁衣，裁衣生祸殃。酉日不会客，会客必斗伤。戌日不养狗，养狗必上床。亥日不迎日，必忧死亡。

后两部分按五姓推算各姓修造的所宜忌的月与日。

黄正建说："'忌日'是时日宜忌中的重要内容，在《历日》中也能见到。如S.2404《后唐同光二年甲申岁（924）具注历日并序》和S.1473《宋太平兴国七年壬午岁（982）具注历日并序》中都有有关内容。但是我们注意到，忌日的内容是有些不同的。比如'丑日'就既有说'不买牛'的，也有说'不冠带'的。……变化的原因我们还不清楚，可能与十二属性逐渐同宜忌脱钩有关（所以'亥日'的'不育猪'后来也变成了'不嫁娶'）。"①

王爱和、陈于柱亦有讨论，并释录了原文。②

3. P.3984V+北大D195V《六十甲子纳音　推杂忌日法》（拟）

这是由分别收藏于法国和中国的两个残片缀合成的一件文献。

P.3984V，图版参《法国国家图书馆藏敦煌西域文献》第30册，册中定名为《六十甲子纳音》，卷子装。该写卷首尾俱残，两面抄写，正面抄写"传赞文残卷"，背面抄写两部分内容，前一部分存末尾两行，曰："福增众类，普出嚣尘。岁次辛丑七月朔十三日题毕"，内容与该件文献无关。后一部分内容为该件，存文字7行，起"甲子乙丑金，丙寅丁卯火"，讫"不冠带，不还故乡。丙：不治，火光□"，内容为六十甲子纳音。

北大D195V，图版参《北大图书馆藏敦煌文献》第2册，册中定名《具注历》，卷子装。写卷正面抄"重修佛堂记"，该件文献抄于背面，首尾俱残，存文字7行，干支日期下有双行小字注，起"甲辰乙巳火，丙午□"，讫"亥：不婚娶，必煞姑嫜；又不迎妇"，内容涉及六十甲子纳音及各日禁忌。黄正建认为："原定名为'具注历'，恐不确。

---

① 黄正建《敦煌占卜文书与唐五代占卜研究》，第98—100页。

② 王爱和《敦煌占卜文书研究》，第320—325页；陈于柱《区域社会史视野下的敦煌禄命书研究》，兰州大学博士论文，2009年，第23—24页，第223—229页。

因为我们在现存《具注历》中还找不到前有六十甲子纳音等后有干支日禁忌的实例。因此本件文书还应当是专为择吉用的占卜书。”[①]他拟名为《百忌历》。

根据对正背面内容与笔迹的对比，可以确定这是同一件文书上断裂下来的不同部分，P.3984V在前、北大D195V在后，二者可以直接缀合。邓文宽已经撰文指出这一点。[②]除以上两个卷号，与此件文书有关的，还有北大D202V（图版参《北大图书馆藏敦煌文献》第2册，正面抄写《社长阴公光进神道碑》，背面抄写《侄女十一娘子祭叔文》)，虽然内容与本件无关，但也属于同一写卷上断裂下来的部分，其位置在北大D195V之后。[③]

缀合后的文书，包含两方面的内容，一是六十甲子纳音，一是干支忌日，均保存完整。

六十甲子纳音部分，中间标出了五合、五离的内容，分别是：

丙寅丁卯火，日月合；
壬申癸酉金，江河离；
戊寅己卯土，人民合；
甲申乙酉水，天地离；
庚寅辛卯木，金石合；
丙申丁酉火，日月离；
壬寅癸卯金，江河［合］；
戊申己酉土，人民离；

① 黄正建《敦煌占卜文书与唐五代占卜研究》，第101页注②。

② 邓文宽《北大图书馆藏两件敦煌文献补说》，《北京图书馆馆刊》，1996年第4期，第90—91页。

③ 刘屹缀合了这三个卷号的正面，并定名为《社官董海等廿三人重修唐家佛堂功德记》。刘屹《北京大学图书馆藏敦煌文献书评》，《敦煌吐鲁番研究》第3卷，北京：中华书局，1998年，第376—378页。

甲寅乙卯水，天地合；

庚申辛酉木，金石离。

黄正建在讨论 P.3984V 时指出："检文书中标的'合'、'离'位置，与《五行大义》所说全同，可知文书是用'五合、五离'来择日用的。前件北大 D195V 文书第一项内容也与此相同。到清代，'天地合、离'变成了'日月合、离'，而'日月合、离'变成了'阴阳合、离'，其他'合离'则不变。"[①]

推杂忌日部分，则将干支穿插配合，分别注明各日所忌之事。干支大字单行书写，占辞说明小字双行书写。如"乙：不种树，千岁不长。又不吊，必有亡失"；"丑：不冠带，不还故乡。不□兄弟，令人贫"；"午：不枷屋，必见火光。又不买马，必绝绊缰"。

黄正建指出："第二项则属于'百日忌'范畴。但本件文书的'忌日'有两个特点：一是写出了天干的禁忌，这与 P.2661V 相同。……本件文书的第二个特点是每一干支的禁忌大都写了几种，似是将当时各种说法都尽数抄入。从这两点来看，本件文书的年代应该比较晚。"[②]

对该文书性质与抄写时间的考察。

该件文书是缀合而成的一件文书。它的内容，其实还不仅限于我们前面提到的这两个卷号，属于同一写卷的，还有北大 D202V，这一卷号的图版见《北大图书馆藏敦煌文献》第 2 册，册中定名《侄女十一娘子祭叔文》。卷子装，正面抄写《社长阴公光进神道碑》，背面为祭文。该残片正面字迹与前两件相同，属同一文书，但背面抄写内容不是有关占卜的。综合这三个残片的正背面内容，可以看出，该写卷的正面抄写的皆是与社有关的文书，而背面则分别抄写不同的内容，占卜性质的六十

① 黄正建《敦煌占卜文书与唐五代占卜研究》，第101—102页。
② 黄正建《敦煌占卜文书与唐五代占卜研究》，第100—101页。

甲子纳音与推杂忌日只是其中的一部分内容，因此可以判定这个写卷不是专门的占卜文书，而是为了抄写社文书，将不同内容的纸张黏合在一起，以利用其空白的一面。因此，可以判定背面文字的抄写要早于正面的文字。刘屹在讨论写卷正面抄写的《社官董海等廿三人重修唐家佛堂功德记》（拟）时，认为“这是一篇文笔优美的唐前期作品”，但没有说明所据为何。[①]黄正建分析北大 D195V 时，根据其忌日的特点，认为“本件文书的年代应该比较晚”；论及 P.3984V 时，又推测其“辛丑”可能是公元 821 年（长庆元年）。[②]王爱和根据其写卷不避“民”字，更倾向于认为卷中的“辛丑”可能是天福六年，即公元 941 年。笔者同意王爱和的看法。根据内容，拟名为《六十甲子纳音　推杂忌日法》。

4. Дх.01064+Дх.01699+Дх.01700+Дх.01701+Дх.01702+Дх.01703+Дх.01704《推皇太子洗头择吉日法》

图版参《俄藏敦煌文献》第 7 册，册中命名为《洗头择吉日法》，册页装。该写本的 7 个卷号已由俄藏图册拼合，共 8 页 16 面，两面抄写，包含杂写、会兴题礼佛文、《故圆鉴大师二十四孝押座文》、《洗头择吉日法》、讲经文五个部分，该文献位于押座文之后、讲经文之前，存6面，28 行文字，有首题，起“推皇太子洗头择吉日法。凡每□□□日洗▭”，讫“洗▭贵▭者”，内容涉及四种选择洗头吉日的方法。

（1）记各月宜于洗头的吉日，如廿日等。

（2）叙十二支日中各日洗头的吉凶所兆。

（3）记十二月中洗头吉日。

（4）记一些特定日子的洗头吉兆，如“正月五日洗头，至老不入

---

① 刘屹将正面文书定名为《社官董海等廿三人重修唐家佛堂功德记》，对北大D202与北大D195进行了释录，并指出二者之间可能有缺行。《北京大学图书馆藏敦煌文献书评》，《敦煌吐鲁番研究》第3卷，第376—378页。

② 黄正建《敦煌占卜文书与唐五代占卜研究》，第101页。

狱，不被官嗔”；“六月八日洗头，令人富贵长命”；“九月九日、十九日洗头，人颜色好”等等。

黄正建说：“从本件文书题目的‘推皇太子’云云和内容看，文书的时代可能比较晚。”[1]王爱和有录文，并认为尽管该卷首题“推皇太子洗头择吉日法”，但实际内容似不仅限于“皇太子”，故将其拟名为《洗头择吉日法》。[2]

5. S.9987B3《裁衣吉日》（拟）

S.9987B3，图版参《英藏敦煌文献》第13册，定名为《裁衣吉日》。该写卷卷号，不同书目的著录各有差异。荣新江著录为S.9987C（3），[3] IDP网站则著录为S.9987D。[4]今依《英藏敦煌文献》图册。仅存一个小残片，存文字9残行，起“裁衣吉日，约廿八宿日终而复始”，讫“□十二日十□□十一”，子目称“裁衣吉日”，内容为按月份注明的宜于裁衣的吉日，残存正月、二月、三月的吉日。黄正建推测该卷可能是某文书的一部分。[5]

6. S.6258B《治田种莳宜忌日》（拟）

S.6258，图版参《英藏敦煌文献》第10册，册中定名《六十甲子推吉凶法》，卷子装。该写卷共抄写三部分内容，分别为占盗（拟）、治田种莳宜忌日（拟）、纳音甲子占人性行法（拟），故分别标示为S.6258A、S.6258B、S.6258C。本件文献为其中的第二部分内容，首尾全，存文字6行，起“治除田治荒田良日”，讫“种麻良日：子丑午戌百倍收”，内容涉及治除田、治荒田，以及种粟、种麦、种豆、种黍、种稻、种麻之良日的选择与宜忌。如：

---

① 黄正建《敦煌占卜文书与唐五代占卜研究》，第104页。

② 王爱和《敦煌占卜文书研究》，第333页。

③ 荣新江《英国图书馆藏敦煌汉文非佛教文献残卷目录（S.6981—13624）》，台北：新文丰出版公司，1994年，第147页。

④ 参见国际敦煌项目（IDP）网站。

⑤ 黄正建《敦煌占卜文书与唐五代占卜研究》，第103页。

种豆良日：壬辰、癸酉、丙子、壬戌百倍，忌卯。

种黍良日，乙卯、辛卯、丙午百倍，忌丑。

种稻良日，庚子、丙子、壬子百倍，忌戌申甲乙。

类似内容，北魏贾思勰《齐民要术》中引《阴阳书》、《杂阴阳书》中已有，如卷二“杂阴阳书曰：稻生于柳或杨八十日秀，秀后七十日成。戊己四季日为良，忌寅卯辰，恶甲乙”。[1]王爱和拟名为“治田种莳宜忌日”，今从之。

7. S.11362BV《占日记》（拟）

S.11362BV，图版参《英藏敦煌文献》第13册，册中定名为《占日记》，卷子装。写卷正面抄写《五兆卜法》，背面为该件，于大片空白处抄写文字2行，笔画纤细，似为硬笔书写。可释读的内容仅1行，作：

□太 八月二、三、十一、十三□。

因所存内容太少，无法确定其内容。可以大体认为是与时日选择有关的内容，黄正建认为是《裁衣吉日》类时日宜忌文书的残片。[2]

8. S.813D《月占法》（拟）

S.813D，图版参《英藏敦煌文献》第2册，卷子装。该部分抄于最后，首全尾残，前抄《推养犬法》（拟）、《周易十二钱卜法》（拟）、《立成孔子马坐卜占法》。该部分存文字3行，无子目，内容为述每日见月所兆之吉凶休咎。其文如下：

---

① （北魏）贾思勰《齐民要术》卷二，丛书集成初编本，北京：中华书局，1985年，第31页。

② 黄正建《敦煌占卜文书与唐五代占卜研究》，第104页。

> 每月一日见月，大吉。二日见月，所求称心。三日见月，斗诤。四日见月，大利。四（五）日见月，悲哀。六日见月，所求称意。七日见月，损才。八日见月，所见欢喜。九日见月，凶。十日见月，平安之事。

该卜法仅此一见。从其记述顺序看，后面可能还有十一至三十日的内容。黄正建认为其性质属于一种时日宜忌。①王爱和认为与 P.2693《七曜历日一卷并十二时》“在用词、文风上基本一致，所以推测此二者属于同一文化系统，是一种外来卜术”；“以见月推休咎，明显表现出月崇拜特征”，并推测其传入可能在唐代，而且流传范围也十分有限。②分析得很有道理，今从其拟名。

9. Дx.01274+Дx.03029《推丛辰所在法》（拟）

Дx.01274+Дx.03029，图版参《俄藏敦煌文献》第 8 册，册中拟名为《占书》。本为两个残片，图册中已经缀合。存 16 残行，起▭“□震在辰，天▭”，讫“阴虚在亥▭ ▭日在已▭”。孟列夫《俄藏敦煌汉文写卷叙录》中将 Дx.01274 归入“天文学”类，误认为内容是“描述各星座的位置”。不确。他判定其年代在 9—10 世纪。③黄正建认为该卷“内容似是推丛辰所在。如‘天德在甲’、‘月煞在戌’、‘五墓在子’、‘豹尾在丑’等，也有与廿八宿联系者，如‘天开在角’、‘天□在参’等”。并认为此文书有些像《具注历》局部，但现存《具注历》中没有与此相同者，特别是《具注历》中没有与

① 黄正建《敦煌占卜文书与唐五代占卜研究》，第103页。

② 王爱和《敦煌占卜文书研究》，第101页。

③［俄］孟列夫《俄藏敦煌汉文写卷叙录》上，上海：上海古籍出版社，1999年，第623页。

廿八宿相连的，所以归入“时日宜忌”类。[①]他在后来的文章中拟名为《推丛辰所在法》，[②]今从之。

① 黄正建《敦煌占卜文书与唐五代占卜研究》，第104页。

② 黄正建《关于十七件俄藏敦煌文书的定名问题》，《敦煌研究》2000年第4期，第132页。

第二节

六十甲子历

敦煌存《六十甲子历》类文献有 9 个卷号，可拼合为 3 件写本，即 P.3685→P.3281、P.4680/1+Дх.10786→Дх.5191→Дх.04960+Дх.01295+P.4680/2→Дх. 02976、S.6182。

1. P.3685→P.3281《六十甲子历》（拟）

这是由法藏的两个残卷缀合而成的一件文献。

P.3685，图版参《法国国家图书馆藏敦煌西域文献》第 26 册。该号收录了非同一写卷的两个残片，均为卷子装。小片单面抄写，保存了上半截的 12 行文字，册中定名《诸子语录》，与本件文书无关；大片亦存上半截，两面抄写，背面抄《周公解梦书》，正面为该件，册中定名《卜筮书》，存文字 18 残行，起"□奏表上书合允，娶妻妨子□"，讫"商征二姓造举百事大富贵，宜子孙"，内容涉及［庚子］、辛丑两日的吉凶宜忌。

P.3281，图版参《法国国家图书馆藏敦煌西域文献》第 23 册，册中定名《卜筮书》，卷子装，两面抄写。写卷背面抄写数种文献，依次为部落使阎英达状、宅经、押衙马通达状、周公解梦书、布萨文等。该件文献抄写于正面，首尾俱残，中间亦有残断。有界栏，无书名、作者等信息。存文字 326 行，起"□祠祀神在，得福三人。寅丑时神在家”，讫“比出，主人得财。厌百鬼□　□人神在□”，中有小字双行注文。内容涉及辛丑、壬寅、癸卯、甲辰、乙巳、丙午、丁未、戊申、己酉、庚戌、辛亥、壬子、癸丑、甲寅、乙卯、丙辰、丁巳、戊午、己未、庚申等20个甲子的吉凶宜忌。

根据其正背面所抄内容及笔迹，可以判定P.3685与P.3281为同一写卷的不同断裂部分，P.3685在前、P.3281在后，但二者中间尚缺数行文字（约3—4行），不能直接缀合。黄正建、王爱和均已指出二者的关系并缀合，王爱和有录文。

缀合后的文书，共存文字344行，保存了从庚子至庚申的21个甲子的内容。按六十甲子的顺序推算，这部分内容在原书中处于后半段的位置，可知残缺的前部占到全书的大半。

从保存的部分来看，该件文书很长，不分卷，以六十甲子为目，分述各个甲子干支所涉之吉凶。其形式是先述各甲子的姓名、各月建除、所属之五行四神、五姓吉凶，然后分叙与官府、婚姻、财物、神灵祭祀、疾病、日常穿戴、修造、丧葬、出行、天气、走失、身体现象、占梦、占怪等事宜有关的吉凶宜忌，几乎囊括了当时民众生活与信仰所及的各个方面，可以看作是中古时代的生活指南，与后世的“皇历”、“通书”的功用相同。如：

> 甲辰，姓孟字非卿。正月满，二月除，三月建，四月闭，五月开，六月收，七月成，八月危，九月破，十月执，十一月定，十二月平。火、征是朱雀。宫、角二姓造举百事大富贵，宜子孙；商、羽、征三姓用之凶。见大官吉。见长史吉。受职、拜谒吉。奏表、上书吉。嫁娶夫死。求婚，一云语十诺，一云求女诺与，不与女死。内妇凶。辰不妇归，恐儿亡。内奴婢凶。市买奴婢、牛马吉。甲不纳金器，主凶。不开仓库，钱财亡。祀天神富，祀大神吉。祀先人凶，一云三人死。祀宅神、外神吉。祀土公，长死。祀灶，口

舌起。祭，奴婢续世。解，神在，大吉。祠祀，神不出，凶。此日司命死日，不祠祀，凶。辰时神在家。解殃遣祟，祟不出，害六畜。厌百鬼，鬼出万里。病者自差，寅世七日差，犯宅神、灶君、土公，大人鬼病之，宜使良上师将药并服解之大吉。一云辰日病者，甲戌日小差，丑日不死，在无畏之。治病吉，一云可服药，良。针灸，夏及七月甲辰针灸良，五月辰开治病，十一月甲辰执，针灸良，大吉利。人神在右踝上，甲辰在头，辰神在腰，此日不可针灸其穴。哭位重丧。经络吉，一云凶。着新衣吉。带剑、佩印绶吉，用定日吉。洗头吉，剃头凶。沐浴凶。除服吉。造立宅舍，三年吉。入学身安。治床吉。作车吉。忌六月、十月，凶。治门户富贵。作南门吉。治屋吉。一云申不治屋，心空。发舍吉。造立仓库吉。治井灶吉、碓硙吉。冬作西门吉。作厕吉。作溷吉。作户吉。作鸡栖、镇宅吉，得□仓库焉，富贵，吉。日游在御女官内，不可动土如弹丸，煞九人，吉。天门在申，地户在卯，外吉内凶。起土吉，土公上天。葬埋吉。种稷、小豆、葵、蒜吉，种瓜刳、大豆吉，种麻凶。远行逢水，大凶。一云冬远行吉。东行失财，西行吉，北行得财。宜出西门，吉，取巳时行，吉。出军行将吉。造船屋用危、平、闭、成、建吉。移徙吉。受客凶。煞生，兵死。系者无罪。辰不吊问，反受凶神。不哭。神所在，正、四、七、十月在内，二、五、八、十一月在门，三、六、九、十二月在外。雨立止，一云平旦甚，禺时霁，无风之气即之，一晴。伍胥法：闻忧不忧，闻喜有喜，闻兵不行，闻贼不来。走失不得。失物者，若亥时巳未时失牛马、丝麻布服、绵绢等，猪犬可得，男子女人共取，向西北四五里，亲家藏着之。

在多数的甲子日中，最后还有生子、身体占、占梦、占怪等吉凶宜忌的内容，如辛亥：

“此日天狗出食，送葬、祠祀、嫁娶、移徙凶。生子大富。目润，左有酒肉来，右有恶事。呕者，父母思之。心动，得财。梦者，为西家酒肉。釜鸣，官禄成，家安乐，无殃咎。逢精魅，称君臣者猪也，称妇人子者金玉也。保日，入官、亲事、移徙、嫁娶、祠祀、冠带、市买、内六畜、起土、立屋、盖屋，富吉。”

关于定名。王重民《伯希和劫经录》定 P.3281 为《卜筮书》，并说明“甚长，每节以干支起端而称姓某字某，不详书名”。[①]《敦煌遗书总目索引新编》、《法国国家图书馆藏敦煌西域文献》也沿用了《卜筮书》之名。对 P.3685，《伯希和劫经录》认为它是“星占书”，著录的正反面与今天的看法恰好相反。《敦煌遗书总目索引新编》、《法国国家图书馆藏敦煌文献》已纠正了早期有关正反面的不正确看法，皆定名为《卜筮书》。黄正建定名为《六十甲子历》，[②]王爱和沿用了这一拟名，本文从之。

其抄写时代，可以根据写卷正背面文献来综合考察。背面抄写有部落使阎英达状、宅经、押衙马通达状、周公解梦书、布萨文等，根据王重民《伯希和劫经录》对 P.3281 写卷背面状况的记录，其中的《周公解梦书》残卷的第一章、第二章有被裱纸掩盖的情况，[③]可以知道《周公解梦书》及背面的其他几件状文、宅经等都是作为正面《六十甲子历》（拟）的用纸而拼接在一起的，那么，它们的抄写时间均应早于《六十甲子历》的抄写。其中的“部落使阎英达状”与“押衙马通达状”，据郑炳林考察，写成时间约在唐大中五年（851）至咸通八年(867)。[④]所以正面《六十甲子历》的抄写，当在此后，即咸通八年之后。

① 王重民《伯希和劫经录》，《敦煌遗书总目索引》，第283页。
② 黄正建《敦煌占卜文书与唐五代占卜研究》，第93—94页。
③ 王重民《伯希和劫经录》，《敦煌遗书总目索引》，第283页。
④ 郑炳林《敦煌写本解梦书校录研究》，北京：民族出版社，2004年，第56—57页。

2. P.4680/1+Дх.10786→Дх.5191→Дх.04960+Дх.01295+P.4680/2→Дх. 02976《六十甲子历》(拟)

这是由分别收藏于法、俄的7个残片缀合成的一件文书。

P.4680，图版参《法国国家图书馆藏敦煌西域文献》第33册，册中定名《筮占书》。卷子装，有界栏，有小字双行注文。该号包含两个互不连贯的残片，首尾俱残，上端亦残去。前一残片P.4680/1存下端文字15残行，起“□买吉，乙不纳财，钱不成”，讫“□老宅百事凶，葬埋□”，背面抄写《推五行嫁娶法》(拟)。

后一残片P.4680/2存文字15行，起“□造立宅舍富，上梁、架椽凶”，讫“买蚕子吉□ □吉，一云大神吉□”。背面空白未抄。

Дх.10786，图版参《俄藏敦煌文献》第15册，册中未定名。卷子装，为一残片，存写卷上端文字8行，起“□确吉，此日神在处，不得作床”，讫“正月成，二月危，三□ □八月除，九月建□”。

Дх.5191，图版参《俄藏敦煌文献》第12册，册中未定名。为一小残片，存文字两残行，内容为“六十甲子历”之一部分。背面为占婚嫁内容。正面文作：

> 见大官有忧，见□
> 不可嫁娶。内妇市死，求婚凶。市买□

从正背面内容及笔迹看，与P.4680等相同，为同一写卷的不同断裂部分，但内容不能直接缀合，其位置似在P.4680/1之后。

Дх.04960，图版参《俄藏敦煌文献》第11册，册中未定名。为一小残片，存写卷上端5残行文字，起“□娶移徙皆吉”，讫“□征羽二姓造举百□”。

Дx.01295、Дx.02976，图版参《俄藏敦煌文献》第 8 册，册中定名《具注历》。按，图册中将 Дx.01295、Дx.02976 与 Дx.03515 三个残片缀合，并分别拟名“医书”与“具注历”，但它的缀合是有问题的。首先，图册中标出的三个卷号，未能明确对应各自所指的残片，仅看图册难以确定哪个号对应哪个残片。参照孟列夫《俄藏敦煌汉文写卷叙录》的记载，可以辨认出 Дx.01295、Дx.02976，并且可以区分二者，①所以另一片内容不同的残片当为 Дx.03515，即拟名为“医书”的残片。从这样的情况看，图册中将三个卷号的次序、对应的图片和拟名都搞混了。其次，Дx.03515 的笔迹与以上两个残片不同，内容亦不相同，可以判定与Дx.01295、Дx.02976 不属同一件写本，所以图册中的缀合实为误缀。Дx.03515 不当计算在内。

Дx.01295、Дx.02976 为两个不相连接的小残片，Дx.01295 存写卷上端文字 6 行，起“木角是青龙”，讫“神在家，一云神日□”；Дx.02976 存写卷上端文字 2 行。背面空白无文字。黄正建、王爱和在著录这两个卷号时，将图册中该页的三幅照片的卷号均计入内，不确。

根据对这 7 个残卷的内容、形制与笔迹的对比，可以判定它们都是同一写卷的不同断裂部分。

首先是 P.4680/1 与 Дx.10786 可缀合。P.4680/1 的后 7 行与 Дx.10786 的前7 行可以缀合，Дx.10786 在上端、P.4680/1 在下端，部分内容甚至可以直接缀合。背面抄写的《推五行嫁娶法》（拟）亦可缀合。

其次是 Дx.5191。从其正背面均有文字来看，它与 P.4680/1、Дx.10786 关系较为紧密。但所存内容太少，不好确定位置，据背面内容推测，可能在 P.4680/1 与 Дx.10786 之后。

---

① 孟列夫著录了Дx.01295号，并指出Дx.02976也是这个手卷的一部分。［俄］孟列夫主编，袁席箴、陈华平译《俄罗斯科学院东方研究所圣彼得堡分所藏敦煌汉文写卷叙录》上册，上海：上海古籍出版社，1999年，第625页。

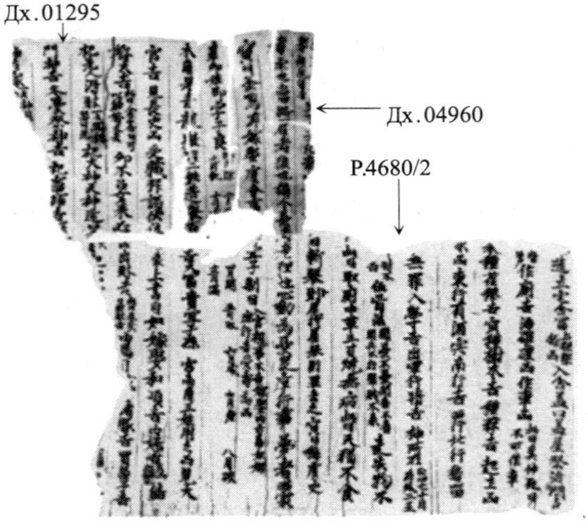

图 10-1　Дx.04960+Дx.01295+P.4680/2 缀合

再次是 Дx.04960、Дx.01295、P.4680/2 三个残片可以缀合。Дx.04960、Дx.01295 均是只保留了上端的两个残片，它们的内容可以直接相接，缀合后这两个残片又恰好弥补了 P.4680/2 号上端所缺部分。

Дx.02976。这个残片仅存上端的两行文字，抄写笔迹、形制均与 P.4680/1+Дx.10786→Дx.04960+Дx.01295+P.4680/2 相同，可以确定是同一写卷的断裂部分，但内容与其他部分不相连接。其文如下：

> 一云丑不冠带，兄弟史人不迁。浣衣吉。剃头凶。沐浴吉□。
>
> 作屋三年凶。上梁椽富贵。入舍宜主。治井灶□

从“丑不冠带”一句来看，其所属甲子与“丑”有关。经与敦煌所存的其他《六十甲子历》相对照，可以确定不是癸丑的内容，不知当属于其他的哪个甲子，故将其缀于该残卷最后。

缀合后的残卷，共存文字37行，包含4个不相连续的残片，涉及了六十甲子中的乙酉、丙戌、庚寅、辛卯四个甲子的内容。从缀合后的写卷可以更清楚地看出，其性质与P.3685→P.3281号相同，属于依六十甲子日判定吉凶宜忌的《六十甲子历》，内容也基本相同，但不完全一致。

有关这几个卷号，黄正建、王爱和均有讨论，但看法不一。黄正建在《敦煌占卜文书与唐五代占卜研究》中，将P.4680、Дx.04960归入《六十甲子历》类，而将Дx.01295、Дx.02976（包括Дx.03515号）归在了时日宜忌的"推忌日月类"中，并拟名为《百忌历》。①在后来的文章中又提到了Дx.10786，认为与Дx.10786的字体与内容都相同，但不能缀合。②还将Дx.5191归入占婚嫁类。③王爱和在此基础上，进一步确定了6个卷号的性质，归入了六十甲子历类，缀合了P.4680/1与Дx.10786，并且还发现了Дx.04960、Дx.02976、Дx.01295与P.4680/2的内容的一致与互补，但未能缀合。她未提及Дx.5191。

3. S.6182《六十甲子历》（拟）

S.6182，图版参《英藏敦煌文献》第10册，册中定名《失名占书》。卷子装，首尾上下均残，存文字11行，注文用小字双行，起"□未名石名叔通，正月□"，讫"作东门忌六月、十月□□忌三月、十一月□"。黄正建认为"是《六十甲子历》的一残片，存'丁未'的一部分，内容与P.3281《六十甲子历》中的'丁未'完全相同，但字迹不类P.3281，倒与P.4680近似，可能与P.4680为同一抄本"。④

---

① 黄正建《敦煌占卜文书与唐五代占卜研究》，第94—95页，第104—105页。在他后来发表的《关于十七件俄藏敦煌占卜文书的定名问题》（《敦煌研究》2000年第4期）一文中，再次强调了Дx.01295、Дx.02976、Дx.03515的拟名。

② 黄正建《俄藏11—17册占卜文书的缀合与定名》，《敦煌研究》2002年第2期，第50页。

③ 黄正建《敦煌占卜典籍的类型及其与传世典籍的比较》（下），见张弓主编《敦煌典籍与唐五代历史文化》（下卷），北京：中国社会科学出版社，2006年，第944页。

④ 黄正建《敦煌占卜文书与唐五代占卜研究》，第95页。

王爱和经过比对后认为，该卷与P.4680不是同件文书，并推测该卷与P.3281所据母本完全相同，或者二者之间有母子关系。[①]她还对残文进行了释录。

综合敦煌所存8个卷号的《六十甲子历》，经过拼接缀合，确定为3件写本，共涉及26个甲子的内容，所存不到全书的一半，基本都处于原书中后部的位置。所提到的六十甲子神的名称，与道藏中《六十甲子本命元辰历》的记载大多一致，不同的部分不多，且多由抄写时的形近而讹或同音通假所造成，如即子良与郭子良、唐文章与唐文卿、范百阳与范伯阳、成文张与成文长等。可以用敦煌的抄本来校勘传世的相类文献。

六十甲子，古代用以纪年、月、日、时，它以干支循环组合，周而复始，以至无穷。从很早的时代起，与时间紧密相连的六十甲子便被用来推算、预测天道人事，算命术兴起后更是大为流行。唐宋时期六十甲子神在民间受到崇拜，有画师专门绘画其神像，如《益州名画录》记载的五代画家石恪，就曾在成都圣寿寺经阁院玄女堂中绘有六十甲子神像。[②]《宋史·艺文志》也还著录有专门的《六十甲子释名》一卷。[③]还有《六十甲子歌》之类的吉凶谣谶在民间流传，如史书记载：（宋仁宗至和二年）“十二月乙酉，参知政事程戡言：前知益州，闻风俗所传‘岁在甲午，当有兵起’，而民心不安，盖淳化中李顺狂逆之年。请禁民间私习《六十甲子歌》。从之。”[④]歌谶中所说的“甲午”等，应是以纪年为主的，与敦煌所存《六十甲子历》以纪日为主者不同。但从其在民间的流行来看，其中可能也有依日时断吉凶的内容。

---

① 王爱和《敦煌占卜文书研究》，第285页。
② 黄休复等撰《益州名画录》，成都：四川人民出版社，1982年，第87页。
③ （元）脱脱等著《宋史》卷二〇六，北京：中华书局，1977年，第5249页。
④ （宋）李焘《续资治通鉴长编》卷一八一，北京：中华书局，1985年，第4384页。

虽然《六十甲子歌》被禁，但与六十甲子有关的占卜仍在民间广为流行。

《六十甲子历》是以时日为依据进行吉凶宜忌判断，指导民众日常生活的一种占卜文献，它将生活中的所有事宜纳入一日之内，结合建除、五行、五姓等内容加以详细叙说，览一日而知所有吉凶，满足民众对日常吉凶宜忌的需要，是汇集综合各种卜书卜法的产物，具有“通书”的性质。黄正建根据《隋书·经籍志》的著录，认为子部五行类的《六十甲子历》与该文书相似，篇幅八卷，亦与敦煌此类文书相近，故拟名为《六十甲子历》。他的看法不无道理。该书的编写以六十甲子为纲，将六十甲子拟人化，为每一甲子都起了专门的名字，然后逐日叙述，可以说是围绕六十甲子而成的专门文献，其内容非《隋志》所著录的其他专门时日宜忌书籍所能涵盖。从内容与发展来看，敦煌所存的这三件写本文献的内容，都陆续出现在后来的具注历中，表现得也更加系统和规范，此类文献在后世未得到更广泛的流传，其功用、内容为具注历和其他实用的便民通书所取代。随着具注历的广泛流行与应用，六十甲子历一类的内容繁多、使用不便的时日占卜文书都逐渐散佚消亡。

第三节
七曜类

敦煌七曜类文献共有4个卷号，即P.2693、P.3081、S.8362、S.1396，可以拼合为3件写本。

1. P.2693《七曜历日一卷并十二时》（拟）

P.2693，图版参《法国国家图书馆藏敦煌西域文献》第17册，册中定名为《七曜历日一卷并十二时》。卷子装，首尾俱全，前部下端有少量残损。首题“七曜历日一卷”，尾题“七星历日一卷并十二时”，存文字154行，[①]抄写清晰，字迹整齐。内容依七曜日之序，分述蜜、莫空、云汉、嘀日、温没斯、那颉、鸡缓各日之吉凶宜忌及所属十二宫之吉凶。全书按七曜分为7个大的部分，每个大部分又包含各曜吉凶总述和所属十二宫吉凶两个小部分。第一小部分，即各曜吉凶总述，包括各曜释名、五行干支之性质、所代表的吉凶宜忌等内容，如“云汉”：

> 云汉，火直：荧惑，南方丙丁火，猛，宜动兵马，修理甲仗，教旗入阵，冲贼得胜，及见官论理、争斗竞财物，先者吉。所有奸盗，不被擒捉。修理园圃，种花果，穿井，伏藏宝物，修城栅，田

---

① 黄正建未计算首、尾题，故云152行左右。

猎，调马畜生，刺血，强良卒急攻击，捕逐，四方远行，受领田宅，储积财谷，行水溉田，合炼汤药，服饵，差□初开愚心，盗窃，咒誓，侵损神庙，福不及身。借诸裁缝、串佩、沐浴、□痛、剪甲、迎娶、作保识、殡葬凶礼、买卖、雇人、收养他人、出纳财物、遭丧者，十五日内不可。殡遣、祭祀诸事，并病者轻禁者加病，后得凶。逃亡难追，失物难获。此日生男女聪明孝顺，短命，多因力伤死，妨亲眷。若五月五日遇此，其年多有斗战，急须多兵马，亦有病疫，畜死损。此日月被蚀、地动，其年多动兵马，死伤富有，流血其甚。若逢阵敌，宜着秋衣、赤缨绋，乘赤马，用日及时。

占卜的内容涉及从军事战斗、争斗诉讼、耕种田猎、修造宅舍、畜牧，到日常的医药疾病、丧葬、买卖、收养、沐浴、裁缝、出纳财物、子女等，其中特别提到七曜日直五月五日所兆示的一年吉凶，以及厌禳之法。

第二小部分是对七曜各日所属十二宫的吉凶依子至亥的顺序加以叙述。如“蜜”日：

子，负仇。入此名宫，其人足忧愁，求者难成，钱财散失，足病患。其宫所有事意尽不得□□□□

丑，取离。入此名宫，其人足病，所作事意、买卖奴婢、兴□□□□不得作之，亦不得称合□□□□

寅，称心。入此名宫，其人若求官者更长，所作事意、买奴婢等，皆称心，及六畜吉，所有身害及恶破却和。

可以看出，十二宫每宫宫名之后，都用两个字概括各宫所兆吉凶，如“负仇”、“称心”、“愁苦”、“损耗”、“吉祥”、“美食”、“益禄”、“衣裳”等，然后是详细的解释。黄正建认为“这十二宫又各有名称，如美食、胜酬、分离、困之、称心、肠胀、重耗、丰钱、吉祥、讼论、重厄、愁苦、快乐、损耗等等，取名不知所自”，[①]将这些吉凶事宜的判断、概括看作是十二宫的名称，恐怕不能成立。因为如果是十二宫各自的名称，那么七曜中相同宫的名称应该一致。实际的情况是七曜的十二宫所代表的吉凶判断在不同曜中并不相同，如子、丑两宫，按蜜、莫空、云汉、嘀日、温没斯、那颉、鸡缓的顺序，所代表的分别是：负仇、取离，美食、忧疹，负仇、损耗，过讹、利闰，祉智、增财，快乐、益禄，重厄、损耗。这些名目中，仅蜜日、云汉日的子宫是相同的，绝大多数都不相同，这说明它们不是十二宫的名称。而且，从另一方面来讲，这些吉凶判断的含义又与后面的详细解说相一致，也说明是对后文的概括。

黄正建认为此卷“文中的‘十二宫’，在文后题记中被称为‘十二时’。前者可能有外来因素，后者则是本土特色，可见本件文书内容是中西文化交流的结果。此外文书中既用了‘七曜’，又用了干支五行，也有中外文化交流的特征”，并认为唐僧不空译《吉凶时日善恶宿曜经》内容与本件有类似之处，此文书或有印度传来《宿曜经》影响在里面。[②]王爱和则从其首题和尾题书写，推测“‘七曜（星）历日’和‘十二日’原本是各自单行的卜书，只是在该卷或者该卷所据的母本中被综合在了一起”，认为其创制似出自释门。[③]

此件文书，《敦煌遗书总目索引新编》定名为《七曜历日一卷(首题)》。黄正建拟名为《七星（曜）历日一卷并十二时》，王爱和拟名为《七曜历日一卷并十二时》，今从王爱和。

---

① 黄正建《敦煌占卜文书与唐五代占卜研究》，第90页。

② 黄正建《敦煌占卜文书与唐五代占卜研究》，第90—91页。

③ 王爱和《敦煌占卜文书研究》，第297页。

2. P.3081《七曜历日》(拟)

P.3081，图版参《法国国家图书馆藏敦煌西域文献》第21册，册中定名《七曜日吉凶推法》。卷子装，两面抄写。该件抄于正面，首残尾全，尾部存地轴，无尾题、题记等，有子目7个，子目上有朱笔勾注，段落后有少量淡墨书写文字，似是阅读者的补正，或者是评语。存文字91行，[①]起“□闻□吉，强□嘀者，水也，辰星也”，讫“鸡换日，五月五日得此直日，一年之内五谷薄熟，日涝不调，四时失节”。写卷背面抄《发病书》（拟)，笔迹与正面相同，应为同一人所抄写。

这个写卷的内容编排比P.2693更加系统，它以事为纲，记叙了七曜日占卜涉及的八个方面的内容：释七曜及其所宜（拟)，存嘀至鸡换日的四日，七曜日忌不堪用等，七曜日得病望，七曜日失脱逃走禁等事，七曜日生福禄刑推，七曜日发动兵马法，七曜日占出行及上官，七曜日占五月五日直。

结合P.2693的内容，可以看出，该写卷前面所缺的内容并不是很多，只缺少了第一部分的蜜、莫、云汉三日内容，可以说，这是个大体完整的写卷，可看出七曜日占法的基本情况。八个方面的内容，反映了七曜日占的基本内容，较P.2693的记载更加系统，所占内容及吉凶宜忌大体相同，但表述文字与顺序上有一些差异，缺少了各日日月蚀、地动所兆吉凶的内容。

其中有关五月五日直的内容是其他类别占卜文书中未曾见到的，引述如下：

> 七曜日占五月五日直：
>
> 蜜，五月五日得此直，一年之内万事丰熟，四时衣节。
>
> 莫，五月五日得此直，一年之内五谷不熟，秋多霜冷。

---

① 王重民《敦煌古籍叙录》统计为89行，大概是未将首、尾题计算在内，第177页。

云汉日，五月五日得此直日，一年之内足疾病，多行，兵起，四方不宁。

嘀，五月五日得此直日，一年之内流水遍野，江河泛滥，秋多霜。

温没斯日，五月五日得此直日，一年之内五谷丰熟，四方安，百姓乐。

那颉日，五月五日得此直，一年之内国乱兵起，四方不宁。

鸡缓日，五月五日得此直日，一年之内五谷薄熟，日涝不调，四方失节。

王重民《敦煌古籍叙录》拟名为《七曜星占书》，与P.2693的内容进行了对比考察。[①]《敦煌遗书最新目录》定名为《七曜日占法七种》，《敦煌遗书总目索引新编》定名为《七曜日吉凶推法》。黄正建将此卷内容分为7个部分进行了概括，并与P.2693进行了比较，[②]并认为"文书用生日推福德禄命，对李虚中算命法的产生，或许也有一定影响"。[③]王爱和认为"该文书是经过系统撰著的，而该卷首残内容并不太多。再从其文辞风格看，该卷明显属于佛教文化系统的著述，该类文书不见著述，根据它与S.5614'摩醯首罗卜'都提到了'九子母'，推测它可能是敦煌地方性卜书，而其内容，显然表明它是外来文化与本土文化的产物，所以它的产生肯定在中国本土"。[④]今从王爱和拟名为《七曜历日》。

3. S.8362→S.1396《七曜历日》（拟）

这是1件由英藏的两个残片缀合而成的文书。

S.8362，图版参《英藏敦煌文献》第12册，册中定名《失名占书》，

① 王重民《敦煌古籍叙录》，第177页。

② 黄正建《敦煌占卜文书与唐五代占卜研究》，第91—92页。

③ 黄正建《敦煌占卜文书与唐五代占卜研究》，第117页。

④ 王爱和《敦煌占卜文书研究》，第291页。

卷子装。首尾俱残，上部大半亦撕去，存文字20残行，起“□得大欢乐吉□”，讫“君王边得□□宠□”，无书名、子目等信息。其内容与P.2693中“那颉日”的内容相近。

S.1396，图版参《英藏敦煌文献》第3册，册中定名《占命书》。卷子装，首尾俱残，存文字20行，起“□取他财□喜乐作歌舞凶，病者重，差迟”，讫“求财得财，求官得官”。文内有少量小字双行注解。经考察，其内容与P.2693中的“鸡缓”部分相近。

笔者据笔迹、内容等方面判断，这两个卷号是同一写本上撕裂下来的两个残片， S.8362在前、S.1396在后，但不能直接缀合，两个残片之间相隔数行。

与P.2693、P.3081相比，该残卷的内容更多更细，叙曜日吉凶宜忌，涉及出行、聚会、歌舞、疾病、军阵、生儿吉凶等，多叙生儿之吉凶，注重灾变的禳法，有许多内容未见于其他文献，如“若岁首得此日，宜须祭鸡缓天，年内安吉”等。又如（括号中的文字为原卷中的双行小字注文）：

> 若此日曜直日有日月变蚀、地动，见星（星见谓蜜、莫、嘀及客星长急之属也），本曜生之人重厄怕死，大受灾厄及所见变，本分野国主、人民病疫死丧，须禳。其法：当日一食，唯得食苏，不得食牛肉，月出乃食，烧香礼拜（所禳之人人及见□，抑谓人曜主及百姓官人□□），作大胡饼十五枚（油麻装），灯五盏（黑炷），酒五杯，新瓦瓶五个，满盛净水和大麦面，取芥子、苏及时花，作火唵法，即一切灾厄脱免，辰时所有奴婢、六畜走失皆捉获，亦得横财入手，有斗争、恶贼并破散；未时向贵胜家得财、六畜、奴婢，称心吉利；亥时兴易得倍利，到处皆通达，加官秩，益财产；子时兴易得通达，求财得财，求官得官。

从内容中所提到的一些食物、禳法来看，该占卜法的起源大约在西域，如［葡］萄酒、苏酪、胡饼、大麦等，以及烧香礼拜和“火唵法”，与内地卜术有别。文中“修功德作善”的说法，也表明它受到了佛教的影响。

荣新江将 S.8362 拟名为《占卜书》。[①]黄正建将 S.1396 归在禄命类，并认为本卷有着十分明显的敦煌地方色彩和佛教的影响，[②]他又将S.8362 归在时日宜忌的推忌日月类中。王爱和将这两个卷号均归入时日类的七曜历日小类，指出二者相类，均拟名为《七曜历日》，并认为 S.1396 中的禳解之法，“明显属于外来文化系统”，是七曜历日不同版本中比较原始的本子，[③]S.8362 也可能是该卜法的早期版本。[④]今据内容，沿用王爱和的拟名，称之为《七曜历日》。

---

① 荣新江《英国图书馆藏敦煌汉文非佛教文献残卷目录(S.6981—13624)》，第81页。

② 黄正建《敦煌占卜文书与唐五代占卜研究》，第119页。

③ 王爱和《敦煌占卜文书研究》，第306页。

④ 王爱和《敦煌占卜文书研究》，第308页。

第四节

神祇出行类

此类文书共有 8 个卷号，分别是 S.5614D、S.612、S.2620、P.3594、P.3602V、S.8350B、Дх.12829、Дх.12830V，实际包含 7 个写本。

1. S.5614D《占周公八天出行择日吉凶法》

S.561，图版参《英藏敦煌文献》第 8 册，蝴蝶装。前面分别抄写《玄象西秦五州占》、《摩醯首罗卜》和《占十二时卜法》，该件位于其后，首全尾残，下部亦有残损，存文字 7 断行，题《占周公八天出行择日吉凶法》，讫“十六日、八日、廿四日是盗日，出行”，以后残去。

所谓“周公八天”，实际是一种占出行吉凶的择日法，即将一月中的 30 天分为 8 个组，每组分别用“周公八天”中的一“天”来命名，每“天”包含 4 日到 3 日不等。由该卷残文来看，所存“周公八天”的名称有“天财日”、“天富日”、“天阳日”以及抄漏了“天”字的“宫日”和“盗日”，总共 5 个，残去了 3 个“天”的名称。属于同一组(即同一天）的日期分别相隔 8 天，如“十三日、五日、廿一日、廿九日是宫日，不吉，出行恐□”。占辞涉及得财、求官、伤折、逢贼劫剥、平安等与出行有关的吉凶结果。写本虽然残缺不完，但从其基本结构可以看出，如果按照其开头的前八日排列推算，各“天”的日期排列，大致遵循着一(失名)、三（天财)、五（宫)、七（天富)、四（天阳)、二

(失名)、六(天□)、八（盗）的顺序，与同一类别的S.612号《周公八天出行图》的排列并不一致。

2. S.612《周公八天出行图》

S.612，图版参《英藏敦煌文献》第2册。卷子装。该件抄于正面的《宋太平兴国三年戊寅岁应天具注历日》的中间，应是具注历的一部分。首尾俱全，题作《周公八天出行图》，存9行。邓文宽、黄正建、王爱和、余欣等均有研究或释录。

该件内容完整，移录如下：

周公八天出行图

天门：一日、九日、十七日、廿五日，所求大吉。

天贼：二日、十日、十八、廿六，伤害，凶。

天财：三日、十一、十九、廿七日，百事吉。

天阳：四日、十二、廿、廿八日，出行平。

天宫：五日、十三、廿一、廿九日，开通吉。

天阴：六日、十四、廿二、卅日，主水灾，凶。

天富：七日、十五、廿三日，求财，吉。

天盗：八日、十六、廿四日，主劫害，凶。

与S.5614D比较，二者在排列顺序上不一致，占辞也有详略的不同，但有关八天的日期分组和名称则一致，各组的吉凶判定也大致相同。余欣对此两件文献的内容异同进行过比较，可以参考。①

以上两件文献，黄正建、王爱和、余欣等均有讨论。黄正建认为S.5614所抄内容可能时代较早，尚是独立方法，未被纳入历日中。其实，敦煌发现的雕版印刷的具注历日中也收有此类内容，如S.P6《唐乾

① 余欣《神道人心——唐宋之际敦煌民生宗教社会史研究》，北京：中华书局，2006年，第260页。

符四年丁酉岁（877）具注历日》和S.P12《上都东市大刁家印具注历日》，都有以图的形式出现的类似内容，虽然未注明是《周公八天出行图》，也未注出行事吉凶，但已按“八天”之名划分了一月中的日期，可见其功用是相同的。具注历的雕印年代在9世纪的晚期，与S.5614的抄写时间可能差不多，二者当有共同的流行基础。[①]S.612的《太平兴国三年戊寅岁应天具注历日》所收的《周公八天出行图》，从内容上看已有发展，此后该类内容大约分别在占卜书和历日中都有流行，可能在历日的流行更为广泛，南宋时作为民间鄙俚之说受到史官的批评，被从历日中删除。据《宋史·律历志》载，嘉泰元年（1201）：“中奉大夫、守秘书监俞丰等请改造新历。……臣僚言：‘颁正朔，所以前民用也。比历书一日之间，吉凶并出，异端并用，如土鬼、暗金兀之类，则添注于凶神之上犹可也，而其首则揭九良之名，其末则出九曜吉凶之法、勘昏（婚）行嫁之法，至于周公出行、一百二十岁宫宿图，凡间阎鄙俚之说，无所不有。是岂正风俗、示四夷之道哉！愿削不经之论。’从之。”[②]这里所提到的“周公出行”，应当就是敦煌《占周公八天出行择日吉凶法》的简称。这类内容，虽然从官方的历日中删除，但它在民间仍广泛流传，如余欣所指出的，南宋陈元靓所编《纂图增新属书类要事林广记》已集卷下的《选择类》和明刻《居家必用事类全集》丙集中，都有“出行吉日”或“周公出行吉日”，记载了“八天”中宜于出行的“天门”、“天财”、“天阳”、“天仓”和“天富”共五类吉日，日期与敦煌文献所载相同，只是“天宫”之名已改作了“天仓”，明显是《周公八天出行择日吉凶法》的后世发展。[③]不过，由于只保留了吉日，没有记载不吉的另

---

① S.P6《唐乾符四年丁酉岁（877年）具注历日》和S.P12《上都东市大刁家印具注历日》中虽然也有“周公八天”之图，但因其未注出行事吉凶或占卜方法，也不是独立应用的占卜文献，故未列入本书讨论的对象范围之内。

② （元）脱脱等著《宋史》卷八二《律历志》，北京：中华书局，1977年，第1947页。

③ 余欣《神道人心——唐宋之际敦煌民生宗教社会史研究》第三编《游必有方：敦煌文献所见中古时代之出行信仰》，第260—261页。

外三类，且占辞过于简要，未免有损其全貌。此外，我们在明人所辑的《士商类要》卷二的《选择出行吉日》中见到了载有全部内容的“周公八天出行之局”：

天门日：初一、初九、十七、二十五日，主得贵人助之，大吉。
天财日：初三、十一、十九、二十七日，主倍获利得喜，大吉。
天贼日：初二、初十、十八、二十六日，主有非灾，所为大凶。
天仓日：初五、十二、二十一、二十九日，主因商贾得利，大吉。
天阳日：初四、十二、二十、二十八日，主见贵人，万事大吉。
天盗日：初八、十六、二十四日，主百事皆不宜，大凶。
天富日：初七、十五、二十三日，主为客商求财，大吉。
天集日：初六、十四、二十二、三十日，主所事皆不遂，大凶。①

与敦煌所存文献内容比较，我们发现，“周公八天出行择日法”在后世的变化，不仅仅体现在吉日名称从“天宫”到“天仓”的变化上，凶日的名称同样也有变化，即“天阴”变成了“天集”，其择日法的总名，也由《周公八天出行择日法》变成了《周公八天出行之局》。其占辞内容，经由明人改造，也由早期的针对求官、求财及普通民众出行平安等多种目的，变成了重点针对商贾出行，以求财获利为中心。“八天”的排列次序，也不同于敦煌文献。不过，其“八天”的具体日期分组及所兆吉凶却与敦煌文献的记载完全相同，可见这种择日方法的历史传承性是很强的。

从占卜文书到历日再到民间通俗类书，是唐宋以来一些小型占卜方法，尤其是一些择日术的普遍传播途径。从敦煌 S.5614D《占周公八天

---

① 参杨正泰《明代驿站考》所附之《士商类要》卷之二，上海：上海古籍出版社，2006年，第368页。按（明）程春宇《士商类要》共4卷，天启六年（1626）士林阁刊本。

出行择日吉凶法》到S.612《宋太平兴国三年戊寅岁应天具注历日》之《周公八天出行图》，到南宋《事林广记》的“出行吉日”和明刻《居家必用事类全集》的“周公出行吉日”，以及《万用正宗分类学府全编》的《周公八天吉凶之局》，再到《士商类要》中的“周公八天出行之局”，正好反映了这类占卜术在唐宋元明时代的演变传播过程，其内容用途也经历了从全面到专门针对某一特定出行目的的变化，而这种变化又和社会经济与生活的发展密切相关。

3. S.2620《唐年神方位图》（拟）

S.2620，图版参《英藏敦煌文献》第4册，册中定名《年神方位图》，卷子装。首残尾存，存8幅图示，其中前两图残去一半。尾有题记：“右从下元天宝九载（至）庚寅，覆前勘算至乙未。天宝十五载改为至德，自后计算于今，却入上元甲子旬中已来，一十八年至辛巳年。”写卷背面抄有“阴阳人神智”患病谢神文4行，未抄完，内容与正面图示无关。

另，由于此卷第五幅图即“庚申年”的图示上方所裱一纸条上倒书“大唐麟德历”5字（与图示文字笔迹不同），早期的目录如翟林奈《英国博物馆所藏敦煌汉文写本注记目录》、《敦煌遗书总目索引》、《敦煌遗书最新目录》等均定名为《大唐麟德历》，至邓文宽考证之后，[①]《英藏敦煌文献》、《敦煌遗书总目索引新编》方定名为《唐年神方位图》。

所存内容，是以六十甲子为序的年神方位图，一年一图，存丙辰、丁巳、戊午、己未、庚申、辛酉、壬戌、癸亥，其中前两图残去一半。图的内容形式，是以九宫色画出正方形的边框，方框中间标注出本年干支、九宫数、建除、六壬十二神、修宜否、忌月等内容，方框外的四周，标注子至亥的十二支和八卦中的乾、坤、艮、巽等方位，方位外再注明所要避忌的年神，包括岁煞、将军太阴、害气、岁破、黄幡、太

① 邓文宽《敦煌文献S2620号〈唐年神方位图〉试释》，《文物》1988年第2期，第63—68页。

煞、豹尾、太阴等。通过这样的标注，说明每年年神的方位所在，以便人们在生活中加以避忌，不要触犯。据图后题记所载，该图应作于唐德宗建中四年，即公元 783 年。

邓文宽《敦煌文献 S2620〈唐年神方位图〉试释》对此有详细考证。[①]

4. P.3594《推太岁游图法等》(拟)

P.3594，图版参《法国国家图书馆藏敦煌西域文献》第 26 册，册中定名《宅经》，卷子装。该件首尾俱残，有图示多幅，存文字 58 残行，有朱笔勾涂，存子目 8 个，分别为"凡人疫病移徙嫁娶用法"，"推太岁游图法"（有图示)，"推五姓墓月法"，"用石镇宅法"，"推五姓祭祀修造月日法"，"推伏龙法"，"推出入逐急不得吉日随时所去门"，"求九方色"，涉及时日选择宜忌、宅经、厌禳等方面内容。其中"推太岁游图法"(拟）及宅内土公法，与时日宜忌关系较为密切。

该部分包含两幅图示和 8 行文字。其中的"太岁游图法"，分别在图中标示出东南西北中五个方位太岁出游、回还的日期，以及八方中各方所宜修造的日期，如东方注明"甲子日东游，己巳日还"；"七月六月□□修"。西方注明"庚子日西游，乙巳日还"；"四月十一月乙庚日修"。

其文字说明如下：

> 太岁太阴常同游，游后本位地修造吉。告还日且停。如作未了，更代后游日重作。其太岁游在之处，不须修造动土。审看慎之，大吉。不忌之，便家长大凶。

宅内土公法亦为一幅图，绘九宫格，中央一格书"土公"二字，右

① 邓文宽《敦煌文献S2620号〈唐年神方位图〉试释》，《文物》1988年第2期，第63—68页。

上格中书“宅内土公法”，上下左右分别标注某日某方向游、某日还，与P.3602V中所绘土公出游图（拟）相似。黄正建说：“本卷中的‘土公’图与P.3602V中的‘土公’图也大致相同。可见本卷与P.3602V可能有着某种联系。”①

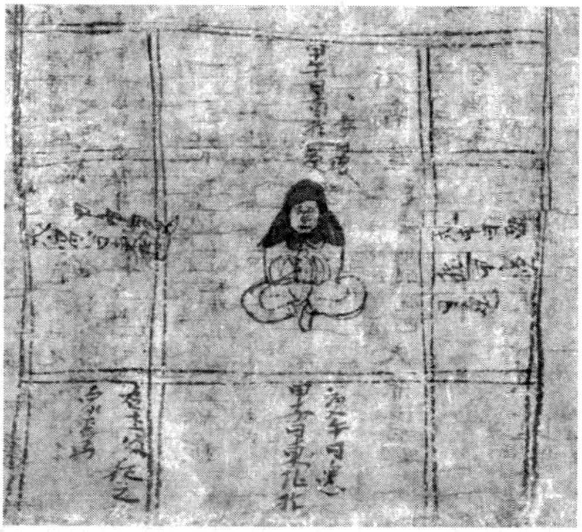

图 10-2　P.3602《土公出游图》（拟）

《敦煌遗书总目索引》、《敦煌遗书总目索引新编》均定名为《阴阳书残卷》，《敦煌遗书最新目录》定名为《阴阳书（推五姓墓月法、用石镇宅法、推伏龙法）》。黄正建、陈于柱拟名为《推五姓墓月法、用石镇宅法等》，金身佳拟名为《宅经》，均有释录。②今依子目，将该部分文献拟名为《推太岁游图法等》。

5. P.3602V《土公出游图》（拟）

P.3602V，图版参《法国国家图书馆藏敦煌西域文献》第26册，册中定名为《孟遇禄命一部》。卷子装，抄写于P.3602的背面。写本正面抄写《庄子集音》，③背面杂抄数种内容，分别为“八日推走失法”（拟）、“神龟推走失法”、“孟遇禄命一部”、“宅内伏龙法”、“土公出游图”（拟），并绘有8幅图。其中“土公出游图”，未全部完成，其图为九宫格形式，中间一格为一人盘腿而坐，其余八格无画，其中上下左右格及

---

① 黄正建《敦煌占卜文书与唐五代占卜研究》，第96页。

② 陈于柱《敦煌写本宅经校录研究》，北京：民族出版社，2007年，第463—472页。金身佳《敦煌写本宅经葬书校注》，北京：民族出版社，2007年，第149—158页。

③ 许建平考定为东晋徐邈《庄子集音》残卷。见氏著《伯三六〇二残卷作者考》，《文史》第40辑，1994年，第177—183页。

左下格中有简单的文字说明，释录如下：

(上格) 甲午日南游，庚子日还。
(下格) 甲子日 [东] 北游，庚午日还。
(左格) 戊寅日东游，甲申日还。
(左下格) 右土公。犯之家长凶。
(右格) 戊申日西游，甲寅日还。

黄正建认为此文书"与P.2964相比，出游日相同，因此这张图应该也是准备画'土公出游图'的，但没画完，或画时省略了许多"。[①]他将此文书同时归在"宅经"与"时日宜忌"两类中。王爱和、陈于柱、金身佳亦有讨论，但均将其与前一图的内容合并，并分别拟名为《宅内土公伏龙法》[②]或《宅内伏龙法等》。[③]今依其内容，拟名为《土公出游图》。

6. S.8350B《推太岁等神出游日　沐浴等宜日》（拟）

S.8350，图版参《英藏敦煌文献》第12册，册中定名为《六十甲子纳音、吉凶书》。首尾及上部均残，属杂抄性质的文书，所存内容，分别为六十甲子纳音、太岁等神出游日、沐浴良日、逐月推禄命等。该件文献为其中的第二部分，残甚，存文字13残行，起"□日南游，至五日，到辛巳日还"，讫"□辟逆□□巳酉□□丙辰、戊子□"，内容涉及太岁、大将军等神煞出游日及沐浴等时日所宜。写卷背面抄"成君子便豆契"。

据王爱和考察，该部分文字虽残，但可于敦煌《具注日历》中见到完整内容，其宜忌似主要与动土修造有关。[④]

① 黄正建《敦煌占卜文书与唐五代占卜研究》，第80页。
② 王爱和《敦煌占卜文书研究》第242—243页。
③ 陈于柱《敦煌写本宅经校录研究》，第473—475页。金身佳《敦煌写本宅经葬书校注》，第191—193页。
④ 王爱和《敦煌占卜文书研究》，第331—332页。

其文如：

> 右太岁以下将军、太阴诸煞等神，逢子即游，逢□
> □□□忌，如所游之方，虽无官府，犯之大凶，为众神皆怒
> □□□

其后载沐浴等所宜日，如：

> 沐浴：□子、乙丑、己巳、辛未、壬申、乙亥、丙子、丁丑、辛巳、癸未
> □□□己亥、庚□、辛丑、乙丑、丁未、戊申、辛亥、壬子、癸丑
> □□□吉。丁酉日、正□□月、二月一日、三月六日、四月八日、五月一日、六月
> □□□十一月廿四日、十二月卅日、煮苟（枸）杞沐浴，大益人。

荣新江著录为“六十甲子纳音”与“吉凶占卜书”两项，并注明“为有关历日之占卜文字”。①

7. Дx.12829、Дx.12830V《占出行择日吉凶法》（拟）

Дx.12829+Дx.12830V，图版参《俄藏敦煌文献》第16册，册中编为两个号，未定名，实际只有一个残片。正面抄儒家类文献。该件抄于背面，存文字9残行。其文如下：

---

① 荣新江《英国图书馆藏敦煌汉文非佛教文献残卷目录（S.6981—13624）》，第80—81页。

凡行，有四火出日：己□▭

辛未末右件日行车破马

正月六日、二□（月）□日、三月□（五）▭

□（七）月十二日、八□（月）□（十）一日、九月▭

右件日是天□（陷）▭

▭岁日，春□(三)□(月)□(季)□(庚)□(辛)，

有（右）五穷日，行▭

□（南）□（集）□行，

▭正月三日、二月▭。

余欣拟名为《占出行择日吉凶法》，并释文。[①]今从之。

① 录文参余欣《神道人心——唐宋之际敦煌民生宗教社会史研究》，第278—279页。

第五节

占婚嫁类

敦煌所存占婚嫁类文书，共有 11 个卷号，可以拼合为 8 件写本，包括 S.P6、P.2905A、Дх.5191V→P.4680V+Дх.10786V、Дх.17447V+Дх.00098V、S.4282、S.2729V、P.3288、S.6333。

1. S.P6《乾符四年（877）具注历日》

S.P6，图版参《英藏敦煌文献》第 14 册，册中定名《乾符四年具注历日》，卷子装。这是一件雕版刻印的历日长卷，首尾全，首端下部有少量残损。内容多样，汇集了多种占卜方法，其中专门占婚嫁的内容有三项，包括“吕才嫁娶图”、“同属婚姻”、“周堂用日”，同时用于占婚嫁与灾厄的有一项，即“十二相属灾厄法”。均为原有子目，其中“吕才嫁娶图”、“同属婚姻”处于文书前端下部，“十二相属灾厄法”位于文书中端的中部，“周堂用日”处于文书尾端中部。黄正建有讨论及录文。

文书以图示与占辞相结合的形式，分别记载了婚姻嫁娶中的吉凶占卜。

“吕才嫁娶图”：分为 8 组，每一组上为干支相配的图示，下为占辞。释录出来，则如：

申子辰 亥卯未 寅午戌 巳酉丑

三五合婚，夫妻保爱。男孝女贞，永无离背（第二组）。

子丑 寅亥 卯戌 辰酉 巳申 未午

支合夫妻，命合天亲。十男五女，多足金银（第四组）。

所载8组皆为吉日，没有凶。

“同属婚姻”内容很少，只说“同属相取，福禄自随。相生即吉，相克不宜”。

“周堂用日”，亦为图示加说明的形式。上为图示，圆圈中间写“中”字，周围标示妇、夫、姑、堂、翁、第、灶、厨等字样（按顺时针方向，从上开始），其下有说明云：

周堂用日：凡大月从妇顺数，小月从夫逆行。值堂、厨、灶〔吉〕，余者皆不吉。

这部分内容，在P.2905A与清代《协纪辨方书》中亦有，[①]P.2905A作“凡数周堂法”，《协纪辨方书》作“嫁娶周堂”，均用于嫁娶择日，但名称及排列顺序上有所差异。黄正建比较了它们的不同，认为此种嫁娶择日的方法定型于唐末。[②]

“十二相属”，亦为图文结合的形式，分十二栏，上部分别画出十二属相的图像，并标出吉、黄幡、六合、太岁、五鬼、豹尾等神煞之名，其下按对应的十二支排列占辞，如：

---

① （清）允禄等编撰《协纪辨方书》卷三五《附录》“嫁娶周堂”条，北京：世界知识出版社，2010年，第1025页。

② 黄正建《敦煌占婚嫁文书与唐五代的占婚嫁》，项楚、郑阿财主编《新世纪敦煌学论集》，成都：巴蜀书社，2003年，第274—293页。

子生人不宜与午生人同财及为夫妻，厄五月十一月。
丑生人不宜与未生人同财及为夫妻，厄六月十二月。
寅生人不宜与申生人同财及为夫妻，厄正月七月。
卯生人不宜与酉生人同财及为夫妻，厄二月八月。……

此种占法以“六冲”为依据，说明何种属相之人不宜婚配、同财，以及何时有灾厄等，提示婚嫁双方避免此类相冲的出现。但上栏中标示出“吉”或其他神煞的名字却不知何意。

2. P.2905A《吕才推嫁娶法》(拟)

P.2905，图版参《法国国家图书馆藏敦煌西域文献》第 19 册，册中定名《五兆经法要诀》第卅三。册页装，每页 8—11 行不等。全件包含两部分内容，前一部分为占婚嫁内容，笔者定为 P.2905A；后一部分为《五兆经法要诀》第卅三，定为 P.2905B。从书法笔迹看，均为一人所抄。该件占婚嫁书首残尾全，无题名，有图表及子目，子目称《推择日法》第八，起表格中文字“妨姑嫜，四月十月，三月九月”，讫“审而详之，取吉多而用也”，存文字 26 行。所存内容，大致可分为三个部分：

(1) 推嫁娶忌月法（拟）

文书前四行所存为残图表格式，载不同支年出生的人嫁娶时所应避忌之月份。该图表前残，横列内容存四项，内容为“妨姑嫜”、“妨女父母”、“妨女婿”、“妨女身”，竖列分为六项，题目已残，表中的内容是具体的月份，分上下六格排列十二月名，每格两个月。黄正建推测说：“虽六组的名目不明，但推测应是依阴阳年而分成子午、丑未、寅申、卯酉、辰戌、巳亥六组。如：‘妨女身：五月十一月、六月十二月、正月七月、二月八日、三月九月、四月十月’。此法与后世的‘嫁娶大利月法’很像，但项目与顺序有所不同。比如此处的‘妨姑嫜’后世即无。从以‘女命’为主和后文有‘吕才’的话看，此法当肇自唐代。”[①]参照《四时纂要》所记载的内容以及黄正建的研究，该图表的纵轴，是据女子出生的地支年按阴阳所分的六组，即子午、丑未、寅申、卯酉、辰戌、巳亥；图表的横轴，为所妨忌的事项，即“妨姑嫜”、“妨女父母”、“妨女婿”、“妨女身”，所残去的部分中，还应包括大吉、妨首子媒人两项。而纵横两轴所对应的内容，则为所应避忌的结婚月份。黄正建在后来的文章中对此有进一步的论说，并据传世文献对所缺部分进行了补足。[②]

(2)《推择日法第八》

原有子目其内容有三项，包括按建除日推嫁娶吉凶，以太阳、太阴等六类日子定吉凶，及数周堂法。

以建除日推嫁娶吉凶法出现可能很早。唐人所撰《四时纂要》中亦有相关内容。敦煌所存的依建除日为主选择嫁娶日的卜书以此为代表。其文云：“建日嫁娶，吉。一云自如。除日嫁娶，有子四人，吉……闭日娶妇，煞三人。右件好恶，明审看之。”

以太阳、太阴等六类日子定吉凶的内容在敦煌占卜文献中仅此一见。其方法是将每月30日以6日为差，分为太阳日、太阴日、天父日、天母日、天帝日、天王日六类，每类预兆着不同的嫁娶吉凶。如：“每月一日、七日、十三日、十九日、廿五日，此是太阳日，嫁娶，子孙官迁，六十年安乐。月二日、八日、十四日、廿日、廿六日，此是太阴日，嫁娶，凶。”其中，太阳日、天父日、天帝日、天王日四类日子均兆示嫁娶吉利，而太阴日、天母日两类预示嫁娶不吉。王爱和认为“天父”、“天母”这种称谓“明显带有基督教（即景教）的色彩”，[③]黄正建则推测可能与佛教道教的影响有关。余欣指出在俄藏黑水城文献

---

① 黄正建《敦煌占卜文书与唐五代占卜研究》，第146页

② 黄正建《敦煌占婚嫁文书与唐五代的占婚嫁》，项楚、郑阿财主编《新世纪敦煌学论集》，第274—293页。

③ 王爱和《敦煌占卜文书研究》，第184页。

TK190中同样有这种“六日”称谓出现，只是“六是”下涉及的占卜事项更多，而不仅仅是婚嫁。他还认为这种“六日”是由简帛书中的“戎历日”发展而来。[①]黑水城文献中出现相同记载并有所发展，说明这类占法在后世仍有流传运用。

数周堂法，其文字抄于写卷下半部，上半部空白。其文字曰：

> 凡数周堂法，大月从户右行，小月从寮左，到用日止。值公妨公，值姑妨姑嫜；值户大吉，值寮妨夫；值灶大吉，值路阳大吉；值爵富贵高迁，值富资财百陪（倍）。

从文字内容看，其上部所留空白处应该绘有一个方位示意图，分别标出八个方位：公、姑、户、寮、灶、路阳、爵、富。在敦煌占卜文献中也是仅此一见。黄正建依据S.P6所抄写的《乾符四年具注历日》中的《周堂用日》和清代的《协纪辨方书》中的《嫁娶周堂》图对其进行了比较研究。

(3) 卷末结语。对前面所抄内容进行总结归纳，说明占卜要义。其文云：

> 吕才云：有（右）件婚礼、年命、择月日等同一也，但取三从二逆，则可用之，苦无妨碍。若觅总吉，百年不遇一件，师亦不能为之，主人便入疑惑。审而详之，取吉多而用也。

从这段话看，这件残卷前面所抄内容尚多，包括所存部分，全部文书至少应有八个部分，都与婚姻、年命有关。吕才是唐初有名的术士，

① 余欣《中古异相——写本时代的学术、信仰与社会》，上海：上海古籍出版社，2011年，171—185页。

以编《阴阳书》闻名。该文献既引吕才之语，说明其形成应在唐代吕才之书流行之后。

黄正建据英藏的 S.P6《乾符四年（877）具注历日》中的内容有部分不同于此件文书，认为该件文书撰写时代早于乾符四年（877），“是一件可明确知道编写于初唐以后、乾符四年（877）以前的占婚嫁文书，所以也很值得重视”。[①]他将该残卷拟名为《推择日(嫁娶)法等》。王爱和拟名为《吕才择日法》。今依残卷内容的特点，拟名为《吕才推嫁娶法》。

3. Дx.5191V→P.4680V+Дx.10786V《推五行嫁娶法》(拟)

这是由法藏和俄藏的 3 个残片拼合起来的一件写本。

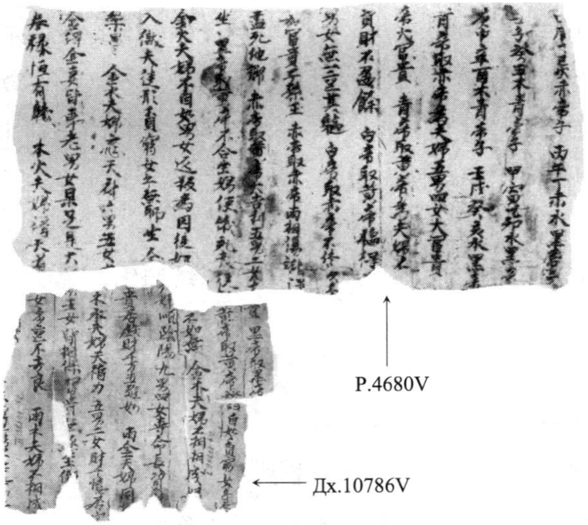

图 10-3 P.4680V＋Дx.10786V《推五行嫁娶法》

Дx.5191V，图版参《俄藏敦煌文献》第 12 册，册中未定名。为一小残片，正面抄写“六十甲子历”内容，背面为该件，仅存文字 1 行，作：

① 黄正建《敦煌占婚嫁文书与唐五代的占婚嫁》，《新世纪敦煌学论集》，第274—293页。

辰酉合，乙申合 □

黄正建考察内容后认为属 S.P6 中的《吕才嫁娶图》的“支合”，判定为占婚嫁文书。[①]笔者根据其正背面内容，判定其与 P.4680V+Дx.10786V 为同一写卷，但内容不相连续，可能在 P.4680V+Дx.10786V 之前。

P.4680V，图版参《法国国家图书馆藏敦煌文献》西域第 33 册，册中定名为《婚配吉凶书》，卷子装。下端横向撕裂，存上端文字 15 断行，起“□甲辰乙巳火，赤帝子”，讫“木火夫妇得天道 □”。写卷正面抄写《六十甲子历》（拟）残卷。

Дx.10786V，图版参《俄藏敦煌文献》第 15 册，册中未定名。存文字 8 断行，起“宜。黑帝娶黑帝”，迄“女多丧不吉良。两木夫妇不相成”。

黄正建分别提到这三个卷号，但未加缀合。他将 Дx.10786V 拟名为《推五行嫁娶法》，[②]认为与 P.4680 为同一文书的可能性较大。王爱和提及后两个卷号，分别拟名为《婚嫁图》，[③]亦未加以缀合。笔者经过对比，认为这三个卷号确属同一件写本，可以拼合，其中 Дx.5191V 在前，不能与其他两个卷号直接缀合；后两个卷号可以直接缀合，P.4680V 为上半幅、Дx.10786V 为下半幅，P.4680V 的第 9 行下端与 Дx.10786V 第1行的上端正好可以拼合，两个残片之间每行有一个字左右的残缺。其正面所抄《六十甲子历》（拟）亦可拼合。

从拼合后的写卷可以更清楚地看出这部残占嫁娶书的内容。就残文来看，其内容大致有四个部分：首先是“支合”部分；其次叙干支五行

① 黄正建《敦煌占卜典籍的类型及其与传世典籍的比较》（下），见张弓主编《敦煌典籍与唐五代历史文化》（下卷），北京：中国社会科学出版社，2006年，第944页。

② 黄正建《关于<俄藏敦煌文献>第11至17册中占卜文书的缀合与定名等问题》，《敦煌研究》2002年第2期，第50页。

③ 王爱和《敦煌占卜文书研究》，第260页。

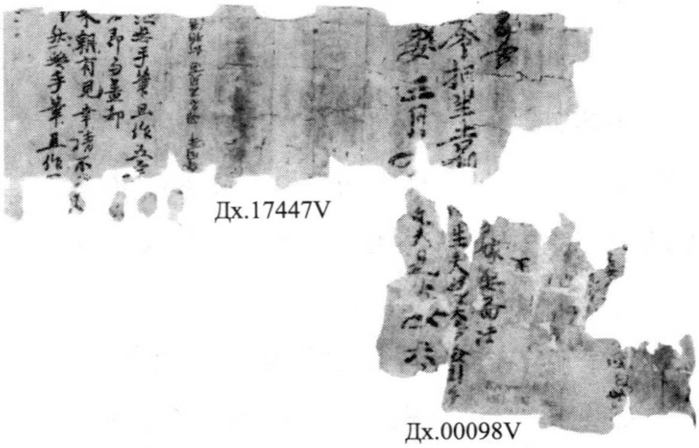

Дx.17447V

Дx.00098V

图 10-4　Дx.17447V+Дx.00098V《嫁娶图法》

与五帝的关系，划分五帝所属，如“甲辰乙巳火，赤帝子。丙午丁未水，黑帝子”；再次叙述五帝之间嫁娶的吉凶，如“黑帝娶黄帝不合生，妇使饿死夫徒□。黄帝娶黄帝谐自如，贫穷女子□”；最后按五行叙述不同夫妇的吉凶命运，如“金水夫妇应天府，六男六女□贵居，钱财万千王难如。两金夫妇同 □ 金得金妻皆寿老，男女具足是大□。木水夫妇天福力，五男二女财千亿，居官奉禄恒有职”。叙述吉凶命运的占辞，多以七言为主。从写卷情况并结合正面所抄来看，这些依据干支五行、五帝进行婚嫁吉凶占卜的内容可能属于一部较大的占婚嫁书，且只是其中的一少部分，该占书的大部分内容已残去不存。就现存内容来看，黄正建拟名为《推五行嫁娶法》是比较适宜的。今从之。

4. Дx.17447V+Дx.00098V《嫁娶图法》（拟）

Дx.17447V，图版参《俄藏敦煌文献》第 17 册，册中未定名。所存为一小残片，正面抄写《武王家教》残文。该件抄写于背面，存文字8断行，由三种不同大小的字体写成，第四行倒书。可判定为占嫁娶内容的仅为前三行文字，残破严重。

Дx.00098，图版参《俄藏敦煌文献》第 6 册，册中定名为《嫁娶图法》。为一小残片，正面抄写《武王家教》。该件抄写于背面，仅存文字

3残行，首行称“▭嫁娶图法”，可能是题目。

从笔迹、内容，尤其写卷正面抄写的《武王家教》的情况，[①]可以判定，两个残片应属于同一写本，是同一件文书上断裂下来的残片，二者可以缀合，Дx.17447V在上、Дx.00098V在下。

该件所存文字如下：

男女　　□嫁娶图法

▭令相生吉□□生夫妇大吉，佥财多▭

▭娶三月□□夫是火女▭

缀合后的残卷，仍存文字3行，但内容较前为多，可知在“▭嫁娶图法”之前还有其他内容。“▭嫁娶图法”有关占卜嫁娶吉凶的，内容涉及五行与时间。但由于过于残缺，无法看出更多情况，可能与P.4680V+Дx.10786V《推五行嫁娶法》（拟）有一定的相似性。通过缀合，还可以看出，该文书并不是专门的占婚嫁书，同一纸上还写有五言残诗，并有倒书的情况，嫁娶图法只占了其中3行，可能是学郎练习抄写随手而成，后被利用背面空白抄写了《武王家教》，因此可以判定该面的内容，抄写早于正面《武王家教》。

5. S.4282《婚嫁图》（拟）

S.4282，图版参《英藏敦煌文献》第6册，册中定名《婚嫁图 椎（推）十七宫吉凶图》。卷子装，似首全尾残，下端撕裂甚多。从照片看，全件由4个互不相连的残片组成。第1片存两行文字，首写“▭嫁娶图”字样，可能是书题，右下角空处还有横写的“清贞”二字，应与该卷内容无关；第2片倒置（国际敦煌项目网站已正过来），

① 张新朋已将正面的《武王家教》缀合。参《敦煌写本太公家教残片拾遗》，《社会科学战线》2010年4期，第50—51页。

存下端文字2残行，仅1行可辨认；第3片存上端文字7行，可辨认者6行；第4片较大，中有子目称“推十七宫吉凶图”，存文字26行，起“逢顺者吉，值背者凶”，讫“六冲夫妇□府上下相克害其▭”，并有两幅圆形示意图。一个在圆形图内标写了“天勾天禁”，圆外环列干支，内有六条红色线条连接八个支，形成一个不规则的六角形；另一图在圆内写有“六凶冲，亦名四绝”，圆外环列十二支，并有红、黑色线条分别将十二支两两连接起来。从残卷文字笔迹看，可以确定4个残片皆属同一文书，但内容互不连接。英国国家图书馆公布的照片顺序并不是残卷内容的原有顺序。今按内容，将第3片调整至第2片前，并释录如下：

(1)

▭婚嫁图

土木夫妻下克上，阴阳不顺事▭

(3)

▭大者火灾非命殡▭

▭亦不好，女强男弱事颇▭

▭牵缠煎烧忧悲从，生▭

▭刑戮身早亡，往往隔开？▭

▭木土夫妻良为亲，不▭

▭帛频，子孙口舌终身贫▭

▭□□

(2)

▭凶吉法

▭五角六张恒相▭

从释文可看出，第1片与第3片内容相近，应属同一种卜法，即根据五行占男女婚嫁的吉凶，文中涉及土木、木土夫妻的命运吉凶。

第2片有“五角六张恒相”字样，并标有“□凶吉法”，显然是另一种卜法，与第1片和第3片的内容不相同。关于五角六张，较早提到的是唐人郑启《开天传信记》：“天宝初上游华清宫，有刘朝霞者献《贺幸温泉赋》，词调倜傥，杂以俳谐，文多不载。今略其词曰……今日是千年一遇，叩头莫五角六张。帝览奇之。”后人多有引用，并对“五角六张”进行了解说：“世言五角六张，此古语也。……五角六张，谓五日遇角宿，六日遇张宿，此两日作事多不成。”① 黄正建引用宋人马永卿《懒真子》中的这段文字并推测说：“可知五角六张在当时已较流行，而这种流行当在唐玄宗以后。”②可能是一种按日期与廿八宿进行婚嫁吉凶占卜的方法。该残片在此文书中的位置先后不明。

第4片较大，所抄内容也多。王爱和分为三个部分，即“六龙同”、“推十七宫吉凶图”和“六破”。③其中“六龙同”部分，不见于其他记载，后两部分则分别有圆形的示意图。黄正建与王爱和对该图的描述由于根据的是黑白照片，未能辨认出图中的红色线条，所以描述不够全面。④今补述如下：“推十七宫吉凶图”，文字部分在下、图在上，为一圆形图，圆外环列十干、十二支，圆内有六条红线分别连接丑巳、寅酉、巳午、午戌、酉亥、丑亥，线条交叉，形成了一个不规则的六边形，中写“天勾天禁”。这个图与S.6333的图很相似，应该是同一个图，但彼图未画出圆形，其中有些线条连接的支也不相同。相比之下，S.6333号可能更准确一些。“六破”部分的图，是在圆外标出了十二支，圆内用六条平行红线分别连接寅卯、丑辰、子巳、午亥、未戌、申酉，又有两条墨

① （宋）马永卿《懒真子》卷一，北京：中华书局，1985年，第5页。

② 黄正建《敦煌占卜文书与唐五代占卜研究》，第149页。

③ 王爱和《敦煌占卜文书研究》，第263页。

④ 黄正建《敦煌占卜文书与唐五代占卜研究》，第129—130页；王爱和《敦煌占卜文书研究》，第263页。

线连接寅酉、卯申，与红线垂直，可以看出与S.6333的半个残图相同，只不过S.6333没有画出圆形。

黄正建、王爱和均有讨论，并有录文。

6. S.6333《婚嫁图》(拟)

S.6333，图版参《英藏敦煌文献》第11册，册中定名“天勾大禁图”。该件卷子装，首尾俱残，下端亦撕去，存上端文字9断行和两幅图示。文字起“甲勾癸禁”，讫“独居作贼”。写卷前有“肃州防戍都状”等文字两行，与此内容无涉。所画两图，左图用十干、十二支交错排成圆形，用六条线分别连接子卯、寅巳、辰未、午酉、申亥、戌丑，交错形成一个较规则的六边形，中写“天勾大禁”。图形与S.4282相似，但图形连线较S.4282号更准确，其下占辞亦与S.4282同。另一幅残图，保存了十二支中的8支，呈环状排列，有两条横线、四条竖线分别连接不同的支，占辞与S.4282亦同，可能该残卷与S.4282是同一文书的不同抄本。黄正建、陈于柱将该写卷归入禄命类，似与内容不符。王爱和据S.4282的首题拟名为《婚嫁图》，今从之。

另外，对写卷前“肃州防戍都状”等字样，李军研究认为应是中和四年（884）龙家并入肃州后，因归义军设于肃州的防戍都不能控制局势，而向归义军节度使所上的状文。[①]陈于柱据此认为：“该卷很有可能是原状文的摹本，为敦煌官学或寺学学生的习作；S.6333天勾大禁图等内容当抄写于中和四年（884）之后。”

7. S.2729V《推四神头胁足日嫁娶生子法 夫妻相法》(拟)

该文献抄于S.2729V写卷的尾部，前抄《玄象西秦五州占》、《太史杂占历》，后接抄此内容，首尾全，存文字21行，起“凡欲嫁娶者，皆用阴阳日时大吉利”，讫“夫火女土，生数人，千万大吉”。后有尾题“大蕃国庚辰年五月廿三日沙州刺☐”。写卷正面抄写《毛诗音》。

① 参见李军《晚唐中央政府对河陇地区的经营》，兰州大学博士学位论文，2008年，第117页。

王爱和、黄正建均有释录。

该文献内容包含三个部分。

其一为占婚嫁。依据嫁娶之日属四方神头胁足的某一日来占婚姻吉凶，为择日法的一种。如“朱雀日嫁娶者，不出其年必破夫家，二三人死，遭大火，逢县官事。白虎头日嫁娶者，夫妻保，富贵，多子孙，无别离，男供养尽，大吉。白虎胁日嫁娶者，夫妻贵，安稳，宜子孙，五男二女，甚吉”等。但未标出四方神头胁日的具体日期。

其二为占生子。依据生日属四方神头胁足的某日来占卜一生命运吉凶。其首云：“右以下生日可知吉凶。生男朱雀日胜父母，宜为使，宜田作，偿道财……青龙足日生子年卅，作客此为吏所构，利于父母伯叔。”其后面接述每月一至三十日分属四方神头胁的具体日期。四神中，白虎、青龙皆分头、胁、足，而朱雀、玄武不分。

其三为“夫妻相法”，以五行占夫妻吉凶。提到“夫木女火”、“夫木女土”、“夫木女金”、“夫土女火”、“夫水女土”、“夫火女土”等所兆示的吉凶。黄正建怀疑此文似未抄完，其中缺少“夫金”的内容。[①]

从所抄内容看，该卜法是以阴阳日时推占嫁娶及生子吉凶，主要依据四方神头胁足日，也涉及五行。该卷内容与《玄象西秦五州占》、《太史杂占历》等同抄一卷，可能属于《太史杂占历》的一部分。

8. P.3288《推四神头胁足日嫁娶生子法》(拟)

P.3288，图版参《法国国家图书馆藏敦煌西域文献》第23册。该部分抄写于P.3288的尾端，位于《玄象西秦五州占》与《太史杂占动静善恶决》之后，首全尾残，存文字10行，起“凡欲嫁娶者，皆用阴阳日时大吉利”，讫“大宜田作，更贾道富女”。所存内容，前为依据四方神头胁足日占嫁娶吉凶，后为依据四方神头胁足日占生子吉凶（仅保存了一半左右，其余残去），与S.2729V相同。不同的是该写卷在抄写第

① 黄正建《敦煌占卜文书与唐五代占卜研究》，第148页。

一部分内容时，分别用较淡的笔迹，在朱雀日、白虎头胁足日、玄武日、青龙头胁足日旁均标出了所代表的具体日期，如“朱雀日”旁注“一日、十七日”，“白虎头日”旁注“二日、八日”，“白虎胁日”旁注“三日、十九日”，“白虎足日”旁注“四日、廿日”等。按其规律推算，并参照S.2729V所抄内容，可知其标注的日期并不全面。黄正建已指出其所缺。①

这种用四神特别是白虎、青龙头、胁、足来占断吉凶的方法可能只是唐宋时比较流行的一种方法。黄正建介绍了日本国会图书馆所藏的可能抄自唐人写本的《新雕阴阳广济百忌历》，其中有“白虎历日之图”，图中按朱雀日，白虎头、胁、足，玄武日，青龙头、胁、足排列，每一四神日下列有所代表的日期，然后给出吉凶，与上述敦煌文书大致相同。《百忌历》在晚唐五代十分流行，洪迈《容斋续笔》云：“唐吕才作《广济阴阳百忌历》，世多用之。”②黄正建推测可能此类方法先出现于民间，后被吸收到《百忌历》中，借此广为传播，后因其方法荒诞无稽，逐渐被淘汰。

---

① 黄正建《敦煌占婚嫁文书与唐五代的占婚嫁》，项楚、郑阿财主编《新世纪敦煌学论集》，第284页。

② （宋）洪迈著，孔凡礼点校《容斋续笔》卷四，北京：中华书局，2005年，第266页。

第六节
占病类

敦煌所保存的占病书有 26 个卷号，包括 P.2856、P.3402V+P.4732V、S.6196V+S.6346、羽 015→P.2978V、Дх.00506V+Дх.05924、Дх.01258+Дх.03165+Дх.03829+Дх.01259+（Дх.04253V+04253）+Дх.01289+Дх.02977+（Дх.05193+Дх.05193V）+（Дх.06761+06761V）+Дх.03162、S.6216、S.1468、P.3556VF、P.3081V，可以缀合成 10 件写本。

1. P.2856《发病书》

P.2856，图版参《法国国家图书馆藏敦煌西域文献》第 19 册，册中定名《发病书》，卷子装。首残尾全，首端下部亦有残损，抄写认真，字迹清晰，子目及段落前有朱笔勾点，尾端保留有漆木地轴。首起“□算尽□ □巳，算有二，忌门”，讫尾题“咸通三年壬午岁五月写发病书记”。存文字 330 行，内有子目 8 个，涉及内容有 10 个部分，分别为推人行年命算法（拟）、推年立法、推得病日法、推初得病日鬼法、推得病时法、推十二祇得病法、推四方神头胁日得病法、推五子日病法、推十干病法、推游年所在立寿厄（拟），文中附有多个符图。背面有部分裱衬之纸，抄写乾宁二年（895）营葬榜、景福二年（893）纳草簿、瑜伽师地论卷第五、六之残文。其中推人行年命算法（拟）、推年立法、推十二支生人受命法（拟）与禄命内容有关；

推得病日法、推得病时法与式占有关，可参见其类。其主要内容大体如下：

推得病日法：以十二支日为序，依十二将职掌，叙不同支日病者之生死轻重，症状如何，祟之所由及厌解法。如：

> 丑日病者小困。丑者大吉，天上长史，主当文案，故知病者男重女轻，虽困不死。头痛及足，鼻口干惨，百节尽，四支不举，令人噎寒，尻宽不随。祟在北君、不葬鬼，北方高贵天神久许不赛，丈人遣司命鬼收命人魂魄，呼人名字欲送天曹，未去。鬼字长卿，在人舍南未地，去舍十二步或百步，向其处送糠火代人，巳日小差，未日大差，死生忌酉亥二日。

推初得病日鬼法：以十二支日为序，各画一符，叙初得病日之鬼名、形象、病者症状及以符厌解之法。前有说明云：

> 卜男女初得病日鬼名是谁，若患状相当者，即作此鬼形，并书符厌之，并吞及着门户上，皆大吉。书符用朱沙，闭气作之。

王爱和从写卷所留大片空白及内容推测，该抄本所据之原卷可能还绘有鬼之图像。她的推测有一定道理。以 S.6216 为例，该卷中有关子日病者内容后，即有一符，符下画有鬼之形象，一身四头一足。二者内容相似，可推想其形式亦当相近。

推得病时法：以夜半、丑、寅、日出卯、食时辰、巳、午、未、申、酉、戌、亥等十二时为序，结合十二将之职掌，叙十二时病者之原因、病状及解禳法。如：

> 戌时病者，男重女轻，太冲病，天使者。头痛，寒热，四支烦

疼。鬼在辰，收人魂魄欲送五道。未去，宜呼离上师冷治之，五日小降，六日大愈。

推十二祇得病法：以建除十二日为序，叙十二日病者病因及所犯神祇、症状、解谢之法。如："危日病者，犯触东南树神，丈人嗔，遣客死鬼为祟，急解送，七日差。"

推四方神头胁日得病法：该卜法按四方神朱雀、白虎、青龙的顺序，以七或八日为差，将每月三十日分别分配给四方神，其中白虎、青龙又分头、胁、足三个位置。依照每个不同的得病日，叙病因、症状及解禳方法。不过此段记载并不合于一般的规律，且只有四神中的三个，缺少了玄武。王爱和已指出此段日期分配的讹误。①

推五子日病法：以十二支统六十甲子日，每支五日，分叙各日得病之原因、症状、轻重、差愈时间及解厌之法，前六支分别画有神符，后六支无。

推十干病法：叙十干日得病之轻重、吉凶及头首所宜方向，如"丙丁日病者赤色凶，非其色吉，庚辛日小重，壬癸日小差，头宜西首吉"。

从以上内容看，该写本虽然汇集抄录了多种卜法，但都围绕着一个目的——占病，而占病的依据也只有一个，即时间，包括年立、游年，所忌月日，得病的月、日、时等等，而得病的原因，毫无例外全是鬼祟造成。

该文书是若干种占病文书的汇抄，内容包括疾病的成因、症状、治疗方法等，涉及头痛、胸痛、四肢无力、腹胀、呕吐等常见的人体不适，病因多为年运困厄或鬼神作祟，治疗方法有用符、祭祀、呼鬼神名等，有浓厚的道教色彩。其中各项的说法往往相互矛盾，体现出抄写者只是简单地将同类文书汇集在一起，而未细加辨析。

抄写时间。据尾题可知其抄写时间为唐懿宗咸通三年（862），属张

---

① 王爱和《敦煌占卜文书研究》，第193—194页。

氏归义军时期。黄正建《敦煌占卜文书与唐五代占卜研究》将其归入“事项占”之“占病”类，王爱和《敦煌占卜文书研究》将其归入“时日类”。

2. Дх.00506V+Дх.05924《推得病日法》(拟)

这是由两个俄藏残片拼合起来的一件文献。

Дх.00506V，图版参《俄藏敦煌文献》第6册，册中定名为《驱祟方》。卷子装，抄写于Дх.00506的背面，首尾俱残，下端亦横向撕去，存上端文字17断行。起“鬼字小光，在午地，去舍九十步”，讫“在北君丈□步以□”，无子目。写卷正面抄写二十四节气等内容，正文大字，解说小字双行。另有子目称《十二月壬气》。

Дх.05924，图版参《俄藏敦煌文献》第12册，册中未定名。卷子装，首尾残俱，写卷上端亦横向撕去，存下端文字16断行，起“米人代送之。酉日”，迄“司命土公”，内无子目。写卷背面抄写二十四节气内容。

从以上两个残卷的抄写内容、笔迹来看，二者同属一件写本，可以直接缀合，Дх.00506V在上、Дх.05924在下。《俄藏敦煌文献》第12册中将Дх.05924的正背面与Дх.00506V的正背面恰好弄颠倒，应当与Дх.00506V一致，重新标志正背。黄正建、王爱和已缀合该文献，王爱和有释录。

缀合之后的文字，总行数不变，但内容较前清晰完整许多，可以看出内容为按十二支日之序推断得病之吉凶，述病因、病状及解禳之法，存辰、巳、午、未、申、酉日之内容。如午日：

> 午日病者小困。午者胜光，天上都尉，信教清严，故知小困不死。其病人赤色，头颈强直，咽喉痛，四支不举，食饮不下，乍寒乍热，起卧不安，祟在灶君、丈人、土公，断后鬼依正舍南门上，与人为祟，病人狂言恍惚，目视冥冥。鬼字伯。寅地去舍七十步，

又去七步，以香火、蒲人代送之，戌日小除，子日大差。

其中占病之吉凶轻重，以十二月将所在支为依据，并提及致病鬼神之名，与P.2856之“推得病日鬼法”的内容相同，但抄写有个别讹误及脱漏，如午日致病鬼名，P.2856作“鬼字叔明在一名伯明”，该卷作“鬼字伯”，显然有脱字。

3. P.3402V+P.4732V《发病书》(拟)

这是由法藏的两个残片拼合起来的一件文献。

P.3402V，图版参《法国国家图书馆藏敦煌文献》西域第24册，册中定名为《推十二时病者法》。卷子装，首残，尾未抄完，以硬笔抄写，末有藏文题识一行。没有书题、子目，存文字100行，起“病子□衣病者□”，迄“非其时日月不死”，内容涉及推十干病法（拟）、推十二时得病法（拟）、推十二祇得病法（拟）、推五行日得病法（拟）、推年立法(拟)。黄正建、王爱和有研究，王爱和有录文，但缺释后面的14行。

写卷正面抄写《论语集解》之《先进》、《颜渊》章，抄写清晰，书法清朗，并有“二月十三日教书郎云麾将军金紫光禄大夫殿中监张嘉望题”之题记。

P.4732V，图版参《法国国家图书馆藏敦煌西域文献》第33册，册中定名为《占卜书》。抄写于P.4732的背面，卷子装，为首尾俱残的一个残片，存文字7断行，起“解谢之吉”，讫“许言不赛，病人大急”。写卷正面抄写《论语集解·先进》残卷。经比较核对，可与P.3402背面下端的7行相缀合。

P.3402V

P.4732V

图10-5　P.3402V+P.4732V《发病书》(拟)

据写卷正、背面所抄内容及笔迹，

可以确定与 P.4732V 为同一书，二者可以缀合的部分位于写卷前部，P.4732V 恰好可以弥补 P.3402V 号前部下端所缺失的大部分，P.3402V 在上、P.4732V 在下，P.3402V 前部下端的第 2 行与 P.4732 的第 1 行缀合，至第 8 行与 P.4732 的第 7 行缀合，缀合后的文字行数不变。其文如下(“/” 符号所在处表示两残卷缀合之处)：

> 衣病□□□卧衣水□□□/解谢之吉▭
> 戊己日病者□时病者黄色者凶,/非其时色不死,祟在▭
> 人将客死鬼来，呼名□□须酒食上/得之，病者若心腹满□
> 短气咽喉痛□□病当见□/守刘，次来病之取水去
> 头九寸安之，衣黄衣，东首卧，辰戌/丑未日差▭
> 庚辛日晡时病者，白色者凶，/非其时色不死，祟在▭
> 琭病人魂魄，祟在北君，发病/许言不赛，病人大急▭
> 壬癸日小差，忌丙子日，取水去▭
> 者共药卧吉。

该段属于残卷的第一部分，拼合后仍不完整，不过可以看出是依十干日来推病之吉凶的。该部分共保存了戊己、庚辛、壬癸日的内容，为按十干日推断得病之吉凶。P.2856 亦有此类内容，称《推十干病法》，按甲乙、丙丁、戊己、庚辛、壬癸日来述各色人得病之轻重、吉凶及头首所宜方向。本卷内容较 P.2856 所载更加详细，多出了病因、病状、忌宜，并且将得病的时间具体到时。由此可判断该写卷的产生较P.2856《发病书》要晚，是在 P.2856 的基础上增补修订而成，二者非同一写本系统。

第二部分为《推得病时法》(拟)，依据十二时述得病之轻重、症状、病因及解谢之法，以寅时开头、子时结尾，缺少丑时部分，与 S.6346V 所存内容一致，与 P.2856 的内容及排列顺序稍异。

第三部分为《推十二祇得病法》（拟），依建、除、满、平、定、执、破、危、成、收、开、闭之顺序，述各日得病之原因、轻重、症状，与 S.6346V 内容相同。

第四部分《推五行日得病法》（拟），依五行属性述各日得病之原因、轻重及解厌之法，并有两个神符。如："金日病者，男凶女吉，金是白虎，故知男凶女吉。以火着病人头边吉。……水日病者，男吉女[凶]，水是玄武，故知男吉女凶。以土着病人头边。" S.6346V 有相同内容，稍略于此。P.2856 无。

第五部分，依黄正建拟题为《推年立法》，以十二支为序，述各年立人得病轻重、原因、月日及行为宜忌。仅抄写了"年立子"一节。P.2856 中的《推年立法》与此相似，但内容不全同，多出病状、原因及神符，亦较此详细。此件写本中有关行为宜忌的内容为 P.2856 所无。

抄写朝代。潘重规据写卷正面所抄《论语》中夹写的藏文署名及虎年纪年判断该写卷是吐蕃人的读本。李正宇认为写卷正面所抄《论语集解》之《先进》、《颜渊》章为盛唐写本，背面占卜内容为硬笔抄写，为吐蕃占领敦煌初期所写，大约为 8 世纪末、9 世纪初。①由此可知 P.3402V+P.4732V《发病书》（拟）的抄写在八九世纪之交的吐蕃统治时期，是在正面《论语集解》抄写并使用了许久之后才写上去的，抄写者还在正面尾题后加写了"论语卷第六" 5 字。这一点还可由背面抄写内容避开了写本上的破损部分得到证明。许建平《敦煌经籍叙录》赞同潘、李的观点；②刘永明根据 P.3402p1、P.3402p2 两个残片中"伏缘天使"、"奉使甘州"字样，认为"正面写卷的时间在归义军时期，并知背面《发病书》内容也写于同一时期"。③但笔者倾向于此两个残片乃后

① 李正宇《敦煌古代硬笔书法》，兰州：甘肃人民出版社，2007年，第44—46页。

② 许建平《敦煌经籍叙录》，北京：中华书局，2006年，第356—358页。

③ 刘永明《敦煌道教的世俗化之路——敦煌〈发病书〉研究》，《敦煌学辑刊》2006年第1期，第69—86页。

期修补时所粘贴上去，它的时间后于写卷本身正、背面的抄写，所以不能以此为据判定正、背面的时间。

4. 羽 015→P.2978V《发病书》（拟）

羽 015，图版参《敦煌秘籍》第 1 册，册中定名《占病书断》。为一小残片，卷子装，抄写于羽 015 之背面，存文字 9 残行，可辨认的仅8行。起“兵死鬼所作，大神食饮不净”，讫“占病者心腹胀满胸胁痛▭▭子▭”，内容涉及子、丑两个年立人的病状、病因及解禳方法，与 P.2856、P.2978V 的“推年立法”相近。写卷正面抄写《毛诗》之《桑扈》、《鸳鸯》等，从正背面的笔迹、内容等方面可以判定该残卷与 P.2978V 同为一卷，是 P.2978V 前端所脱落下的一个残片，羽 015 在前、P.2978V 在后，二者位置接近，相隔数行，但不能直接拼合。

羽 015 所存文字释录如下：

□□
▭兵死鬼所作，大神食饮不净▭
▭食上得之，亦有父母不赛净▭
▭日抄此鬼名送之即差▭
▭年立在丑，青色人苦忌六▭
▭时以此日月时勿西南东坎▭
▭死一生何以知之？建破时年故知也▭
▭占病者心腹胀满胸胁痛▭
▭□□□□子□□▭

P.2978V，图版参《法国国家图书馆藏敦煌西域文献》第 20 册，册中定名为《占书》。卷子装，首尾俱残，无书名、子目等，存文字 71 行，[①] 起“满 □□气□□□□神□死鬼、男子鬼”，讫“一生，何以知之”，抄写认真，书法整齐。内容涉及推年立法中的寅、卯、辰、巳、午、未、申、酉，以十二支为序，述不同年立者之月日时及行为宜忌、得病轻重、吉凶、病症、原因、厌解法等。

写卷背面抄写《毛诗·小雅》中的内容。从正背面内容及字迹来看，该卷与羽 015 为同一写本，但不能直接拼合，P.2978 位于羽 015 之后数行的位置。拼合后的写卷，共保存文字 80 行，内容涉及推年立法中的子、丑、寅、卯、辰、巳、午、未、申、酉，其中丑、寅之间缺数行，不相连接。

此类内容，P.2856 中保存完整，P.3402V 中仅存“年立子”一段。黄正建论 P.2978V：“从内容看，前半与 P.3402V 第 5 项的‘推年立法’接近，后半与 P.2856 第 2 项的‘推年立法’接近。”[②]我们可试作比较：

> 年立子，黑人色者凶。忌五月、十一月，日忌子午，时忌子日时。以此日及时不得正南、正北行，凶。勿得到丧家吊问死病。得病者十死一生。何以知之？建破临其年，故知十死一生。非其时日月不死。（P.3402V）
>
> （符图略）年立子人，忌十一月、五月，带此符大吉。年立子，黑色人衰十一月子夜半时、五月午时，若其日时得病，十死一生，非其日时不死。病者惟苦头痛、谈吐逆，食不可下，胸胁疼痛，恍惚有时。祟在君、土公、丈人、司命、星死鬼。旦以大神食不净，病从南北、因酒食中得，不死。子者，神后，天长女，主生人命，故知不死。病者忌五月、十一月子午日。（P.2856）

① 黄正建书中误作35行。《敦煌占卜文书与唐五代占卜研究》，第140页。
② 黄正建《敦煌占卜文书与唐五代占卜研究》，第140页。

羽015→P.2978V的年立子仅存3断行（见上引），不足以说明全貌，可参“年立午”的一段：

> 年立午，赤色人苦，忌五月、十一月，日忌子午，时［忌］日中、夜半。以此日月时勿南行、到丧家吊死问病，凶。若得病者，十死一生。何以知之？建破临其年，故知十死一生。非其日月不死。占病者头痛，心腹胀满，上气，身躯臃肿楚痛，咽喉吐逆不食，乍卧乍起，口不能言，祟在父母、社公、灶君，又祷不赛，亦有北君共星死鬼、断后鬼、不葬鬼为祟，有外注来入胸，大神前有肫羊不赛，是以丈人不得入圹，兵死鬼在头病之，困有宗，后别离、诤讼、财损，急解谢之吉。忌五月、十一月，己卯日忌之。

比较可以看出，羽015→P.2978V中有关推年立法的内容，基本上是综合了P.3402V与P.2856二者而来，即P.3402V中的有关时日与行为宜忌再加上P.2856中的病状、病因，但没有吸收P.2856中的符厌法及十二月将的内容。由于残缺，不知该卷还抄有哪些内容，但就保存下来的部分看，可以判断羽015→P.2978V的产生可能晚于其他两件写本。

5. S.6196→S.6346《发病书》（拟）

这是由英藏的两个残卷缀合而成的一件文献。

S.6196，图版参《英藏敦煌文献》第10册，册中定名为《推吉凶书》，卷子装。存文字20行，前10行存大半，后10行上下皆横向撕去，仅余中间一到三字宽的细长条，并画有符图两个。起“金日病者”，讫“凶，非时☐鬼☐”。所涉及内容包括推五行日得病法（拟）、推十二月病鬼来法（拟），最后一部分由于太过残损而无法判断内容，其中有“凶，非时”句，可能与推得病时法有关。其中推五行日得病法依五行属性推得病吉凶与原因并述厌解法，与P.3402V+

P.4732V 比较接近而稍略；推十二月病鬼来法，[①]内容述十二月中使人得病之鬼的来自方向，如“三月病者，鬼从南方来；四月病者，鬼从西南来；五月病者，鬼从西方来”，未见于其他写本。写卷背面抄写《诗经·大雅》。

S.6346，图版参《英藏敦煌文献》第 11 册，册中定名为《推吉凶书》。卷子装，首尾俱残，无书名、子目，存文字 62 行，起“日行吉，有北君不赛，谢之吉”，讫“兄弟鬼所为，祟”。内容涉及三个部分。第一部分为推得病时法（拟），依十二时述得病之轻重、吉凶、病症、原因、月日时及行为宜忌、厌解法等，保存了从辰时到子时的部分内容，与 P.3402V 相同，与 P.2856 小异。第二部分为《推十二祇得病法》（拟），依建除十二日顺序，述各日得病之原因、轻重、症状及厌解之法，与 P.3402V 相同，而与 P.2856 有异。第三部分为《推四方神头胁日得病法》（拟），与 P.2856 内容相近，但日期分配较其准确。写卷背面抄写《诗经·大雅》。

以上两件残卷从正背面所抄内容、字迹及形式看，可以确定是同一写卷上撕裂下来的不同部分，但内容不相连接，不能直接缀合。二者在写卷中所处位置，结合另一面所抄《诗经·大雅》的前后顺序，可以判定 S.6196 居前，中间隔一段后接 S.6346。另据学者研究，S.3330 亦抄写《诗经·小雅》64 行，与 S.6346、S.6196 另一面所抄《诗经·大雅》为同一写本，但也不能直接缀合，因而可以将这 3 件残卷拼接。就抄写《诗经》的一面而言，其顺序为：S.3330→S.6346→S.6196；就未抄写诗经的一片而言，其顺序是 S.6196→S.6346→S.3330。这 3 件残卷中，S.6196、S.6346 均抄有《发病书》，而 S.3330 的背面未抄《发病书》，而是抄有“周乾宁四年二月廿八日石和满诉状”及杂写多行。由此，我们可以得

① 此依王爱和拟名（《敦煌占卜文书研究》，第218页），黄正建拟名为《推十二月厌鬼法》（《敦煌占卜文书与唐五代占卜研究》，第140—141页）。

出两个判断，一是整个写卷的正面，其实应该是抄写了《诗经》的一面，而抄写《发病书》及诉状、杂写的一面当是原卷的背面；二是背面《发病书》抄写的大致时代，应与“周乾宁四年（897）二月廿八日石和满诉状”的时代相近，而不晚于897年。

王卡《敦煌道教文献研究》定名为《镇宅解犯治病历》。

6. Дx.01258+Дx.03165+Дx.03829+Дx.01259+（Дx.04253V+Дx.04253）+Дx.01289+Дx.02977+（Дx.05193+Дx.05193V）+（Дx.06761+Дx.06761V）+Дx.03162《天牢鬼镜图并推得病日法》

此为13个俄藏残片拼合而成的一件写本。

（1）该写本中的7个残片，即Дx.01258、Дx.01259、Дx.01289、Дx.02977、Дx.03162、Дx.03165、Дx.03829，图版参《俄藏敦煌文献》第8册，图版中已经拼合，定名为《天牢鬼镜图并推得病日法》，册页装。首全尾残，双面抄写，共7页14面，每页均有缺损，存文字83行，封面页有首题称“天牢鬼镜图并推得病日法”，并署“张师天撰”，中有子目称“推得病日法”，并有“诗曰”字样。但由于页面散乱，中间亦有缺漏，所以图版照片的排列顺序并不准确。起首为首题，讫“七日小降，十日大差”。内容涉及天牢鬼镜图、推得病日法、推游年变卦宜忌诗(拟）等。其中的推得病日法，包含推十二祇得病法（拟）及十二支日得病法（拟)。

（2）Дx.04253V+Дx.04253，图版参《俄藏敦煌文献》第11册，册中未定名，为一小残片，两面抄写，存文字8断行，内容均涉及推十二支日得病法的子、丑两日，经对比，为Дx.01259下端所缺失的部分，可以直接缀合。但图版将Дx.04253的正背面标反，所以缀合时应以Дx.04253V对应Дx.01259的正面，Дx.04253对应Дx.01259的背面。缀合部分的文字如下：

Дх.01259V+Дх.04253V：

手足头□，从/外得之，辰▭

人来将□若/解谢之吉▭

▭生/死在申▭

▭　/午▭

Дх.01259V+Дх.04253：

▭/知之？丑者▭

▭注人命，/故知不死▭

头痛□心腹，/祟在北君▭

解谢之吉。巳日小差，未/日大差

（3）Дх.05193+Дх.05193V，图版参《俄藏敦煌文献》第12册，册中未定名。是其中11个小残片中的一片，正面背面各残存两行文字，涉及“午日”得病内容，可缀合在Дх.02977的下方。

（4）Дх.06761+Дх.06761V，图版参《俄藏敦煌文献》第13册，册中未定名。存一残页的正背两面，抄写文字14行，内容为申日至戌日得病之轻重吉凶、病状病因及解谢之法，可缀合在Дх.02977之后。

拼合之后的文书仍不完整，现对其内容介绍如下。

第一部分为《天牢鬼镜图》，仅保留了7断行文字：

▭系无罪，病者自差▭

▭者，囚系速出，家▭

▭病者迟差。

▭内者，囚系难出，诉讼▭

□者迟差

□第三牢内者，囚系有罪，争讼无□

□病者忧重

这项内容不见于他书。黄正建认为“大概是讲囚禁者的吉凶”，王爱和进一步推测说“该卜法可能是按某种标准，将时日划属三牢，以初得病或者囚系日的牢属断吉凶”。由于没有其他材料可参照，尚无法对其进行更深入的讨论。

第二部分是《推得病日法》，内容是据建除十二衹推病。该部分内容在 P.2856 中称“推十二衹得病法”，子目与此不同，但二者内容基本相同。

第三部分“推病得日法”（拟），以十二支日推病的内容，拼合后该部分从子日至亥日的内容大体完整，全缺者仅卯日，其余都有全部或部分保存。该内容与 P.2856 中的相同部分差异明显，不仅有文字详略多寡的不同，更有内容差异，可见两书在此节内容方面所依据的并非同一系统的母本。

第四部分是以“诗曰”开头的有关游年变卦宜忌的七言残诗 16 句，末言“黄帝曰：凡人灾并之方名曰□□。往来其地，必见死亡。”这些内容也未见于其他占病书。

黄正建、王爱和均有讨论，并缀合了 Дx.06761+Дx.06761V。黄正建对写本内容的看法很有启示意义。王爱和释录了全文，并调整了图版照片中错置的 Дx.03165 中的内容，但未发现 Дx.04253V+Дx.04253、Дx.05193+Дx.05193V 与整件文书的关系。笔者不同意她有关内容顺序的意见。

7. S.6216《年立推病法》（拟）

S.6216，图版参《英藏敦煌文献》第 10 册，册中定名为《推吉凶书》，卷子装。首尾俱残，无书名、子目等，有符箓一，鬼形图一幅，存文字 16 行，起“六十六、七十八、九十”，讫“急解即差，大吉”，涉及推年立法、推初得病日鬼法等内容，与 P.2856 相近。

第一部分以年岁为序，十二岁为差，分别标出各年岁之男女年立，末尾是对上述内容的总结："凡主年立辰戌丑□者，皆是衰年，金□□火土死处，祟在□□□□忧病苦，生忧，非此年无忧。年反者天，非祸所及，皆是天也。"该类内容在 P.2856 中亦有，但表现形式不同，该件更有概括性。

第二部分文字不多，仅存子、丑两日内容，述其日致病之鬼名、形象、病者症状及符厌法等，文中有一符，符下画有鬼之形象，与P.2856 的"推初得病日鬼法"所云"卜男女初得病日鬼名是谁，若患状相当者，即作此鬼形，并书符厌之，并吞及着门户上，皆大吉。书符用朱沙，闭气作之"的说法相合，可以确定是该类内容。

从所存不多的内容来看，该卷大概是以年立为主，综合了不同推病法的一种卜书。王爱和拟题为《年立推病法》，今从之。

8. P.3556VF《推十干病法》(拟)

P.3556VF，图版参《法国国家图书馆藏敦煌西域文献》第 25 册，册中定名为《推十干》，卷子装。写卷正面抄写邈真赞多篇，背面杂抄多种内容，笔迹不一，该部分为背面所抄第 6 件文书，依《敦煌遗书总目索引新编》标为 P.3556VF。首全尾未抄完。存文字 6 行，有题目称《推十干》，起"推十干：甲乙日病者，鬼姓起名天保"，讫"以黑帋身，呼名求之吉"。

写卷正面抄写康贤照等邈真赞多篇，以及《应管内外释门都僧统帖》、《周故南阳郡娘子张氏墓志铭》等，背面有《清泰三年（936）曹元德转经疏》、《显德六年（959）押衙曹保升牒》等文书。笔迹不一，有六七种不同笔迹，从写卷正背面所抄内容及形式看，可能是有人将一些无用文书粘贴起来以利用背面的空白，抄写各种邈真赞。该件文书即是由于此原因而保留下来。抄写时间，据粘于同卷的有纪年的《清泰三年（936）曹元德转经疏》、《显德六年（959）押衙曹保升牒》来看，应在五代时期，即10世纪中前期。[①]黄正建比较了该件与P.2856的“推十干病法”的内容，认为二者虽皆以“甲乙”、“丙丁”为序，但占辞不同，恐怕不是同一书。[②]《敦煌遗书总目索引新编》拟名为《推十干疗病》，王爱和拟名作《推十干日病法》，但仍题《发病书》。[③]今据子目拟名为《推十干病法》。

9. S.1468A《推得病日鬼法及厌法》（拟）

S.1468，图版参《英藏敦煌文献》第3册，册中定名为《阴阳书》，卷子装。该写卷抄两种不同占卜文书，前为《推初得病日鬼法》（拟），标为S.1468A；后抄《周公十二钱卜法》（拟），标为S.1468B。

该件“推得病日鬼法及厌法”，首残尾全，存文字55行，起“者作鬼，小头□□□病人上”，讫“前月日得者十死一生，慎之大吉”。无子目，内容涉及推初得病日鬼法（拟）、十二日病厌法（拟）两部分。

第一部分以十二支日为序，述各日病者鬼名、所在、性状、病人症状、病因及解谢法，如：

> 戌日病者，鬼姓清名仲卿，十五鬼，在人家宅西北下崖孔中，如无崖，即以三口一，鬼在其处，去舍卅丈为德思，头清目黄，手把炎精火，常欲烧人屋舍。其鬼病人欲染五家，此是时，五病令人妄语，其老禁人家亲，遣吉。又曰，病是内刀兵之鬼，居三年草中，他初初来在门欲食，神又骑马者，人苦腰背，病者□□重，心下恍惚，口干重，宜趍大吉。

该部分共保留了申、酉、戌、亥四日的内容，末尾又云“右已前十二时中得病日推勘，即知轻重”，似是总结之语。但所云“十二时”与

① 王爱和推测抄写于唐高宗的看法，似乎有些过于宽泛。《敦煌占卜文书研究》，第231页。
② 黄正建《敦煌占卜文书与唐五代占卜研究》，第140页。
③ 王爱和《敦煌占卜文书研究》，第231页。

正文所述不合，或许是“十二日”之误。黄正建据此拟为《推十二时得病轻重法》。按其内容，与P.2856号中第四部分《推初得病日鬼法》相似，皆述各日致病之鬼的情况，但具体内容并不相同，试看P.2856中的“戌日”：

> 戌日病者，鬼名石系，蛾眉，生两翅，手持刀而逢人即斫人。病人腹满，耳聋，恶口。以其形厌之即去。此符朱书，病人身上着及吞之、门户上大吉。

所述鬼名、鬼之形象、性质，以及病人病状、厌除之法等均与此卷不相同。

第二部分，亦以十二日支为序，述各支日得病所用厌禳方法，如：“丑日得病者，须火炭卅五梃，每长五寸，取子上土九升，江水三升，生铁五斤，合渥，置未上，去舍八步，亦八尺，其病□□。”末尾归纳总结各日得病男女轻重及各月忌日。该部分内容，亦可在P.2856中找到踪迹，但无对应篇节。

与其他占病文献不属同一系统，该件是以鬼为中心，专门讲识鬼、厌鬼的文书。故据其内容所载并参照P.2856号中《推初得病日鬼法》之名，拟题为《推得病日鬼法及厌法》。

10. P.3081V《推病书》（拟）

P.3081V，图版参《法国国家图书馆藏敦煌西域文献》第21册，册中定名《推人占法》。卷子装，尚保留有地轴。该件抄写于P.3081的背面。写卷正面抄《七曜日吉凶推法》（拟），首残尾全；背面抄占病内容，首全尾残，笔迹同于正面，应是一人所抄。现存文字66行，无首题，有子目，其中有些内容大字正文，下有小字双行说明。起“推人病，先问时日定，然后推之，可不失一”，讫“得月日病，十死▭”，内容涉及序言及“推人八卦游载所至厄法”、“推人得病轻重法”、“推人元辰法”、“推病法”、“推入三丘五墓知人生死十二月忌日”、“推天煞所在”、“推月煞、厌煞所在法”等。黄正建、王爱和均有讨论。

写卷开头云：

> 推人病，先问时日定，然后推之，可不失一。若不得时日定，推皆有错，会不同。其病若久，气合亦须取。先得时日，若年命、行年、月辰、方所，于食饮上欲得，亦已之后，若推病，差有迟疾，即依文断，无有不定。若天行卒患，于何方得，须已时日。从此已下，厄难推之，决定无疑。二分衰厄，一分王相，可疗验；三分忌厄，一分王相，难下手。死马治，宜修功德，后有推之。审看莫贪利益，往法取财，必不安稳。转语后学人也。

从内容看，该段述推病先问时日的道理及推病所应注意的事项，可以看作是叙述具体推病内容之前的一个导言或总则，因此可以断定它是该件推病书的序言。这在其他敦煌占病书中都未见到，对于我们了解古代占病方法及其实施有很大意义。

序言后为具体的推病内容，共有 7 节，所依据者既有八卦游年所在，亦有五行、元辰及时日神煞，但其核心，都不离年月日时，如“推人八卦游载所至厄法”，以乾、坎、艮、震、巽、离、坤、兑八卦为序，述行载（年）所在之厄、避病宜忌及得病轻重吉凶，“行载立兑，大厄八、五月二、八日，不得东行及前东北，多逢怨家，姓王、谈、张，向人生气，若丁巳、丁丑、丁亥、丁酉、丁未，此日得病，十死一生”。末尾总结云：“以前凡人避病，以月德及生气上吉，亦可看生气色衣，若生得悉，即移向月德避之吉。”其“推病法”亦云：“先问病人时日，其病时日，不相克者吉，相克者凶。若时克日辰死，日辰克时难差。若被时克日辰，十死一生；若日辰克时，差日远，亦重；时日相扶差吉。右问病人何载月时生□，弟问何载月日得病，以金木水火土推王相囚死胎没休废，送相人出，第观六舌厄十二辰，依三从二并吉凶。”所占测的对象，毫无例外全是病的轻重吉凶。与P.2856一类《发病书》的内容相比，它虽然也提到神煞，但不涉及鬼祟，也不讲厌解之法，而是围绕年月日时来占病之轻重吉凶，可以说，它是一件运用了与P.2856类不同的理论与方法的占病文书，故拟名为《推病书》。

黄正建认为：“本件是以推人病轻重为主的卷子，但其中使用的行年八卦、五行人本命、元辰，以及三丘五墓、天煞地煞等，都与前一类《发病书》有明显不同，因此它应是另一种占病书。”①王爱和指出该件文书“有叙有议的行文风格”，并推测其流行程度远不如P.2856类的原因“恐怕与它较强的学术性有关”，她拟名为《发病书》。②

占病是古代占卜的主要内容之一，除以上专门占病的文书外，敦煌其他文献中亦有关于占病内容的，如P.2859《五兆要诀略》中有“占病法”、“卜病在何处”、“卜病何鬼所作”、“卜病差困日”等，以五兆卜法占病，所占内容与发病书大致相同。本土方法之外，外国传入中国的一些占卜方法中也有涉及病的占法，如P.3081《七曜历日》中有一部分称“七曜日得病望”，占蜜、莫、云汉、嘀、郁没斯、那颉、鸡等各日得病轻重、服何色药、祭求何神等。如“嘀日得病微重，十四日内差，宜服黑药，正北求医及药吉，宜祭河伯、将军、水神吉”。表现出与前不同的内容特点，可以看出外来文化与中国本土文化结合后对疾病观念的影响。

史志中没有著录以“占病”、“发病”命名的图书。黄正建对此情况推测道：“这有两个可能。一是这类占病书是不登大雅之堂的，所以不被著录。二是这类占病书是某种杂抄书中的一部分，而不是专书。”笔者更同意他所说的后一个原因，即占病书是某种杂抄书中的一部分，而非

① 黄正建《敦煌占卜文书与唐五代占卜研究》，第145页。
② 王爱和《敦煌占卜文书研究》，第232页。

专门书。从书中占病所涉及占法看，也运用到六壬式法，而其理论核心，则在时日选择与宜忌，故王爱和归之于时日类，笔者亦同意她的分类法。

《唐六典》之《太常寺太卜署》“凡用式之法”下，载：“凡阴阳杂占，吉凶悔咎，其类有九，决万民之犹豫，一曰嫁娶、二曰生产、三曰历注、四曰屋宅、五曰禄命、六曰拜官、七曰祠祭、八曰发病、九曰殡葬。”可见“发病”是古代民众非常关注的内容之一，各种占卜术均有占病之法，但侧重方法不同。这里所抄写的几件发病书，所用的占卜方法，主要是以式法为主，合乎《唐六典》之《太常寺太卜署》中的记载。敦煌所存的占卜文献中明确提到式法的并不是很多，但从其占卜内容及方法看，有许多文献与式法有关，从而亦可印证唐代式法占卜应用的广泛。

第七节

占死丧

该类文献仅保存了一件，即 P.3028《推死丧妨忌法》(拟)。

P.3028，图版参《法国国家图书馆藏敦煌西域文献》第 21 册，册中定名为《星占书》。卷子装，首尾俱残，前端上部亦有横向撕裂，系硬笔书写，书法稚拙，有部分朱笔点读。存文字 156 行，首起“在卯有符□□六畜兄弟子”，讫“以名呼之，以符向之”。无书题，有子目，如“推四邻妨忌”、“推亡犯何罪而死及丧家吉凶法”、“推人上计及合死不合死廿八宿加之”、“推六十甲子煞精形状”等，黄正建考察认为内容涉及九个部分，除原有的 4 个子目外，尚有“推十二祇日死丧法”(拟)、“推神煞四门死丧法”(拟)、“推建除日死妨忌法”(拟)、“推十二支死妨生人法”(拟)及“推六甲旬死妨忌法”(拟)。《敦煌遗书总目索引》、《敦煌遗书总目索引新编》均定名为《星占书》，黄永武《敦煌遗书最新目录》定名为《推占书》(推四邻妨忌、推人廿八宿伤加人、推六十甲子煞精形状)。[①]写卷背面抄写“牧羊算会历状”(拟)，王重民《伯希和劫经录》中说：“背为牧羊籍，用十二属纪年，其人名多契姓，当系属于回鹘部族者。”[②]施萍婷、邰惠莉《敦煌遗书总目索引新编》更进

---

① 黄永武《敦煌遗书最新目录》，台北：新文丰出版公司，1989年，第699页。

②《敦煌遗书总目索引》，第278页。

一步确定为“吐蕃占领敦煌时期官营牧羊算会历状”。[①]由此可以判定该件写本的抄写大体在吐蕃时期。

该件文献所涉及各种不同内容，均以人的死丧妨忌为推占对象，故黄正建归在“事项占”中的“占死丧”类。

第一部分“推十二祇日死丧法”（依黄正建拟题），以十二支为序，推各支日死者之妨忌及死因、死后所属，如“午日死者，兄弟相取，子侄亦妨，丧在卯，哭星在西，直符在戌，尸在子，福德在申，谷(客)地在甲，死者先犯治门户，属南海君少若”，其中子至辰的部分有残缺，巳至亥保存完整，但漏抄了酉日部分。文中载不同支日死者分别归属东海、西海、南海及北海诸君之内容，如辰日死者“属东海”，巳日死者“属南海君少若”，申日死者“属西海君”，亥日死者“属北海君，大罪”，为其他敦煌占卜文书所无，而与吐鲁番出土墓券中的“海东头”、“海西壁”、“东海畔”、“东海公”等记载有一定关系，如《高昌章和十三年（543）孝姿随葬衣物疏》所载：

> 章和十三年水亥岁正月壬戌朔十三日甲戌，比丘果愿敬移五道大神。佛弟子孝姿持佛五戒，专修十善，以此月六日物故，经涉五道，任意所适，时人张坚固、季定度。若欲求海东头，若欲觅海西壁，不得奄遏停留，急急如律令。[②]

出土墓券中有关“海东头”、“海西壁”、“东海畔”、“东海公”等记载，已经表明中古冥界中有了“海”、“东海”等观念，但记载零星而不成系统，此件写本的记载，不仅集中反映了中古时期有关“海”的冥界观念，而且有助于我们进一步认识出土墓券的有关内容。

第二部分“推神煞四门死丧法”（拟），以月加太岁辰、大将军辰、

① 《敦煌遗书总目索引》，第265页。

② 《吐鲁番出土文书》第2册，北京：文物出版社，1994年，第61页。

建辰、日辰、天门、地户、人门、鬼门等为序，述死者何时出及妨忌。

第三部分“推建除日死妨忌法”（拟），以建除日为序，叙各日死者之妨忌，如“破日死妨兄弟，危日死，妨下贱人”等。

第四部分“推十二支死妨生人法”（拟），分十二支为六组，依寅卯、子丑、戌亥等分述死者对不同支生人的妨忌，如“至子丑死，妨寅卯生人……至午未死，妨申寅生人”。

第五部分“推六甲旬死妨忌法”（拟），以六甲为序，叙不同旬日死者对四邻的妨忌，如“甲子旬死，妨西家人，甲戌日死妨北家人，凶；甲申旬死妨西家，凶；甲午旬死妨南家人”等。

第六部分“推四邻妨忌”（原有子目），分春夏秋冬四季，每季中以十干日为序，叙各季中不同日死者对四邻之妨忌，如“秋：甲乙日死，丧家重凶，东任妇，西家病死，南家失火，北家口舌，凶。丙丁日，死之家吉，东失火，西损财，南家之长厄，北家女妇凶”。

第七部分“推亡犯可（何）罪而死及丧家吉凶法”（原有子目），以月中尾数相同之日为一组，分十组叙各日死者之死因、吉凶及妨忌。如：“月二日、十二日、廿二日死者，天帝使者煞之，为先犯发屋破十口、治舍动土，当家妨妇女，凶。月三日、十三日、廿三日死者，天上绝阴使者煞之，为先犯相神不了，亦咒诅，当家重煞女妇。”

第八部分“推人上计及合死不合死”（原子目，后又有“廿八宿伤加之”之说明），由表格及后面的内容说明组成。先是表格，以一至三十日为横轴、十二月为纵轴，下列相对应的二十八宿；后面是对表格内容的说明，叙各宿日死者的死因及司命检算结果、几月上计而亡的内容。如：“井星死者，犯触死人尸骸而死，司命检算有六月，十二月上计而死。昴星死者，犯土而亡，太阴来煞之，司命检算尽，六月上计而亡。”

第九部分“推六十甲子煞精形状”，以六十甲子为序，叙各日煞精之形态、所在及厌除之法。如：“甲子、乙丑日死，煞精状如人形，手持水袋收之。恐常在门户间，呼其名，作形像，以符向之而吉。……庚午、辛未日死，煞精状如鸟形羊头，以名呼之，以符向之即吉。”根据文中内容，结合子目及说明“推六十甲子煞精形状如后，及妨忌何人，俱尽图如右”来看，该部分内容原来可能还配有相应的图画，绘有煞精形象，并附有相应的厌除煞精的神符。此类内容，未见于其他的敦煌占卜文献。敦煌发病书及六十甲子历中都提到许多致人疾病的鬼的名字、形状、所致病状，以及厌除之法，如P.2856之“初得病日鬼法”、P.3556VF《发病书》(拟)“推十干”等，所载之鬼与此卷的“煞精”相比，二者性质不同，鬼精致病，煞精致死。但在厌除方法方面有一定的共同之处，用画出形象、呼名、以符向之等法皆可厌除。所推占的目的也比较接近，或除病，或免死，皆为去病免灾。

此写卷所抄内容，在敦煌写本占卜文献中仅此一见。古代史志目录未见有以“占死丧”类内容为名的著作，传世典籍中亦未见相同内容。其卜书大约专门用于人死后的推占吉凶，与古代有关死丧的习俗及鬼神信仰有密切关系。因其与死丧紧密相连，与其他占卜文献应用于日常生活中的求吉避害不同，故流传不甚广，只在吐蕃占领时期的敦煌有所流行，而未见其他传本和相关记载。敦煌保存的这件有关死丧推占的文书是我们了解中晚唐时期西北地区死亡习俗信仰的宝贵材料。

第八节

占走失类

敦煌所存占失物的文书共有 10 个卷号，可拼合为 8 件写本，即 BD14684（北新 0884）→上图 017（812388）、P.3476V+P.4996V、P.4761、P.3602V、S.6258A、P.4711V、P.3081、Дx.01236。

1. BD14684（北新 0884）→上图 017（812388）《推失物法》（拟）

BD14684，原编号为北新 0884。图版参《中国国家图书馆藏敦煌遗书》第 131 册，册中定名《推十二日亡物法等》。卷子装，首尾俱残，上下亦有少量残缺，无书名，有子目称“用或占贼法”，存文字 35 行，起“□□辰日失者，男女共取，西北亲家藏”，讫“临渊水春夏可得，秋冬□□”，涉及按不同时日推占失物的内容。可分为三方面：一是依六十甲子日推失物何人盗取、藏于何处；二是“用或占贼法”，依十干日及“开蓄”、“四绝”等法推占失物；三是依十二日推失物藏于何处、可得否，存子日至辰日。前两项内容未见于其他敦煌占卜文献，后一项与P.4994VA、P.4761 所存部分相同，黄正建认为应出于同一底本。[①]

上图 017（812388），图版参《上海图书馆藏敦煌吐鲁番文献》第 1

① 黄正建《关于北京图书馆敦煌遗书续录中占卜文书的定名等问题》，《文献》2000年第3期，第281—282页。《敦煌占卜文书与唐五代占卜研究》，第154页。

册，册中定名为《卜筮法》。该号共包含有7个不同内容的文书，该件为其中的第4件，卷子装，首残尾似全，中部亦有残损，无子目，存文字39行，起“□有大石，其身细长，青色”，讫“不得，野田中求之”。内容为依据失物的日时来推占失物，文字与P.4996基本相同。大致可分为三个部分：一是依十二支日来推占，叙各日失物之盗者及相貌特征、失物藏于何处，存巳日至亥日部分；二是依十二时来推占，叙各时失物何人取、相貌如何、藏至何处等，存子至亥时；三是依十干日推占，叙各日盗者从何方来、何姓、相貌特征、失物何在等，存甲乙日至壬癸日。王爱和拟为《失物宫占卜法》，并有录文。

笔者经对比，发现以上两个残卷在格式、笔迹方面相同，所抄内容亦相衔接，BD14684（北新0884）在前，内容截止于十二日亡物法的辰日，上图017（812388）在后，开始于十二日亡物法的巳日，二者中间缺少一行，并不能直接缀合。拼合后的写卷，共有文字74行，共包含5项内容：(1）六十甲子日亡物法（拟）；（2）用或占贼法；(3）十二日亡物法（拟)；(4）十二时亡物法（拟)；(5）十干日亡物法(拟)。可以说是敦煌占走失类文书中保存内容最多的一件，据内容拟名为《推失物法》。

2. P.3476V+P.4996V《失物宫占法》(拟)

P.3476V+P.4996V，图版参《法国国家图书馆藏敦煌西域文献》第24册，册中定名《卜筮书》，卷子装。该件原断为两截，分别为P.3476V与P.4996V，图册中已经缀合。写卷正面抄写景福二年（893）具注历日。背面抄写内容可分为两个大的部分。主要部分为占失物文书，首尾似全，抄写墨迹较浅，前为图示，中有方框写“失物宫”三字，四周分别排列十二支名，每支又分别对应一段或数段抄写在方框内之占辞。图示后为文字占辞，存文字79行，起“子日亡者，东行，藏在刘阳”，讫“□□不得，野田中得之”。黄正建、王爱和有讨论。王爱和释录了文字部分，沿用了《敦煌宝藏》的拟名《失物宫占卜法》。另有少部分墨迹稍深，抄写“午年九宫”，首全尾残，存文字10残行，该部分与占失物文字无关。

P.3476V+P.4996V的内容，主要是依据失物的日、时来占卜失物所在、盗者何人、能否得之等。

图示部分“失物宫”，叙十二支日亡物藏在何所、何人取之，旦暮可得否，共有21个写有文字的方框，中间一框写“失物宫”，四周列十二支，由下部中间始，顺时针排列，每支又分别与写有占辞的方框相连，如：“亥日亡，西北行，楼里，留在堂上可得之。男子取之，旦亡可得，藏在像演水；暮亡，藏屋中。此人取，藏在山林，冬卌日得之。亦难得。”

文字部分则先叙十二支日亡物藏在何姓人家、何日得，如：“丑日亡者，西南行，藏在宋、李家，孤独共居，舍北有枯树木。若人取犬寄犉牛。旦亡可得，暮失难期。丑日未日得。”

次叙十二时亡物盗者何人、藏何所。如：“丑时盗者，男子，姓阳客人带，数往来，已食，无器，为石，盗者从外来取之，东还去，不过十里。其人大鼻，多发，高唇，姓恶，短指，长胁，近利善大急疵，姓马名贺伋。酉地树下薪中，二日不得，八日得。”

最后叙十干日盗物者何人何姓，亡物何在，可得否。如：“甲乙日盗者，从北来，其人青色，面有疵，姓徐、史、好、婴氏，藏在之肤中，若门户臂左右，子见之，若得东北女子知之。”

关于该件文书的时代，我们可以通过正面抄写的唐昭宗景福二年（893）具注历日，大体判定为893年或其后所抄。不过，仔细察看该文书，发现在具注历日中间文字上还写有“乾宁三年丙辰润月廿三日比丘万寿书写记”18字，字迹、墨色与具注历日不同，而与卷背抄写文字的笔迹、墨色相同，应该是背面文字的抄写者所题。由此，我们可知背面的占失物文书的抄写时间在唐昭宗乾宁三年（896），由一位名万寿的比丘所抄写。现根据内容及子目，拟名为《失物宫占法》。

3. P.4761《失物宫占法》（拟）

P.4761，图版参《法国国家图书馆藏敦煌西域文献》第33册，册中定名为《占失物》。《敦煌宝藏》定名为《术数书四行》。卷子装，存文字4行，首全尾残，起“子日失者，行在刘、阳家”，讫“暮失难期。丑日未得之”。内容为依据十二日推占失物何在藏于何所，何人盗取，何日得，与P.3476V+P.4996V内容一致。但本件只抄写了子、丑两日内容，其余未抄。黄正建、王爱和均有讨论。依P.3476V+P.4996V拟名为《失物宫占法》。

4. P.3602V《推走失法》（拟）

P.3602V，图版参《法国国家图书馆藏敦煌西域文献》第26册，册中定名为《孟遇禄命书一部》。卷子装，写本正面抄写《庄子集音》，[①]背面杂抄数种内容，分别为“八日推走失法”（拟）、“神龟推走失法”、“孟遇禄命书一部”、“宅内伏龙法”、“土公出游图”（拟），并绘有8幅图。与走失有关的内容处在前部，首尾俱残，存图两幅，中有子目称“神龟推走失法”，存文字17行，[②]起“失日□□得之”，讫“走失不捉自来，万无一失”，涉及推占走失等。

该部分内容，包含两个小部分。前一部分无子目，上图下文，图残去一半，形式为方格中画圆圈，圆圈内分别注明星、地、音、时、人等字样，中间一格未标，所存为左边的六格。从此推测，原图应为三纵三横的九格，残去的右边三格也应标有文字，中间一格无字，实际上应有8个方格被注上文字。图下之文残损严重，可辨认的如“时日失，磴时得。庭日□，不得。音日失，保来，得消息求之得。星日失也，失，吏捕之将来，自求之□”等，其中提到“人日”、“时日”、“庭日”、“音日”、“星日”和“明日”，由此可以看出其推占走失是依据图中所标注

① 许建平考定为东晋徐邈《庄子集音》残卷，今从之。

② 黄正建计算为14行，与此不同。《敦煌占卜文书与唐五代占卜研究》，第152页。

的文字(即日) 来确定某日失物能否得。也可推出残去图中尚有“庭”、“明”两字，只是不知其具体位置而已。黄正建根据图中所绘及文字内容，拟名为“‘时日’等求失物法”，认为“大致是按星日、地日、音日、时日、人日等占‘某日’失物的‘得’或‘不得’，因此应该属于占走失类”。他的推测很有道理，在此拟名为“八日推走失法”。

王爱和拟名为“五日推走失法”，但又认为“该卜法可能不止五日，结合其图似有九格，推测有可能是九日或者八日”，并认为“该卜法或许与龟有关”。

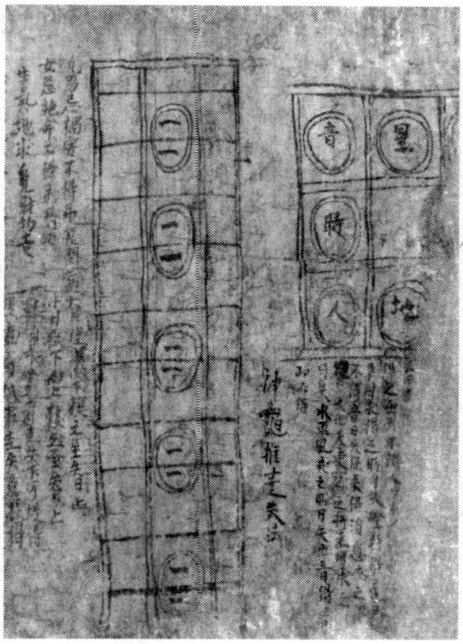

图 10-6 P.3602V《推走失法》(拟)

后一部分有子目，称“神龟推走失法”，亦是图文结合。图为竖长方形，亦有格，中间纵向排列 5 个椭圆形，圆中有两短一长三条横杠。旁边文字说明如何进行推占，如“大月从上向下数之，至失日止，小月从下向上数之,至失日止”。黄正建说:“其占法似是按圆、长画、短画数走失日,然后以‘不可捉得’、‘急捉得’和‘不捉自来’三种情况占之。”①

从以上内容看，该文书所推占的对象，不仅有物，还包含有奴仆等，故其有子目称“神龟推走失法”。

抄写时代。按此卷正面所抄为东晋徐邈《庄子集音》，抄写认真，书法工整，不避“虎”字、“民”字，王重民疑为陈隋间旧本。背面抄写时代则大大晚于正面，应是正面内容不被看重之后方才写上，可能在吐蕃或者之后的晚唐五代宋初时期。

5. S.6258A《推十二时占盗法》(拟)

S.6258，图版参《英藏敦煌文献》第 10 册，册中定名《六十甲子推

① 黄正建《敦煌占卜文书与唐五代占卜研究》，第152页。

吉凶法》。《敦煌遗书总目索引》及《敦煌遗书总目索引新编》均拟名为《阴阳书》。卷子装。该写卷共抄写三部分内容，分别涉及占盗、除治耕种宜忌日（拟）、纳音甲子占人性行法（拟），故分别号之为 S.6258A、S.6258B、S.6258C。写卷背面抄写《春秋左传杜注》。该件居正面之首，即 S.6258A，载占盗内容，首残尾存，存文字两行，作：

亲家人将出，小难得，食口人三，姓苏。亥时盗者，男子，赤色，取之北行，八保树下欠囊。食口十人，公承程。

从所存文字来看，主要是依据十二时推占盗者何人、有何特征、家中人口、失物藏于何处、能得否。由于所存内容较少，不知其前还有何内容。从占法及内容看，没有发现完全一致的其他抄本。P.4996 中有“推十二时盗者”（拟），其中亥时作：“亥时盗者，北里人，有疵之人，若小贼，取之北去，此人无□何人四日出，其人来以食为名女子道，黑色，长腰，齿大，肠名。人姓同街□陈子，衣女人所求楼藏，凡攘之八日，得之。女子起，发言语，必得。”与此有一定相似处，皆依十二时占盗，但内容不同，显非一书。P.2859B《逆刺占一卷》中有“十二日占盗法”，但未见“十二时占盗法”。

另，据翟理斯《英国博物馆藏敦煌汉文写本注记目录》所著录的该写卷的正背面，与现在通行的看法恰好相反。[①]从该写卷所抄录内容看，笔者认同翟理斯的判断，即抄写《春秋左传杜注》的一面当为正面，占卜内容后抄上去，故写于背面。后来的学者根据《英藏敦煌文献》的缩微胶片和图版来判定正背，都被误导了。特此说明。

---

① 翟理斯《英国博物馆藏敦煌汉文写本注记目录》*Descriptive Catalogue of the Chinese Manuscripts from Dunhuang in the British Museum*, by Lionel Giles.D.Litt, Published by the Trustees of the British Museum, London, 1957, pp.226, 231.

6. P.4711V《走失图一本》

P.4711V，图版参《法国国家图书馆藏敦煌西域文献》第 33 册，册中定名《走失图一本》，册页装。仅存 1 页，写本正面抄“六十甲子历”6 行，背面朱笔写“走失图一本”，旁边斜写“龙天八部”。从形式看，似是随手杂写。可能书写者见过或知道有这样一本书，故在写本背面随手书之。此件文书虽然没有具体内容，但透露出一个重要的信息，即当时民间流行的占走失类文书，称作“走失图”，其中可能有图形解说的内容。

7. Дx.01236《推神龟走失法第二》

Дx.01236，图版参《俄藏敦煌文献》第 8 册，册中定名为《占书(推神龟走失法第二等)》。为一个小残片，前后及下部均残，看不出装帧。无书名，有子目称“推神龟走失法第二”、“推仙人逐盗法第三”，起残六十甲子示意图，讫“推仙人逐盗法第三”，存文字 8 残行。内容为推占走失、逐盗等，可分为三个部分。第一个部分是一个残六十甲子示意图，王爱和推测与“卜失”有关。[①]第二部分有子目称“推神龟走失法第二”，上半端经水渍不清，下半端抄写文字 6 行，其文如下：

每月一日数至□

小月从尾逆□

耳日失，十字□

冢墓询得□

足日失者，神□

尾日失，桥下若井灶求之得

黄正建认为该文字的“上面应有一幅龟形图。其推法是先推出走失日在

① 王爱和《敦煌占卜文书研究》，第245页。

龟身上的部位，如龟耳、足、尾等，然后据此部位的占辞求失物。这与前述神龟推走失法似不同"，第三部分为"推仙人逐盗法第三"，仅存子目，可以看出是推占盗者的。

该件残片，孟列夫《俄罗斯科学院东方研究所圣彼得堡分所藏敦煌汉文写卷叙录》著录为"黑水城遗物"，判定其时间为"9—10世纪"，[①]但大多研究者将其视为敦煌文献。因其时代与敦煌所存文献相同，且内容接近，故一并收录进来，并与传世文献比较，以供对照。

宋人陈元靓所编《事林广记》戊集中收有一幅"灵龟逐盗图"及"算灵龟法"，亦为推占失物逐盗内容，内容形式与此件文书有相似之处，可以引为参照。其"灵龟逐盗图"为一幅九宫格的图示，中间格里绘一龟形，其余八格中分别填写日期，将30天从初一日始，依次分配给头、前左足、左胁、后左足、尾、后右足、右胁、前右足八个部分，并加以说明，如头部前的一格："初一日、初九日、十七日、二五日，并在头。"左前一格注明："初二日、初十日、十八日、二六日，并在前左足。""算灵龟法"为文字占辞，解说图中内容，指明寻找失物的方向地点，如"值头失物者，西南去五里十三里，或在石铁之处。值左胁失物者，去家五里十里，草泽中水边求之"，等等。最后是对推占方法的说明："从每月初一日起顺行，至失物日止。或被盗并逃走者，但则要牢记去失日,依次循环占之,即知去处。宜子细定论,祸福无差。"[②]

对照两种内容，可以看出，该件文书对走失日的分法与《事林广记》不同，出现了"耳日"，确定走失日的方法又按大、小月分别推数，较《事林广记》要稍稍复杂一些。

除以上专门的推占失物走失的文书外，敦煌其他占卜文书中也有相

① [俄]孟列夫主编，袁席箴、陈华平译《俄罗斯科学院东方研究所圣彼得堡分所藏敦煌汉文写卷叙录》上册，上海：上海古籍出版社，1999年，第624页。

② (宋)陈元靓《新编群书类要事林广记》戊集卷之一〇，日本元禄二十年(1699)翻刻元泰定二年(1325)本。见《事林广记》，北京：中华书局，1999年影印本，第399页。

关记载，如 P.2859A《五兆要诀略》中有“卜盗贼捕亡法”、“卜盗人形状颜色法”、“占失财物色法”，以及“卜失物、牛马、奴婢为人所偷，偷出何方，为男为女老少”，“卜失物，占贼老小、男女、刑（形）状、往来何方”等内容，用五兆卜法占盗贼失物。P.2859B 中《逆刺占一卷》中的“十二日占盗法”，则根据卜者所来的日时、方向，来占盗者何人何色何姓，有何特征，所盗窃财物藏于何处。P.3081《七曜历日》（拟）中的“七曜日失脱走禁等事”，即按七曜日顺序推占各日失物、逃走、囚禁等事，如“那颉日失脱不可得，家贼、相知取。逃者不可捉，有人接引。禁者难出，有怨家所为。宜急求九子母、巧女神吉”，最后还指出了应向何神祈求以解决难题。

古人眼中的财物概念与今人的看法基本相同，但也有一定的区别。最大的区别是今人不将人作为财产看待，而古人则将一部分人即奴婢视作自己的私有财产，所以在占失物时，不仅占一般财物的失窃、丢失，还往往包含奴婢的逃亡、走失等项。故敦煌占卜文献中的占失物，或称作“推失物法”，或称“推走失法”，或称“卜盗贼捕亡法”。所占失物的内容，包含盗者、失物、地点、时间四个方面的要素。即通过占卜，推测盗者的性别、年龄、形貌特征、姓氏、家中情况、有无亲属关系等；推测失物的形状、颜色、五行属性；推测失物所在的地点；预测找回失物的时间。

借助于占卜之术，以帮助确定走失方向，推测盗者，找回人、物，是古人常用的方法，尤其在物质生产条件低下，大多数人处在物质匮乏的状态，占走失的应用就更加普遍。从敦煌保存的占走失文献有 10 个卷号 8 件写本之多，可看出唐五代宋初的占走失在民间也是相当流行的。

第十一章

敦煌杂占及其他文献

杂占类的划分，最早出自《汉书·艺文志》数术略，其小序云："杂占者，纪百事之象，候善恶之征。"其书共载杂占类18家，包括占梦、占器服、占身体生理现象、占精怪鬼物、祷禳解除、请雨止雨、候岁、相土及农业养殖等内容。这些内容，既非占卜理论之作，又不属传统主流占卜术，以其庞杂而归为一类。随着时代发展，这类占卜术中的一些部类后来又有所分化，一些部类发展起来，或单独成为一类，或归并于其他类中，但杂占的中心含义并未改变。《隋志》五行类与《旧唐志》、《新唐志》五行类中，均未明确分出小类，但从其实际著录来看，也基本上承袭了《汉志》的定义，将梦占、身体生理占、变怪祥瑞等列在一处。宋代郑樵《通志·艺文略》在五行类中特别分出了"杂占"一类，收身体生理占、占怪、占乌鸣、灵棋经等书21种，只是未收梦书。可见人们对"杂占"的理解长期未有大的变化。现据《汉志》定义，结合敦煌占卜文献的实际情况，将身体生理占、乌鸣占、占怪，以及无法归于其他类别的杂卜书均收入杂占类。

第一节

身体生理占

与人体生理有关的一些现象，如耳鸣、耳热、目瞤、心惊、手足痒等，在古人看来，也可以预示未来，是吉凶的前兆，因而可以作为占验的对象。敦煌保存的这类文献，共有3个卷号，分别为P.2621V、P.2661V、P.3398C。

一、写本概述

1. P.2621V《占耳鸣耳热心惊面热目润等法》

P.2621V，图版参《法国国家图书馆藏敦煌西域文献》第16册，册中定名《占耳鸣耳热心惊面热目润等法》。写卷正面抄写《事森》，背面杂抄七八种不同内容的文书，依次为书仪（残）、子虚赋、贰师泉赋（残）、残状、渔父歌沧浪赋、占耳鸣耳热心惊面热目润等法、残契约、甲午役人名录等，其中《占耳鸣耳热心惊面热目润等法》位于中后部，首尾全，题作《占耳鸣耳热心惊面热目润等法》。存文字28行，起“子时耳鸣，左有哂，右有财来”，迄“右妇女口舌，下欲事，吉”。以十二时为序，分别记述耳鸣、耳热、手掌痒、面热、心惊、足痒、目瞤等身体生理感觉所预示的种种吉凶征兆。十二时及身体征兆为大字单行抄写，解说占辞为双行小字抄写。依次连抄，不分章。书法潦草，错讹较多。如：

> 子时：耳鸣，左有口舌，右有财来。手掌养，得酒。耳热，左有忧，右有父母思念之。心动，有喜事。面热，有人说道之事。足痒，有远客来，恶事至。目闰，上有人思事，下有想。
>
> ……
>
> 寅时：耳鸣，左有喜事，右有妇人来。耳热，左夫道相事，右喜乐之事。手掌痒，有忧思事之。心动，丧亡，忧来。足痒，有人骂。目润，左有奴婢之事，右有恶事。

按此文中“目润”的“润”字讹，当校作“瞤”。瞤，指眼皮跳动。P.2661V亦讹作“润”，当改。

抄写时代。该卷正面所抄《事森》后有题记：“戊子年四月十日，学郎员义写书故记。”背面有“甲辰年五月十三”的杂写以及“甲午役人名录”等。按敦煌文献中题写纪年只写干支甲子而不写年号者，皆是吐蕃统治时期（786—848）所写，这期间的戊子、甲午、甲辰都只有一个，分别是宪宗元和三年（808）、穆宗长庆四年（824）、元和九年（814），从这些时间看，正面的类书《事森》抄于戊子年（808），背面的文献，不应早于甲辰年（814），而当在甲午年（824）或者稍后。所以，P.2621V《占耳鸣耳热心惊面热目润等法》的抄写时间也当在此时。

2. P.2661V《占人手痒目闰耳鸣等法》

P.2661V，图版参《法国国家图书馆藏敦煌西域文献》第17册。卷子装。抄写于P.2661的背面。该卷正面抄写《尔雅》，背面首行题写“岁月日时州学上足子弟尹安仁书”，次行写“占人手痒目闰耳鸣等法在后也”，再次写医方8行，然后接抄“占手痒目闰耳鸣”等内容21行。最后写“诸杂略得要抄子一本”。“占手痒目闰耳鸣”内容的前面三行抄写顺序错乱，起首为“左远行，右女妇口舌之事”，至第四行开始依十二时顺序抄写，从子时直至亥时。从内容看，起首三行所抄“左远行，右女妇口舌之事”等应为亥时“足养（痒）”类中的占辞，可能是事先所留空间不足，故移至前面。顺序虽有调整，但内容完整。十二时及身体征兆为大字单行，解说占辞为小字双行。

该写卷与“诸杂略得要抄子一本”为同一人所抄写，其时间很可能在唐末五代。详参时日类。

3. P.3398C《推人十二时耳鸣［耳］热足痒手掌痒等法》

P.3398C，图版参《法国国家图书馆藏敦煌西域文献》第24册。册页装，共4页31行，接抄于《推十二时人命相属法》之后，题“推人十二时耳鸣［耳］热足痒手掌痒等法”，依十二时为序抄写，十二时及身体征兆为大字单行，解说占辞为小字双行，形式与P.2621V、P.2661V相同。但抄写有缺漏，在“未时”后少了“申时”、“酉时”两章内容，后面直接抄“戌时”内容。抄写清晰，俗讹字较少。这件抄本中有一个值得注意的现象是在首题之后，又写有“日同占”3字，王爱和在释文后加了一个小注云：“若以‘日’占，与同支‘时’占辞相同。”[①]她的判断应该是正确的。

抄写时代。P.3398末有题记云“辛戌年四月廿壹日三界寺法律”，笔迹与正文相同，当是抄写者所题，但纪年书写有误，干支纪年中并没有“辛戌”，因此具体年代不明。但由写本为册页装的形式，再联系抄写者为三界寺法律的身份来看，[②]其抄写于晚唐五代宋初是没有问题的。

从内容与形式来看，3个抄本大致相同，也有一些个别的差异。其中，P.2661V与P.3398C内容更为接近，绝大部分占辞相同，应当出自

---

① 王爱和《敦煌占卜文书研究》，兰州大学博士论文，2003年，第67页。

② 据学者研究，有关三界寺的文献中，有明确年代题记的，最早为888年，最晚为987年，因此这件写本的时代也当在此范围内。详参施萍婷《三界寺·道真·敦煌藏经》，《敦煌习学集》上，兰州：甘肃民族出版社，2004年，第140页。

同一底本。P.2621V 的情况则有一些不同，在流传过程中又经过修订增补，与前两个抄本有一定差异，但三者祖本应该是相同的。

这 3 件文书，高国藩在《敦煌古俗与民俗流变》中对 P.3398C 与 P.2621 进行释录并从民俗方面进行了探讨。[①]黄正建归之于敦煌占卜文书的第十二类“杂占”中，进行了简要介绍，并推测它们可能出自同一底本。[②]王爱和在《敦煌占卜文书研究》中有录文及校释，但未做分类探讨。[③]

此外，涉及身占内容，但不是专门的身占文献的，还有《六十甲子历》，如 P.3685→P.3281。其中涉及身占的内容不多，仅有占目瞤、心动、呕和足养(痒)四项，排列顺序亦靠后。在残存的 21 甲子日中，有身占内容的有 16 日。内容如：

> 辛丑……目润，左有喜事，右有人思之。心动，父母思之。呕者，吉。足养（痒），酒食事。
>
> 壬寅……目润，左有口舌，右念仆人。呕者，父母忧之。心动，有忧。足痒，有行事。

二、敦煌身占文献与唐宋时期的身占风俗

从文献记载来看，古人对此类生理现象的关注非常之早，甲骨文中就已有关于商王耳鸣占卜的记载。居延汉简中的身体生理占有耳鸣、目濡、目润（瞤）及鼻嚏四种。如：

---

① 高国藩《敦煌古俗与民俗流变》，南京：河海大学出版社，1989 年，第 226—235 页。

② 黄正建《敦煌占卜文书与唐五代占卜研究》，第 161—163 页。

③ 王爱和《敦煌占卜文书研究》，第 61—67、334—335、458—459 页。

示通人□之，耳鸣得事，耳鸣望行事，目濡有来事。(269.9)

目疐，左目润，右目润 (435.6A)[①]

其中“目疐”的“目”，饶宗颐认为其可能是“自”，“自”即古“鼻”字，“目疐”也就是“鼻嚏”。[②]

传世典籍中的此类记载可上溯至先秦。例如打喷嚏现象，《诗经·邶风》中的《终风》云：“寤言不寐，愿言则疐。”郑玄笺曰：“我其忧悼而不能寐，女思我心如是，我则嚏也。今俗人嚏云人道我，此古之遗语也。”[③]意思是说我因思念而睡不着觉，你若也这样想念我，我就会打喷嚏。这是从《诗经》时代就已经有的非常古老的习俗。到了宋代，也有人这样记载：“今人喷嚏不止者，必噀唾祝云：‘有人说我。’妇人尤甚。”“乃知此风，自古以来有之。”[④]时至今日，民间仍流传着打喷嚏意味着有人想念的说法，足见这种习俗的生命力。[⑤]

这种通过身体生理现象预测吉凶的占卜术，至迟到汉代就已形成，《汉书·艺文志》术数略杂占类著录有《嚏耳鸣杂占》十六卷，即是对此类身体生理占卜术的记载。《隋书·经籍志》子部五行类中著录有《海中仙人占体瞤及杂吉凶书》三卷、《海中仙人占吉凶要略》二卷，以及附录的“梁有隋亡”的《嚏书》一卷、《耳鸣书》一卷、《目瞤书》一卷，均

① 谢桂华、李均明、朱国炤《居延汉简释文合校》，北京：中国文物出版社，1987年，第453、562页。

② 饶宗颐《居延汉简术数耳鸣目瞤解》中有论说。见大陆杂志社编辑委员会《秦汉史及中古史前期研究论集》，台北：大陆杂志社，1967年，第86—87页。

③《诗经》，（清）阮元校刻《十三经注疏》本，上册，北京：中华书局，1980年，第299页。

④（宋）洪迈撰，孔凡礼点校《容斋随笔》卷四，北京：中华书局，2005年，第52—53页。

⑤ 有关喷嚏占的内容，敦煌文献中没有保留下来，但传世文献中仍有记载，如《玉匣记》、《百怪断经》中均有。

是有关身体生理的占卜之书。

从书名上看，当时对身体生理现象的关注，主要以耳鸣、喷嚏、目瞤等为主。以上诸书虽然亡佚，但从其他典籍的记载中，我们对这类占卜术从汉至唐的流行仍可窥知一二。

《焦氏易林》卷一之“需”卦：“目瞤足动，喜如其愿，举家蒙宠。”卷一“姤”卦亦云：“目动睫瞤，喜来加身，举家蒙欢，吉利无殃。”可见在汉代，目瞤、足动都是关注对象，其现象的出现，往往预示着吉利和喜事。《西京杂记》中记载：

> 樊将军哙问陆贾曰：自古人君，皆云受命于天，云有瑞应，岂有是乎？贾应之曰：有之。夫目瞤得酒食，灯火华得钱财，乾鹊噪而行人至，蜘蛛集而百事喜。小既有征，大亦宜然。故目瞤则咒之，火华则拜之，乾鹊噪则馁之，蜘蛛集则放之。况天下大宝，人君重位，非天命何以得之哉！①

这里提到的目瞤，就具体预示着得到酒食。但也有不同的说法。如蔡邕《广连珠》中的记载：“臣闻目瞤耳鸣，近乎小戒也；狐鸣犬嗥，家人小袄也。犹忌慎动作，封镇书符，以防其祸，是故天地示异，灾变横起，则人主恒恐惧而修政。”②从这里看，目瞤、耳鸣与狐鸣、犬嗥一样，预示着将有不好的事发生，提醒人们引起警戒。这与《焦氏易林》和《西京杂记》的说法恰好相反。

从保留在敦煌文献中的这三部占书来看，唐、五代、宋初时期，人们对目瞤、耳鸣、耳热、心动、面热等生理现象的看法，与前代大体相同，仍然认为是未来吉凶的一种兆示，日常遇到这些现象时往往会加以

---

①《西京杂记》卷三，北京：中华书局，1985 年，第 21 页。

②《太平御览》卷四五九《鉴戒下》引蔡邕《广连珠》，北京：中华书局，1960年影印本。

戒惕，或采取相应的禳除术，以防发生不好的事情。敦煌俗文学中对此有生动的记载。

如《伍子胥变文》载子胥逃亡途中，“行得廿余里，遂乃眼瞤耳热，遂即画地而卜，占见外甥来趁”。“眼瞤耳热”兆示将有恶事发生，所以伍子胥画地占卜，占测到外甥前来追赶，他便作法禳除：“用水头上攘之，将竹插于腰下，又用木剧（屐）倒着，并画地户天门，遂即卧于芦中，咒而言曰：‘捉我者殃，趁我者亡，急急如律令！’”①

再如《汉将王陵变》载王陵入楚探母途中，“王陵眼瞤耳热，暂请卢绾入楚，探其陵母”；②《季布骂阵词文》写季布潜入周家，“周氏夫妻飡馔次，须臾感得动精神；罢饭停飡惊耳热，捻箸横匙怪眼瞤”；③以及《燕子赋》“吾昨夜梦恶，今朝眼瞤，若不私斗，克被官嗔”④等记载，皆是此类。

甚至在佛教经典中，也有这类身体生理现象兆示吉凶的内容，如《金光明经》卷四：“我心忧苦，目睫瞤动，如我今者所见瑞相，必有灾异不祥苦恼。”⑤

前述记载中，眼瞤、耳热、心动等现象与噩梦一样都预示将要发生某些凶恶不吉之事。表明唐五代宋初的民间，人们遇到目瞤、耳热、心惊这些“前兆”时，往往与所处环境、心情、梦境及其他身体感觉联系起来一道加以判断，所得结论往往是凶大于吉。

从敦煌保留的有关占书来看，当时身体生理占验所关注的现象，主要包括耳鸣、耳热、目瞤、心动、面热、足痒、手掌痒、呕。其中，前七种主要见于 P.2621V、P.2661V 及 P3398C 的《占耳鸣耳热心惊面热目

① 王重民等编《敦煌变文集》，北京：人民文学出版社，1984年，第8页。
② 《敦煌变文集》，第45—46页。
③ 《敦煌变文集》，第55页。
④ 《燕子赋》（甲），伏俊连《敦煌赋校注》，兰州：甘肃人民出版社，1994年，第413页。
⑤ 《金光明经》卷四，《大正藏》，第16册。

润等法》，最后一种见于《六十甲子历》。

其占卜方法，首先是确定某些身体生理现象发生的种类、部位和时间，再依照占书中的记载，来判断是吉是凶，如要占卜“眼瞤”，首先要弄清发生在十二时中的哪个时辰，其次还要分左眼还是右眼，然后再分出上眼皮还是下眼皮，最后才能判断吉凶。如在寅时：“寅时眼瞤，左有奴婢事，右有喜事。”（P.3398C）如在巳时：“目瞤，左有贵人来，上有吉人来；右有言语，下有财物。”（P.2621V）不同的时间，不同的部位，同一生理现象所代表的预兆是不同的。

一般而言，敦煌身体生理现象占卜的吉凶预兆大体不离日常生活的范围，即所谓的“小吉凶”。如有客来、得饮食酒肉、得失财物、口舌言语、忧思、思念、有人骂、远行事、聚会事，或笼统的喜乐事或不吉事等等，皆是日常生活所遇的平常小事。其中最严重的凶兆是“心动”所征兆的“丧亡忧事”，但出现频率很低，仅在寅时出现；其次为“忧官”。如以吉凶的概率来看，这些身体生理现象所兆示的将要发生的事情中，吉凶大体持平，吉事稍稍多一些。不同的生理现象所兆示的吉凶也不是完全平衡的，如“心动”、“心惊”预兆的不吉就比“手痒”要多，眼瞤预兆的酒食事多一些，耳鸣预兆的客来事多一些。

不过，从传世文献来看，身体生理占卜的应用也不仅限于日常生活，有时也用于军事。宋人所撰的《虎钤经》、《武经总要》中都载有身占内容。[①]如《武经总要》之“军行灾民杂占”云：“将军眼瞤自动，耳鸣，及无故自惊并不自觉咄嗟者，并是下人起念生谋。”[②]就将眼瞤、耳鸣、心惊这些生理现象与军心稳定与否联系起来。

---

①《虎钤经》，（宋）许洞撰。书中“占野地立营正宿第一百四十”篇引《金匮经》说，论及身占内容。《四库全书》子部兵家类，文渊阁本。《武经总要》，（宋）曾公亮、丁度等撰。其中的“军行灾民杂占”中亦有身占内容。《四库全书》子部兵家类，文渊阁本。

②（宋）曾公亮、丁度等撰《武经总要·后集》卷一八，《四库全书》文渊阁本。

对身体生理感觉进行占卜的方术，除在中原流行外，也在其他地区民众中流行。20世纪初俄国“吐鲁番考察队”在吐鲁番发现了一件回鹘文占卜书，保存下来的31行文字，涉及与相痣和占身体感觉有关的内容，身占部分内容如下：

> 现在谈身体感觉之兆。如觉有蹭皮肤生痒之感，则此人当有便宜可占；如觉臀部发热，则必有心虚事；如觉阴部发热，则其腹会受撞击；发热有连续性，则疾病将至；如皮肉跳动，当有远客光临；如腹部发热，预示财富将至；如在十字路口感到发热，须防口舌之祸；如觉胸脯最厚处发热，则生子女有期；发痒终止，则预示人体将亡；如果束腰处发热，会有喜讯降临；如在om（?）kesarin处发热，则出见喜；如脖子发热，则会……如牙根发热，可能会得到一件新衣。[①]

从残存的这些内容，我们知道唐宋时期吐鲁番地区流行的身占术中，对身体发痒发热的关注较同期流行于中原的占卜文献更加细致、全面，涉及身体大部分，而不是仅限于面部、耳部。占卜时所依据的条件，除身体部位、生理感觉外，还有地点。占卜所得吉凶预兆，则涉及财富、喜事、来客、口舌、生死疾病和心虚、受撞击等多种，但未见到一般占书必不可少的时间条件。无论是十二时、十二日，还是六十甲子日，都没有出现在这里。可以说，这件占书的内容及其形式，与同期中原流行的占卜书有明显不同。由于材料的局限，目前所知的这些内容还

---

① 回鹘文占卜书收载于W.Radloff, *Uigurische Sprach.denkmaler* Materialien nach. Tode des Verfassers mit Erganzungen Von Smalov herausgegeben. Leningrad 1928, Nr.42, S. 59-61, 224。这一部分内容由杨富学先生译为汉文，录文见郑炳林《关于敦煌写本相书的几点认识（代序）》，郑炳林、王晶波《敦煌写本相书校录研究》，北京：民族出版社，2004年，第4页。

不足以帮我们确定这类占术的范围及源流。不过在传世的占书中，与此有关的内容也还有一定的足迹可寻。相传为晋朝道士许真君所著《玉匣记》中，杂占篇中有“占肉颤法”，[①]其形式虽然不脱按十二时占卜的常见套路，但其中有三个时辰的预兆与有客来临相关，而这件回鹘文占书中仅有的涉及“肉颤”或“肉跳”的内容是“如皮肉跳动，当有远客光临”一则，二者之间也许存在某些共同的东西。此外，明代周履靖所辑《占验录》中，则提及“凡浑身肉跳，主忧疑官非之事”，[②]与前述又不相同。

传世的此类身占书，在内容与形式上与唐五代相比，均有一些变化。在署名为宋代俞诲所撰的《百怪断经》中，此类内容，包括“嚏喷占”、“眼跳占”、“心惊占”、“耳热占”、“耳鸣占”五种。[③]《玉匣记》则包含了占面热法、占眼跳法、占耳热法、占耳鸣法、占嚏喷法、占肉颤法、占心惊法七种内容，其中“占肉颤法”是以前所未有的。

传世占书中，占卜形式上将原来的以十二时为序，调整为按身体生理现象来划分类别，统摄耳鸣、耳热、心动、面热、目瞤等多种身体征兆的形式，每一类都单独依照时、日加以解说。这样分类的好处是便于检索，每一种身体征兆的解说集中于一类中，便于人们临事寻检。

虽然从汉至唐宋人们对身体感觉所兆示的吉凶看法不完全一致，但比较起来，变化并不是很大。至于这些吉凶征兆是依据何种原理得出，占卜书中都没有解释，传世文献中也很少这方面的内容。笔者认为这应当与一定的社会生活经验和某些因果错置的想象及迷信有关。道教文献的有关记载，或许能为我们认识这个问题提供一些启示。《云笈七签》

---

①《玉匣记》杂占篇。《玉匣记通书》，相传为晋许真君所著，后又托名诸葛孔明、鬼谷子、张天师、李淳风、周公、袁天罡等，显然是后人伪托。

②（明）周履靖辑《占验录》，《丛书集成》初编本，见《丛书集成》珍库《术数全书》下册，郑州：中州古籍出版社，1994年，第549页。

③《百怪断经》署名宋俞诲，有《说郛》本与《居家备要》本。

的《秘要诀法部》中有《耳鸣祝》和《审耳鸣吉凶法》，前者载道士遇耳鸣时所应采取的行为以及所祝之词，后者解释了引起耳鸣的原因及应对措施。如：

审耳鸣吉凶法

凡耳中忽闻滩水、雷电、鼓鸣声音，是身中劳损心藏极，不能味真注生，而淫放丧乱，使六府失摄，魂哀魄号，盖将结疾，致死亡之兆矣。是以泥丸流纵，九宫失常，悲忧错乱，鸣鼓乱行，将欲写其居馆，以弃一身也。闻之者，当精念不怠，还专其心；若罪未深者，自听改也。所以耳鸣者，神亡之故也。耳中忽闻金声玉音者，真气入，道欲成也；忽闻弦歌之声者，六丁玉女，来卫子道也，当隐静专修，所行勤至之心愈弥强也。真人因是遂有形见之渐也。自非尔师，且勿与言于他人也。耳中闻箫角之音，吉，贵象至也；闻号呼之声者，凶败之象也；闻恶气者，必有殗秽之事，急更沐浴烧香，扫除寝室，此是帝君戒劝于人也。若闻血气者，及无故见聚血者，兵凶也，急遁人间，急守三元，帝君求救，自藏斋三月，祸方止也。此皆是帝君先告人吉凶，以令惧畏，戒其祸耳。[①]

这是从道教的角度对耳鸣的认识。它将耳鸣按声音划分为不同的几种，有滩水、雷电、鼓鸣声、金声玉音、弦歌之声、萧角之音、号呼之声等，分别解释这些耳鸣声出现的原因，所兆示的吉凶，以及所应采取的避祸戒凶行为。道教认为，那些兆示凶恶的耳鸣，往往有着两方面的原因，一是身心极度劳损，二是罪孽深重，所以帝君就以耳鸣的方式，“先告人吉凶，以令惧畏，戒其祸耳”。这种解说出现较晚，且杂有善恶

① （宋）张君房纂辑《云笈七签》卷四七《秘要诀法部》，北京：华夏出版社，1996 年，第 276 页。

报应的思想，因而并不能解释身占的最早起源。

人们既然通过占卜能够预见耳鸣、耳热、心动、面热、目瞤等现象所兆示的吉凶，对将要发生的不吉凶祸，当然也就要想办法加以阻止或者改变，于是，一些相应的禳除方法就应运而生。除了上面提到的《耳鸣祝》和《审耳鸣吉凶法》外，还有一些方法也被记载下来，如《修真秘诀》亦曰：

> 目瞤耳鸣，《仙经》云：若目瞤耳鸣，心动面热，意中阴忧者，必有灾患，当窃呼曰：司命通天真人续集乙命，以金绳使某乙千秋无穷。三呪止。①

道教徒较普通人更多关注生命的存在与质量，因而也就有更多相关“发明”。至于效果如何，那就不得而知了。

① （宋）曾慥《类说》卷四九引《修真秘诀》。《四部丛刊》初编本。

第二节

乌鸣占

乌鸣占，也称鸟鸣占，是根据乌鸦的叫声、方位、动作、形态等进行占卜的一种古老的方法。敦煌保存的此类汉文占卜书有4种，分别为法藏的P.3479、P.3988、P.3888，及俄藏的Дx.06133。汉文外，还有5个卷号的藏文写本，分别为P.t.1045、P.t.1049、I.o.746、I.o.747及P.3896V。今以汉文文献为主，略述如下。

一、汉文写本概述

1. P.3479《乌占习要事法》(拟)

P.3479，图版参《法国国家图书馆藏敦煌西域文献》第24册，册中定名为《乌占习要事法》。卷子装，存23行，首尾全，中下部残。写卷前半为表格形式，后半为11行文字，中间有双行小字夹注。表格前有文字曰：“▭占临决。凡聚人□□□来处刑候吉凶法。若看八方，上下数之；看时▭”。表格以东、东南、南、西南、西、西北、北、东北八方及上方共九方为纵轴，以东方曙、平旦进、日出时、日食时、隅中时、日中时、日昳时、日晡时、日入时、黄昏时十个时辰为横轴，建立一个方位与时间的坐标系，表中分别列出了在不同时辰里不同方向的乌鸣所代表的吉凶征兆。如日食时，东方为“所求得”，西北方为“词讼被伤”，东北方为“病者亡”，等等。

表格后抄写的内容，依次为：

(1) 十二日占。以十二日为序，分述各日中乌鸣于某地预示某事，如：“申日鸣舍西树上，忧官事。”其中十二日及处所为大字单行抄写，吉凶征兆为小字双行抄写。

(2) 四方占。记述乌鸣由东南西北四个方向所来的吉凶征兆，如：“凡从东来鸣，有使来。”

(3) 十二地占。以十二支所代表的十二地为序，依次记述乌鸣发生于某地所兆示的吉凶，如：“酉地，有忧事，慎之，吉。”

(4) 结语与占看方法的提示：“右前件乌占习要事法，审看用之，万不失一。看之法，若乌鸣在百步内即占，百步外不占。”

茅甘《敦煌写本中的乌鸣占吉凶书》、[①]黄正建的《敦煌占卜文书与唐五代占卜研究》、王爱和均有过讨论。王爱和从抄本表格中“日出时”与“西南方”所对应的“神祇拥护”四字推测，认为该卷“可能是唐代作品”。根据文中结语所言，拟名为《乌占习要事法》。

2. P.3988《乌占临决》(拟)

P.3988，图版参《法国国家图书馆藏敦煌西域文献》第30册，册中定名为《乌占临决》。卷子装，首尾全，存35行。写卷上部残去部分内容，并有横向大片油污，黑白照片中字迹不清,IDP网站公布的彩色照片中可以看清。

抄本内容分两部分。前一部分为表格，占11行，形式与P.3479表格相仿，以八方与上方为纵轴，十个时辰为横轴，建立一个方位与时间的坐标系，表中分别列出各时辰方位中乌鸣所代表的吉凶征兆。保存了

---

① [法] 茅甘《敦煌写本中的乌鸣占凶吉书》，《法国学者敦煌学论文选粹》，耿昇译，北京：中华书局，1993年，第367—390页。该文原刊于《远东学刊》1987年第3期。又有金昌文译本，收在《国外藏学研究文集》第8辑，拉萨：西藏人民出版社，1992年，第253—277页。

“食时”以后的7个时辰，表中内容，如“日中时”“西北方”为“贵客至”，“北方”为“善消息至”，等等。

后一部分为24行文字，有行界，少部分抄写在表格之中。其内容，参照黄正建、陈楠的考察，依次分为六个部分：

（1）十二死地占（拟）。依十二支顺序，记述乌鸣某地某家人口死亡之兆及禳除方法。从子至未，中有缺漏，似未抄全。如：“鸣卯地，不出三十日，东家长子死。铁十斤玄（悬）五尺杆头卯地，吉。”

（2）十二日占（拟）。以十二支为序，述某日乌鸣何处有何征兆，如：“辰日鸣树上，必有远客至。”

（3）方位占（拟）。述乌从某方来鸣或止于某处鸣预示某事，如：“乌从东来鸣者有使事。”又如：“乌无故群队集人舍上鸣者，不而去，吉，主熟。不止长来，凶。”

（4）时辰占（拟）。以日出、旦、食时、日中、日昳、哺时、黄昏、人定、夜半为序，述某时乌鸣预示某事，如：“人定鸣，贼入界。”

（5）十二地占（拟）。述某地乌鸣预示某事，如：“乌鸣坐子地，酒宴事。”

（6）结语与占看方法的提示：“乌占临决。凡聚人鸣者，从来处刑候吉凶法。若看八方，上下数；看时傍通占。”

《敦煌遗书总目索引》、《敦煌宝藏》、《敦煌遗书总目索引新编》均定名为《乌鸣占吉凶书残卷》。茅甘《敦煌写本中的乌鸣占吉凶书》、黄正建《敦煌占卜文书与唐五代占卜研究》，以及王爱和、陈楠等均有过讨论。陈楠主要比较了它与敦煌藏文写本P.t.1045的异同，认为这件写本与P.t.1045为“同一种占卜表的两种不同文本”，P.t.1045译自汉文的可能更大一些。[①]

① 陈楠《敦煌藏汉乌卜文书比较研究——P.t.1045号、P.3988号与P.3479号文书解析》，《敦煌吐鲁番研究》第10卷，上海：上海古籍出版社，2007年，第369页。

3. P.3888《鸟情占》（拟）

P.3888，图版参《法国国家图书馆藏敦煌西域文献》第29册。卷子装。册中定名为《占卜书》。首残尾全，存21行。末有“咸通十一年岁次庚寅二月二十八日记”的题记，笔迹与占书内容一致，应该是抄写者所写，由此可知该卷的抄写时代就在咸通十一年，即公元870年。此外，最后还有两行倒写文字，末题“咸通十年十二月日阴悉弱忠”，与此件抄本内容无涉，时间也在此前，应是某件状牒的末尾，但出现了一个人名“阴悉弱忠”，二者笔迹有些相近，不知是不是乌占书抄写者的名字。该抄本首部残去，无题名、作者、卷次等内容，起“物之事。向东南鸣，遇美兼得财物”，讫尾部题记。文中有子目两个，分别为“行路占第五”、“军营占第七”，并引有“郯子”、“管辂”、“子夏”之语。从形式来看，与P.3479、P.3988有所不同，未见表格形式，而纯为文字叙述。

全部内容可分三部分。

（1）子目残去，从内容看是据乌鸣方位而占，黄正建拟题为“方位占”，是。文中提到的方位，有东南、南、西北、北、东北等，如：“北方鸣，得车马及苏乳甘物。”

（2）“行路占第五”，以乌鸣声及动作形态来占出行吉凶。如“郯子曰：凡欲出行，见乌若近耳边鸣，虽平安，所作不成。左边吉，或边凶。若从左作声，但向前道；向右边又作声，合失物尽，返此者吉。”

（3）“军营占第七”，以乌鸣声及动作形态来占卜军营及出战吉凶。如：“子夏曰：以见他移者？军中来被毛羽，便于树上坐，有不作声，必奸贼来扰袭，切须惊候。”

茅甘、黄正建均有简单讨论，王爱和有录文。王爱和认为：“它与俄Дx.06133+Дx.06134+Дx.06135同属一个‘乌占’系统；而从其文辞中提到苏乳竺，推测该类文书具有敦煌地方色彩，就是地方性的卜书。不过，该卷与俄Дx.06133+Дx.06134+Дx.06135有一个明显的不同，即文书结构和文辞风格不同，相比之下，该卷表现出更高程度的严整性和系统性，所以可以肯定，该二卷所据的是两种不同的卜书”。[①]她拟名为《鸟占法》。笔者依据文中提到军营占的内容，联系史书记载中涉及军事的“风角鸟情”一类典籍，如管辂《鸟情逆占》一卷、王乔《鸟情占》等，拟名为《鸟情占》。

4. Дх.06133《占乌经》（拟）

图版参《俄藏敦煌文献》第13册。关于此件占书的顺序号，黄正建作“Дх.06130、Дх.06133、Дх.06134、Дх.06135”，王爱和作“俄Дх.06133+Дх.06134+Дх.06135”。细察俄藏文献图版，所谓Дх.06130、Дх.06134、Дх.06135诸号，是指前面其他残片而言，与此无关。此件残片的编号仅一个，即为Дх.06133。

↑ 3	2↑
↓ 4	1↓

Дх.06133内容顺序与文字方向示意

图11-1　P.4793《百怪图》（拟）

这件占书首尾均残，存文字12—13行，记载了有关乌占及祭乌法的内容。黄正建在《敦煌占卜文书与唐五代占卜研究》中没有涉及，但他在后来的一篇文章《关于俄藏敦煌文献第11至17册中占卜文书的缀合与定名等问题》中论述到这件占书。[②]王爱和有录文，茅甘没有提到这件占书。

关于这件占书的形式。这是敦煌文献中比较少见的一种折叠抄写的文书，从图版中看不出大小尺寸，长方形纸上的文字以中心十字线（实际没有画线，但可以看出折叠痕迹）为界，分为四部分，每个部分的文字方向随折叠而呈不同。文字分布与方向如图所示。

黄正建说：“06130、06133、06134、06135是一张可折叠为四部分的纸，其顺序似是倒1+正1+倒2+正2，前后均缺。”[③]王爱和的看法与

① 王爱和《敦煌占卜文书研究》，第455页。

② 黄正建《关于俄藏敦煌文献第11至17册中占卜文书的缀合与定名等问题》，《敦煌研究》2002年第2期。

③ 黄正建《关于俄藏敦煌文献第11至17册中占卜文书的缀合与定名等问题》，《敦煌研究》2002年第2期，第48页。

黄正建不同，她根据内容的逻辑分析，认为应以第3部分为整个写卷之首。她按照3→4→1→2的顺序对内容进行了释录。录文将“乌”字均释作“鸟”。

从内容看，这件占书内容分为两部分：

(1) 占乌法。即根据乌鸣声音、飞止行为等来判定吉凶，如“若见众乌集一处，一时共作声恶，惊散，被土，合有大?智人急离此界”；或“若见众乌来入人家舍，垂下翅膀作恶声，在床栊上，合有人死”。

(2)“祭乌法”。在“祭乌法”的子目后画一只乌鸦，其文引用郯子、子夏、焦贡的话，说明如何饲祭乌鸦。如“郯子曰：占乌之法，每见则与食吃，不得有所损害，纵见他捕获及欲煞伤者，必须殷勤救命，免致害。若或见死，亦必收外而盖藏之”；“焦贡曰：别法，当与建卯二月二日取大豆二升，和煮作饭，又别煮牛乳、生米少许，又安悉香少许，散于豆饭上，置于人所不行处树下，扫地净而饲（?）之乌，但呼白鹿先生，曰乌必食之，乃（后残)”。该内容未见于其他3件抄本占书，而常见的依乌鸣方位占卜的内容则未见于本件占书。

黄正建联系P.3888中亦引有“郯子”的话，认为“著录在《宋史·艺文志》中的郯子《占乌经（卷二)》在敦煌曾一度流行”。按郯子《占乌经》，最早为《崇文总目》子部五行类所著录，但它的流行，应当早于北宋，至少在唐代后期就已流行于西北一带。郯子，春秋时期郯国的国君，少暤氏之后，公元前6世纪时曾两次去鲁国朝见鲁君（襄公七年、昭公十七年)，为鲁国大夫叔孙昭子讲解少暤氏以鸟名官等历史典故，知识渊博。传说孔子也曾向他求教学习。茅甘的“郯子自战国以来就是乌鸦的代名词”一说恐怕不确。[①]不过，由于郯子对少暤氏以鸟名官历史典故的解说，他也被认为是当时最了解鸟类的人，因而被后人附会为《占乌经》的作者。

① [法] 茅甘《敦煌写本中的乌鸣占凶吉书》，见耿昇译《法国学者敦煌学论文选粹》，北京：中华书局，1993年，第380页。

敦煌保存的这四件汉文占乌鸣书，可分为三个系统：

第一个系统包括 P.3479 与 P.3988，二者都采用了表格和文字解说相结合的形式，以表格形式严格界定了一定方位、时辰下的乌鸣所代表的吉凶，以文字解说的形式对乌鸣所在的地点及方向等进行了更加详尽的说明。二者所载表格内容相同，文字解说部分 P.3988 较 P.3479 详细一些，多出了有关乌鸣不吉的禳除方法及时辰占的内容。

第二系统为 P.3888，无表格，记述了有关乌鸣方位占、行路占、军营占的内容，其中行路、军营占的内容为其他三件抄本所无。文中引用郯子、管辂、子夏的话，还涉及军事应用的内容，可能与“风角鸟情”一类的占候有关。此类书籍，《隋志》子部五行类中有《战斗风角鸟情》三卷、《风角鸟情》一卷（翼氏撰)、《风角鸟情》二卷（仪同临孝恭撰)，以及管辂《鸟情逆占》一卷、王乔撰《鸟情占》一卷等等。

第三个系统，是 Дx.01633，亦无表格，内容以乌鸣占及祭乌法为主，对乌鸣声及动作形态解说详细，而有关祭乌法的内容亦仅见于此。从其中引用郯子、子夏、焦贡的话来看，这部占乌鸣书吸纳了其他占书中的内容，大约是在郯子《占乌经》之后新编成的一部。按郯子《占乌经》最早著录于《崇文总目》(卷八子部五行类著录有《郯子占乌经》二卷)，其后《通志》、《宋史·艺文志》均有著录。

二、敦煌藏文占乌鸣书

敦煌所保存的占乌鸣书，除了汉文以外，还有藏文抄写的占乌鸣书 5 件，包括法藏 3 件，即 P.t.1045、P.t.1049、P.3896V；英藏的两件，I.O.746、I.O.747。其中 P.t.1045 已全部译为汉文，I.O.747 仅有部分译为汉文。因与汉文写本有一定关系，在此将有汉译的写本略述如下。

1. P.t.1045，先后有王尧、陈践①、杨士宏②、陈楠③进行过翻译，三种译文除少量字词有异外，余皆大同。因为陈楠的翻译最新，还参考了王尧、陈践的汉译及劳费尔的英译，所以在文义及形式上最为完善，故以陈楠所译为主进行介绍。该写卷从形式和内容上看均可分为两个部分，前一部分 12 行，是诗歌体的序言，述乌鸣占卜的理论依据，即：乌鸦是一种能传达神旨的神鸟，它在不同时间、不同方位不同声音的叫声分别代表了不同意义的前兆，人们要恭敬地对待它，及时供奉“多玛”（施食），这样才能趋吉避凶。如：

> 乌鸦本是人怙主，尊神派遣到地方。羌塘草原犛牛肉，天神使者好祭享。叫声传达尊神旨，八面上空九方向。三种叫声表神意，祭品多玛快奉上……传达神意唯鸣唱，虔诚相信莫彷徨。八面上空九方向，咙咙之声表吉祥，嗒嗒之声应无恙，喳喳之声有急事，啅啅之声示财旺，依乌依乌危难降。④

第二部分是表格，以横向排列的 9 个方位和纵向排列的 10 个时辰为坐标，表示不同时间、方位的乌鸣所代表的未来吉凶。方位有东、东南、南、西南、西、西北、北、东北和上方天空 9 个，时辰为鸡鸣、平旦、食时、隅中、日中、日昳、日晡、日入、黄昏。按照表格检索，即可清楚知道不同时间与方位的乌鸦鸣叫所代表的吉凶事物，如日昳时乌

---

① 王尧、陈践《吐蕃的鸟卜研究——P.t.1045号卷子译解》，《敦煌叶蕃文书论文集》，成都：四川民族出版社，1998年，第96页—102页。

② 杨士宏《敦煌古藏文残卷〈鸦鸣占卜法〉译释并探源》，《西北民族研究》，1988年第2期，第62—66页。

③ 陈楠《敦煌藏汉乌卜文书比较研究——P.t.1045、P.3988与P.3479文书解析》，《敦煌吐鲁番研究》第10卷，2007年，第345—370页。

④ 陈楠《敦煌藏汉乌卜文书比较研究——P.T.1045、P.3988号与P.3479号文书解析》，《敦煌吐鲁番研究》第10卷，2007年，第348页。

鸣于东方，表示“国王有灾难”；食时鸣于东南方，表示“敌人有行动”；日出时鸣于西北方表示“吉祥善事将至”。此外，在每个方位栏中都特地注明了所应供奉“多玛”的种类名称。如“东方占凶时，供施牛奶”，“南方占凶时，供施净水”，“西南方凶时，供施白芥子”等。

2. I.O.747，原编为CH.85.IX，藏于英国印度事务部图书馆，比利时藏学家瓦雷·普散编《印度事务部图书馆藏敦煌藏文写本目录》有简单介绍和部分录文，房继荣《敦煌本乌鸣占吉凶书研究》中将瓦雷·普散的部分录文译成汉文，仅介绍了少量内容。[①]从其介绍中，可知该文书分为序言和占卜表两个部分，按乌鸦在一天出现的八个时辰进行占卜。据笔者对IDP“国际敦煌项目”网站公布照片的观察，发现该写卷占卜表的前后均抄有文字，较P.t.1045内容多出了占卜表后的部分。据房继荣所译序言：

> 如需远行，乌鸦若从前方来，在你背后叫的话，原路返回比较好，盗贼及敌人不遇。乌鸦从北方来，而你正从山城往下走的话，心中所想之事皆能如愿，有酒来。乌鸦从前方来，并在头顶盘旋一圈然后飞走的话，去任何地方皆宜，有喜事来。[②]

所记为行路时不同方向乌鸣所兆示的吉凶，内容与P.t.1045有所不同。占卜表中的内容，仅有少量，并失去原有格式，不知其时辰方位如何排列，所兆吉凶有哪些。

已有研究都集中于P.t.1045，以及由之引出的汉藏乌鸣占文献的关系上。对P.t.1045号的内容及西藏乌鸣占的观点大体一致，但在汉藏两种乌鸣占书的关系上，看法则分为两种：茅甘、王尧、陈楠等人认为汉

① 房继荣《敦煌本乌鸣占吉凶书研究》，兰州大学硕士学位论文，2007年。
② 房继荣《敦煌本乌鸣占吉凶书研究》，第12页。

文乌占书影响到藏文占书；另一种则相反，认为是藏文占书影响了汉文占书，持这种观点的有劳费尔、房继荣等。

以上学者在对汉藏乌鸣占书关系的考察中，均注意到了占卜文书的形式、内容等方面，但对其中一些细节和难点注意不够，或注意到了却观点不一，并且均未提及俄藏文献。就笔者所见文献及内容、形式来看，可以大体判断，吐蕃乌鸣占吉凶书是受汉文占书影响并有所发展的结果。

三、鸟占习俗与唐宋时期的乌占

通过乌鸦及其他飞鸟的鸣声、飞止动作来进行占卜，预测吉凶，是古代文化中很普遍的现象。其起源相当古老，所占也不限于乌鸣，其他飞鸟，如凤、雉、鹊、鸿、鸠等均可作为观察占候的对象，所以这种占候术又被称为鸟情占、鸟占。《尚书》、《周易》中，均保留了古人进行鸟占的材料，如《周易》中的“小过”：“飞鸟遗之音，不宜上，宜下，大吉。”①其意为飞鸟留下悲哀的鸣声，不宜向上强飞，宜于向下安栖，大吉。从鸟鸣的声音来判断吉凶，并据以指导人的行为，故曰“宜”或“不宜”。这与后世鸟占书的形式很像，应该是上古鸟占之语的遗存。《左传·庄公二十二年》：“初，懿氏卜妻敬仲，其妻占之，曰吉。是谓：‘凤皇于飞，和鸣锵锵。有妫之后，将育于姜。五世其昌，并于正卿，八世之后，莫之于京。’”这段话记载了一个完整的占卜事件，懿氏欲嫁女给陈敬仲，于是占卜吉凶，占卜结果为吉，并记录下占卜之辞。“是谓”之后的四言韵语，显然是一段占辞，说凤凰和鸣，意味着家世兴旺，子孙昌盛。《诗经》中以鸟类兴象的诗亦有不少，这与上古的鸟占巫术不无关系。②

秦汉的典籍中也有不少关于鸟占的记载。汉代京房有《易飞候》，

---

① 黄寿祺、张善文《周易译注》，上海：上海古籍出版社，1989年，503页。

② 参刘毓庆《〈诗经〉鸟类兴象与上古鸟占巫术》，《文艺研究》2001年第3期。

其书已佚，其中很多内容讲到禽类占候，如《隋书·五行志》所引："京房《易飞候》曰：鸡鸣不鼓翅，国有大害。""大业初天下鸡多夜鸣。京房《易飞候》曰：鸡夜鸣，急令。又云：昏而鸣，百姓有事；人定鸣，多战；夜半鸣，流血漫漫。"[①]将鸡的不时而鸣与国家、百姓的吉凶安危联系起来。《焦氏易林》亦有，如《坤之蒙》："城上有乌，自名破家。招呼鸩毒，为国灾患。"《屯之晋》："乌鹊嘻嘻，天火将起，燔我室屋，灾及后妃。"这一则占辞让人很容易联想到《左传·襄公三十年》关于鸟鸣于亳社的记载。

鸟占的习俗，经历南北朝到唐宋时期仍是十分流行，但从史书目录的记载中可以看出，这时的鸟占所关注的对象范围已经渐渐缩小，逐渐集中到了乌、鹊之上，人们更加看重乌鸦喜鹊的鸣叫所兆示的吉凶祸福，出现了一些新的占乌书，如《郯子占乌经》、《占乌法图》、《太一占乌法》，以及一些史志未著录却在民间流行的《鸦经》、《占鸦鸣》等书籍。古代诗文中也常常提到"乌啼""鹊噪"等语，并与一些人事吉凶预兆相联系。敦煌曲子词中那一首著名的《鹊踏枝》："叵耐灵鹊多谩语，报喜何曾有凭据，几度飞来活捉取，锁向金笼休共语……"就生动地表明了唐宋时人们对喜鹊能够传达好消息的看法。

除这几件专门的乌鸣占书外，其他敦煌占卜书中也有关于鸟鸣占的内容，如P.3322所记载的式占文献中，就有占乌鸣的内容：

> 占见乌明：以月将加时，若在天魁下鸣，忧官事、疾病、六畜死、祠祀事；徵明鸣，忧吏事来；神后下，女子行来、饮食酒肉事；天罡下，争讼、亡失事；太一下，有吏来斗事；胜先下，徵召事；小吉下，忧女妇喜事；传送下，有人告乞及行官事；大吉下，

① 《隋书》卷二二《五行上》，北京：中华书局，1973年，第630—631页。

知识亲戚酒食事；功曹下，有庆贺事。太冲下，行忧不器物事。乌鸣。

这是用式占的方式卜乌鸣所兆吉凶，与其他专门的乌鸣占所用时辰、方向结合占卜的方法稍有不同，所占卜的内容则大体相近。

宋人所撰笔记中常常提到有关乌占的故事。洪迈《容斋续笔》提到乌鸣占的习俗，其文云："北人以乌声为喜，鹊声为非；南人闻鹊噪则喜，闻乌声则唾而逐之，至于弦弩挟弹击使远去。……世有传《阴阳局鸦经》，谓东方朔所著，大略言：凡占乌之鸣，先数其声，然后定其方位，假如甲日一声即是甲声，第二声为乙声，以十干数之，乃辨其急缓，以定吉凶，盖不专于一说也。"①

纂成于南宋末的《事林广记》中，收录了一幅《鸦经之图》，并有"占鸦鸣东方朔云"、"听鸦鸣禳厌法"等内容。其中的《鸦经之图》，是一幅围绕八方注明各自方向鸦鸣所代表吉凶内容而形成的八边形图，并在中央与四方分别画有一只乌鸦，这与敦煌占乌鸣书的表格形式一样便于省览，但更加简化明了，少了"上方"的内容。其他两部分文字的内容也非常简明，分别是四句歌诀，如"占鸦鸣东方朔云"：

圣贤明着占鸦经，认取来方细听声；次看时辰知祸福，百步之外不须听。

简要说明如何根据方向、时辰听鸦鸣断吉凶的方法。又有《听鸦鸣禳厌法》：

飞鸣设若有忧声，默念乾元亨利贞。扣齿三通存七遍，变凶为

① （宋）洪迈《容斋续笔》卷三《乌鹊鸣》。

吉免灾迍。

这是一个简单的禳除鸦鸣凶兆的方法。[①]相传晋许逊所著《玉匣记》杂占篇中，也有此歌诀，内容相同，但次序已乱，将第一首的后两句与第二首的前两句颠倒互换，合为一首。[②]

相传宋代俞诲所撰写的《百怪断经》中，亦有“鸦鸣占”的内容，前为一段说明，后为占辞，[③]与敦煌的占乌鸣书相比，内容相对简略了许多，但占候的方式仍是以方位、时辰为坐标，方向有八方，时辰也是八个，所占内容多与日常生活相关，占辞相对笼统。

鸟占法到后来，从单纯的听声、观象又发展到与八卦、五行相结合，出现了与易占合流的趋势，如相传为邵雍所撰的《梅花易数》中，就有这类内容，这可以看作是鸟占发展的流变。

此外，清人所撰兵书中亦有鸟占的内容，这与鸟情占在早期常与风角合在一起应用于军事的传统是一致的。清人汪绂所撰《戊笈谈兵》卷五中有“占鸦鸣时方”，也是一个以时辰、方位为坐标来记载鸦鸣吉凶的表格，其中以方位为纵轴。表中占辞主要以军事内容为主，如西南方寅辰时为“获得阵地”，辰巳时为“有邀战者”，酉戌时为“有请求救兵者”[④]。等等。这从形式上看与敦煌的占乌鸣书非常相似，但已明显简化了不少，如没有了“上”方，许多时辰如寅卯、辰巳、未申、酉戌也都合并一起不加分别。虽然如此，但仍可以看出这种形式确实是由古代流传下来的，其演变的痕迹清晰可见。

---

①（宋）陈元靓《纂图增新群书类要事林广记》巳集卷下，北京：中华书局，1999 年，162 页。

②《增广玉匣记家用秘书》，民国四年刊本。

③（宋）俞诲撰《百怪断经》，《说郛》卷一〇九下引。亦见《中华杂经集成》第 2 卷，北京：中国社会科学出版社，1994 年，第 624 页。

④（清）汪绂撰《戊笈谈兵》卷五，叶世琦等译，武汉：湖北美术出版社，1993 年，第 357 页。

关于鸟占的原理，敦煌的汉文占鸟鸣书中没有明确的叙说，仅在Дx.01633中《祭乌法》中引郯子爱护乌鸟的话后，又说“能依此，乌终不妄报人事”，又引子夏曰“乌之灵也，可以□□必能通达人之信以应物家(当作“象”）之哉”，说到乌是具有灵验的鸟，能够向人通报信息，传达自然的预兆。藏文乌鸣占书对此亦有反映，“乌鸦本是人怙主，尊神派遣到地方。羌塘草原犛牛肉，天神使者好祭享。叫声传达尊神旨，八面上空九方向。三种叫声表神意，祭品多玛快奉上……传达神意唯鸣唱，虔诚相信莫彷徨”(P.t.1045)，明确说乌鸦是天神的使者，其叫声是对神意的传达。传世的《百怪断经》引《占鸦经》云：“《经》曰：鸦鹊不为世俗鸣，则占于无益，乃为大德者所报。”[①]所表达的含义也基本相同。

---

①《说郛》卷一〇九下引《百怪断经》。除《说郛》与《居家备要》本外，《百怪断经》亦收入《中华杂经集成》第2卷，北京：中国社会科学出版社，1994年，第624页。

第三节
占怪类

一、《百怪图》（拟）

此类文献共有 5 个卷号，可拼合为 4 件写本，即 P.3106、羽 044、P.4793 和 Дx.06698+Дx.03876。

1. P.3106《百怪图》（拟）

P.3106，图版参《法国国家图书馆藏敦煌西域文献》第 21 册，册中定名为《占卜书》。卷子装，首尾均残，下部亦有残损，有界栏，存文字27 行。[①]起“井灶上有水，家灾”，讫“厌用桃木，长六寸，八枚，书☐☐☐☐”。文内有子目两个，题“占狗缩鼻为怪第廿六”、“占音声怪第廿七”。后黏结《礼记正义》文。背面题“此百怪图于法则不能团害”11 字，应与原书名有关。《敦煌宝藏》、黄正建定名为《占怪书》，日本岩本笃志《敦煌占怪书〈百恠图〉考》、[②]刘永明《日本杏雨书屋藏敦煌

① 黄正建书中误计为41行。

② 《敦煌占怪书〈百恠图〉考——杏雨书屋敦煌秘籍本とフランス国立图书馆藏本の关系を中心に》，《敦煌写本研究年报》第5号，京都：京都大学人文科学研究所西陲发现中国中世写本研究班，2011年，第65—80页。

道教文献及相关文献研读札记》均定名为《百怪图》，[①]今从之。

保存内容如下：

（1）［占犬嗥为怪第廿五］（拟）。子目已失，据内容及后面子目形式拟题。记述犬嗥所兆示的吉凶，如："犬嗥于门中，忧死亡。……犬嗥而即鸣，必凶。犬嗥向天，必家破。"

（2）"占狗缩鼻为怪第廿六"，原有子目。分别记述从子至亥的十二日中狗缩鼻所兆示的吉凶，犬溺粪于各处所兆示的吉凶，十干日所兆示的吉凶，厌犬怪法等等。文末画有一符，如："子日缩鼻大吉；一云忧长子。丑日忧妇女丧。……犬来尿人门户，三日内有庆贺事……粪仓库，有庆贺事。"

（3）"占音声怪第廿七"，原子目。记十二日音声怪所兆示的吉凶及厌除之法，保存了子日到辰日的内容，如："凡是音声之怪，兵死之鬼。子日音声，忧病患事，宜书天文符户上，吉。丑日声怪，忧财物，少子凶。厌用桃木，长六寸，七枚，书天文符着中，吉。"

2. 羽044《百怪图》（拟）

羽044，图版参日本杏雨书屋藏《敦煌秘籍》第1册，册中定名为"占法"。卷子装，首尾俱残，尾部残甚，上下皆撕裂，仅余中间二三字宽的窄长部分。存104行，6纸。起"枚，书天文☐长九寸枚，书天文符，酒肉祭之吉"，讫"丙丁日符如上☐鸣口舌☐石十☐"。抄写书法潦草，错讹较多，文中有朱笔勾点，可见使用磨损痕迹。无书名、作者等内容，有子目4个，分别为"占鬼呼人第廿八"、"占狐鸣怪第廿九"、"占人家釜鸣第卅"、"着十二日辰占之第卅一"，末有残符图两幅。《敦煌秘籍》定名为"占法"，但从实际内容来看，其所占以怪异为主，拟名为"占法"，过于笼统。刘永明与日本岩本笃志均拟名

---

① 刘永明《日本杏雨书屋藏敦煌道教文献及相关文献研读札记》，《敦煌学辑刊》2010年第3期，第76—77页。

为“百怪图”，符合内容特点。

保存内容如下：

（1）子目已失。内容述十二辰日怪及厌除之法，如：“申日怪▭以用桃木三寸，六枚，书天文符，着户上吉。”后又述“凡人门户□□▭甲乙日父母索食，丙丁日鬼来索食”及厌除之法。

（2）占鬼呼人第廿八。原有子目。述十二辰日中鬼呼人为害及厌除之法，如：“凡是鬼呼人，是妖媚之鬼，浮游诸处，或中庭、门前，或舍上诸处，但问呼人鬼姓名。子日为怪，忧司（会）［命］遣人来害子，父母用南行桃木，长三寸，五枚，丹书天文符，着户上吉。”

（3）占狐鸣怪第廿九。原有子目。述狐鸣于不同地点及十二辰日所兆吉凶及厌除之法，如：“凡是狐鸣，妖魅之精亡鬼村一切之物以为声鸣，或死或生，其状如此。狐无故入人家宅，及绕舍而去，作其声（向）［响］，必忧丧亡官事。”“亥日鸣，不出卅日，西家女子亡，官事，盗贼见血；北家男子死。用桃木三寸三枚，酱豉共三升，和金铁三斤，悬于大王杆上，向之，吉也。”

（4）占人家釜鸣第卅。原有子目。述十二日及十二时釜鸣所兆吉凶，如：“子日鸣，不出百日，家有丧亡，或可一年内。”后有子目，题“占十二时釜鸣吉凶法”，述十二时釜鸣所兆吉凶及厌除之法，如：“寅时鸣，北家(忽)［勿］与交通，凶，口舌至。”

（5）着十二日辰占之第卅一。本章子目，原写作“又法着十二日辰占之第卅一”，原卷从“占”字起画一另起线，日本岩本笃志录为“占之第卅一”，刘永明录为“着十二日辰占之（釜鸣）第卅一”。内容先按十二日述人行为所兆吉凶及厌除之法，如“丑日会客，亡六畜、口舌。用桃木七寸，六枚，克作人，书天文符，户上吉”；次述平旦至鸡鸣的十二辰中釜鸣所兆吉凶，如“平旦鸣小口凶，日出忧家长者”；再次按十干日顺序述平旦时釜鸣所兆吉凶及厌除之法；最后为六符厌除之法，“又六符厌之：以真朱丹书天文符四枚，随书其木上，好净香、酒脯于星下祭之。香度符，再拜，清水洗手，扫地，及釜，男子自祭之，了釜口上吉”。末尾残存符图两幅，并有说明云：“丙丁日符如上”等，可见为十干日符。这一章内容较杂，既占十二日中人的行为吉凶，又述十二辰中釜鸣吉凶，与上一章内容虽各有侧重，但就日、辰来说，则相重合，不审为何分为两章，且子目名称亦不合体例。

3. P.4793《百怪图》(拟)

P.4793 号，图版参《法国国家图书馆藏敦煌西域文献》第 33 册，册中定名为《神符经》。卷子装。首尾俱残，下部亦残，仅存上半部 18 行文字，首起一符，符后云“甲乙日符如上”，讫“寅日见怪，朝害□□□□”。有子目，题“厌釜鸣法第卅二”、“十二辰符第□□□□”，其中有符七幅，五幅完整，两幅余上半。王重民《伯希和劫经录》、施萍婷《敦煌遗书总目索引新编》定名为“卜筮书”，有简要说明。王卡认为“全篇似为唐代道教符咒书”。[①]王爱和拟名为《厌禳书》，日本岩本笃志《敦煌占怪书〈百恠图〉考》、刘永明《日本杏雨书屋藏敦煌道教文献及相关文献研读札记》均定名为《百怪图》，今从之。

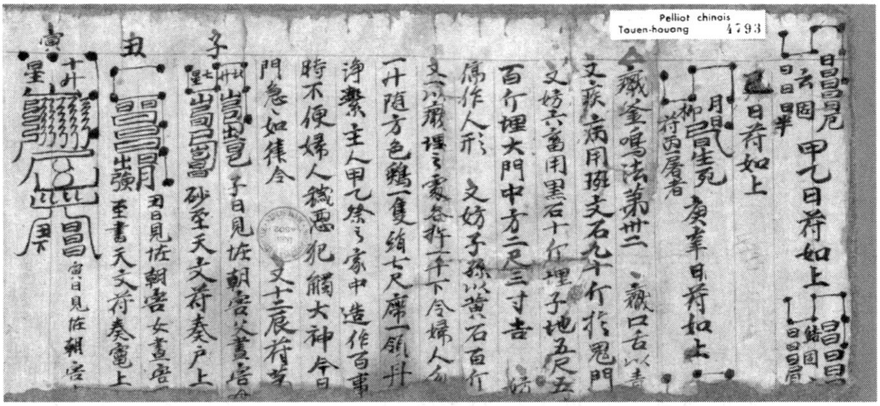

图 11-2 P.4793《百怪图》(拟)

① 王卡《敦煌道教文献研究》，北京：中国社会科学出版社，2004年，第154页。

保存内容可分为三个部分。

(1)子目已失，存4幅符图，并有少量说明文字，如“甲乙日符如上”，“庚辛日符如上”等，可知这些符为“十干日符”。它们的用途可能是厌除釜鸣。

(2)“厌釜鸣法第卅二”，原有子目，内容有厌口舌法，对疾病、妨六畜、妨子孙等的厌除方法，如“疾病用斑文石九十斤于鬼门□”，“妨六畜以黑石十斤埋子地五尺五□”等。可知是对釜鸣为怪及其妨害的种种厌除方法。

(3)“十二辰符第［卅三］”，原有子目。序号残去，从前后文顺序看，当为“第卅三”。存3幅符图及相关说明文字，符图上方分别标示子、丑、寅，符图下有说明文字，如“子”符下云“子日见怪，朝害父，昼害母□砂至天文符奏户上□”等，可知主要是用十二符对十二辰日所见之怪进行厌除的方法。

4. Дx.06698+Дx.03876《百怪图》(拟)

(1) Дx.06698，图版参《俄藏敦煌文献》第13册。卷子装，首尾俱残，下部亦残，仅存符图4幅（3完1残）及说明文字8断行，首起“宫□寅日见怪”，讫“不出六十日必害”。3幅符分别标为寅、卯、辰，下有说明，如卯符下云“卯：卯日见怪，朝害子□不出九十日必有□”。

(2) Дx.03876，图版参《俄藏敦煌文献》第11册。卷子装，首尾俱残，下部亦残，仅存符图5幅（4完1残）及说明文字9行，首起“未日见怪，朝□”，迄“亥□”。符图下方分别标示出未、申、酉、戌、亥，并有两行文字说明。如申符下说明云“申日见怪，朝害□不出四十日必有□”。

两个残片的内容虽然不相连接，但从形式到字体都相同，可以断定是从同一写卷上断裂下来的不同部分。保存的符图有寅、卯、辰、巳（残）及未（残）、申、酉（残）、戌（残）、亥（残），占了十二辰符中的四分之三，所缺有子、丑、午三符。黄正建在《关于〈俄藏敦煌文献〉第 11 至第 17 册中占卜文书的缀合与定名等问题》中认为这两个残片同属一件文书，与 P.4793 号相同，他定名为《十二辰符》，王爱和同之。[①]

这个拼合起来的符图残卷，与 P.4793 号残存的“十二辰符第卅三”符图形式、内容接近，可以认为是同一部书的两个不同抄本，那么其书名，亦应与 P.4793 相同，当拟为《百怪图》。[②]

对敦煌保存的不同写本的《百怪图》，人们的认识存在一个不断明确和深入的过程。最先为人们所认识的是 P.3106 残卷。王重民《伯希和劫经录》、施萍婷《敦煌遗书总目索引新编》中均定名为“占卜书”，黄永武《敦煌宝藏》与黄正建《敦煌占卜文书与唐五代占卜研究》定名为“占怪书”，黄正建、王爱和将其列在杂占类中的占怪类，对其内容进行了简要介绍，对性质的认识更加明确起来。但他们均未注意到写卷背面题写文字与正面内容的关系，也没有注意到它与 P.4793、Дx.06698+Дx.03876 的关系。2009 年日本杏雨书屋藏敦煌文献开始陆续公布，引起关注。岩本笃志、刘永明分别对其中的羽 044 号残卷进行了研究，岩本笃志将这个残卷与 P.3106、P.4793 加以比较，认为这三个写卷虽然不是同一写卷的断裂，但在内容上可以接续。因此，敦煌保存的《百怪图》，目前可见的有 4 件抄本，其内容由 P.3106、羽 044、P.4793、Дx.06698+Дx.03876 接续而成，包括［占犬嗥为怪第廿五］（拟）、占狗缩鼻为怪第廿六、占音声怪第廿七、占鬼呼人第廿八、占狐鸣怪第廿九、占人家釜鸣第卅、着十二日辰占之第卅一、厌釜鸣法第卅二、十二辰符第［卅三］，共 9 章内容。从子目序号来看，这 9 章占整部书的四分之

① 黄正建《关于〈俄藏敦煌文献〉第11至第17册中占卜文书的缀合与定名等问题》，《敦煌研究》2002年第2期。王爱和《敦煌占卜文书研究》，第467页。

② 刘永明也提到Дx.03876号“字体与Дx.06698号也很相似”，“内容与Дx.06698残卷及P.4793完全一致”。《日本杏雨书屋藏敦煌道教文献研读札记》，《敦煌学辑刊》2010年第3期，第77页。

一左右（全书可能不止 33 章）。虽然能看到的仍然只是全书的一小部分，但经过这样的拼接和连续，一方面使得原本意义不明的文献残片得到认定，更重要的是通过这些连缀起来的残卷，让我们看到已佚千年的占怪典籍的原貌，并借此认识传世文献中的同类内容，了解古代民众信仰的一个侧面。

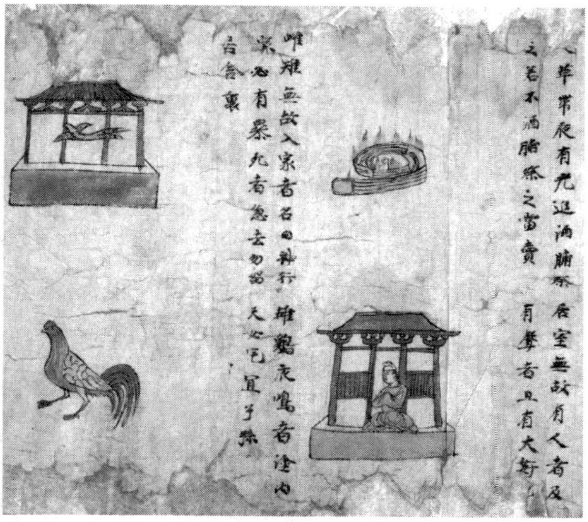
图 11-3　S.2682 号《白泽精怪图》

二、S.6261→P.2682《白泽精怪图》

这是分别由英法所藏的两个残卷缀合成的一个写卷。

1. S.6261，卷子装，首尾均残，下部亦有残损，大体是一个高 27 厘米，长 55 厘米的残片，[①]照片收在《英藏敦煌文献》第 10 册中，定名为《白泽精怪图》。写本图文结合，存手绘彩图 6 幅和相关的文字说明 7 节，分上下两栏排列。前有文字，书写清晰整洁，主要记述掘地所得各种奇异之物的名称、形状、功用（吉凶）；后有图画绘出所述异物的形状，图画笔法熟练，所绘形象生动准确，如“掘地得人手者，名曰□□也，亨而食之有酒味，使人美气无病，亦名郢”，左边绘出土中露一人手的形状。从文字笔迹和图像看，该卷与 P.2682 同属一个写卷，其位置当在 P.2682 的前面，但不能直接缀合，中间尚有所缺。

2. P.2682，图版参《法国国家图书馆藏敦煌西域文献》第 17 册，

① 根据英国图书馆公布的数字。图版见《英藏敦煌文献》第10册。

册中定名为《白泽精怪图》。卷子装，首残尾全，由 7 纸黏结而成，可分为前后两部分。前部分 4 纸，有图有文，分为上下两栏排列，存手绘彩图19 幅，[1]以及相关说明文字 20 节，末有文字“□精怪有壹佰玖拾玖□□ □”；后部分 3 纸，有文无图，存文字 71 行。尾有题记云：“已前三纸无像。道昕记、道僧并摄，俗姓范。《白泽精怪图》一卷，卌一纸成。”由此可知书名为《白泽精怪图》一卷，全书由 41 纸组成，由道昕、道僧二人整理合并，并写下题记。由写卷笔迹及题记来看，道昕、道僧并非此书的抄写者。

根据公布的照片与日本佐佐木聪的最新测量，[2]P.2682 全卷 7 纸，全长 280 厘米、高 28 厘米左右。结合题记所载与现存残卷的情况推算，原书共有 41 纸，而 1 纸长度约为 40 厘米，故全书总长大约 1640 厘米，今存 7 纸，可见保存下来的残卷仅为原书的六分之一强，残去了 34 纸。

如果加上 S.6261 的部分，也仅有 8 纸半的长度，还少近 33 纸。

结合两件残卷和题记，可以看出，保存下来的部分，属《白泽精怪图》一书的后部，占原书的五分之一左右，现存的两件残卷中，其排列顺序当是 S.6261 在前、P.2682 在后，二者中间有缺损，不能直接连缀。其原书体例，以图文结合为主，图绘各种精怪之像（今存 25 幅），配有文字说明，分上下两栏排列，文字在前、图示在后，如“雌雉无故入人家者，名曰神行，家必有暴死者，急去，勿留居舍里”，后面则绘有一只雉飞入屋室的图像。这类内容占到全书的绝大部分；全书末尾是对各种精怪的总结概述及厌除之法，无图，不分栏，纯是文字，只有 3 纸的篇幅，占全书的极小部分。但内容比较丰富，如对十二日中称呼各异的

① 《法国国家图书馆藏敦煌西域文献》公布的图版中，第18图已残去一半，但在松元荣一1956年公布的照片中第18幅图尚存（《敦煌本白泽精怪图卷》，《国华》第65编第5册，1956年，第135—147页）；而王重民在1935年的记述中提到“此残卷尚有图二十幅，着以彩色，颇为醒目”，可见最早保存的画像有20幅，后来逐渐断裂残损。

② ［日］佐佐木聪《法藏〈白泽精恠图〉（P.2682）考》，《敦煌研究》2012年第3期，第76页。

精怪的解说，对十二日釜鸣所兆吉凶及厌釜鸣法的记载，对血污所兆吉凶的记载及多种厌怪禳除法的记载等等。如“人家无故恐者，皆是鬼精变怪使然，各随其所在处，以其名呼之可除。又用黑鸡、黍糠、三家醯于四达路立，以其名呼之，断鸡头置门上，酰、鸡血和黍糠以涂门户、井灶、溷，无咎矣。上山而畏者，呼曰善人；入室而畏者，呼曰曹芋”。

自敦煌文献发现以来，《白泽精怪图》是受到关注较多的写卷，先后有中外多位学者进行过研究与校释。从20世纪30年代开始至今，经历了从文献定名、释录到对内容、源流、功用及绘画、书法进行研究的过程，认识逐步加深。从伯希和[①]、王重民[②]的定名，到陈槃对起源的考察，[③]松本荣一的正式定名为“白泽精怪图”，及对全部文字的释录，[④]再到饶宗颐将P.2682、S.6261缀合在一起加以研究，[⑤]以及进入21世纪以来黄正建[⑥]、周西波[⑦]、王爱和[⑧]、游自勇[⑨]和佐佐木聪[⑩]的新研究，使这部写卷的面貌正一步步地被认识和揭示出来。

三、推养犬法

该类文献有两个卷号，P.2661V与S.813A。

---

① [法] 伯希和编，陆翔译《巴黎图书馆敦煌写本书目》，《国立北平图书馆馆刊》第7卷第6号，1933年2月，第575页。

② 王重民《敦煌古籍叙录》卷三，第174—175页。

③ 陈槃《古谶纬书解题》二《附记》，《历史语言研究所集刊》第12本，1947年，第46页。

④ [日] 松本荣一《敦煌白泽精怪图卷》，《国华》第65编，第5册，总第770期，1956年，第135—147页。

⑤ 饶宗颐《跋敦煌本白泽精怪图两残卷（P.2682，S.6261）》，《历史语言研究所集刊》第41卷第4分，1969年，第539—543页。

⑥ 黄正建《敦煌占卜文书与唐五代占卜研究》，第166—167页。

⑦ 周西波《〈白泽图〉研究》，《中国俗文化研究》2003年第1期，第166—167页。

⑧ 王爱和《敦煌占卜文书研究》，第462—465页。

⑨ 游自勇《敦煌本白泽精怪图校录》，《百年敦煌文献整理研究国际学术讨论会论文集》，2010年4月，第302—311页。

⑩ [日]佐佐木聪《法藏〈白泽精恠图〉(P.2682)考》，《敦煌研究》2012年3期，第73—81页。

1. P.2661V《推养犬之法》

P.2661V，图版参《法国国家图书馆藏敦煌西域文献》第16册。该件文献为P.2661V《诸杂略得要抄子一本》之后的一段文字，共13残行，有子目题“推养犬之法”，下又云“推六畜养犬之法”，内容先按十干日述何日生犬、名何者、宜取何色养之；次为相犬之法，述何色犬主何吉凶等。如：“犬以丙丁日生子，名为当户，赤色▭名为生当门，取黄色养之▭养之。黄犬白尾畜畜▭合得。黄犬两足白▭畜之宜子孙富贵。”

2. S.813A《推养犬法》(拟)

S.813，图版参《英藏敦煌文献》第2册，册中定名《立成孔子马坐卜占法》。该件写本卷子装，所抄实含四部分内容，该部分抄在最前，故标为S.813A。后抄《周易十二钱卜法》(拟)、《立成孔子马坐卜占法》和《月占法》(拟)。该件上下均残，仅存文字4残行，中有双行小字注文。其文如下：

> ▭管▭
> ▭头足，大吉。黄▭
> ▭白耳，犬中王，大吉。乌▭

其内容与P.2661V《推养犬之法》所载相类，故拟为《推养犬法》。

四、厌禳秘术类

1. P.4824《禳怪符》(拟)

P.4824，图版参《法国国家图书馆藏敦煌西域文献》第33册，册中定名为《通光符》。卷子装。为一残片，画一大符，后有两行文字：“通光符，主厌制。第一，山中见恶物，书符桃柳木上，置庭中，令人无畏。二，君行来□□夻非常恶，以符指之，口三唾，即消。三□山野

□见恶物，不争之。”从内容看，也当是占怪禳怪书一类。王卡认为与P.4793及Дx.06698+Дx.03876内容类同。①

2. P.2610VC《攘女子妇人述秘法》

P.2610，图版参《法国国家图书馆藏敦煌西域文献》第16册，册中定名《太史杂占历一卷》，卷子装。所抄内容顺序已经过笔者调整(参占候类)。正面抄“太史杂占历”与逆刺占，背面抄写四部分内容，该件排在第三，前为“候风法”，后抄“地镜中”，首全尾缺，有首题称“攘女子妇人述秘法”，存文字14行，起首题，讫“凡欲令妇人爱□□□□□”，其后未抄完。以“凡欲……”的句式开头，叙男女之间希望获得对方爱恋与感情所应采取的种种厌禳法术，如：

> 凡欲令夫爱敬，妇人自取目下毛二七枚烧作灰，和酒与夫饮，验。
>
> 凡欲令女爱，以庚子日书女姓名方圆一寸，吞之即得。
>
> 凡男子欲令妇爱，取女头发廿茎烧作灰，以酒平旦服之，验。

共记载此类厌禳术13条。最后1条未抄完。

黄正建在此类中还收入了Дx.00924与P.3749两个卷号，②前者见《俄藏敦煌文献》第7册，册中定名为《妇科秘方》，记载与妇女生产相关的秘方与方术，如回女为男法、治倒生、产后腹痛等等，与P.2666V所抄《单方》相似。后者为道家秘术，王卡拟题为《道教服药吞符秘法》。二者的性质均非占卜，故不收。

占怪类内容，除以上文献有专门的记载外，敦煌其他占卜书中亦有涉及，如P.3685+P.3281《六十甲子历》(拟)中按六十甲子将有关内容分散于不同日中，如：“辛丑姓卫字公卿……釜鸣，有上客，君子会。

① 王卡《敦煌道教文献研究》，北京：中国社会科学出版社，2004年，第154页。

② 黄正建《敦煌占卜文书与唐五代占卜研究》，第168页。

逢精魅，秘（称）书生者，牛也。壬寅姓丘字孟卿……有嫁娶庆事。称虞使者，虎也；称当路君者，狼也；称令长者，老狸也。”等等。

按：怪，指不正常的自然事物，可以指一些反常的事物，也可指一些反常的现象，这些反常事物与现象的出现，在古人看来，均预示着与人有关的吉凶祸福，因而认识这些怪异现象及所兆示的吉凶，并加以预防禳劾也就成了安全生活的一种必要手段。普通民众从自身的生存体验出发，关注周围自然事物及器物的种种怪异现象，将之与个人或家族生活的兴衰联系起来，于是出现了变怪杂占之术，专门解释怪异现象，说明吉凶，并运用方术加以禳除劾厌。由于贴近民众日常生活，这类占术在民间流行甚广，出现了多种图书来加以记载，从《山海经》开始，到后来的《人鬼精物六畜变怪》、《变怪诰咎》，以及《白泽图》、《精怪图》等，历代都有这样的图书。

从敦煌保存的占怪文献来看，唐五代时期敦煌民众的观念中，鬼物精怪对人的影响已经渗透到生活的各个方面。《百怪图》、《白泽精怪图》中记载的许多内容都与人们的日常生活相关，如器物或居室发出响声(釜鸣、刀剑鸣、居室响)、血污门户器物、器物发光、在山野中听到奇怪响声、动物入人家、畜禽行为怪异，以及人生产生活中遇到的多种现象，都被当成怪异，认为是触犯了鬼怪而引起的后果。因此，详细了解天地间的各种鬼怪，熟悉它们的模样，知道它们的名字，以免触犯，成为安全生活的必要知识。如果不小心有所触犯，则必须采用方术，解除禳劾，免除祸殃。有时人力不济，还需要借助神鬼的帮忙。例如敦煌本《搜神记》中，记载王子珍借助一位鬼友的帮助，杀死了作怪的白公鸡，使父亲免于死难。还引述流传的“故语”：“白公鸡，不合畜，畜即害家长；白狗不得养，养即妨主人。”[①]这里所记载的对养白公鸡或者白狗的看法，与《白泽精怪图》的有关记载联系起来，可以看出唐五代时期敦

① 释文参《敦煌变文集》，第879—882页。

煌民众在饲养家畜家禽方面的一些禁忌与迷信。

除了占怪书的记载以外，我们还可从敦煌保存的一件用于现实生活中厌禳仪式的应用文,看出无可名状的怪异现象在人心中所引起的恐慌：

谨请中央黄帝、怪公怪母、怪子怪孙；谨屈请天地风伯雨师、五道神君、七十九怪，一切诸神，并愿来降此座。(小字注：主人再拜，添酒。)

惟大宋太平兴国九年岁次甲申二月壬午朔廿一日壬寅，敕归义军节度使、特进检校太师兼中书令敦煌王曹（延禄，据 P.2649 补)。谨于百尺池畔，有地孔穴自生，时常水入无停，经旬亦不断绝，遂使心中惊愕，意内惶怍，不知是上天降祸，不知是土地变出。伏观如斯灾现，所事难晓于吉凶，怪异多般，只恐暗来而搅扰，遣问阴阳师卜，检看百怪书图。或言宅中病患，或言家内死亡，或言口舌相连，或言官府事起，无处避逃，解其殃祟。谨择良月吉日，依法备具书符，清酒杂叶，乾鱼鹿肉，钱财米饭，是事皆新。欲致祭于五方五帝、土地阴公，山川百灵，一切诸神已后。伏愿东方之怪还其东方，南方之怪还其南方，西方之怪还其西方，北方之怪还其北方，中央之怪还其中央，天上之怪还其天梁，地下之怪入地深藏，怪随符灭，入地无妨。更望府主之遐受(寿)，永无灾祥，官人安乐，势力康强，社稷兴晟（盛)，万代吉昌。或有异心恶意，自受其殃，妖精邪魅，勿令害伤；兼及城人喜庆，内外恒康，病疾远离，福来本乡。更有邪魔之恶寇，密投钦伏之尚方。今将单礼，献奉神王，消灾成福，特请降尝。伏惟尚飨。[①]

① 该文有四件抄本，S.4400，P.2649，P.2624v，P.2573P2/S.9411V。前两件完好，后两件残损。

该段文字前人均拟为《敦煌王曹延禄镇宅文》。但从内容看，其实是为厌怪而作，可能称禳怪文会更准确一点。

这件文书完整地揭示了古人在面对无法解释的怪异现象时的恐慌心理状态及采取的应对措施，同时也印证了史书《五行志》中的记载，即异常的现象往往是上天对当政者的警示，曹延禄作为当地最高首脑，是最有可能承受未来灾祸的人，所以由他出面，举行禳祭仪式，以求得鬼神的谅解与护佑。

一些民间通书中，也记载了不少识别鬼怪、厌禳鬼怪的方法，如宋人所编《事林广记》中就有《禳诸怪法》，记载了诸如赤蛇落地、狗上人屋、鼠声唧唧、饭甑作声、鸟屎污衣、野鸟入室等种种现象，称这些现象均是鬼在作怪，书中一一列出这些“怪”现象背后作怪的鬼名，如“赤蛇落地，鬼名大扶”，“狗上人屋，鬼名春女”，“鼠声唧唧，鬼名余曹”，“饭甑作声，鬼名吹女”等等，而要禳除这些怪，就要知晓作怪的鬼的名字，“凡有怪，即呼鬼名七声，其怪自灭，入地三尺，转祸为福”。所以古代很多占书的作用是分别指出哪些怪是由哪些鬼所为，鬼名是什么，知道了鬼名，便可用呼名的方法禳除之。书中还专门记载了《禳甑鸣法》：“甑鸣但呼婆女七即止，釜鸣不得惊呼，男子作妇人拜或妇人作男子拜即止，亦禳灾。”①

明代的《便民图纂》卷十六“制类”下有“逐鬼魅法”：“人家或有鬼怪，密用水一钟，研雄黄一二钱。向东南桃枝，缚作一束，濡雄黄水洒之，则绝迹矣。所用物件，切忌妇女知之；有犯，再用新者。”②卷九所载厌除鼠耗方法，“腊后遇除日，取鼠一枚，烧灰，埋于子地上，则一家永无鼠耗”等，所用方法，与《百怪图》、《白泽精怪图》中的记载十分相似，可见类似的占怪厌怪方术影响之深远。

① （宋）陈元靓《新编群书类要事林广记》已集卷之一〇，第424—425页。

② （明）邝廷瑞《便民图纂》，北京：农业出版社，1959年，第251页。

第四节

其他类

除有明确内容与方法的占卜文书外，敦煌文献中还有一些写本，涉及与占卜有关的基础知识或方法，如干支五行、六十甲子纳音、推人神所在等，也有些无法确定其具体内容，不好归类的写本，故参考黄正建的分法，全都归之于其他类。

一、含六十甲子纳音的写本

含有六十甲子纳音的卷号有 13 个，包括 BD00490V（北 8619V）、P.2915、P.3175A、S.1815V、S.3287、S.3724V+S.11415V、P.2255V、S.8350A、P.4711、P.3277V、S.5739V、Дx.2898，可拼合为 12 件写本。不过，除这些文件以外，其他类别的文献中亦有此类内容。比如禄命类有《纳音六十甲子占人性行法》，因主要用于推命，归入禄命类介绍；P.3984V+北大 D195V 中标注五合五离的六十甲子纳音，归入推忌日月类中与其后面的内容一并讨论。

1. BD00490V（北 8619V）《阴阳六十甲子》

BD00490V（北 8619V），图版参《国家图书馆藏敦煌遗书》第 7 册，册中定名《阴阳六十甲子》。写卷正面抄写《大乘百法明门开宗义决》，该件抄写于背面，首尾全，有首题称《阴阳六十甲子》，存文字 18 行，抄写六十甲子纳音、相生法、相克法、相刑法、十干、十二支、阴阳大数法七部分内容，皆为占卜所涉及的基础知识。《国家图书馆藏敦煌遗书》中该件的条记目录定为9—10世纪归义军时期的写本。

2. P.2915《阴阳六十甲子》（拟）

P.2915，图版参《法国国家图书馆藏敦煌西域文献》第20册，册中定名为《诸杂斋文一卷》。该写卷抄写斋文、愿文数种，抄写于斋文后、愿文前，存文字20行，起“甲子水，甲寅木，甲辰土”，讫“上像见兑，从丁亥数，下见兑，从丁巳数”，中有小字双行夹注。愿文后有抄写者题记“天复四年甲子岁二月廿三日，诸杂斋文壹卷”，可知其文抄写于唐昭宗天复四年，即公元904年。参考BD00490V（北8619V）的名称，拟名为《阴阳六十甲子》。

内容可分为四部分，黄正建概括为：

（1）六十甲子与五行（拟）。将六十甲子与五行相配合，按照三甲、三壬、六戊、六丙、六庚、六辛、五（当为六）己、三乙、三癸、六丁的顺序排列。

（2）十二月生旺死墓（拟）。保存了一至十月的生旺死墓。

（3）六十甲子纳音（拟）。内容完整。

（4）像卦与干支（拟）。

从内容看，应是有关占卜基础知识的杂抄。黄正建认为可能是“为某种算法服务的”。①

3. P.3175A《六十甲子纳音》（拟）

P.3175，图版参《法国国家图书馆藏敦煌西域文献》第22册，册中定名《纳音甲子占人性行法》。该写卷抄写两部分内容，前为六十甲子纳音，后接抄《纳音甲子占人性行法》。该件没有题目，存文字6行，首尾全，卷末有题记“天福十四年戊申岁十月十六日报恩寺僧愿德写讫

---

① 黄正建《敦煌占卜文书与唐五代占卜研究》，第171页。

耳”，可知抄写时间为后晋天福十四年，即公元949年。背抄“转经食历”等。

4. S.3724V+S.11415V《六十甲子纳音》(拟)

这是由两件英藏残片缀合成的文献。

S.3724V，图版参《英藏敦煌文献》第5册，册中定名《六十甲子纳音》。抄写于S.3724号写卷的背面，首尾全，首部下角斜向撕去，存文字10行，起“甲子乙丑金，丙寅丁□”，讫“庚辛金属西方，壬癸水属北方”，内容包括六十甲子纳音、十干、五行及其方位。后面接抄纳音甲子性行法、李老君周易十二钱卜法一本（参易占类）等。

S.11415V，图版参《英藏敦煌文献》第13册，册中定名《六十甲子纳音》。为一斜三角形残片，存文字6残行，起“火戊辰己”，讫“□乙未金，丙申丁□火，丙午丁□”。残卷正面抄写李老君周易十二钱卜法一本。

以上两个残片可以缀合，S.11415V恰好可以补上S.3724V右下角所缺部分，缀合后，六十甲子纳音部分完整，其中前面的五个甲子重复抄写。

从写卷所抄其他内容分析，这是利用佛经空余之处抄写的占卜基础知识(详参易占类)。

5. S.1815V《六十甲子纳音》(拟)

S.1815V，图版参《英藏敦煌文献》第3册，册中定名《六十甲子纳音》。写卷正面抄《百行章》，背面抄写六十甲子纳音、“金光经中立六通义”、“送却丁未旧岁”等字样及杂写等。该件位置最前，保存完整，存文字8行，起“甲子乙丑金”，讫“壬戌癸亥水”,属于杂抄性质。

6. S.3287《六十甲子纳音》(拟)

S.3287，图版参《英藏敦煌文献》第5册，册中定名《六十甲子纳音性行法》，卷子装，抄写于S.3287的正面。该写卷抄多种内容，依次为千字文一卷（尾题)、学郎诗、王羲之颧书论、十五愿礼佛忏、六十甲子纳音、曲子三首、李涉法师劝善文，写卷背面为吐蕃子年擘三部落百姓汜履倩等户手实。该件位于写卷中间位置，首尾全，存文字6行，起“甲子乙丑金”，讫“壬戌癸亥水”。从写卷内容，可看出这是学郎所抄写，时间似在吐蕃之后的归义军时期。按图册对此写卷正背的标示，可能与原有的正背面恰好相反。从内容来看，似乎是吐蕃子年擘三部落百姓汜履倩等户手实为正面，后学郎利用这些废弃的官府文书的空白一面作为抄写学习的纸张，所以它的抄写应晚于前者。而这些手实等官府文书的废弃，亦应当在吐蕃之后的归义军时期。

7. P.2255V《六十甲子纳音》（拟）

P.2255V，图版参《法国国家图书馆藏敦煌西域文献》第10册，册中定名《六十甲子纳音》，卷子装。写卷正面抄《道德经》，有天宝十年索栖岳题记。背面抄多种文献，依次为释子文范、乙卯年祭文三篇、六十甲子纳音、行城文。该文位于背面较靠后的位置，首尾全，存文字9行，起“甲子乙丑金，丙寅丁卯火”，讫“庚申辛酉木，壬戌癸水”，笔迹与前后文字相同，可判定为同一人抄写。

抄写年代。据写卷正背面内容，可看出背面文献是利用了天宝十年（751）的《道德经》的背面空白来抄写的，背面释子文范中有“赞普”“节儿蕃汉部落使”等字样，《敦煌遗书总目索引新编》判定为吐蕃时代的遗物。在此基础上，我们进一步根据背面的三篇祭文均题“乙卯年”，可查出这一时期的乙卯分别为唐代宗大历十年（775）和唐文宗大和九年（835），但文中提到的“乙卯”具体会是哪一个乙卯则无法判定。可以确定的是该文的抄写肯定在大历十年之后。

8. S.8350A《六十甲子纳音》（拟）

S.8350，图版参《英藏敦煌文献》第12册，册中定名为《六十甲子纳音、吉凶书》。首尾及上部均残，属杂抄性质的文书，所存内容，前为六十甲子纳音，其后接抄太岁等神出游日（拟）、沐浴良日等（拟）、逐月推禄命（拟）。该部分处在残卷前端，首残尾全，存文字4残行，起“□□□□壬申癸酉金，甲戌乙亥火”，讫“壬戌癸亥水”，干支小字双行，五行大字单行。从整体内容看，属于占卜知识杂抄类。

荣新江著录为“六十甲子纳音”与“吉凶占卜书”两项，并注明“为有关历日之占卜文字”。①

9. P.4711《六十甲子纳音》（拟）

P.4711，图版参《法国国家图书馆藏敦煌西域文献》第33册，册中定名《六十甲子纳音》。册页装，存一面，文字6行，起“甲子乙丑金”，讫“丙午丁未水，戊申己酉土”，后面部分残缺。写卷背面朱笔书“走失图一本”。

10. P.53277V《六十甲子纳音》（拟）

P.3277V，图版参《法国国家图书馆藏敦煌西域文献》第23册，册中未定名。该卷正面抄写《老子德经卷下》（尾题），背面多种内容，有“显德六年岁次甲子十一月六日”字样，次有乙丑二年祝骨子租地契及杂写、《六十甲子纳音》、《阳愿进状》等。《六十甲子纳音》仅写两行，其文云：“甲子乙丑金，丙寅丁卯火，戊辰己巳木，庚午申未土”，后未抄完。可看出是随手杂写上去的。其时间可能在后周显德六年（959）左右。

11. S.5937V《六十甲子纳音》（拟）

S.5937V，图版参《英藏敦煌文献》第9册，册中的书名为《杂写》（六十甲子纳音等）。正面抄写《御注孝经赞》，背面杂写《六十甲子纳音》等，未写完，存文字1行，作：“甲子乙丑金，丙寅丁卯火，戊辰己巳木，庚午辛未土，壬申癸酉金。”

就文献本身而言，应是杂写性质。按，此残卷可与S.10726V缀合，S.5739V位于其后。②

---

① 荣新江《英国图书馆藏敦煌汉文非佛教文献残卷目录（S.6981-13624）》，台北：新文丰出版公司，1994年，第80—81页。

② 参荣新江《英国图书馆藏敦煌汉文非佛教文献残卷目录补正》，《英国收藏敦煌汉藏文献研究》，北京：中国社会科学出版社，2000年，第379—387页。

12. Дх.2898《六十甲子纳音》（拟）

Дх.2898，图版参《俄藏敦煌文献》第10册，册中定名《干支五行》。为一小残片，存文字两行，与此相关者仅一行，作：“□丑金，丙寅丁卯火，戊辰己巳□。”其余内容皆残缺不存。

二、其他基础知识类

此类包括含有其他占卜基础知识的写本，如人神在日、相克法、三合法、九宫等。有10个卷号，可拼合为8件写本，即S.6054+S.6167/1、S.930VC、S.1084V、S.6167V、Дх.506+Дх.5924V、P.4996VB、P.3368P6、S.11380V。

1. S.6054+S.6167/1《人神在日》

这是由两个英藏残片缀合起来的一件写本。

S.6054，图版参《英藏敦煌文献》第10册。册中定名《失名五兆卜法》。卷子装，有界栏，首尾俱残，上部亦残去，存下半截文字15断行，前面4行抄“人神在日”，后面为五兆卜法内容。该件起“□五日在口内，六日在手内小指”，讫“□廿九日在膝胫，卅日在足趺”。

S.6167A/1，图版参《英藏敦煌文献》第10册，册中定名《失名五兆卜法》，卷子装，有界栏，首尾俱残。该号残卷包含两个不相连接的片断，可分为S.6167/1和S.6167/2。该件抄于S.6167/1，首端下部残，存5行，有首题称“人神在日”，起“人神在日。一日在足大指内，二日在外踝”，讫“已上人神所在，逐月同而得始”。后面抄五兆卜法。

S.6054可与S.6067/1的前端下部相缀合，二者之间尚缺数字。拼合后的文书共存文字5行，内容为每月三十日中人神在身体上的不同位置。王爱和有录文。

2. S.930VC《推人辰法》

S.930VC，图版参《英藏敦煌文献》第2册，册中定名《推人辰法》，抄写于S.930写卷的背面。正面抄《洞渊神咒经卷第六》，背面抄文献多种，分别为立成算经一卷、河西都僧统悟真百岁书并序、推人辰法。该件文书处在最后，倒书，书法拙劣，不同于其他文书。存文字5行，起“推人辰法：一日大足指，二日外踝”，讫“十五日遍身，十六日胸内”，原文未抄完。

3. S.1084V《相克法　三合法》

S.1084V，图版参《英藏敦煌文献》第2册，册中定名《杂写（占法）》，卷子装。写卷正面抄写《佛说七阶礼佛文》，背面抄写“嘲沙门诗”、粟特文文书、相克法、三合法。该件处最后位置，存文字3行，墨迹浅淡。其文如下：

相克法。卯酉□辰已亥相

三合法。寅午戌合，亥卯未合，申子辰合，

已酉丑合。

4. S.6167V《八卦王相胎没囚休废法》

S.6167V，图版参《英藏敦煌文献》第10册，册中定名《八卦王相胎没月休废法》，卷子装。写卷正面抄五兆卜法。该件抄于背面，存文字6行，有题目称“八卦王相胎没囚休废法”，其后以金、木、水、火为纲，分别记述一至十二月中的受气、胎、成刑、生、沐浴、冠带、临官、王、休、病、死、墓等。其中没有“土”的部分。后面抄写敦煌廿咏、九九乘法歌诀等。如：

金：正月受气，十月胎，三月成刑（形），四月生，五月木浴，六月冠带，七月临官，八月王，九月休，十月病，十一月死，十二月墓。

P.2915中亦载此项内容，但只有十个月，没有配五行。其中的一些名词相同，如“成刑（形）”、“休”等，而相应的名词，在《五行大义》中则作“养”、“衰”。[①]按卷中子目中的“囚”字不甚清晰，图册中释作“月”，向达《伦敦所藏敦煌卷子经眼目录》释作“因”字，[②]皆误，当以“囚”字为是。黄正建未论及此件文书，王爱和拟作“五行生旺库”。

5. Дx.506+Дx.5924V《十二月壬气等》（拟）

这是由两个俄藏残片拼合起来的一件文献。

Дx.00506，图版参《俄藏敦煌文献》第6册，册中定名为《十二月壬气》。卷子装，首尾俱残，下端亦横向撕去，存上端文字30断行，起“月刑德者▭长生万▭主▭”，讫“大耗在酉，小耗在申▭”，正文大字，解说小字双行，中有子目称“十二月壬气”。抄写二十四节气、十二月壬气等内容。写卷背面抄《推得病日法》（拟）。

Дx.05924V，图版参《俄藏敦煌文献》第12册，册中未定名。卷子装，首尾俱残，写卷上端亦横向撕去，存下端小字30断行，起二十四节气内容“▭□祭▭罡之游徼神也▭”，讫“以阳气最长者尊贵▭”。写卷另一面抄《推得病日法》（拟）。

这两个残片可以缀合，Дx.00506在上端、Дx.05924V在下端，缀合后的文字有33行，涉及星历、二十四节气（拟）、十二月壬气三部分内容，王爱和已缀合并有录文。[③]

按：《俄藏敦煌文献》第12册中将Дx.05924的正背面与Дx.0056V的正背面恰好弄颠倒，应当与Дx.0056一致，重新标示正背。写卷另一面抄写《推得病日法》（拟）亦可缀合。

---

① （隋）萧吉《五行大义》卷二，上海：上海书店出版社，2001年，第34—36页。

② 向达《伦敦所藏敦煌卷子经眼目录》，《唐代长安与西域文明》，北京：中华书局，1987年，第235页。

③ 王爱和《敦煌占卜文书研究》，第470—471页。

6. P.4996VB《午年九宫》

P.4996VB，图版参《法国国家图书馆藏敦煌西域文献》第24册，册中定名《卜筮书》。卷子装。写卷正面抄写景福二年（893）具注历日。写卷背面前抄失占物文书，后面接抄本件，墨迹较前面稍深，存文字10残行，有首题称“午年九宫”，首全尾残，下端残去，保存了午年九宫中正月、二月、四月、五月、八月、九月共六个月的九宫色图，用文字代表九宫颜色，如四月，分别按九宫的形式标写“黑赤白，紫黄白，绿碧白”。按：此残卷可与P.3476V缀合。

7. P.3368P6《失名占书》（拟）

P.3368P6，图版参《法国国家图书馆藏敦煌西域文献》第23册，为P.3368号下所附的第6个小残片，未定名。存文字5行。其文作：

> 下来。向北起
> 散去。向北使命此月未来。天子不
> 到，正月自故。向东有好使命来。
> 常侍大夫加官。向南有偷鞍马贼
> 来。防备

黄正建标其号为P.3368V，不确。从内容看似乎与占出行与使命方向有关。

8. S.11380V《五音》(拟)

S.11380V，图版参《英藏敦煌文献》第13册。为一小竖形残片，存1行，写“宫商角徵羽五音”。

第十二章

敦煌占卜文献所见
中古社会生活的几个方面

第一节

敦煌占卜文献与唐五代宋初的婚姻

婚姻是人类社会存在与延续的基本方式。“婚姻者，将合二姓之好，上以事宗庙，而下以继后世也，故君子重之”。[①]在古代社会非常看重的人伦关系“五伦”中，就有三伦（父子、夫妇、兄弟）均基根于婚姻关系的确立与推衍。古代“五礼”中的嘉礼，即专指婚礼。可见婚姻在古代社会的重要性。唐五代时期，围绕着婚姻这一人生的重要关口，从婚嫁对象的选择、婚姻关系的缔结、婚礼仪式的完成，以及随后的夫妻生活、生儿育女等一系列过程，都随处可见占卜活动的影子。在《唐六典》所列举的“决万民之犹豫”的九种“阴阳杂占”术中，嫁娶与生产占了其中的两项，且位居前两位。[②]从敦煌所保存的占婚嫁文书，我们可以具体了解唐五代占婚嫁的方法、内容、作用，以及由之体现出的对婚姻的看法等等。除专门的占婚嫁文书外，敦煌的禄命、五兆卜法、相书等占卜书中，也保留了许多与婚姻相关的内容。今在前人论述的基

---

① 《礼记·昏义》第四十四，见杨天宇《礼记译注》，第1052页。

② （唐）李林甫等《唐六典》卷一四《太常寺太卜署》，北京：中华书局，1992年，第413页。

础上结合各种文献的记载进行简要讨论。[①]

卜议婚。

婚姻是人生大事，不仅关系婚姻者个人的命运，也会涉及整个家庭或家族的未来，人们常常会在事前用占卜的方法进行预测。在以男权为主的社会中，选择婚姻对象，男方常居于主动地位，反映在占卜书中，此类内容的占卜就往往称“卜求妇”。敦煌占卜文献中多处载有“卜求妇得否”的方法。不同卜书所用方法虽各有别，但其中心内容则相近，大体是占卜求妇能否成功、婚后是否和谐、于家庭是否相宜，如S.1339《孔子马头卜法》中用抽签的方法“卜小求妇人得否”，提供了九种可能的答案，包括“一求得，相宜。二难得，还散。三求得。四和合。五虽得，还分离，克有人。六大得，吉。七不成。八合得，相宜。九亦得，相宜”等，答案虽多，但核心其实就是得与不得。还有一些卜法比较复杂，所占议婚的内容也相应丰富，不仅占求妇能否成功，甚至连与媒人的关系都一并占卜，如P.2985《五兆决法》载：

> 卜求妇得否：若日辰克兆，为得；扶兆，亦得。兆克日辰，不可得。兆王相，大宜妇；若休废，妇□夫。凡卜妇法，以日辰为夫，兆身为妇，时辰为媒人。若时辰与兆相生，媒人与妇家有亲；若时辰与日辰相生，媒人与□□男已有女妇□

有时人们也根据一些兆象对婚姻等事进行猜测，如《艺文类聚》引《梦书》中说“梦见灶者，忧求妇嫁女。何以言之？井灶，女执使之象”。[②]敦

① 黄正建《敦煌占婚嫁文书与唐五代的占婚嫁》一文利用敦煌占卜文献对唐五代占婚嫁进行了研究，勾勒出了唐五代占婚嫁的基本面貌。黄正建《敦煌占婚嫁文书与唐五代的占婚嫁》，见项楚、郑阿财主编《新世纪敦煌学论集》，成都：巴蜀书社，2003年，第274—293页。

②《艺文类聚》卷八〇，上海：上海古籍出版社，1965年，第1375页。

煌梦书中也有类似记载，如P.3908《新集周公解梦书一卷》亦云“梦见移灶者，主再婚。……梦见图画者，有亲姻”等。也有简单的吉凶占，像《灵棋经》中的占婚姻，只以吉凶判断为主，P.3782+S.557《灵棋卜法一卷》之三三一卦“百事皆以安真为吉，婚姻不利”；其三三四卦“此卜百事无咎，婚姻最吉”，等等，皆是此类。

有关婚姻对象的选择，这是唐五代婚姻占的最主要内容之一。

唐五代社会选择婚嫁对象，在讲究门第、资产、才貌、品德等因素的同时，还关注男女双方的年命是否相和、有无妨克、是否宜子孙家庭等因素。这就需要借助占卜的手段，运用阴阳五行的理论与方法，依据夫妻双方的生辰年月、五行年命及其他因素，综合考察，以选择适宜的婚姻对象，趋吉避凶，使家庭和睦、事业兴旺、子孙繁茂。可以说，占卜在人们选择婚姻对象中虽然不是决定性因素，但也有举足轻重的作用。

敦煌占卜文献所反映出的选择婚配对象时所依据的原则，大约有五行、属相、出生年月日时的生合冲破等，相貌及其所关联的未来命运等因素也会成为选择的依据。

依据男女的五行年命生克法来推算选择婚嫁对象，是敦煌占卜文献中使用最为广泛的一种占法。它根据男女年命干支五行相生相克的原则，以五行相生为吉、相克为凶，来判断是否相宜，如P.4680V+Дx.10786V《推五行嫁娶法》（拟）记载：

> 金火夫妇不自如，男女反叛为囚徒。如□不如无。金水夫妇不相成，妇□入狱夫徒形，贫穷女子无聊生。金□夫妇顺阴阳，九男四女寿命长。资财▭乐昌。金水夫妇应天府，六男六女□贵居，钱财万千王难如。两金夫妇同▭金得金妻皆寿老，男女具足是大□。木水夫妇天福力，五男二女财千亿，居官奉禄恒有职。木火夫妇得天道，□男五女皆相保，富贵无极王倒▭

女多丧不吉良。两木夫妇不相成□□□□

记载的就是不同五行年命夫妻相配的吉凶与命运前景。

这种占婚嫁法在唐代社会的应用情况，可参《唐会要》中的记载，城阳公主“初适杜荷，坐承乾事诛。公主改适薛瓘，太宗使卜之。卜人曰：两火俱食，始则同荣，末亦双悴。若昼日行合卺之礼，则终吉”。[①] 黄正建分析此段记载说：“这里提到的‘两火俱食’，似是指夫妇双方都属‘火’命。二火相食，所以不吉。查前列文书中的占辞，虽然没有‘火火夫妻’，但有‘赤帝取赤帝’即‘夫火娶女火’，结果是‘两相伤’，也是不吉，与《唐会要》中卜人所云吉凶大致相当。可见这位卜人可能是用‘五行命生克法’来为城阳公主合婚的。”[②]

这种观念反映在现实中，人们会将一些夫妻不睦的原因与年命相克联系起来，用年命不和来解释现实中的婚姻问题。这方面的记载如P.2551VB《离婚书》（拟）：

开元十八年十八日，钊元谋男大子忠，先取阴智周女□边为新妇，自娶已来，年命相克不和，可令□□□□

该段文字仅抄写了一半，没有写完。从内容看，应该是一件离婚书的抄本，婚姻双方为钊姓男子与阴姓女子，二人结婚以来，由于“年命相克不和”，夫妇二人不相和谐，可能因此而导致离婚。“可令”后面的文字没有写上，但“年命相克不和”，这正是唐人合婚时所避忌的情况，所以可推想二人关系不睦，最终离异。

① （宋）王溥《唐会要》卷六《公主·杂录》，北京：中华书局，1955年，第68页。
② 黄正建《敦煌占婚嫁文书与唐五代的占婚嫁》，《新世纪敦煌学论集》，第292页。

此外，敦煌所保存的另外数件“离婚书”中，所强调的离婚原因，大都与夫妻不和有关，虽然没有使用“年命相克”等词语，但从其用“猫鼠同窠”、“羊虎同群”、“前世怨家”等词来描述夫妻关系看，[①]所表达的还是男女命中注定就不该成为夫妻共同生活的含义，与 P.2551VB 中所用“年命相克不和”的实质是一样的。这也从反面说明了通过五行年命选择婚姻对象的做法在时人眼中的重要性。

根据属相来选择婚姻对象的方法也很流行。有所谓的“六冲”说，即子与午（鼠与马）、丑与未（牛与羊）、寅与申（虎与猴）、卯与酉（兔与鸡）、辰与戌（龙与狗）、巳与亥（蛇与猪）相冲，这些属相的人不适宜互相婚配，选择时应该避开。

如 S.P6 乾符四年（877）具注历日中的“十二相属”部分的记载：

> 子生人不宜与午生人同财及为夫妻……
> 丑生人不宜与未生人同财及为夫妻……
> 寅生人不宜与申生人同财及为夫妻……
> 卯生人不宜与酉生人同财及为夫妻……

这种占法一直沿用至今，在民间有非常广泛的基础。除具注历中有集中记载以外，其他占卜文献中也有反映。如 P.3398B《推十二时人命相属法》中记载子生鼠相人“不宜共午生人同财、出入”，丑生牛相人“一生不宜共丑未生人年同财、交通”，等等，虽然未说明不宜婚嫁，但其中“不宜同财、交通、出入”等事项所包含的内容更为宽泛，而婚嫁则势必要同财、出入或交通，所以也在禁止的范围之内。

还有依据出生日期来选择的。将男女生日的地支按一定的方式组合排列，避开不吉利的组合，主要以“六龙法”和“勾交破法”为主。

---

① S.5578C《放妻书》。

据黄正建研究，“六龙法”是“将夫妇生日的十二地支隔八为差分为六组，凡同组的就是不吉，‘不得为夫妻’”；所谓“勾交破法”，“是将夫妇生日的地支以二、五、八为差分为四组，用‘勾、交、破’联系起来，然后在同一组中打破‘勾、交、破’的秩序另排，则又成四组。这八组就叫‘八象夫妻两相刑’，是不吉利的”。[①]如 S.4282《婚嫁图》的记载：

> 子酉同龙，子为龙头，酉为龙尾。丑戌同龙，丑为龙头，戌为龙尾。亥申同龙，亥为龙头，申为龙尾。午卯同龙，午为龙头，卯为龙尾。未辰同龙，未为龙头，辰为龙尾。巳寅同龙，巳为龙头，寅为龙尾。右件名六龙同，并不得为夫妻，必逢凶，□慎□□必吉。

也有根据人的长相来讲是否宜于婚娶的。相术所占主要以个人命运吉凶为主，夫妻关系、子孙未来的预测也是占相的重要内容，而这往往与婚姻有关。在论及女子长相与命运关系时，相书中往往将宜夫、宜子孙等字眼与女人相连，可见这也是古人在选择婚娶对象时的一个重要条件，“凡女人欲得细角多肉，身体欲得方直 ，面色欲得光白，眉目白黑分明，口小，舌方，耳色白于面，手足细长，头发细，此女宜夫利子，大富贵”，[②]这是宜于婚娶的女子类型；而不宜婚娶的对象，则与妨夫、妨子孙、短命等并列，相书中总结的“不堪婚娶”的九种女人相，都与这些因素有关：

---

① 黄正建《敦煌占婚嫁文书与唐五代的占婚嫁》，《新世纪敦煌学论集》，第 287 页。

② P.2572B《相法》(拟)。

相女人九恶第卌一：一曰蛇面，二曰颈（头）倾，三曰蛇行，四曰雀趋，五曰鼻不高，六曰目白，七曰额上八文，八曰生发，九曰雄声。蛇面、头倾共鬼语；蛇行、雀趋无财。鼻不高、目白库仓虚。额上八文、生额（发）不自如，凶。雄声煞夫，难共居。右女人有九恶，不堪娶，大凶。[①]

相书中也同样总结了不宜于婚姻的男子相貌特点：

相男子第卌：一曰羊目，二曰露齿，三曰结喉，四曰瘥瘿，五曰鼻［不］高，六曰安行如走。羊目，短命；露齿，传言；结喉者，癡贱；瘥瘿者，短命；鼻不高者，忿争不止，失财；安行如走者，贫。右男子有此六恶者，不中交友、婚姻。[②]

可见在选择婚姻对象时，个人长相、性格、健康等方面，尤其是占卜术士所预言的未来命运前景，均可成为影响的因素之一。

另外，对婚后夫妻是否能够和谐相处、能否生育、吉凶如何，也是占婚嫁关注的内容。如S.1339《孔子马头卜法》所载：

婚姻后夫妻相宜否：一前合后离。二不宜，有死。三大吉。四合和。五相宜，大吉。六相宜，少子。七相宜，在。八相宜，少子。九大吉，相宜，少子。

一般来说，对婚后夫妻生活的占卜，其着眼点仍在婚嫁对象的选择上，人们通过对婚后夫妻是否相宜的预测，来选择恰当适宜的对象。

① P.2572A《相书一部》。
② P.2572A《相书一部》。

选择婚嫁日期，这是唐五代婚姻占的另一个重要内容。

相对于五行年命、出生日期、属相等不可改变的因素而言，选择一个宜于婚嫁的吉日，避开不吉的日子，似乎是一个更宜于把握的事，因而在占婚姻中也应用得更加普遍，也更显重要。甚至有些“年命不合”的夫妻，通过卜得一个好的结婚日时，也可抵消“相克”带来的妨害与不吉。上举城阳公主之例，即可说明此点。在婚姻缔结的过程中，从纳采、问名、纳吉、纳徵，到请期、亲迎等仪式中，都要通过占卜来确定一个吉利的日和时。这些礼仪的过程中，以嫁娶时日的选择最为重要。敦煌占卜文献中有关婚嫁吉日选择的内容非常多，除了具注历和专门的占婚嫁文书中的记载外，易占、式占、时日宜忌、相书等类中也都有涉及。外来的一些卜法中也有相关记载。一般的选择吉日，可以根据男女双方出生日期，分别依据干支、建除、周堂用日、四神头胁足日、七曜日等不同的方法进行日期和月份的推算。

通过干支的配合来择日是最为普遍的做法，其中包含干合、支合、支德合、六合等方法。如流行于唐末的“吕才嫁娶图”中记载的结婚吉日，“申子辰、亥卯未、寅午戌、巳酉丑。三五合婚，夫妻保爱。男孝女贞，永无离背”，这是“三合”角度的选择；“申丑、子巳、丑午、卯申、午亥、寅酉。支合相取，命会天星。百年并老，夫忠妻贞。子丑、寅亥、卯戌、辰酉、巳申、未午。支合夫妻，命合天亲。十男五女，多足金银”，[1]这是从支合角度的选择。

用“干合”、“三合”、“支德合”、“六合”等理论来占嫁娶日期吉凶的方法，流传广泛，并一直沿用到后代。虽然流传中有少许变化，但基本的理论并没有改变。同样，建除择日法、数周堂法也是后代仍在运用的选择结婚吉日的方法。

还有一种较为特殊的择日方法，即“推四神头胁足日嫁娶生子法”。

---

① S.P6 乾符四年（877）具注历日。

这种方法将每月中的30日分作8份，依次分配给朱雀、玄武以及白虎、青龙的头、胁、足三部位，并说明其日婚嫁的吉凶。这种择日法在唐宋时期的敦煌比较流行，不仅用于婚嫁择日，亦用于占生子吉凶、占病吉凶。这种择日方法还曾进入“百忌历”，并随之流传到了日本。①

比较少见的是太阳太阴等“六日”择日法。即将每月30日以6日为等差，分为太阳日、太阴日、天父日、天母日、天帝日、天王日等六组，每组5日，各预兆不同的嫁娶吉凶。

如P.2905A中的“推择日法第八”：

> 每月一日、七日、十三日、十九日、廿五日，此是太阳日，嫁娶，子孙官迁，六十年安乐。
>
> 月二日、八日、十四日、廿日、廿六日，此是太阴日，嫁娶凶。
>
> 月三日、九日、十五日、廿一日、廿七日，此是天父日，嫁娶大吉利。
>
> 月四日、十日、十六日、廿二日、廿八日，此是天母日，嫁娶，贫弊，凶。……

其中，太阳日、天父日、天帝日、天王日四类日子均兆示嫁娶吉利，而太阴日、天母日两类预示嫁娶不吉。

在唐代，外来的七曜日也可用来选择婚娶日期。

沿丝绸之路传入的“七曜历日”中所载婚嫁日的选择，与中土原有的择日传统不同，并不涉及干支、四神等，而是按蜜、莫、云汉、嘀、温没斯、那颉、鸡缓七日依次加以规定。如P.2693《七曜历日一卷并十二时》载，蜜日宜“迎妻纳妇”，莫日宜嫁娶，云汉日不宜迎娶，嘀日

① 黄正建《敦煌占婚嫁文书与唐五代的占婚嫁》，《新世纪敦煌学论集》，第284页。

宜“和婚定礼”但不宜结婚嫁娶；温没斯日宜“远来成亲”，那颉日“婚姻嫁娶吉”等。随着七曜日法进入历日，这种方法也流传更广。

除以上方法外，民间还用俗语归纳出所要避开的不吉日，运用起来更加简洁。流行较广的说法是“巳不取妇”、“亥不嫁娶”。如P.2661V《诸杂略得要抄子一本》中所载“巳不取妇”、“亥不呼妇”；S.612V《推杂忌日法》亦云“巳日不纳妇，不宜姑嫜”；“亥日不迎日，必忧死亡”。北大D195V《推杂忌日法》“巳不迎女，不宜姑嫜”；“亥不嫁娶，必煞姑嫜，又不迎妇”等。

除需要选定或避开特定的日子以外，唐五代人结婚还要选择月份，即根据出生年份，避忌对家人有妨害的月份。P.2905A《吕才推嫁娶法》中的“推嫁娶忌月法”（拟），就记载了这种方法。它以女子为主，载不同生年的人，在不同月份时结婚的妨忌。这种择月的方法，在民间流传很广，在后来被称为“大利月”，直到清代还在使用。

占婚嫁习俗的流行，不仅使得现实中的婚姻需要合婚，需要卜日卜月，冥婚也同样遵守这一规定。按S.1725《大唐吉凶书仪》所载：“何名婚婚者？男女早逝，未有躬娶，男则单栖地室，女则独寝泉宫。生人为立良媒，遣通二姓，两家和许，以同骨同棺，共就坟陵，是在婚婚也。一名冥婚也。”其中所记载的冥婚的过程，大体包含了通过媒人通婚、墓地设祭、迁坟合葬等步骤。

在甘肃河西地区发现的魏晋时期的冥婚书中，已经提到冥婚男女要依五行年命来合婚，并卜得良时，方能合葬成礼。如高台骆驼城墓葬出土魏晋时期《十二月二十三日耿少平孙阿昭冥婚书》所载：

耿氏男祥，字少平，年廿，命在金。孙氏女祥，字阿昭，年十五，命在土。谨案黄帝司马季主九天图、太史历记言，得用今年十二月廿三日，月吉日良，星得岁时，宿得天仓。五男四女九子法，

冢前交车，作舍作庐……[①]

S.1725《女家祭女依男法》：

告汝甲乙，尔既早逝，未有良仇，候寝泉官，载离男女，未经娉纳，祸钟辞世。二姓和好，以结冥婚，择卜良时，就今合指讫。

都明确记载冥婚也需经过占卜方能合葬。宋人康与之的《昨梦录》中记载了宋代冥婚的情形，谓："北俗，男女年当嫁娶未婚而死者，两家命媒互求之，谓之'鬼媒'。人通家状细帖，各以父母命祷而卜之，得卜，即制冥衣。男冠带、女裙帔等毕备。媒者就男墓，备酒果，祭以合婚。"[②]所言与敦煌的情况大体相似。

谭蝉雪亦指出，冥婚中"设祭的时日需经占卜而定，因为祭后即进行迁坟"。[③]可见，现实生活中有关婚嫁的习俗规定与禁忌，也同样适用于幽冥中的鬼魂。

---

① 录文参赵雪夜、赵万钧《甘肃高台魏晋墓墓券及所涉及的神祇和卜宅图》，《考古与文物》2008年第1期，第85—90页。

② (宋) 康与之《昨梦录》，《四库全书》文渊阁本。

③ 谭蝉雪《敦煌民俗》，兰州：甘肃教育出版社，2006年，第186—188页。

第二节

敦煌占卜文献与生育、子孙问题

与婚姻家庭生活密切相关的生育及子孙问题，也是敦煌占卜文献关注较多的内容。与现实中对这一问题的关注侧重角度不同，占卜文献中的关注，更多是从忧虑与希望的角度体现，将民众最惧怕的和最希望的问题都集中于一处，用一种特殊的方式表现出来。

1. 对多子孙的希冀与对无子的担忧。

多子多福是中国人几千年来信奉不疑的说法。占卜文献中对此亦有很多的记载。如相书中的所谓“好相”，对男人而言往往意味着富贵，对女人而言则往往与生子多、生贵子相连，如P.2797《相书》中的“额第廿八”中记载的一些额纹，其中较好的“卯文”意味着“男位将军，女生七子”，“正文”意味着“男封侯，女生五子”，“卷羊文”意味着“男得侯伯，女生五子”，等等。

古人在选择婚姻对象时，往往将能否多生子女列入考虑的内容，故而看重对五行干支与年命的选择。年命相合，意味着婚后能多生子女，这样的婚姻对象就是最佳的选择，所以P.4680V+Дx.10786V《推五行嫁娶法》说“木水夫妇天福力，五男二女财千亿”，即是对年命为木水这样的夫妻能多生子女并富有财产的预测。

敦煌结婚仪式上所咏的咒愿文，也同样表达出这样的愿望，如S.5546

《咒愿一本》中祝愿新郎会说“五男二女似凤凰”，祝愿新妇则云“生男满十，七涉（步）成章；生女四五，娉与公王”。

甚至还会采用一些巫术，如“以狗肝涂灶，令妇生大富贵子”（P.2661V《诸杂略得要抄子》）等，来达到这样的愿望。

与多子多福相反，无论男子或女子，所惧怕的不好的命运，往往与无子、孤独相连。如 S.3395+S.9987B1V 中有关眼部的占辞“目垂多理，至老无子”，有关人中的占辞“人中横理，必老孤独”。所以，求子亦是普遍的愿望与行为。孙思邈《备急千金要方》云：

> 夫欲求子者，当先知夫妻本命五行相生，及与德合，并本命不在子休废死墓中者，则求子必得。若其本命五行相克，及与刑杀冲破，并在子休废死墓中者，则求子了不可得，慎无措意，纵或得者，于后终亦累人。若其相生并遇福德者，仍须依法如方避诸禁忌，则所诞生儿子，尽善尽美，难得具陈矣。①

其中所记载的求子的一些先决条件，均依五行干支年命等因素而定，这也显示出通过占卜术来选择年命适宜的婚姻对象的意义所在。选择得好，便能生育出“尽善尽美”之子女，反之则求而不得。敦煌文献中还记载有用巫术求子的内容，如 P.2666V《单方》记载：“治妇人无子，多年不产，取白狗乳内着产门中，以行房，立得。”

2. 对胎儿性别的占卜与预测。

以男子为本位的社会，在生儿育女问题上，当然会倾向于多生男孩，少生女孩。故古人称生男孩为“弄玉之喜”，生女孩为“弄瓦之喜”，可看出重男轻女的倾向。白居易《长恨歌》中“遂令天下父母心，不重生男重生女”的诗句，以及陈鸿《长恨歌传》中引用的民谣“生女勿悲酸，生男

① （唐）孙思邈撰，魏启亮、敦瑞华点校《备急千金要方》卷二《妇人方上》，北京：中医古籍出版社，1999 年，第 29 页。凡本书未注明出处的引文皆出自此文献。

勿喜欢”、“男不封侯女作妃，看女却为门上楣”等，均从一个方面说明了当时社会对生男生女的态度。预测胎儿性别是敦煌占卜文献中常见的内容，从易占、式占、五兆、时日选择，到相术、占梦等都有预测胎儿性别的内容，民间医方中甚至还有“转女为男”的厌禳术的记载，可见当时重男轻女的社会风气。如用抽签形式来占卜的《孔子马头卜法一部》，有一项专门的“占任身是男女”：

> 一算，男。二算，女，难养。三算，女。四算，男，有祠。五算，男。六算，男，难养。七算，女。八算，男，吉。九算，男，贵命。（S.2578）

用揲蓍来形成兆象，再依据兆象来占卜的五兆卜法，也同样占胎儿性别：

> 卜妇人怀妊欲知男女法：若得阳兆，生男；阴兆生女。所以阴阳男怀胎伏向内，女怀胎则向外。男休，休而为阳；女仰，仰而为阴。

《管公明卜法》也占妊娠，如“（卦符为二横二竖二横）妇人有娠，生男吉利”。（P.4778+P.3868）在当时人看来，生男则意味着吉利。

相书则依据面部气色来进行占卜：“相女人产，知男女。左目下发黄气生男，右目下发黄气生女。”（P.3390《相色发面部看吉凶厄法》）

P.3322V+ P.3322《推占书》中的“占妇人产男女：以传送加妇人本命，阳神加行年为男，阴是女”等内容，记载了用式占卜算生男生女的方法，并且还有生产日期的预测。

除纯粹的占卜文献外，当时的医药及其方术也进行这一类预测，并且进一步提供“回女为男”的厌禳术。如 P.2666V《单方》：

凡人纯生女，怀始六十日，取弓弦烧作灰，取清酒服之，回女为男。

虽然是没有科学依据的巫术，但它表明了古人在生育时对胎儿性别的一种选择愿望。更能说明问题的是孙思邈的《备急千金要方》也记载了类似的方术，还论说了它的合理性。其方法有“取弓弩统一枚，绛囊盛，带妇人左臂，一法以系腰下，满百日去之”或“以斧一柄，于产妇卧床下置之，仍系刃向下，勿令人知。如不信者，待鸡抱卵时，依此置于窠下，一窠儿子尽为雄也”等。[①]可见重生男并不仅仅是敦煌一地的习俗，而是当时人们的普遍愿望。

3. 对难产的忧虑。

难产是古代威胁妇女生命的一个重要因素，因难产而死在古代是很常见的现象。《医心方》引《小品方》云：“古时妇人产，下地坐草，法如就死也。既得生产，谓之免难也。”[②]当代学者在讨论妇女生育时亦多论及此项，如李贞德在《汉唐之间医书中的生产之道》中提到国外学者的研究，说：“妇女年寿的统计，则显示二十岁到三十岁是妇女死亡的高峰之一，故而怀疑以产疾而亡，可能是当时妇女的重要死因之一。”[③]

我们从敦煌文献的记载中，也可清楚地看出民众对这一问题的严重忧虑以及所采取的种种应对。敦煌所存的《新菩萨经》、《劝善经》等疑伪经中，提到数种致人死亡的疾病，其中分别处在第三位和第五位的即是“产死”或“女人产生死”。敦煌保存下来的《新菩萨经》、《劝善经》

① （唐）孙思邈撰，魏启亮、郭瑞华点校《备急千金要方》卷2《妇人方上》，第33页。

② ［日］丹波康赖撰，赵明山等注释《医心方》卷二三，沈阳：辽宁科学技术出版社，1996年，第916页。

③ 李贞德《汉唐之间医书中的生产之道》，见李建民主编《生命与医疗》，北京：中国大百科全书出版社，2005年，第57页。

与《救诸众生一切苦难经》抄本的数量，少的在五六十种，多的则达百种左右。[①]这样大量的抄写，所反映的，其实正是民众对经文中所提及的种种疾病与灾难的担忧与恐惧，以及通过抄写经文免除病难的希冀。而透过这种担忧与恐惧，我们也可看出包括“产死”、“女人产生死”在内的疾病及其危害在现实中的普遍存在。

敦煌相书中提及女人不好的命相时，有一个很引人注意的说法，即“产死”。如Ch.87《相书一部》中说“耳后有黑子，妇人产死”；P.2572A《相书一部》亦云额上有“双”字纹理，“女人产死”等。多次出现“产死”这样的命相，说明难产与产死在当时是相当普遍的现象。

P.2662V《诸杂略得要抄子》中记载有“六日神”，可以保佑平安，这六日神包括天、日、月、北斗、太白及东方朔。据说当人们有难时，呼其名字，便可避厄，对妇女而言，它的作用就是“妇人识之不产亡”，可见“产亡”对妇女威胁之大。

S.2832是一个集中抄写愿文的范本，其中专门有一节用以表达对因产亡者的悲痛与祝愿：

---

① 圆空校录的《新菩萨经》丙本：“贾枕颁下诸州，众生每日念阿弥陀佛一千口，断/恶行善。今年大熟，无人收刈。有数种病死：第一疟病死，第二天行病死，第三卒病死，第四肿病死，第五产/死，第六患腹死，第七血痈病死，第八风黄病死，/第九水里（痢）死，第十患眼死。劝诸众生，写一本免一/身，写二本免一门，写三本免一村。若不写者灭门。门/上谤（膀）之，行（得）过此难。但看七八月，三家使一牛，五男/同一妇。僧尼巡门，劝写此经。其经西凉州［来］，正月二日/盛中时，雷鸣两声，有一石下，大如斗等，石遂两片，即见此经。报诸中（众）生，今载饶患。/新菩萨经一卷，己亥年五［月］廿日口口。”《劝善经》：“敕左丞相贾扰颁下诸州，普劝众生每日念阿/弥陀佛一千口，断恶行善。今年大熟，无人收刈。有/数种病死：第一疟病死，第二天行病死，第三赤白痢死，第四赤/眼病死，第五女人产生死，第六水痢［病死］，/第七风病死。今劝众生，写此经一本免一身难，写/两本免六亲。见此经不写者灭门。门上膀之得/过此难。无福者不可得见……”圆空《〈新菩萨经〉、〈劝善经〉、〈救诸众生苦难经〉校录及其流传背景之探讨》，《敦煌研究》1992年1期，第51—62页。亦可参于赓哲《〈新菩萨经〉、〈劝善经〉背后的疾病恐慌——论唐五代主要疾病种类》，《南开学报》（哲学社会科学版）2006年5期，第62—69页。

因产亡事：惟灵貌逾南国，资越东邻；全帆（范）天生，规章自举。班氏之风光于九族，孟母之德福于六姻。将为（谓）诸天比寿，至圣齐年；何期天降斯祸，灵为灾，因产归于巨夜。嗟乎！骊珠未见兮并骊龙没，子□（母）未分兮果柯摧。[1]

这件愿文写卷，将“因产亡事”专门列为一节，作为范本供人模仿使用，其内容中所透露出的，除对母子俱亡的无奈与惋叹外，更主要的是“产亡”现象的普遍与常见。而能够作为愿文的范本，又可见其需求与应用之广。

另外，敦煌医药文献中还有所谓的“难产符”，如S.2498的文字说明：“此符难产随年几与吞。桃汤下，以醋点汤，七立桃仁去尖。此法极秘，勿传。”另有一种小型符：“难产者吞之，儿出，手把符出。见验大吉。”[2]这种符的流传，反映的正是民众对难产的忧虑与应对的无奈。

与生产相关的，还有对生产的时间、处所的占卜与选择，如P.3322V+P.3322《推占书》中记载了用式占的方法推算产期：“何日生：月将加时，视胜先若临人年本命上，即日产。随胜先所在，为产时日。”P.2859B《逆刺占一卷》中按八卦方位与时辰预测来卜者所要占卜的内容时，提到“丑时坎上来卜者，忧主亡失、妇女任身欲卧”，“午时震上来卜者，占忧欲有辞讼，若妇人任身求产处”。前一则是对妇女产期的占卜，后一则是对生产处所的卜问。

由于古人认为妇女生产是污秽之事，所以要寻找一个合适的处所生产，“产房可能特别搭设于室外，也可能置于室内某间房屋”，[3]置于室外的称产庐，但其方位处所并不是随意而定的，而是有一定的依据。根

① 录文参《敦煌愿文集》，长沙：岳麓书社，1995年，第68页。

② 详见李斌城主编《唐代文化》，北京：中国社会科学出版社，2002年，第1653页。

③ 李贞德《汉唐之间医书中的生产之道》，见李建民主编《生命与医疗》，北京：中国大百科全书出版社，2005年，第62页。

据《医心方》（相当于北宋时期）中所引隋德贞常《产经》的记载，当时有专门的“产妇安产庐法”，其内容是“按月之方安产庐吉：正月、六月、七月、十一月作庐一户，皆东南向，吉。二月、三月、四月、五月、八月、九月、十月、十二月作庐一户，皆西南向，吉。凡作产庐，无以枣棘子、铤戟杖；又禁居生麦稼大树下，大凶。又勿近灶祭，亦大凶”。[1]结合敦煌文献的记载，可知帮助选择妇女生产处所，不仅是医生的事，卜师术士也同时承担着这样的任务。

① 《医心方》卷二三，第903页。

第三节

敦煌占卜文献与唐五代宋初的疾病、医疗

敦煌所存占卜文献也反映了唐五代宋初的疾病医疗等情况。

疾病是威胁人类生命的重要因素，在科学尚未昌明的古代，其危害尤其巨大。虽然巫术占卜与医学自东周既已分道扬镳，各自走上不同的发展道路，二者有着迷信与科学的本质区分，但由于它们在阴阳五行、天人感应等基础理论方面的共通性，所以终其古代社会，二者还常有交集，相互牵涉。无论何种方法的占卜，其对象都缺少不了疾病吉凶，而古代的医者，也往往兼通阴阳占卜。唐代的孙思邈在其名著《备急千金要方》的开篇《论大医习业第一》的开头便说：

> 凡欲为大医，必须谙《素问》、《甲乙黄帝针经》、《明堂流注》、《十二经脉》，三部九候，五脏六腑，表里孔穴，《本草》、《药对》，张仲景、王叔和、阮河南、范东阳、张苗、靳邵等诸部经方，又须妙解阴阳禄命、诸家相法，及灼龟、五兆、《周易》、《六壬》，并须精熟，如此乃得为大医。若不尔者，如无目夜游，动致颠殒。①

---

①（唐）孙思邈《备急千金要方》卷一《序例》，第1页。

除医药的知识技术以外，他将精通阴阳占卜之术也视作“大医”不可或缺的知识素养。这种看法，实际也代表了当时社会的普遍认识，绝大多数民众及病患者对医学与占卜术数的态度与孙思邈相同，人们在得病治疗时往往医、巫并信，甚或信巫不信医。

作为生存关注的一种特殊形式，敦煌占卜所包含的十余种术数及方法都涉及疾病的问题，这些术数从不同角度和不同层面为占卜对象提供有关疾病吉凶的预测、禳解方法与宜忌建议。这些占卜预测的内容多寡、深浅，往往与所用占卜方法与来卜者的目标有密切关系。

简单对疾病进行轻重、瘥否的吉凶判断的，有卜筮类的易占、孔子马头卜法、李老君十二钱卜法、灵棋卜法等。如用八卦进行卜筮的P.2832《易占》（拟）兑一世困卦“占病患，死，从外侵之”，兑二世咸卦“占病不死”。用抽签的形式分为九种情况进行占算的，如S.2578《孔子马头卜法一部》“占病人差不：一算不死。二算不差，凶。三算差。四算迟差。五算不差，三人丧。六算准上。七算差。九算差，还加凶”。掷钱卜算的，如S.813《周公十二钱卜法》（拟）中的“不济卦”，“病者算尽，祟在井灶，急求得差”等等。这都属于比较简明的吉凶判断，或只问病者病情的吉凶与瘥否，或有简单的建议。

比较详细的占病，包括对患处所在、病状如何、病因如何、何时痊愈等进行细致占卜，如五兆卜法占病，即有“卜病在何处”、“卜病何鬼神所作”、“卜病差困日”、“卜病痛处”、“卜兆病状法”等多种内容。如P.2859“卜病在何处：假令甲乙日卜得木兆，患其头颈、咽喉。丙丁日卜得火兆，患其胸、乳。戊己日卜得土兆，患其腹、腰、脊。庚辛日卜得金兆，患其主股、脚。壬癸日卜得水兆，患主手足”。相术亦有占病功能，如P.3390中所抄的《候病人法》，即根据对人面部颜色的观察，来判定患何病、有何症状、何日死亡：

> 病人肾病，面唇俱肿，脾白，戊己日死。肝病，皮肉白，脾

白，庚辛日死。肺病，颊赤目肿，心赤，丙丁日死。脾病，唇青，肝色青，甲乙日死。心病，目黑、肾色黑，壬癸日死。

最全面的占病，以《发病书》为主，对疾病及其所关涉的问题进行了全面占卜，举凡病因的探究、病症病状的描述、病程的长短、疾病性质的轻重吉凶、服药、医治的宜忌与禳治方法，等等，均包含在内。

敦煌占卜文献中还有对占病原则的总结，这主要是从病人的亲属与年命关系的角度而言。禄命书 S.5553《推九宫行年》（拟）在有关推占疾病的表述中，就有如下内容：

推疾病灾运歌：凡人夫病却推妻，妻病推夫运行年。父母得病占男女，子病父母运上看。夫病忽然妻有娠，定知夫耷并应难。番覆推之起为例，他皆遇此总如然。

唐宋时人们普遍认为，个人的命运遭际，并不是一个孤立的现象，它与家庭及亲人的命运吉凶有着密切的关系，夫妻、父母、子女的命运吉凶紧密相连，互相影响。就连疾病，也是互相体现、互有影响的，故有如上总结。

敦煌占卜文献对疾病的认识，首先表现在对致病原因的认识上，即鬼神是致人得病的根本原因。

从很早的时候，人们已经将生病与鬼神的作祟联系在一起，故从《周礼》起，即有方相氏于岁末“索室驱疫”的仪式活动，民间亦长期流传许多驱鬼禳病的习俗，如《荆楚岁时记》所载的“杀鸡著门户逐疫”或五月五日以五彩丝线系臂以除温病，《齐民要术》所载的于正月七日、七月七日吞赤小豆以避染病等等。[①]

① （北魏）贾思勰《齐民要术》卷二，丛书集成初编本，北京：中华书局，1985 年，第 25 页。

与这种认识相关联，敦煌占卜文献对疾病成因的看法，无论何种疾病何种症状，也一概归咎于鬼神，即鬼神是致人生病的一切根源。不论天神、人鬼，还是地祇，只要人不小心触犯到它们，它们就会为害作祟，令人生病，轻者头痛脑热，重者病势汹汹，甚或不治。这些占卜文书记载的作祟致病的鬼神名目繁多，常见的有天神、社公、土公、灶君、丈人、大神、树神、宅神、厕上神、司命、北君、山神、五道将军、十二月将、十二支神，以及众多的铁扫帚鬼、兄弟鬼、产死鬼、兵死鬼、无后鬼、绝后鬼、腥死鬼、客死鬼、女祥鬼、不葬鬼、无右手鬼、狂死鬼、女子鬼、狱死鬼、野鬼，还有水上神明、鸡神、河神、将军等等，甚或“形象”、社地林木等，如P.2856《发病书》:“戌日病者大重……祟在天神、北君、家亲、丈人，遣星死鬼、断后鬼为祟……亥日病者不死……祟在北君、司命、社公，久许不赛，作灶非日，宅神不安，有土公，俱遣溺死鬼、断后鬼为祟。”P.2859A《五兆要诀略》:“卜病是何鬼所作：卜得木兆，主树神，无气是鬼精。得火兆，灵灶厨立之。得水兆，北神、槁檪、道主所作。得土兆，宅神、宗庙立之。得金兆，主刑象之神。若王相，是神所为；无气，鬼精所作。”比较少见的是“佛像为祟”的说法。随着佛教的普及与影响，佛教鬼神也进入民间鬼神崇拜的行列，所以在上举文字中的“形象之神”也会作祟，P.2832《易占》(拟）中还有“病者佛像为祟”的内容，P.3646中《五兆要诀略》中的“佛家诅咒”也是致病的原因。

S.6196+S.6346的第二部分“推十二月病鬼来法”(拟)，逐月列出了十二月中致人得病的鬼所来的方向，如“正月病者，鬼从南来。［二月病］者，鬼从东南来。三月病者，鬼从南来。四月病者，鬼从西南来……”，更清楚地表明了鬼神作祟致病的看法。

鬼神致病这一认识虽然早在东汉时期就已经受到王充的批判，占病及巫术厌禳等活动也被一些有思想的名医所排斥，视为旁门左道，但在古代社会，鬼神作祟仍是民众对病因的基本认识，也是当时信奉鬼神的大多数人的共同看法。占病之所以能够成立并且广泛流行，也正是以这种观念为基础，而占病活动本身又反映出这种观念。

鬼神作祟的原因，是由于人的行为无意之中触犯或怠慢了它们，或者鬼神对人有所需求，而以作祟的方式表现出来。从占卜文献记载来看，可分为以下几种具体情况。

第一，久许不赛。

人们有事祈求鬼神时，都会许诺祭赛，但事后往往不能酬答兑现，久许不赛的情况很多，所以鬼神作祟，致人得病。如P.2856《发病书》"丑日病者小困……祟在北君、不葬鬼、北方高贵天神，久许不赛，丈人遣司命鬼收命人魂魄，呼人名字欲送天曹"；S.5685《周公十二钱卜法》"艮巽之卦……卜病者，不相宜，祟在家灶君神，口许不赛"；P.3402V+P.4732V"庚辛日晡时病者……祟在北君，发病许言不赛"；P.2978V《发病书》"灶神边有祷不赛"、"神明前羊债不赛"，等等。即便是亡去的父母亲人，如果不及时祭赛，也会作祟，致子女得病，如羽015+P.2978V《发病书》（拟）中记载的得病原因之一，就有"父母不赛"或"祟在父母、社公、灶君，又祷不赛"，P.3646《五兆要诀略》也记载"祖父上口许功债不赛"等。综合言之，对鬼神的许诺不可轻忽，一旦出现许言不赛、先愿不还、有祷不赛等现象，鬼神便会派遣各种小鬼前来作祟致病。

第二，修造犯土，触犯鬼神。

动土修造是古代生活中的大事，其时日选择、方位确定及行为方式等方面，均有种种需要遵循的宜忌规定，要规避各方神祇，尤其不得触犯土公、灶君、树神等，否则定有灾祸。致人疾病只是触犯鬼神的后果之一。P.2615A《诸杂推五行阴阳等宅图经》记载了门、井、灶、厕的修造禁忌及其与疾病的关系，[1]如：

> 井：在未，疾病刑人。在申，多病……井不得，故令人失明。……井在勾陈上，出狂。七月井在灶北，出盲子。井在白虎上，家长腹病，见血。
>
> 灶：在酉，不宜子孙，癫病兵死。……凡灶门……向东开，多疾病……凡灶前不得唱歌，令人多病。……

其他卜书中更详细地记载了这种触犯所引起的疾病的时间与病情的轻重吉凶，如P.2978V《发病书》“犯东方土公、门户、井灶……犯东南方土公，以上河神将军共来作者……犯西方土，丈人将客死鬼来病之。家中动治门户，有星死女祥鬼共非尸来为祟”；P.3402V《推得病时法》“卯时病者，男差女剧，天罡病之，赤色者凶，祟在东方治门户、修灶”等。

第三，吊死问病，触犯禁忌。

古人相信鬼神无所不在，为防止触犯，故种种行为均有禁忌。在占卜书中，其中与疾病相关的禁忌，亦表示在“吊死问病”上。吊祭死者，慰问病人，是古代社会生活与礼仪的重要内容，但按照古代的疾病传播观念，健康人若接触病人或者病人所处的环境以及病死者的灵柩等，也会染病。[2]如《睡虎地秦简日书》（乙种）“病”篇载：“凡酉、午、巳、寅，以问病者，必代病。”[3]巢元方《诸病源候论》中也提到“人有病注死者，人至其家，染病与死者相似，遂至于死，复易傍人，

---

① 陈于柱已经发现了二者之间的关系，并有所论述。陈于柱《区域社会史视野下的敦煌禄命书研究》，兰州大学博士论文，2007年，第89页。

② 参陈昊《汉唐间墓葬文书中的注病书写》，《唐研究》第12卷，北京：北京大学出版社，2006年，第290页。

③ 吴小强《睡虎地秦简日书集释》，长沙：岳麓书社，2000年，第235页。

故谓之死注”，[1]吊唁死者可能会染病。这就使得“吊死问病”这种社会活动具有了一定的危险性，表现在占卜书中，便形成了一些禁忌，主要体现在时间、方向等。敦煌文献中如 P.2978V 载年立在辰、巳、午、未、申、酉的人，在其所应忌的月、日中，均不得“到丧家吊死问病”，否则“凶。若得病者，十死一生”。P.3398《推十二时人命相属法》载未年生羊相人在丑未年及六月、十二月，酉年生鸡相人在卯酉年及二月、八月，均忌吊死问病。P.3602V《神龟推走失法》云：“凡男忌祸害，不得弔死问病。女忌绝命，不得弔死，煞□。”自西域传来的《七曜历日》，亦有此类禁忌，如 P.3081 载，蜜日、郁没斯日都“不得弔死问病……凶”。P.2830《推人游年八卦图法》：“绝命在震，忌二月卯日，其年病者，坐为东方吊丧问病。”S.6346V《推得病时法》亦云“申时病者……从丧家得之”。

可见，违犯了吊死问病的禁忌，其结果就是感染疾病，并且凶险难瘥。

第四，鬼神索食、言语诅咒及祭献食物不净等，也会引起鬼神作祟。

鬼神有所需求，以作祟的方式表现出来，如 P.3402V《推得病时法》：“未时病者……祟在树神、家亲鬼索食。”P.2856《推十二祇得病法》：“建日病者，犯东方土公，丈人索食祀不了……破日病者……犯土取，灶、土公、丈人欲得饮食，遣死鬼为祟。”鬼神用作祟致病的方式向人索食索祭。

另外，对鬼神不敬，如祭献给鬼神的食物如果不洁净，或出言诅咒也会触犯鬼神，因而作祟，使人得病。

---

① （隋）巢元方《诸病源候论》中的“注病诸候”中有所谓“鬼注”、“死注”之说，以说明疾病相染。（隋）巢元方撰，丁光迪校注《诸病源候论校注》，北京：人民卫生出版社，1991 年，第 714 页。张嘉凤在《“疾病”与“相染”——以〈诸病源候论〉为中心试论魏晋至隋唐之间医籍的疾病观》一文中，对相关问题有详细论说。见《生命与疾病》，第 390—428页。

其次，敦煌占卜文献对疾病的认识，也表现在对当时常见的主要病症病状的记载与描述上。

因为占卜书是以占卜吉凶为目的，依据阴阳、五行、八卦、日时年立等来进行占卜，所以它对病症的记述，就依据这些不同的卜法原理展开，而不似医籍那样是以人体疾病为中心进行系统的论述，所以敦煌占卜文献对疾病症状的记载是杂乱而无系统的。即便在专门占病的《发病书》中，对病症的记载也不是围绕人体疾病，而是围绕占卜方法来叙述的。以 P.2856 为例，该写卷是保存占病内容最多最集中的一个，其中的内容，分别为推年立算厄法（拟）、推年立法、推得病日法、推初得病日鬼法、推得病时法、推十二祇得病法、推四方神头胁日得病法（拟），从这些篇目的名称上，即可清楚地看出，占卜文献对疾病的关注，首先着眼的是不同时间下得病的原因，即在十二支年、十二支日、十二时或者与建除十二神、四方神相关的时间体系下，何种鬼神会造成何种病状，引起哪些病痛及后果。因而它对病症的记载就侧重于症状的描述，这种描述又往往与得病的时间、原因相联系。

按照身体部位感觉、外部体征及精神状态三类加以归纳，敦煌占卜文献所反映的病状，大致有如下数种。

身体部位感觉：

头痛、头目病、耳目痛、目痛耳聋、眼精玄疼、眩眼暗闭、眉眼手足烦疼、目视冥冥、咽喉不利、咽喉强、恶口、颈项强、心下两胁痛、身躯痛楚、胸胁疼痛、胸胁胀满、心腹胀满、胸胁腰背痛、腰背急强、腰膝患、腹中乱痛、腹中急痛、身鸣、手足烦热、手足激急、四肢不举、四支不随、四支拘急、孔穴不利、百节疼、臂痛、躯支急、骨节痛，等等。

外部体征：

面目肿、面色变赤、口不能言、不能言语、短气、气息不定、上气连心、吐血、吐逆不食、咽喉不能下食、不能食、食饮不下、乍寒乍热、身唤不眠、起卧不安、乍卧乍起、身躯热、半身不遂、身肚腰灼烂生疮、身体生疮见血、大小便难、水肿大腹、心腹皎肿、多唤、不能行步、创肿迟差、手足浮肿、脚昳趺（趺）肿、身躯臃肿、朝差暮剧、暴死、臃肿风病、心腹下利、下利、水火下利、见血、为人黄色、为人黑等等。

精神状态：

令人狂病，令人狂癫，狂言，狂语恍惚，失魂，心中恍惚，寒热，恍惚不安，梦悟颠倒，恒见死人，不语，烦满惊恐，等等。

可以看出，这些病症病状的记载，几乎覆盖了所有流行疾病的症状，而以人们所熟悉的疾病为基础，比较注重病症病状的表现和对引起后果的描述，而忽略病名、病种的分类归纳，仅对疾病名称和种类有所反映。这种情况，也符合普通人对疾病的认识，而与正规的医学典籍的记载有着重大的区别。

从占卜文献的有关疾病症状的记载频率中，我们也可以大致看出当时困扰人们的是哪些疾病，即引起人们恐惧的疾病是哪些。这在疾病社会史的研究中也是一个比较重要的内容。敦煌占卜文献对这方面情况的反映并不科学，但正是这些并不科学理性的记载，也许才能真正反映民众的恐惧与希望——无意识的非理性的活动，比起理智行为，更有它真实的一面。就如同在敦煌保存的大量《新菩萨经》与《劝善经》的抄本可以反映民众的疾病恐慌一样，敦煌的占病文献也同样是当时主要疾病在民众心理行为中的一种投射。

据圆空校录的《新菩萨经》丙本，当时引起民众恐慌的疾病有如下数种：

> 有数种病死：第一疟病死，第二天行病死，第三卒病死，第四肿病死，第五产死，第六患腹死，第七血痈病死，第八风黄病死，第九水里（痢）死，第十患眼死。

从《新菩萨经》改写而来的《劝善经》所记载的七种疾病是：

今年大熟，无人收刈。有数种病死：第一疟病死，第二天行病死，第三赤白痢死，第四赤眼病死，第五女人产生死，第六水痢[病死]，第七风病死。①

于赓哲根据这些材料，对唐代北方流行的主要疾病进行了考察，据他的研究，这些疾病有十来种，主要包括疟疾、天行病（伤寒等多种急性传染病的合称）、痢疾、卒病、肿病、难产、风黄病、赤眼病等等，主要流行于德宗贞元（785—805）及其以后。②其实，不仅佛教伪经中有此类材料，敦煌所存的其他资料也可提供这方面的一些信息。撰成于吐蕃占领敦煌之际的《玄象西秦五州占》中亦有此类反映。如P.3288云："至其凶年，天下铁扫帚鬼行十种病，时气天下，人民相啖食，是凶丧年。"文中未详细说明十种病的具体名称，但此种说法，亦可以与《新菩萨经》所说的"数种病死"相互印证，说明疾病流行引起的恐惧，不仅体现在佛教伪经的大量抄写上，更进入到占卜书中，成为民众对未来政治局势、生活吉凶与人身安危进行预测的一项指标。

占卜文献中有关疾病病症的记载，与《新菩萨经》、《劝善经》所载数种疾病的病症有很大的相合之处，从不同的角度，反映出唐五代时期疾病流行的情况，以及那一时代西北地区民众对疾病的认识与态度。

敦煌占卜文献对疾病认识与反映的第三方面，表现在对治疗与厌禳之术的建议意见上。

---

① 圆空《〈新菩萨经〉、〈劝善经〉、〈救诸众生苦难经〉校录及其流传背景之探讨》，《敦煌研究》1992年1期，第51—62页。亦可参于赓哲《〈新菩萨经〉、〈劝善经〉背后的疾病恐慌——论唐五代主要疾病种类》，《南开学报》（哲学社会科学版）2006年第5期，第62—69页。

② 于赓哲《〈新菩萨经〉、〈劝善经〉背后的疾病恐慌——论唐五代主要疾病种类》，《南开学报》（哲学社会科学版）2006年第5期，第62—69页。

首先是有关治疗的建议。

通过占卜探明病因、说明症状，然后指导患者去何方向求医、用何方式疗病，并指出和药、疹疗中的宜忌等。如 P.3281《六十甲子历》中记载了六十甲子日中病者所应求医的方向、所用药物的颜色、所应采取的方法，以及人神、日游所在，当日治病的宜忌等。如辛丑日病者“宜使西南师将黄药解治，吉”，丙辰日病者“急使艮上师治之吉，宜服药”，壬子日病者“宜使东南上师将白药治之，大吉”。P.2856“推得病时法”中也记载到，丑时病者“宜呼西北师治之吉”，午时病者“宜使兑上师，服白药解”，等等。这里所说的“师”，结合句中一起提及的服药、治、解等词来看，所指应主要是医师，不过也不排除有巫师、术士的可能。因为在当时从事治病医疗活动的，并不仅限于医师，巫师、术士、道士甚至和尚等也都有为人治病的记载，在普通民众看来，医、巫的界限、功能也不是截然分明的，但治病的主体应是职业的医师。

求医的根据是得病的日时与病者五行年命及属相等因素，按八卦方位来确定。至于治疗的方法，有服药、针灸等，据得病日时及日游、人神、生气之所在而定。P.2380《推人游年八卦图》中也有记载：“生气在震，正东，取青衣师看病，青药□肉，乾转大吉……生气在艮，东北，宜东北方黄衣师及黄药治之，即差……生气在乾，西北，宜西北白头老父持猪肉及医师来看病，吉……生气在兑，正西，宜本文白女师持金刃并鸡、白药□”等。P.3281《六十甲子历》亦载：“丁巳……病者自差，丁亥世四日差，一云辛酉五日差，祟在灶君、土公病之，宜使西北乾地师解之吉；丁巳日病者，酉日小差，亥日大差，生死在寅。治病可服药，和春（药）春不良。针灸、治病，女子春忌、九月忌；一云三月除治病、服药良吉。人神在胃管，丁神在两臂，巳神在，不可针灸其穴。”

对于服药的颜色，也有具体建议。如 P.3398《推十二时人命相属法》中提到，子生鼠相人“有病宜服黑药”，丑生牛相人“有病宜服黄药”，其余寅生虎相人，服青药；卯生兔相人，服青药；辰生龙相人，服黄药；巳生蛇相人，服赤药；午生马相人，服赤药；未生羊相人，服黄药；申生猴相人，服白药；等等。但不同文献的记载也有不同甚或矛盾之处，如藏文写卷P.t.127的《推十二时人命相属法》中则云鼠年生人“病时宜服红色药”，牛年生人服黑药等，这种差异可能是在由汉文向藏文转译的过程及吐蕃民族使用过程中根据当地习俗所改动而造成的。[①]

占卜文献对治病禁忌的记载，主要体现在人神所在之处不得针灸之说上。《六十甲子历》中按日记载了人神在身体中所处的位置，并指明当此日时不得针灸该部位，以免触犯人神，带来灾厄。如前举P.3281“丁巳……人神在胃管，丁神在两臂，巳神在□，不可针灸其穴”的说法。有专门的文献系统记载人神各日所在位置，以供治疗时作为参考，如P.2675V、P.2675bis《人神所在》、S.6167+S.6054《人神在日》及S.930V《推人辰所在》等。较敦煌占卜文献更加完整系统的对人神的逐日记载还见于敦煌历日中。华澜在《9—10世纪敦煌历日中的选择术与医学活动》一文中对敦煌历日、占卜文献、针灸医书中所载人神位置进行过系统的梳理，并与医籍所载进行了对比，得出敦煌占卜书中有关人神的位置与医籍所载相同的结论。[②]通过这些相同的记载，可以看出占卜对治病的建议，与古代医学的规定有一定的共通之处，至少在有关人神针灸的禁忌方面，二者是相通的。

此外，不同病的诊治在时间上也有一定的禁忌，如P.2675A载：“建不治头，除不治腹，平不治背，定不治心，执不治手，破不治口，成不治鼻，收不治□， 开不治耳，闭不治腹。”就是依据建除十二日对

---

① 释文参罗秉芬、刘英华《敦煌本十二生肖命相文书藏汉文比较研究——透过十二生肖命相文化看汉藏文化的交流》（《安多研究》第2辑，北京：民族出版社，2006年，第1—27页）。陈于柱认为P.t.127是以汉文本P.3398为底本的改写本。笔者也同意这个观点。

② 该文中还专门附录了一个“医学典籍与敦煌文献中的人神所在比较表”，可以更清楚地看出敦煌文献中人神位置所在及与医籍所载位置是基本相同的。见华澜《9—10世纪敦煌历日中的选择术与医学活动》，《敦煌吐鲁番研究》第9卷，2006年，第425—448页。

不同部位的病的诊治禁忌而言的。还有一些经络、服药的时间禁忌，如北大D195V《推杂忌日法》的“庚不经络，其身爱殃”，“未不服药，毒伤肺肠”等。

其次是建议通过厌禳解除之术来解谢罪衍，驱除致病鬼祟。

基于触犯鬼神是引起疾病原因的认识，敦煌占卜文献中所建议的祛病之法，重点在于如何禳祭解谢、驱除祟鬼，以解除病痛。故《发病书》给病人的建议往往都是“急解谢之”“急解之”或“斋谢之”。至于具体的解谢之法，陈于柱将禄命书、《发病书》中的该类法术归纳为符咒呼名、五行相厌、人形代厄三种，虽然还有值得商榷处，但基本上涵盖了这类巫术厌禳法术的主体内容。[①]综合来说，笔者认为敦煌占卜文献中的厌禳解除术可大致分为“巫术厌禳”与“五行厌克”两种。其中的巫术厌禳，又包含符咒禳解、呼名驱鬼、人形代送等不同的类别。

巫术厌禳，是当时人们所用的最主要的驱鬼除病方法，通指所有运用巫术祈祷厌禳等手段，以驱鬼除病的方法。这些方法的运用，以道士为主，也有一般的巫师、术士。如唐代薛能《黄蜀葵》诗中云“记得玉人初病起，道家妆束厌禳时”，[②]就将生病与道士厌禳联系在一起。S.1468A《推初得病日鬼法》（拟）所载“寅日病者，须死人骨一枚、大豆三升、生铁十斤，取亥上土四升，作渥，置申上，去舍七十步，亦七步，即差”，应用者也可能是病者的家人。

巫术厌禳具体又可分为如下几类：

符图厌禳

根据病症，判断是何鬼作祟引起的疾病，然后用朱砂笔作符，画出该鬼的形象来加以厌禳，将画有鬼形的符图或着于病人颜、额上，或放置于病人卧处，或贴于门户上，或烧后令病人吞服，以驱除鬼神。敦煌

---

① 陈于柱《区域社会史视野下的敦煌禄命书研究》，第91—96页。

② （唐）薛能《黄蜀葵》《全唐诗》卷五六一，北京：中华书局，1960年，第5615页。

占病文书中很多都附有符图，如 P.2856 的推年立法、推初得病日鬼法、推五子日得病法，P.3402V 中的“推五行日得病法”（拟）等节中均附有符图。

P.2856“推初得病日鬼法”的小序对制作符图规程有说明，其文云：“卜男女初得病日鬼名是谁，若患状相当者，即作此鬼形，并书符厌之，并吞及着门户上，皆大吉。书符用朱沙，闭气作之。”其后抄写十二日支致病鬼的名字、形状，所致人疾病的症状，以及符厌的方法，下方附有符图。其内容如：

> 亥日病者，鬼名东僧，赤面黄身，倒脚向上出，两手托地而行。入门令人半身不随，污不利。以其形厌之即吉。此符书，病人颜上并吞之大吉。急急如律令。

S.6216 中残存了一幅鬼形图，其鬼一身四头，面目丑陋，所配文字作：

> □日病者，鬼名天贼，四头一足一如行，使人手沉重，五脏不通，水肿□□□□□□□□□死，其形厌之吉，鬼去千里外，急急如律。

可见，以符厌禳术的使用中，除用到符之外，还有将鬼的形象也画出来，与符一并使用。

呼名驱鬼

对于作祟致病的鬼神，简单而直接有效的对付方式，莫过于呼其名而驱之了。这是自远古流传下来的一种传统，认为名字和它所代表的事物之间有一种神秘的联系，名字可以代表事物本身或者它的一些特性，因而知道名字并呼唤之，便可控制、战胜其事物。

对鬼物神煞的认识，首先在于对其名字、性质的了解，这也是敦煌占病书中的一项重要内容。《发病书》中有许多处提到神煞鬼物的名字，指出其名字、形象，介绍其所主掌、所处地点，并明确指点“呼名求之”的方法。如P.3556VF“推十干”云：

甲乙日病者，鬼姓起名天保，令人头痛，以十白帋身，呼名求之吉。

丙丁日病者，鬼姓田名浪，令人吐逆，以赤帋身，呼名求之差。

戊己日病者，鬼姓冯名□□，令人恍惚，以黄帋身，呼名求之差。

庚辛日病者，鬼姓名章治，令人心痛，以白帋身，呼名求之吉。

壬癸日病者，鬼姓壬名而生，令人心狂，以黑帋身，呼名求之吉。

P.2856“推得病日鬼法”：“巳日病者不死，巳字太一，天上南斗长女，主生人命，故知不死……鬼字公儒叔，一名阿贵……”

S.1468A“酉日病者，鬼姓学名少杨……戌日病者，鬼姓清名仲卿……亥日病者，鬼姓刘名伯子”，等等。

人形代送

这也是巫术厌禳的一种形式。即用其他物品做成人的形象，代替作祟致病之鬼，并配以香火、祭品及仪式、咒语，送至一定处所，表示已经将鬼祟驱除，达到驱鬼除病的目的。有时还在人形上专门标明“鬼”字。S.1468A《推初得病日鬼法》中的一条记载将这种巫术的具体内容揭示得很清楚：

巳日病者，须作土人七枚，每长七寸，书人腹以“鬼”字，以酒脯祭之，咒曰：“今日厶甲疾病，今土人七个，厶乙身命，土人一去，其鬼一个不得更住；土人一发，其病即绝。五止已寒疟，毁病人不得。火急急如律令。”送五道头，勿反面，其病即差。

巳日得病者的驱病法术即这种“人形代送”，用泥土做成七个人形，在土人腹上写“鬼”字，用酒脯祭送，并诵咒语，送至“五道头”处，便可使病人痊愈。所念咒语，也表明这些土人的性质就是鬼祟的替代者。至于“五道头”之名，在该卷号中出现了两次，当是特定的地名。晋竺法护所译《普曜经》中提到：“于是菩萨稍进前行，睹五道神，名曰奔识，住五道头。”[①]可知“五道头”即指“五道将军”所在之处。因五道将军为地下冥神，管理众鬼，故将土人代表的致病鬼送至其处。

P.2856中的“推得病日鬼法”，对十二支日中得病者的驱病方式，也都运用了“人形代送”，如：

卯日病者……鬼字伯扶，亦名何伯，共客死鬼，去舍九十步许，坏神屋中，柏米火人遣送……

丑日病者……鬼字长卿，在人舍南未地，去舍十二步或百步，向其处送糠火代人……

在Дx.00506V+Дx.05924《推得病日法》残卷中，也有类似的内容：

巳日病者……字叔孙，名阿贵，在舍东寅地，去舍七十步，以米人代送之……

午日病者……鬼字伯，寅地，去舍七十步，又去七步，以香

---

① 《大正藏》第3册，第507页。

火、蒲人代送……

申日病者……鬼字阿公，名公神，在辰地，去舍五十步，以糠米人、香火代送……

这种以人形物代替致病鬼神加以遣送的厌禳术，实施的具体形式，大致是用土、面、糠、米、蜡、麻，或者用秋蒲等，团和在一起做成人形，配以香火等，以一定的仪式送出舍，或至五道头，用以表示鬼魅已被驱除。这与人们通常所说的“人形代厄”还不一样。按学者的研究，人形代厄往往是用桃、松、柳、桐木或者铅、铁等制成，或用于坟墓之中代替死者承担谪罚殃咎，保护生人；或用于镇宅守护，使鬼魅不敢侵扰。[①]虽然都使用“人形”，但二者所适用的范围及性质、作用并不相同。陈于柱将此类巫术称为“人形代厄”，认为这类人形是用以代人，即“用‘代人’来替代病人疾患”，其看法恐不确。[②]

除用物品做成人形以代送外，还有直接用石头代替致病鬼而送除的，如唐王焘《外台秘要方》中记载的“咒疟法”：

候病者发日，日未出时，自执一石于水滨，一气咒云：“智智团团，行路非难。捉取疟鬼，送与河官。急急如律令。”即投石沉于水中，勿反顾而去。[③]

这也应当属于广义的人形代送法，不过这里是将疟鬼送到河伯处。

至于驱送鬼物的详细内容，敦煌占卜文书记载简略，语焉不详，但

① 可参余欣《厌劾妖祥：丝路遗物所见人形方术探赜》，见氏著《中古异相：写本时代的学术、信仰与社会》，上海：上海古籍出版社，2011 年，第 115—139 页。

② 陈于柱《区域社会史视角下的敦煌禄命书研究》，第 93—95 页。。

③（唐）王焘《外台秘要方》卷五，北京：人民卫生出版社，1955 年影印本，第 167 页。

唐代孙思邈《千金翼方》中记载的驱送致人癫狂之鬼的方法，可以给我们一些启示：

凡鬼邪着人，或啼或哭，或嗔或笑，或歌或咏，称先亡姓字，令人癫狂。有此状者，名曰鬼邪。唯须伏鬼，遣之乃瘥。治之法，……依其所须备觅发遣之，须食与食，须金银车马，即采画人马像，金银彩帛，随其形貌悉尽作之。绢帛以白纸作，金以栀子染之。若是远来之鬼，须给过所者，亦即给之。即日早发遣，或待后发遣亦得。送鬼之时，须桃符一板，长七寸阔三指，综綖一条长七寸，以朱书板，上着年号，月朔日子，鬼之乡里姓名年几，从人头数，告五道大神、河伯将军：上件鬼某甲等，在我家中作如此罪过，捉获正身，所索之物，并已具给发，遣速出去，不得久停，不得久住。急急如律令。①

这里虽然没有说明用人形代送，但其所载送鬼之法具体详细，可补充敦煌占卜书中所未详载的内容。从文中看，驱送鬼物时，虽然已经用法术降伏了邪鬼，但还要满足鬼的要求，“须食与食，须金银车马，即采画人马像，金银彩帛，随其形貌悉尽作之。绢帛以白纸作，金以栀子染之”，鬼所需要的东西，如食物、金银车马彩帛等，都一律提供。为使鬼邪能顺利回到其所应停留的地方，对远来之鬼，还要发给过所一类的通行证明，最后附上给五道大神、河伯将军的说明信，将鬼物遣送驱回。

另一类禳除疾病的方法是五行厌劾。

S.6196+S.6346《推五行日得病法》（拟）中对此有比较集中的反映：

---

①（唐）孙思邈《千金翼方》卷三〇《禁经下·禁邪病第十五》。李景荣等校释《千金翼方校释》，北京：人民卫生出版社，1998年，第456—457页。

金日病者，男吉女凶。金是白虎，故知男吉女凶。以火着病人头边吉。

木日病者……以金着病人头边吉。

水日病者……以火着病人头边吉。

火日病者……以水着病人头边吉。

土日病者……以土着病人头边吉。

根据得病日的五行属性，用相厌之五行附着在病人头边，用以厌禳。P.3402V+P.4732V《推十干病法》（拟）部分，也据十干日得病者之日时，采用相克的方向、颜色分别加以厌禳。如：

戊己日病者□时病者黄色者凶，非其时色不死……取水去头九寸安之，衣黄衣，东首卧……

庚辛日晡时病者，白色者凶，非其时色不死……取水去▭者共药卧吉。

壬癸日病者未时者，若黑色不吉，非其时色不死……取水去头九寸安之，以黑衣，病者南手卧枕上吉。

P.2856《推十干病法》的记载比起前文更为简略，但同样是用五行厌克的方法进行厌禳。这种方法的运用在占卜书中比较普遍，不仅可以依据得病时间，也可以根据得病者的本命属性、得病之方向及十二相属。不唯占卜书中有载，传统的医学典籍中同样重视五行原理，治疗中的用药、针灸、方位也都遵循五行生克原理，如孙思邈《备急千金要方》："论曰：欲行针灸，先知行年宜忌，及人神所在，不与禁忌相应即可。今具于下。木命人行年在木，则不宜针及服青药；火命人行年在火，则不宜汗及服赤药；土命人行年在土，则不宜吐及服黄药；金命人行年在金，则不宜灸及服白药；水命人行年在水，则不宜下及服黑药。

凡医者不知此法，下手即困，若遇年命厄会深者，下手即死。”[①]

再次，提供预防疾病的建议。

除对已经发生的疾病进行治疗或禳厌的指导建议外，敦煌占卜还涉及对疾病的预防，提出了一些预防疾病及流行“时气”的方法，有烧卧席、烧厕中草、洗浴、吃某类食品以及厌禳等。

烧卧席。如P.2661V《诸杂略得要抄子》载“三月上卯日……取家长卧席于道头烧，去时气。亦用正月一日平［旦］烧，吉”；“凡正月一日，家长卧席四道中烧，厌天行时气”。

烧厕中草。主要于正月中的寅日实施。P.2661V《诸杂略得要抄子》云：“正月上寅日，取厕中草三寸，庭中烧，云大吉。常以正月上寅，取厕前草，庭中烧之，令人家无病、时气。”《六十甲子历》中也有相同的内容，如壬寅“正月中有此日，取厕中草长之三寸，于庭中烧之，无病”；甲寅“正月中有此日，取厕中草于庭烧之，终身无病”(P.3281)；庚寅“于此日取厕中草三寸烧，无病”(P.4680+Дx.10786)。对照《四时纂要》中的记载，正月“又厕前草月初上寅日烧中庭，令人一家不著天行”，[②]可知这是当时民间普遍通行的做法。

洗浴防病。P.2661V《诸杂略得要抄子》“小儿初生时，煮虎头骨取汤洗，至老无病，吉”，又云“常以八月一日取东流水沐浴，却脐中垢□□□□不老，冬不寒，夏不热，大验。正月八日、二月□日、四月四日、五月一日、六月六日、七月一日、八月廿三日、九月十二日、十月廿八日、十一月四日、十二月廿日，常以上件日用枣柴灰洗头面，若能一周，除万病。若能终身，聪明进年。南阳太守两目盲，依此行，万病除，吉”，等等。洗浴与卫生关系密切，坚持洗浴当然有益于健康。

① （唐）孙思邈《备急千金要方》卷二九《针灸上·太医针灸宜忌第七》，第912页。

② （唐）韩鄂撰，缪启愉校释《四时纂要校释》，北京：中国农业出版社，1981年，第17页。

而用枣柴灰等类物品洗浴头面，亦可除去头虱等寄生虫。至于洗浴的日期，除三月以外，每月皆有一次。没有写出三月，可能是因为三月有上巳禊礼活动，必有洗浴，故不另外标出。在生活条件简陋艰难的时代，每月洗浴一次，如能坚持亦属不易，自然也会收到防病效果。其日期的选择，可能与其前后的一些重要节俗相关，如正月八日在人日之后，四月四日在佛诞日之前，五月一日在端午之前等等。还指出不宜洗浴的地点，如“灶前浴小儿，令隆残，不利”。

吃某些食物防病。P.2661V《诸杂略得要抄子》：“正月平旦，面向东吞麻子二七枚，令人无患。半亦良。”又云：“正月七日、七月一日，男吞赤小豆七立(粒)，女吞十立（粒），令人无病。”这种方法流传久远，北魏贾思勰《齐民要术》中已经有记载，可见这些方法在民间流传中的凝固性。

饮虎骨水亦可防病。如P.2661V《诸杂略得要抄子》“以五月上卯日，取虎骨向东煮，取汁饮之，令人不病，大吉”，等等。

用厌禳术防病。在预防疾病的诸种方法中，厌禳术也是比较重要的一种。P.2661V《诸杂略得要抄子》记载：“欲至病人家，手中作‘鬼’字。欲入丧家，手中作‘罡’字。”这是针对前往病丧之家可能会传染疾病的危险而专门采用的厌禳术。古人虽然并不明白疾病传染的原理，但长期的经验使他们认识到接触病患者或者丧者的环境、物品会有一定的危险性，所以除在问病、吊死方面规定了一些禁忌以外，还用方术进行厌禳。但有些“方术”实际上已经超出了巫术的范畴，事实上也确实可以起到预防疾病传染的效果，而与今天的科学方法有一定的相似性了，如传世的宋人所编的民间通俗类书《事林广记》中的“禳瘟疫法”：

> 人家染时疫，即以初病人衣服浣，先令静饭甑中蒸之，即无传染之患。又云：凡入疫病之家，以水调雄黄末涂其鼻。又云：问病

于疫家，以右手中指书“坎”字据固。[①]

这些方法中的前一种，与现代的蒸汽消毒法简直如出一辙。而第二种以雄黄涂鼻的做法，恐怕也有一定的效用。但古人不明其原理，一概名之为“禳瘟疫法”，即以厌禳术目之。倒是其中的第三种方法与P.2661V所载相似，属于真正的厌禳术。

此外，还记载可通过一些日常生活中的行为来避病防病。如P.2661V《诸杂略得要抄子》中的“冬至日裁衣，令人无病，大吉利”；“七月七日，取田中瓜下土着小儿脐中，令儿多智聪明，无病，吉”等。

从敦煌占卜文献的记载来看当时占卜与医药的关系，可以发现，敦煌占卜文献中有许多卷号，医药内容与占卜内容合抄一卷，表明抄写者对这两类内容的性质功用有相近的认识与看法；而当时的医书中亦抄写了不少的禁咒方术，如孙思邈《千金翼方》将禁咒、符印与汤药、针灸与导引相提并论，均作为“救急之术”看待，[②]也说明当时医卜并行的情况。对病者而言，只要能够解除病痛，很少有人去认真区分二者的本质区别，往往在求医问药的同时，也占卜一下何方病鬼为祟，或请人施行法术或自己翻检卜书，自行禳解。就医卜双方而言，大体也是卜不斥医，医不排卜；医以针药去病，卜以方术禳除鬼祟。这可能是当时民间医疗的大致情形。

---

① （宋）陈元靓撰《新编群书类要事林广记》己集卷一〇，北京：中华书局，1999年影印日本翻刻元本，第425页。

② 孙思邈《千金翼方》卷二九《禁经上》。

第四节

敦煌占卜文献与日常生活中的猜物游戏

与屋宅、出行、疾病、婚姻等生活大事的占卜不同，古代占卜有时也应用于比较轻松愉快的小事，比如射覆猜物。游戏与占卜自古关系密切，按李零总结的说法是“卜赌同源”，[①]所以用占卜的方法来射覆猜物也当起源很早，西汉时皇宫中已经流行，东方朔曾应汉武帝之命用易占来射覆，猜中了覆器下的物品。《西游记》里记载的唐僧师徒在车迟国与道士猜物赌胜的故事，也属此类，不过比拼的不是占卜术，而是神通了。唐代民间射覆也很流行，文人宴饮聚会时也常以此助兴，如李商隐的《无题》诗中所云：“昨夜星辰昨夜风，画楼西畔桂堂东。身无彩凤双飞翼，心有灵犀一点通。隔座送钩春酒暖，分曹射覆蜡灯红。嗟余听鼓应官去，走马兰台类转蓬。”其中第四、五句，就写到当时宴饮时的两种游戏“藏钩”与“射覆”。这两种游戏比较接近，一是猜测覆器下的物品为何，一是猜测玉钩藏于何人之手，李白《宫中行乐词》之六“可怜花月夜，宫女笑藏钩”，说的就是藏钩的游戏。因为这类游戏有猜测推算以及赌胜的性质，所以它与占卜也有关系，人们也用占卜的方法来进行猜测。敦煌所存占卜文献中就有这类记载。

---

① 李零《中国方术续考》，北京：东方出版社，2000 年，第 20—28 页。

敦煌占卜文献所记载的射覆猜物，大致有三种类型：一是射覆，即猜测覆器之下的物品为何，包括形状、颜色、性质等；二是猜手中物，左右两手之中有无物品，是何颜色等，与唐代流行的藏钩或藏阄及猜枚有些类似；三是猜测木杖是立是卧。可以用五兆卜法、孔子马头卜法、周公孔子占法等来加以占卜。

敦煌文献中记载的五兆卜射覆法，与汉代东方朔借助易占分蓍布卦的做法相似，但起卦所用的蓍草为36根，经过六步演算，得出卦的兆象，根据所得兆象，结合阴阳五行的原理，来猜测覆器之下物品的形状、颜色、性质如何，如P.2859B《射覆藏法》：

> 得火兆，变成财，离为主书，亦朱衣，赤色。青主眼目，主飞鸟、毛骨之象，亦主轻虚之物。得金兆，是钗钏、珠玉、金银、铜铁之类；如囚，为砖石瓦，亦主骨，入水则沉泥，亦身忍也。得木兆，主震动，行龙马之象，亦主草木之中见火化象也，如日枯之物；被克，则剥落之物；被扶，则虚轻之物；被抑，则沉重之物也。得水兆，有气，流动行之物，亦主蛇鼠之类，斑驳有文章耶曲色物。得土兆，应是可食甘味美，是枣□豆麦之类，亦为五果，群生众中，亦方圆，其中有水火，为砖瓦土物也。

当然，在解释时，还要结合兆、乡、支或者八卦王相等不同的条件因素来具体判断，等等。P.3646《五兆要诀略》：“射覆藏法：物准前，通用之。凡覆藏看之物，常在鬼下，看之万事，鬼能通传。还看五乡中青黑即之。藏物形状：土入金乡，处罡白、内黄；土入水，外罡黑、内灾黄。”

猜两手中物的方法，五兆卜是以阴阳为原理，左手为阳，右手为阴，根据卜卦所得兆象来推测；而孔子马头卜法则是根据所抽取算子上的刻数再对照占书来进行占卜的，如S.2578“占两手把勿（物）：一右，黄色。二右，青黑如石。三右，黄黑。四青白。五左，青黑。六左，黄黑。七右，黄黑。八大（右），黄黑。九右，青白色”。

卜木杖倚卧的方法，五兆卜法也是将立与卧分为阳与阴来进行推测，即阳立阴卧。

周公孔子占法（亦称占十二时卜法），也可用来占杖，它是用十二时辰与十二月组成表格，将其对应内容分作三类来加以占卜，如时下得一，占杖竖；时下得二，占杖竖，其杖小取（曲）等等。

以上两种方法较第一种都更简单一些。

不过，通过占卜来进行射覆，与民间流行的简单地以娱乐为目的的游戏还有一点不同，即它往往将结果与吉凶联系，无形中增加了生活的沉重之感。

敦煌占卜文献涉及唐五代社会生活的多个方面，除以上所述外，宗教信仰与鬼神崇拜、失物追盗、上官就任、交易买卖、出行、居住、丧葬等均有反映。其中有关敦煌占卜文献与中古时期的居住和出行的关系，余欣在《神道人心——唐宋之际敦煌民生宗教社会史研究》中用两篇十二章的篇幅进行了详细论说，[①]读者可以参看。其余内容则在论述各类文献时有所涉及，此不详述。

---

① 余欣《神道人心——唐宋之际敦煌民生宗教社会史研究》，北京：中华书局，2006年。

敦煌占卜文献分类编号索引

卜法文献

易占

S.6349A+P.4924《易三备》（拟）

S.6015《易三备》（拟）

P.5031/11《易三备》（拟）

S.4863+S.4863V《京房易占》（拟）

北大 D197+北大 D197V《十二月消息卦》（拟）

P.2482VD《八宫游归卦变图》（拟）

P.2832《易占》（拟）

浙敦 131《京房易占》（拟）

P.2873《安彦存易占》（拟）

S.6349B《占候验吉凶法》

五兆卜法

P.2905B《五兆经法要诀》

P.2859B《五兆要诀略一卷》

S.11362B→Дx.11859+Дx.11799R+Дx.11925R+Дx.11762+Дx.11961R

《五兆要诀略》残卷（拟）

Дx.11961V+Дx.11762V+Дx.11925V+Дx.11799V+Дx.11859V→S.11362A《五兆要诀略》残卷（拟）

P.2614+北大 D241+散 0677+Дx.10720《五兆要诀略》残卷（拟）

P.3646《五兆要诀略一卷》

P.3896《五兆要诀略》残卷（拟）

P.3452+S.8574《五兆卜法》残卷（拟）

Дx.02375→P.3992V《五兆要诀略》残卷（拟）

P.3992《五兆卜法》残卷（拟）

S.6054+S.6167/1→S.6167/2《五兆要诀略》残卷

S.8516DV《五兆要诀略》残卷（拟）

Дx.05181《五兆要诀略》残卷（拟）

灵棋卜法类

P.3782+S.557《灵棋卜法一卷》

P.4048《灵棋经》（拟）

P.4984V《灵棋经》（拟）

S.9766+S.9766V《灵棋经》（拟）

李老君周易十二钱卜法

S.3724V《李老君周易十二钱卜法一本》

S.3724+S.11415《李老君周易十二钱卜法》

S.813B《周易十二钱卜法》（拟）

S.1468B《周公十二钱卜法》（拟）

S.5686《周公十二钱卜法》（拟）

Дx.9941+Дx.9981《周公十二钱卜法》（拟）

管公明卜法

散 678《周公卜法一卷》

P.3398A《周公卜法》（拟）

P.4778+P.3868《管公明卜法》（拟）

Дx.2375V《管公明卜法》（拟）

孔子马头卜法

S.813C《立成孔子马坐卜占法》

S.9501V+S.9502+S.11419+S.13002V《孔子马头卜法》

S.1339《孔子马头卜法》（拟）

S.2578《孔子马头卜法》

周公孔子占法（占十二时法）

P.2574《周公孔子占法》

P.2859C/P《周公孔子占法》（拟）

BD14636（北新 0836）《周公孔子占法》

S.5614C《占十二时卜法》

九天玄女诀、摩醯首罗卜等

P.3803A《九天玄女诀》（拟）

Дx.00946《九天玄女诀》（拟）

S.5614B《摩醯首罗卜》

S.12194《圣绳子卜》

式占文献

六壬式

P.3322V→P.3322《推占书》（拟）

P.3794《灵台秘苑》（拟）

BD14636（北新 0836）《逆刺占一卷》

P.2859C《逆刺占一卷》

BD14672（北新 0872）+ BD14675（北新 0875）《逆刺占一卷》（拟）

P.2610B《逆刺占》（拟）

Дx.02637《十二逆刺预占来人吉凶法》（拟）

P.2856《发病书》（拟）

P.3402V+P.4732V《发病书》（拟）

P.3803C《龙母决》

遁甲式

2610VA《推孤虚法　推亭亭白奸法》（拟）

P.2610A《太史杂占历·安营式法》（拟）

P.3803B《咏黑道黄道诀等》（拟）

Дx.02827《遁甲式法》（拟）

P.3064V《遁甲式残图》（拟）

占候类文献

天文气象占

P.2512《天文云气占》（拟）

P.2811→2811V《星占书》（拟）

S.2669V《灵台秘苑》（拟）

P.3794《灵台秘苑》（拟）

P.2356V《乙巳占》（拟）

S.3326《气象占　全天星图》（拟）

敦博 076V《占云气书》（拟）

P.3589《玄象诗　七曜利害吉凶征应瞻　日月五星经纬出入瞻吉凶要决》（拟）

P.3064《星占书》（拟）

玄象西秦五州占、太史杂占历

P.3288《玄象西秦五州占》、《太史杂占历》（拟）

Дx.1366V+S.2729V《玄象西秦五州占》、《太史杂占历》（拟）

P.2632《手诀一卷》

P.2941《手决一卷》（拟）

S.5614A《玄象西秦五州占》（拟）

P.2610A《太史杂占历一卷》

杂占候

P.2610VB《候风法》

P.2610VD《地镜中》

敦煌外来天文占

P.3571VB《日月食占》(拟)

P.3055V 疑伪经残卷(拟)

相书

Ch.87《相书一部》

P.3589V《相书一卷》

S.5969《相书一卷》

P.2572A《相书一部》

P.2797《相书一部》(拟)

S.3395+S.9987B1V《相书》残卷(拟)

P.3492V《身面黡子图》(拟)

P.2829+P.2829V《背痣图》(拟)

Ch.00209+S.5976《男女身面诸痣之图》(拟)

P.3390《面部气色吉凶法》(拟)

P.2572B《相法》(拟)

梦书

P.3908《新集周公解梦书一卷》

S.5900+S.5900V《新集周公解梦书》

P.3281V→P.3685V《周公解梦书一卷》

S.2222《周公解梦书》(拟)

Fragment58(756)(IOL.C.118A)《先贤周公解梦书一卷》

P.3105《先贤周公解梦书》（拟）

S.2222V《解梦书一卷》

P.2829《解梦书》

Дx.2844+Дx.1327《解梦书一卷》

S.620《占梦书》（拟）

P.3990V《占梦书》（拟）

Дx.10787→Дx.10787V《占梦书》（拟）

P.3571VA《占梦书》（拟）

禄命书

行年类

P.2856《推人行年命算法　推年立法等》（拟）

P.3896P《推人行年命算法》（拟）

P.3066《推人行年命算法、游年八卦图/法》（拟）

S.6215《推男女行年灾厄法》（拟）

九宫类

P.2830《推人游年八卦图》

Дx.02800+Дx.03183+S.5772《推人游年八卦图、行年算命法、十二支行年》（拟）

P.2842V《推人九天宫法、推游年八卦图等》（拟）

P.4740《推人九天宫法》（拟）

S.3724V《推九天行年灾厄法》

S.6164+S.11400《推人游年八卦图、推男女三生五鬼法、推人本生元宫法等》（拟）

S.5553B《三元九宫行年命书》（拟）

P.2482VE《推男女生宫法》（拟）

纳音类

P.3175B《纳音甲子占人性行法》

S.3724V+S.11415V《六十甲子纳音性行法》

S.6258C《甲子纳音占人性行法》(拟)

宿曜类

P.2675V《七星人命属法》

P.2675bis《七星人命属法》

Дx.08977《星命书》残卷（拟）

Дx.09259《星命书》残卷（拟）

P.3081《七曜日生福禄刑推》

P.3779《推九曜行年灾厄法》(拟)

P.3838《推九曜行年法、推九宫行年法》

S.4279《罗睺星神供养文》(拟)

S.5666《罗睺星神供养文》(拟)

P.4071《十一曜见生图等课文》(拟)

P.4058CV+P.2499V《大方等大集经宝幢分/廿八宿星相法》(拟)

十二属相类

P.3398B《推十二时人命相属法》(拟)

P.4058BV《推十二相属法》

S.6157《推十二相属法》

杂推禄命类

S.6157《六十甲子推人年命法等》(拟)

P.3602V《孟遇禄命一部》

S.10526《禄命书》残片（甲）（拟）

S.9814B《禄命书》残片（乙）（拟）

Дx.05651《禄命书》残片（丙）（拟）

Φ.362A《论流运书》(拟)

S.612V《推五音建除法、推十二禽兽法等》(拟)

S.8350C《逐月推禄命》(拟)

宅经

五姓阴阳宅经

P.2615A《诸杂推五姓阴阳等宅图经一卷》

P.3492A《诸杂推五姓阴阳等宅图经》

P.t.1297V《诸杂推五姓阴阳等宅图经》(拟)

P.2632V《诸杂推五姓阴阳等宅图经》(拟)

P.3507《诸杂推五姓阴阳等宅图经》(拟)

P.4667VC《阴阳五姓宅图经》一卷

五姓宅经

P.2962V《五姓宅经》(拟)

Дx.00476+Дx.05937+Дx.06058《五姓宅经》(拟)

Дx.05448V→Дx.01396+Дx.01404+Дx.01407V《五姓宅经》(拟)

Дx.05193《宅经?》残片(拟)

阴阳宅经

P.3865《阴阳宅经》(拟)

Дx.05448→Дx.01396+Дx.01404+Дx.01407《阴阳宅经》(拟)

八宅经

P.2615B《八宅经一卷》

一般宅经类

S.4534V/1+S.9434→S.4534V/2《宅经一卷》

P.2630V《宅经》(拟)

P.3281VB《宅厅梁屋法等》(拟)

P.3594《推五姓墓月法、用石镇宅法等》(拟)

P.4522V《推镇宅法》(拟)

P.2964《四邻造作及自家泥垒犯触转为福法等》(拟)

P.3602V《宅内伏龙法》(拟)
S.6169《大唐新定皇帝宅经一卷》
护宅神历卷
P.3358《护宅神历卷》
S.5775《护宅神历卷》(拟)
S.5775V《护宅神历卷》(拟)

葬书
葬书、葬事类
S.10639AV+S.12456B+S.12456C《阴阳书目录》(拟)
P.2831→P.2550B《阴阳冢墓入地深浅法五姓同用卌五家书第卅七》
P.3647《葬经》(拟)
P.4930《造冢墓取土及墓内尊卑法》(拟)
S.2263《造墓取土及墓内尊卑法等》(拟)
S.3877V/1《造墓取土及墓内尊卑法等》(拟)
Φ.279《卜葬书》(拟)
S.2263V《葬录卷上并序》
P.2534《阴阳书卷第十三·葬事》
上图017(812388)《葬事》(拟)
山冈地脉类
S.5645《司马头陀地脉诀》
S.3877《山冈占图》(拟)
Дx.04803V《失名葬书》残片(拟)

时日宜忌类文献
推忌日月类
P.2661V《诸杂略得要抄子一本》

S.0612V《推杂忌日法、推修造月日法》(拟)

P.3984V+北大 D195V《六十甲子纳音　推杂忌日法》(拟)

Дx.01064+Дx.01699+Дx.01700+Дx.01701+Дx.01702+Дx.01703+Дx.01704《推皇太子洗头择吉日法》

S.9987B3《裁衣吉日》(拟)

S.6258B《治田种莳宜忌日》(拟)

S.11362BV《占日记》(拟)

S.813D《月占法》(拟)

Дx.01274+Дx.03029《推丛辰所在法》(拟)

六十甲子历

P.3685→P.3281《六十甲子历》(拟)

P.4680/1+Дx.10786→Дx.5191→Дx.04960+Дx.01295+P.4680/2→Дx.02976《六十甲子历》(拟)

S.6182《六十甲子历》(拟)

七曜类

P.2693《七曜历日一卷并十二时》(拟)

P.3081《七曜历日》(拟)

S.8362→S.1396《七曜历日》(拟)

神祇出行类

S.5614D《占周公八天出行择日吉凶法》

S.612《周公八天出行图》

S.2620《唐年神方位图》(拟)

P.3594《推太岁游图法等》(拟)

P.3602V《土公出游图》(拟)

S.8350B《推太岁等神出游日　沐浴等宜日》(拟)

Дx.12829、Дx.12830V《占出行择日吉凶法》(拟)

占婚嫁类

S.P6《乾符四年（877）具注历日》

P.2905A《吕才推嫁娶法》（拟）

Дx.5191V→P.4680V+Дx.10786V《推五行嫁娶法》（拟）

Дx.17447V+Дx.00098V《嫁娶图法》（拟）

S.4282《婚嫁图》（拟）

S.6333《婚嫁图》（拟）

S.2729V《推四神头胁足日嫁娶生子法 夫妻相法》（拟）

P.3288《推四神头胁足日嫁娶生子法》（拟）

占病类

P.2856《发病书》

Дx.00506V+Дx.05924《推得病日法》（拟）

P.3402V+P.4732V《发病书》（拟）

羽 015→P.2978V《发病书》（拟）

S.6196→S.6346 号《发病书》（拟）

Дx.01258+Дx.03165+Дx.03829+Дx.01259+（Дx.04253V+Дx.04253）+Дx.01289+Дx.02977+（Дx.05193+Дx.05193V）+（Дx.06761+Дx.06761V）+Дx.03162《天牢鬼镜图并推得病日法》

S.6216《年立推病法》（拟）

P.3556VF《推十干病法》（拟）

S.1468A《推得病日鬼法及厌法》（拟）

P.3081V《推病书》（拟）

占死丧

P.3028《推死丧妨忌法》（拟）

占走失

BD14684（北新 0884）→上图 017（812388）《推失物法》（拟）

P.3476V+P.4996V《失物宫占法》（拟）

P.4761《失物宫占法》（拟）

P.3602V《推走失法》（拟）

Дx.1236《推神龟走失法第二》

S.6258A《推十二时占盗法》（拟）

P.4711V《走失图一本》

杂占及其他文献

身体生理占

P.2621V《占耳鸣耳热心惊面热目润等法》

P.2661V《占人手痒目闰耳鸣等法》

P.3398C《推人十二时耳鸣［耳］热足痒手掌痒等法》

乌鸣占

P.3479《乌占习要事法》（拟）

P.3988《乌占临决》（拟）

P.3888《鸟情占》（拟）

Дx.06133《占乌经》（拟）

占怪类

P.3106《百怪图》（拟）

羽 044《百怪图》（拟）

P.4793《百怪图》（拟）

Дx.06698+Дx.03876《百怪图》（拟）

S.6261→P.2682《白泽精怪图》

P.2661V《推养犬之法》

S.813A《推养犬法》（拟）

P.4824《禳怪符》（拟）

2610VC《攘女子妇人述秘法》

其他类

BD00490V（北 8619V）《阴阳六十甲子》

P.2915《阴阳六十甲子》（拟）

P.3175A《六十甲子纳音》（拟）

S.3724V+S.11415V《六十甲子纳音》（拟）

S.1815V《六十甲子纳音》（拟）

S.3287《六十甲子纳音》（拟）

P.2255V《六十甲子纳音》（拟）

S.8350A《六十甲子纳音》（拟）

P.4711《六十甲子纳音》（拟）

P.3277V《六十甲子纳音》（拟）

S.5739V《六十甲子纳音》（拟）

Дх.2898《六十甲子纳音》（拟）

其他基础知识类

S.6054+S.6167/1《人神在日》

S.930VC《推人辰法》

S.1084V《相克法　三合法》

S.6167V《八卦王相胎没囚休废法》

Дх.506+Дх.5924V《十二月壬气等》（拟）

P.4996VB《午年九宫》

P.3368P6《失名占书》（拟）

S.11380V《五音》（拟）

敦煌占卜文献收藏编号表

S.P6《乾符四年（877）具注历日》

S.612《周公八天出行图》

S.612V《推杂忌日法、推修造月日法、推五音建除法、推十二禽兽法等》（拟）

S.620《占梦书》（拟）

S.813《推养犬法、周易十二钱卜法、立成孔子马坐卜占法、月占法》（拟）

S.930VC《推人辰法》

S.1084V《相克法　三合法》

S.1339《孔子马头卜法》（拟）

S.1468《推得病日鬼法及厌法、周公十二钱卜法》（拟）

S.1815V《六十甲子纳音》（拟）

S.2222《周公解梦书》（拟）

S.2222V《解梦书一卷》

S.2263《造墓取土及墓内尊卑法等》（拟）

S.2263V《葬录卷上并序》

S.2578《孔子马头卜法》

S.2620《唐年神方位图》(拟)

S.2669V《灵台秘苑》(拟)

Дx.01366V+S.2729V《玄象西秦五州占、太史杂占历、推四神头胁足日嫁娶生子法、夫妻相法》(拟)

S.3287《六十甲子纳音》(拟)

S.3326《气象占、全天星图》(拟)

S.3395+S.9987B1V《相书》残卷

S.3724+S.11415《李老君周易十二钱卜法》

S.3724V+S.11415V《六十甲子纳音(拟)、六十甲子纳音性行法、李老君周易十二钱卜法一本、推九天行年灾厄法(拟)》

S.3877《山冈占图》(拟)

S.3877V/1《造墓取土及墓内尊卑法等》(拟)

S.4279《罗睺星神供养文》(拟)

S.4282《婚嫁图》(拟)

S.4534V/1+S.9434→S.4534V/2《宅经一卷》

S.4863+S.4863V《京房易占》(拟)

S.5553B《三元九宫行年命书》(拟)

S.5614《玄象西秦五州占(拟)、摩醯首罗卜、占十二时卜法、占周公八天出行择日吉凶法》

S.5645《司马头陀地脉诀》

S.5666《罗睺星神供养文》(拟)

S.5686《周公十二钱卜法》(拟)

S.5739V《六十甲子纳音》(拟)

S.5775《护宅神历卷》(拟)

S.5775V《护宅神历卷》(拟)

S.5900+S.5900V《新集周公解梦书》

S.5969《相书一卷》

S.6015《易三备》(拟)

S.6054+S.6167/1→S.6167/2《人神在日、五兆要诀略》残卷

S.6157《六十甲子推人年命法等、推十二相属法》

S.6164+S.11400《推人游年八卦图、推男女三生五鬼法、推人本生元宫法等》(拟)

S.6167V《八卦王相胎没囚休废法》

S.6169《大唐新定皇帝宅经一卷》

S.6182《六十甲子历》(拟)

S.6196→S.6346《发病书》(拟)

S.6215《推男女行年灾厄法》(拟)

S.6216《年立推病法》(拟)

S.6258《推十二时占盗法、治田种莳宜忌日、甲子纳音占人性行法》(拟)

S.6261→P.2682《白泽精怪图》

S.6333《婚嫁图》(拟)

S.6349+P.4924《易三备、占候验吉凶法》

S.8350《六十甲子纳音、推太岁等神出游日沐浴等宜日、逐月推禄命》(拟)

S.8362→S.1396《七曜历日》(拟)

S.8516DV《五兆要诀略》残卷(拟)

S.9501V+S.9502+S.11419+S.13002V《孔子马头卜法》

S.9766+S.9766V《灵棋经》(拟)

S.9814B《禄命书》残片(乙)(拟)

S.9987B3《裁衣吉日》(拟)

S.10639AV+S.12456B+S.12456C《阴阳书目录》(拟)

S.11362B→Дx.11859+Дx.11799R+Дx.11925R+Дx.11762+Дx.11961R《五兆要诀略》(拟)

S.11362BV《占日记》（拟）

S.11380V《五音》（拟）

S.12194《圣绳子卜》

Ch.87《相书一部》

Ch.00209+S.5976《男女身面诸痣之图》（拟）

Fragment58（756）（IOL.C.118A）《先贤周公解梦书一卷》

P.2255V《六十甲子纳音》（拟）

P.2356V《乙巳占》（拟）

P.2536V《八宫游归卦变图、推男女生宫法》（拟）

P.2512《天文云气占》（拟）

P.2534《阴阳书卷第十三·葬事》

P.2572《相书一部　相法（拟）》

P.2574《周公孔子占法》

P.2610　《太史杂占历一卷、逆刺占（拟）》

P.2610V《推孤虚法、推亭亭白奸法、候风法、攘女子妇人述秘法、地镜中》

P.2614+北大 D241+散 0677+Дx.10720《五兆要诀略》残卷（拟）

P.2615《诸杂推五姓阴阳等宅图经一卷、八宅经一卷》

P.2621V《占耳鸣耳热心惊面热目润等法》

P.2630V《宅经》（拟）

P.2632《手诀一卷》

P.2632V《诸杂推五姓阴阳等宅图经》（拟）

P.2661V《占人手痒目闰耳鸣等法、诸杂略得要抄子一本、推养犬法》

P.2675V《七星人命属法》

P.2675bis《七星人命属法》

P.2693《七曜历日一卷并十二时》（拟）

P.2797《相书一部》(拟)

P.2811→2811V《星占书》(拟)

P.2829+P.2829V《解梦书、背痣图》(拟)

P.2830《推人游年八卦图》

P.2831→P.2550B《阴阳家墓入地深浅法五姓同用卌五家书第卅七》

P.2832《易占》(拟)

P.2842V《推人九天宫法、推游年八卦图等》(拟)

P.2856《发病书》(拟)

P.2859《五兆要诀略一卷、逆刺占一卷》

P.2873《安彦存易占》(拟)

P.2905《吕才推嫁娶法（拟)、五兆经法要诀》

P.2915《阴阳六十甲子》(拟)

P.2941《手决一卷》(拟)

P.2962V《五姓宅经》(拟)

P.2964《四邻造作及自家泥垒犯触转为福法等》(拟)

P.3028《推死丧妨忌法》(拟)

P.3055V《疑伪经》残卷（拟)

P.3064《星占书》(拟)

P.3064V《遁甲式残图》(拟)

P.3066《推人行年命算法、游年八卦图/法》(拟)

P.3081《七曜历日》(拟)

P.3081V《推病书》(拟)

P.3105《先贤周公解梦书》(拟)

P.3106《百怪图》(拟)

P.3175《六十甲子纳音（拟)、纳音甲子占人性行法》

P.3277V《六十甲子纳音》(拟)

P.3281V→P.3685V《宅厅梁屋法等、周公解梦书一卷》

P.3288《玄象西秦五州占、太史杂占历、推四神头胁足日嫁娶生子法（拟)》

P.3322V→P.3322《推占书》(拟)

P.3358《护宅神历卷》

P.3368P6《失名占书》(拟)

P.3390《面部气色吉凶法》(拟)

P.3398《周公卜法、推十二时人命相属法、推人十二时耳鸣［耳］热足痒手掌痒等法》(拟)

P.3402V+P.4732V《发病书》(拟)

P.3452+S.8574《五兆卜法》残卷（拟)

P.3476V+P.4996V《失物宫占法（拟)、午年九宫》

P.3479《乌占习要事法》(拟)

P.3492A《诸杂推五姓阴阳等宅图经》

P.3492V《身面黡子图》(拟)

P.3507《诸杂推五姓阴阳等宅图经》(拟)

P.3556VF《推十干病法》(拟)

P.3571V《占梦书、日月食占》(拟)

P.3589《玄象诗、七曜利害吉凶征应瞻、日月五星经纬出入瞻吉凶要决》(拟)

P.3589V《相书一卷》

P.3594《推太岁游图法等、推五姓墓月法、用石镇宅法等》(拟)

P.3602V《推走失法、孟遇禄命一部、宅内伏龙法、土公出游图》(拟)

P.3646《五兆要诀略一卷》

P.3647《葬经》(拟)

P.3685→P.3281《六十甲子历》(拟)

P.3779《推九曜行年灾厄法》(拟)

P.3782+S.557《灵棋卜法一卷》

P.3794《灵台秘苑》(拟)

P.3803《九天玄女诀、咏黑道黄道诀等、龙母决》(拟)

P.3838《推九曜行年法、推九宫行年法》

P.3865《阴阳宅经》(拟)

P.3888《鸟情占》(拟)

P.3896《五兆要诀略》残卷(拟)

P.3896P《推人行年命算法》(拟)

P.3908《新集周公解梦书一卷》

P.3984V+北大 D195V《六十甲子纳音、推杂忌日法》(拟)

P.3988《乌占临决》(拟)

P.3990V《占梦书》(拟)

P.3992《五兆卜法》残卷(拟)

P.4048《灵棋经》(拟)

P.4058BV《推十二相属法》

P.4058CV+P.2499V《大方等大集经宝幢分/廿八宿星相法》(拟)

P.4071《十一曜见生图等课文》(拟)

P.4522V《推镇宅法》(拟)

P.4667VC《阴阳五姓宅图经一卷》

P.4680/1+Дx.10786→Дx.05191→Дx.04960+Дx.01295+P.4680/2→Дx.02976《六十甲子历》(拟)

P.4711《六十甲子纳音》(拟)

P.4711V《走失图一本》

P.4740《推人九天宫法》(拟)

P.4761《失物宫占法》(拟)

P.4778+ P.3868《管公明卜法》(拟)

P.4793《百怪图》(拟)

P.4824《禳怪符》(拟)

P.4930《造冢墓取土及墓内尊卑法》（拟）

P.4984V《灵棋经》（拟）

P.5031/11《易三备》（拟）

P.t.1297V《诸杂推五姓阴阳等宅图经》（拟）

Ф.279《卜葬书》（拟）

Ф.362A《论流运书》（拟）

Дх.00946《九天玄女诀》（拟）

Дх.00476+Дх.05937+Дх.06058《五姓宅经》（拟）

Дх.00506+Дх.05924V《十二月壬气等》（拟）

Дх.00506V+Дх.05924《推得病日法》（拟）

Дх.01064+Дх.01699+Дх.01700+Дх.01701+Дх.01702+Дх.01703+Дх.01704《推皇太子洗头择吉日法》

Дх.01236《推神龟走失法第二》

Дх.01258+Дх.03165+Дх.03829+Дх.01259+（Дх.04253V+Дх.04253）+Дх.01289+Дх.02977+（Дх.05193+Дх.05193V）+（Дх.06761+Дх.06761V）+Дх.03162《天牢鬼镜图并推得病日法》

Дх.01274+Дх.03029《推丛辰所在法》（拟）

Дх.02375→P.3992V《五兆要诀略》残卷（拟）

Дх.02375V《管公明卜法》（拟）

Дх.02637《十二逆刺预占来人吉凶法》（拟）

Дх.02800+Дх.03183+S.5772《推人游年八卦图、行年算命法、十二支行年》（拟）

Дх.02827《遁甲式法》（拟）

Дх.02844+Дх.01327《解梦书一卷》

Дх.02898《六十甲子纳音》（拟）

Дх.04803V《失名葬书》残片（拟）

Дх.05181《五兆要诀略》残卷（拟）

Дх.5191V→P.4680V+Дх.10786V《推五行嫁娶法》(拟)

Дх.05193《宅经?》残片（拟）

Дх.05448→Дх.01396+Дх.01404+Дх.01407《阴阳宅经》(拟)

Дх.05448V→Дх.01396V+Дх.01404V+Дх.01407V《五姓宅经》(拟)

Дх.05651《禄命书》残片（丙）（拟）

Дх.06133《占乌经》(拟)

Дх.06698+Дх.03876《百怪图》(拟)

Дх.08977《星命书》残卷（拟）

Дх.09259《星命书》残卷（拟）

Дх.9941+Дх.9981《周公十二钱卜法》(拟)

Дх.10787→Дх.10787V《占梦书》(拟)

Дх.11961V+Дх.11762V+Дх.11925V+Дх.11799V+Дх.11859V→S.11362A《五兆要诀略》残卷（拟）

Дх.12829、Дх.12830V《占出行择日吉凶法》(拟)

Дх.17447V+Дх.00098V《嫁娶图法》(拟)

BD14636（北新 0836)《逆刺占一卷、周公孔子占法》

BD14672（北新 0872）+ BD14675（北新 0875)《逆刺占一卷》（拟）

BD14684（北新 0884）→上图 017（812388)《推失物法》(拟)

BD00490V（北 8619V)《阴阳六十甲子》

北大 D197+北大 D197V《十二月消息卦》(拟)

敦博 076V《占云气书》(拟)

散 678《周公卜法一卷》

上图 017（812388)《葬事》(拟)

浙敦 131《京房易占》(拟)

羽 015→P.2978V《发病书》(拟)

羽 044《百怪图》(拟)

参考文献

一、史籍

《诗经》，清阮元校刻《十三经注疏》本，北京：中华书局，1980年。

《周礼注疏》，（汉）郑玄注，（唐）贾公彦疏，阮刻《十三经注疏》本，北京：中华书局，1980年。

《汉书》，（汉）班固著，北京：中华书局1959年。

《吴越春秋》，（汉）赵晔著，苗麓点校，南京：江苏古籍出版社，1986年。

《论衡校释》，（汉）王充著，黄晖校释，北京：中华书局，1990年。

《潜夫论笺校正》，（汉）王符著，（清）汪继培笺，彭铎校正，北京：中华书局，1985年。

《齐民要术》，（北魏）贾思勰著，《丛书集成初编》本，北京：中华书局，1985年。

《后汉书》，（南朝宋）范晔著，北京：中华书局1973年。

《三国志》，（晋）陈寿著，北京：中华书局，1982年。

《西京杂记》，（晋）葛洪撰，程毅中校点，北京：中华书局，1985年。

《灵棋经》，文渊阁《四库全书》本。

《灵棋经》，《术数全书》上（《丛书集成》珍库），郑州：中州古籍出版社，1994 年。

《异苑》，（南朝宋）刘敬叔著，范宁校点，北京：中华书局，1996 年。

《刘子校释》，（北齐）刘昼著，傅亚庶校释，北京：中华书局，1998 年。

《颜氏家训集解》，（隋）颜之推著，王利器集解，北京：中华书局，1993 年。

《五行大义》，（隋）萧吉著，上海：上海书店出版社，2001 年。

《诸病源候论校注》，（隋）巢元方撰，丁光迪校注，北京：人民卫生出版社，1991 年。

《艺文类聚》，（唐）虞世南著，上海：上海古籍出版社，1965 年。

《晋书》，（唐）房玄龄，北京：中华书局，1974 年。

《隋书》，（唐）魏征等著，著，北京：中华书局，1973 年。

《唐律疏议》，（唐）长孙无忌等著，刘俊文点校，北京：中华书局，1996 年。

《备急千金要方》，（唐）孙思邈著，魏启亮、郭瑞华点校，北京：中医古籍出版社，1999 年。

《千金翼方校释》，（唐）孙思邈著，李景荣等校释，北京：人民卫生出版社，1998 年。

《唐六典》，（唐）李林甫等著，陈仲夫点校，北京：中华书局，1992 年。

《长短经》，（唐）赵蕤著，文渊阁《四库全书》本。

《乙巳占》，（唐）李淳风著，《丛书集成珍库·术数全书》本，郑州：中州古籍出版社，1994 年。

《大唐开元占经》，（唐）瞿昙悉达著，文渊阁《四库全书》本。

《四时纂要校释》，（唐）韩鄂撰，缪启愉校释，北京：农业出版社，1981年。

《隋唐嘉话》，（唐）刘餗著，北京：中华书局，1979 年。

《外台秘要方》，（唐）王焘，北京：人民卫生出版社影印本，1955 年。

《东观奏记》，（唐）裴庭裕著，《丛书集成初编》本，北京：中华书局，1985 年。

《酉阳杂俎》，（唐）段成式著，北京：中华书局，1981 年。

《旧唐书》，（后晋）刘昫等著，北京：中华书局 1975 年页。

《太清神鉴》，（后周）王朴，《丛书集成·术数全书》本，郑州：中州古籍出版社，1994 年。

《南部新书》，（宋）钱易著，北京：中华书局，2002 年。

《太平广记》，（宋）李昉等，北京：中华书局，1961 年。

《太平御览》，（宋）李昉等，北京：中华书局影印，1960 年。

《医心方》，［日］丹波康赖著，赵明山等注释，沈阳：辽宁科学技术出版社，1996 年。

《新唐书》，（宋）宋祁等著，北京：中华书局，1975 年。

《唐会要》，（宋）王溥著，北京：中华书局，1955 年。

《崇文总目》，（宋）王尧臣等著，文渊阁《四库全书》本。

《云笈七签》，（宋）张君房纂辑，蒋力生等校注，北京：华夏出版社，1996 年。

《图解校正地理新书》，（宋）王洙著，台北：集文书局影印本，1985 年。

《虎钤经》，（宋）许洞著，文渊阁《四库全书》本。

《宛陵先生集》，（宋）梅尧臣著，明正统四年（1439 年）宣城太守袁旭刻本。

《通志》，（宋）郑樵著，杭州：浙江古籍出版社， 2000 年。

《武经总要》，（宋）曾公亮、丁度等著，文渊阁《四库全书》本。

《类说》，（宋）曾慥辑，《四部丛刊》初编本。

《续资治通鉴长编》，（宋）李焘著，北京：中华书局，1985年。

《容斋随笔》，（宋）洪迈著，孔凡礼点校，北京：中华书局，2005年。

《昨梦录》，（宋）康与之，文渊阁《四库全书》本。

《左氏传续说》，（宋）吕祖谦，文渊阁《四库全书》本。

《懒真子》，（宋）马永卿著，北京：中华书局，1985年。

《益州名画录》，（宋）黄休复等著，成都：四川人民出版社，1982年。

《百怪断经》，（宋）俞诲著，《中华杂经集成》（第2卷），北京：中国社会科学出版社，1994年。

《事林广记》，（宋）陈元靓编，北京：中华书局，1999年。

《宅经》，文渊阁《四库全书》本。

《宋史》，（元）脱脱等著，北京：中华书局，1977年。

《礼部集》，（元）吴师道著，文渊阁《四库全书》本。

《南村辍耕录》，（元）陶宗仪著，北京：中华书局，1959年。

《说郛三种》，（元）陶宗仪等编，上海：上海古籍出版社，1988年。

《便民图纂》，（明）邝璠著，石声汉、康成懿校注，北京：农业出版社，1959年。

《便民图纂》，（明）邝璠著，郑振铎编，《中国古代版画丛刊》(二)，上海：上海古籍出版社影印明万历间刊本，1988年。

《占验录》，（明）周履靖辑，《丛书集成初编》本。

《稗编》，（明）唐顺之著。文渊阁《四库全书》本，台北：商务印书馆，1986年。

《士商类要》，（明）程春宇辑，天启六年（1626）士林阁刊本。

《增广玉匣记家用秘书》，民国四年（1915）刊本。

《神相全编》，《古今图书集成·博物汇编·艺术典》，中华书局、巴蜀书社，1985年。

《全唐诗》，（清）彭定求等编，北京：中华书局，1960年。

《戊笈谈兵》，（清）汪绂著，叶世琦等译，武汉：湖北美术出版社，1993年。

《协纪辨方书》（清）允禄等编，北京：世界知识出版社，2010年。

《玉函山房辑佚书》，（清）马国翰辑，上海：上海古籍出版社 ，1990年。

《九九消夏录》，（清）俞樾著，北京：中华书局，1995年。

《补晋书艺文志》，（清）文廷式著，《二十五史补编》本，北京：中华书局，1956年。

《金光明经》，《大正藏》，第16册。台北：新文丰出版公司，1983年。

《文殊师利菩萨及诸仙所说吉凶时日善恶宿曜经》，《大正藏》第21册。

《中华道藏》，张继禹主编，北京：华夏出版社，2004年。

《敦煌宝藏》，黄永武主编，台北：新文丰出版公司，1985年。

《英藏敦煌文献》，成都：四川人民出版社，1990—1995年。

《俄藏黑水城文献》，史金波、魏同贤、（俄）克恰诺夫主编，上海：上海古籍出版，1996—2006年。

《俄罗斯科学院东方研究所圣彼得堡分所藏敦煌文献》，（俄）孟列夫，钱伯城主编，上海：上海古籍出版社，俄罗斯科学出版社，1992—2001年。

《法国国家图书馆藏敦煌西域文献》，上海古籍出版社，法国国家图书馆编，上海：上海古籍出版社，1995—2006年。

《北京大学图书馆藏敦煌文献》，北京大学图书馆、上海古籍出版社编，上海：上海古籍出版社，1995年。

《甘藏敦煌文献》，段文杰主编，兰州：甘肃人民出版社，1999年。

《上海图书馆藏敦煌吐鲁番文献》，上海图书馆、上海古籍出版社编，上海：上海古籍出版社，1999年。

《中国国家图书馆藏敦煌遗书》，中国国家图书馆编，南京：江苏古籍出版社，1999—2001年。

《浙藏敦煌文献》，《浙藏敦煌文献》编纂委员会，杭州：浙江教育出版，2000 年。

《敦煌秘笈》，武田科学振兴财团杏雨书屋编集发行，2009—2013 年。

二、今人著述

［法］伯希和编，陆翔译《巴黎图书馆敦煌写本书目》，《国立北平图书馆馆刊》第 7 卷第 6 号，1933 年。

陈昊《汉唐间墓葬文书中的注病书写》，《唐研究》第 12 卷，北京：北京大学出版社，2006 年。

陈楠《敦煌藏汉乌卜文书比较研究——P.T.1045 号、P.3988 号与 P.3479 号文书解析》，《敦煌吐鲁番研究》第 10 卷，上海：上海古籍出版社，2007 年。

陈槃《敦煌唐咸通抄本〈三备〉残卷解题——古谶纬书录解题附录之一》，《历史语言研究所集刊》第 10 册（1948 年 4 月），北京：中华书局，1987 年。

陈槃《〈古谶纬书解题〉二〈附记〉》，《历史语言研究所集刊》第 12 本，1948 年。

［日］池田温《中国古代写本识语集录》，东京大学东洋文化研究所，1990 年。

［日］池田温主编《讲座敦煌》，大东出版社，1992 年。

陈万成《杜牧与星命》，《唐研究》第 8 卷，北京：北京大学出版社，2002 年。

陈于柱《敦煌写本宅经校录研究》，北京：民族出版社，2007 年。

陈于柱《区域社会史视野下的敦煌禄命书研究》，兰州大学博士学位论文，2009 年。

戴仁著，耿昇译《敦煌写本中的解梦书》，《法国学者敦煌学论文选萃》，北京：中华书局，1993 年。

邓文宽《敦煌文献 S2620 号〈唐年神方位图〉试释》，《文物》，

1988 年第 2 期。

邓文宽《敦煌天文历法文献辑校》，南京：江苏古籍出版社，1996 年。

邓文宽《北大图书馆藏两件敦煌文献补说》，《北京图书馆馆刊》，1996 年第 4 期。

邓文宽、刘乐贤《敦煌天文气象占写本概述》，《敦煌吐鲁番研究》第 9 卷，北京：中华书局，2006 年。

樊锦诗、荣新江、林世田编《敦煌文献·考古·艺术综合研究——纪念向达先生诞辰 110 周年国际学术研讨会论文集》，北京：中华书局，2011 年。

房继荣《敦煌本乌鸣占吉凶书研究》，兰州大学硕士学位论文，2007 年。

伏俊连《敦煌赋校注》，兰州：甘肃人民出版社，1994 年。

[奥] 弗洛伊德著，赵立玮译《图腾与禁忌》，上海：上海人民出版社，2004 年。

高国藩《敦煌古俗与民俗流变》，南京：河海大学出版社，1989 年。

高田时雄著、钟翀等译《敦煌·民族·语言》，北京：中华书局，2005 年。

何丙郁著，台建群译《一份遗失的占星术著作——敦煌残卷占云气书》，《敦煌研究》1992 年第 2 期。

何丙郁、何冠彪《敦煌残卷占云气书研究》，台北：艺文印书馆，1985 年。

华澜《简论中国古代历日中的廿八宿注历——以敦煌具注历日为中心》，《敦煌吐鲁番研究》第 7 卷，北京：中华书局，2004 年。

黄征、吴伟《敦煌愿文集》，长沙：岳麓书社，1995 年。

黄正建《关于北京图书馆敦煌遗书续录中占卜文书的定名等问题》，《文献》2000 年第 3 期。

黄正建《敦煌占卜文书与唐五代占卜研究》，北京：学苑出版社，

2001年。

黄正建《关于〈俄藏敦煌文献〉第11至第17册中占卜文书的缀合与定名等问题》，《敦煌研究》2002年第2期。

黄正建《敦煌占婚嫁文书与唐五代的占婚嫁》，项楚、郑阿财主编《新世纪敦煌学论集》，成都：巴蜀书社，2003年。

黄正建《敦煌占卜文书研究的回顾与展望》，载《敦煌吐鲁番研究》第7卷，北京：中华书局，2004年

黄永武《敦煌丛刊初编》，台北：新文丰出版公司，1985年。

黄永武《敦煌遗书最新目录》，台北：新文丰出版公司，1986年。

黄永武《敦煌古籍叙录新编》，台北：新文丰出版公司，1986年。

侯锦郎《敦煌写本中的唐代相书》，见《法国学者敦煌学论文选萃》，北京：中华书局，1993年。

［法］吉埃（Jacques Gies）编，［日］秋山光和等译《西域美术》，东京：日本讲谈社、法国集美博物馆联合出版，1994—1995年。

季羡林主编《敦煌学大辞典》，上海：上海辞书出版社，1998年。

姜伯勤《敦煌吐鲁番文书与丝绸之路》，北京：文物出版社，1994年。

［英］J.G.弗雷泽著，徐育新、汪培基、张泽石译《金枝》，广州：新世纪出版社，2006年。

江晓原《星占学与传统文化》，桂林：广西师范大学出版社，2004年。

江晓原《天学真原》，沈阳：辽宁教育出版社，1991年。

金身佳《敦煌写本宅经葬书校注》，北京：民族出版社，2007年。

李斌城主编《唐代文化》，北京：中国社会科学出版社，2002年。

李军《晚唐中央政府对河陇地区的经营》，兰州大学博士学位论文，2008年。

李零《中国方术考》修订本，北京：中华书局，2006年。

李零《中国方术续考》，北京：东方出版社，2000年。

李贞德《汉唐之间医书中的生产之道》，见李建民主编《生命与医

疗》，北京：中国大百科全书出版社，2005年。

李正宇《敦煌古代硬笔书法》，兰州：甘肃人民出版社，2007年。

李致忠《英伦读书记》（下），《文献》1987年第4期。

刘文英《中国古代的梦书》，北京：中华书局，1990年，

刘文英《梦的迷信与梦的探索》，北京：中国社会科学出版社，1989年。

刘永明《敦煌道教的世俗化之路——敦煌〈发病书〉研究》，《敦煌学辑刊》2006年第1期。

刘永明《S.2729背与蕃占时期的敦煌道教》，《敦煌学辑刊》1997年1期。

刘永明《日本杏雨书屋藏敦煌道教文献及相关文献研读札记》，《敦煌学辑刊》2010年第3期。

刘屹《北京大学图书馆藏敦煌文献书评》，《敦煌吐鲁番研究》第3卷，1998年。

刘毓庆《〈诗经〉鸟类兴象与上古鸟占巫术》，《文艺研究》2001年第3期。

罗福颐《敦煌石室文书对于学术上的贡献》，《历史教学》1951年第2卷第5期。

卢显山《唐代术数文献研究》，吉林大学硕士学位论文，2008年。

罗秉芬、刘英华《敦煌十二生肖命相文书藏汉文比较研究——透过十二生肖命相文书看汉藏文化的交融》，《安多研究》第2辑，北京：民族出版社，2006年。

［法］马克《敦煌数占小考》，法国汉学丛书编辑委员会编《法国汉学》第5辑，北京：中华书局，2000年。

［法］马克(Marc Kalinowski) *The Interaction between Popular Religion and shushu Culture in the Dunhuang Manuscripts*，刘增贵主编《法制与礼俗——“中央研究院”第三届国际汉学会议论文集历史组》，台北：

"中央研究院"历史语言研究所，2002年。

马世长《敦煌星图的年代》，中国社会科学院考古研究所编辑《中国古代天文文物论集》，北京：文物出版社出版，1989年。

［俄］米开鲁·比奥特洛夫斯基著，许洋主译《丝路上消失的王国－西夏黑水城的佛教艺术》，台北："国立"历史博物馆，1996年。*Lost Empire of the Silk Road—Buddhist Art from Khara Khoto* （*X—XIIIth century*），Mikhail Piotrovsky，the State Hermitage Museum.

［法］茅甘《敦煌写本中的乌鸣占凶吉书》，金昌文译《国外藏学研究译文集》第8辑，拉萨：西藏人民出版社，1992年。

［法］茅甘《敦煌写本中的乌鸣占凶吉书》，耿昇译《法国学者敦煌学论文选萃》，北京：中华书局，1993年。

马雅伦、郑炳林《西夏文〈相面图〉研究》，《首届西夏学国际学术会议论文集》，银川：宁夏人民出版社，1998年。

［俄］孟列夫主编，袁席箴、陈华平译《俄罗斯科学院东方研究所圣彼得堡分所藏敦煌汉文写卷叙录》，上海：上海古籍出版社，1999年。

潘鼐《敦煌卷中的天文材料》，《中国古代天文文物论集》，北京：文物出版社，1989年。

潘重规《简谈几个敦煌写本儒家经典》，《孔孟学刊》第25卷第12期。

潘重规《伦敦藏斯二七二九号暨列宁格勒藏一五一七号敦煌毛诗音残卷缀合写定题记》，《敦煌诗经卷子研究文集》，香港：新亚研究所，1970年。

饶宗颐《居延汉简术数耳鸣目瞤解》，大陆杂志社编辑委员会《秦汉史及中古史前期研究论集》，台北：大陆杂志社，1967年。

饶宗颐《跋敦煌本白泽精怪图两残卷（P.2682，S.6261）》，台北：《历史语言研究所集刊》第41本第4分册，1969年。

饶宗颐《论七曜与十一曜——记敦煌开宝七年（974）康遵批命课》，《选堂集林》，香港：中华书局，1982年。

荣新江《归义军史研究——唐宋时代敦煌历史考索》，上海：上海古籍出版社，1996年。

荣新江《英国图书馆藏敦煌汉文非佛教残卷目录（S.6981–13624）》，台北：新文丰出版公司，1994年。

荣新江《英国图书馆藏敦煌汉文非佛教文献残卷目录补正》，《英国收藏敦煌汉藏文献研究》，北京：中国社会科学出版社，2000年。

荣新江主编《吐鲁番文书总目》，武汉：武汉大学出版社，2007年。

商务印书馆编《敦煌遗书总目索引》，北京：中华书局，1983年。

施萍婷、邰惠莉《敦煌遗书总目索引新编》，北京：中华书局，2000年。

施萍婷《敦煌习学集》，兰州：甘肃民族出版社，2004年。

史树青主编《中国历史博物馆藏法书大观》，上海：上海教育出版社，2001年。

［日］松本荣一《敦煌画の研究》，东方文化学院东京研究所刊，东京：同朋舍，1937年。

［日］松本荣一《观（看）相图卷》，《佛教艺术》第29号，东京，1956年。

［日］松本荣一《敦煌白泽精怪图卷》，《国华》第65编第5册，总第770期，1956年。

宋家钰、刘忠编《英国收藏敦煌汉藏文献研究——纪念敦煌文献发现一百周年》，北京：中国社会科学出版社，2000年

素痴《不列颠博物院所藏中国写本瞥记》，《国闻周刊》，1934年第11卷第21期。

谭蝉雪《敦煌民俗》，兰州：甘肃教育出版社，2006年。

王爱和《敦煌占卜文书研究》，兰州大学博士论文，2003年。

王冀青《英国图书馆藏〈备急单验药方卷〉（S.9987）的整理复原》，《敦煌研究》1991年第4期。

王晶波《敦煌相书残卷 S.3395、S.9987B1V 考论》，《兰州大学学报》(社会科学版) 2004 年第 4 期。

王晶波《敦煌写本相书研究》，北京：民族出版社，2010 年。

王卡《敦煌道教文献研究》，中国社会科学出版社，2004 年。

王祥伟《敦煌五兆卜法文献校录研究》，兰州大学博士论文，2009 年。

王重民《敦煌古籍叙录》，北京：中华书局，1957 年。

王重民、王庆菽、向达等编《敦煌变文集》，北京：人民文学出版社，1957 年。

王尧、陈践《敦煌吐蕃文书论集》，成都：四川民族出版社，1988 年。

王尧主编《法藏敦煌藏文文献解题目录》，北京：民族出版社，1999 年。

吴小强《秦简日书集释》，长沙：岳麓出版社，2000 年。

夏鼐《另一件敦煌星图写本——〈敦煌星图乙本〉》，《中国古代天文文物论集》，北京：文物出版社，1989 年。

向达《唐代长安与西域文明》，北京：三联书店，1957 年。

谢桂华、李均明、朱国炤《居延汉简释文合校》，北京：中国文物出版社，1987 年。

许建平《伯三六〇二残卷作者考》，《文史》第 40 辑，1994 年。

许建平《敦煌经籍叙录》，北京：中华书局，2006 年。

岩本笃志《敦煌占怪书〈百怪图〉考——杏雨书屋敦煌秘籍本とフランス国立图书馆藏本の关系を中心に》，《敦煌写本研究年报》第 5 号，京都：京都大学人文科学研究所西陲发现中国中世写本研究班，2011 年。

严敦杰《式盘综述》，《考古学报》1985 年第 4 期。

杨士宏《敦煌古藏文残卷〈鸦鸣占卜法〉译释并探源》，《西北民族研究》，1988 年第 2 期。

杨天宇《礼记译注》，上海：上海古籍出版社，1987 年。

杨正泰《明代驿站考》，上海：上海古籍出版社，2006年。

余嘉锡《四库提要辨正》，北京：中华书局，2008年。

余欣《神道人心——唐宋之际敦煌民生宗教社会史研究》，北京：中华书局，2006年。

余欣、陈昊《吐鲁番洋海高昌早期写本〈易杂占〉考释》，《敦煌吐鲁番研究》第10卷，北京：中国书局，2007年。

余欣《中古异相：写本时代的学术、信仰与社会》，上海：上海古籍出版社，2011年。

游自勇《敦煌本白泽精怪图校录》，《百年敦煌文献整理研究国际学术讨论会论文集》，杭州：浙江大学，2010年第4月。

于赓哲《〈新菩萨经〉、〈劝善经〉背后的疾病恐慌——论唐五代主要疾病种类》，《南开学报》（哲学社会科学版）2006年第5期。

圆空《〈新菩萨经〉、〈劝善经〉、〈救诸众生苦难经〉校录及其流传背景之探讨》，《敦煌研究》1992年第1期。

［英］翟理斯《英国博物馆藏敦煌汉文写本注记目录》*Descriptive Catalogue of the Chinese Manuscripts from Dunhuang in the British Museum*, by Lionel Giles.D.Litt, Published by the Trustees of the British Museum, London, 1957.

詹福瑞主编《国家图书馆同人文选》第4辑，北京：国家图书馆出版社，2009年。

张弓主编《敦煌典籍与唐五代历史文化》，北京：中国社会科学出版社，2006年。

张嘉凤《"疾病"与"相染"——以〈诸病源候论〉为中心试论魏晋至隋唐之间医籍的疾病观》"，《生命与疾病》，北京：中国大百科全书出版社，2005年。

张秀清《吐蕃地支纪年与敦煌四部书的断代》，《中华文化论坛》2008年第3期。

张新朋《敦煌写本太公家教残片拾遗》，《社会科学战线》2010年第4期。

张志清、林世田《S.6349与P.4924易三备写卷缀合整理研究》，《文献》2006年第1期。

张志清、林世田《S.6015〈易三备〉缀合与校录——敦煌本〈易三备〉研究之一》，《敦煌吐鲁番研究》第9卷，北京：中华书局，2006年。

赵益《古典术数文献述论稿》，北京：中华书局，2005年。

赵雪夜，赵万钧《甘肃高台魏晋墓墓券及所涉及的神祇和卜宅图》，《考古与文物》2008年第1期。

赵贞《敦煌遗书中的唐代星占著作〈西秦五州占〉》，《文献》2001年第1期。

赵贞《"九曜行年"略说——以P.3779为中心》，《敦煌学辑刊》2005年第3期。

赵贞《敦煌占卜文书残卷零拾》，《敦煌吐鲁番研究》第8卷，北京：中华书局，2005年。

郑炳林《晚唐五代敦煌占卜中的行为决定论》，《敦煌学辑刊》2003年第1期。

郑炳林《敦煌写本解梦书校录研究》，北京：民族出版社，2005年。

郑炳林主编《敦煌归义军史专题研究四编》，西安：三秦出版社，2009年。

郑炳林、王晶波《敦煌写本相书校录研究》，北京：民族出版社，2004年。

中国文化遗产研究院（原中国文物研究所），新疆维吾尔自治区博物馆，武汉大学历史系编《吐鲁番出土文书》，北京：文物出版社，1994年。

周西波《〈白泽图〉研究》，《中国俗文化研究》2003年第1期。

[日] 佐佐木聪《法藏〈白泽精怪图〉（P.2682）考》，《敦煌研究》2012年第3期。